やわらかアカデミズム
〈わかる〉シリーズ

新版
よくわかる
教育学原論

安彦忠彦/藤井千春/田中博之
[編著]

ミネルヴァ書房

はじめに

　教育学や教職課程の教科書は，これまでも数多く出版されてきました。そのような中で，本書は「親しみやすさ・読みやすさ・わかりやすさ」をコンセプトに，教育学や教職を目指す多くの学生達に教育学の世界を案内する入門書・解説書となるように編集されています。

　本書には，次のような特徴があります。

　第一に，本書では伝統的テーマから現代的テーマまで，教育に関連する幅広いテーマを取り扱いました。

　教育学において伝統的に論じられてきた古典的な学説史的論点から，現代社会において新たに教育に関する問題として注目されてきているような最新の事象まで，幅広くテーマとして取り上げています。したがって，本書は，まず教育学に関する諸領域の学説を体系的に学び，それから現代的な事象についての理解を深めるという順序で使用することも，あるいは，現代的な事象を手掛かりにして教育学への関心を高め，それから諸領域の学説についての理解を体系的に深めるという順序で使用することもできます。すでに教育学についてある程度の学習を進めて，教員採用試験や大学院入試に備えるような方には，教育学の諸領域の学説をもう一度体系的に整理し，そのような視点から現代的な事象についての理解を深めるという方法を薦めます。そのようにして教育をめぐる現代的な事象について，学問的な理論を背景にして多角的・立体的に理解と考察を深めていくことができます。このように理論を背景にして事象にアプローチすることが学問的に考察するということです。また，教育学部に入学したり教職課程を履修しようとしている学生の皆さん，さらには教育の世界に関心をもつ方々には，まず自分が興味のある現代的な事象についてのテーマから読み始め，その事象についての理解を深めるために，背景的な理論となる学説へと進むという方法を薦めます。1つの現代的な事象について，多角的・立体的に理解するためには，そのテーマが歴史的にどのように考察されてきたのか，他の国々ではどのように取り扱われているのか，さらには教育学以外の諸学問とどのように関連しているのかと，自らの視野を広げて追究を進めていかなければなりません。このように視野を広げて調査・考察を深めることが「研究する」ということです。このように本書は，すでに教育学を勉強している方にも，これから教育学を勉強しようとしている方にも，学問的な理論と現代的な事象とを結びつけて，教育について「学問する」「研究する」という体験ができる構成となっています。

第二に，本書は見開き2ページまたは4ページでそれぞれのテーマについての論点とそれに関連する情報がコンパクトにまとめられています。

読者がそれぞれの関心に応じてそのテーマのページを開き，原則として見開きで1つのテーマについての基本的な理解を得ることができるように構成されています。気楽にページを開き，そのテーマに関する論点，学説，教育学的あるいは現代的な意義についての基本的な理解を図り，興味関心を形成することができるようになっています。さらにそのテーマに関する基本的な用語の解説や学習を発展させる場合の基本文献の案内なども掲載されており，皆さんの自主的な学習の発展を支援しています。もちろん本書だけで教育学についてのあらゆる情報の提供が完結されるわけではありません。教育学の世界は幅広く奥深いものです。教科書としての本書の役割は，皆さんに教育学の世界についての興味関心を深めてもらうこと，教育学の世界全体の見取り図を示すこと，教育について「学問する」「研究する」というミニ体験をしてもらうこと，教育学の諸領域について理解を深めていくために必要な情報を提供することです。見開きの2ページには，さらにそのテーマについての研究を深めるための案内となる情報が示され，またそこへ向かうための扉があります。

第三に，本書は入門者から大学院受験者まで幅広い読者がそれぞれの目的や関心に応じて使用することができます。

本書は教育学部・学科に入学した学生の教育学の入門的な授業での教科書，あるいは教職課程の教育原理系科目での教科書というレベルに照準を当てて編集されています。しかし，教育学部や教員養成系学部に進学を考えている高校生への教育学の世界についての案内にもなります。また，教育学系大学院や教職系大学院への進学希望者，または，都道府県や政令指定都市，私学適性検査などの教員採用試験の受験者の受験対策として，教育学に関する必要な事項について整理し，確認するための参考書としても活用できます。さらに本書は，さまざまな教育問題や教育をめぐる事象について，教育学の諸領域の理論や学説を背景に，またそれを分析・考察の観点として使用して論述するための指南書として使用することもできます。

本書を教育学を学ぶ，あるいは教育学を志す多くの方々に活用していただき，教育学の諸領域についての関心と理解を深めるとともに，現代のさまざまな教育に関する事象について，多面的・立体的に考察する視点と方法を習得していただくことを心より願っています。

2020年3月

編著者を代表して　藤井千春

もくじ

やわらかアカデミズム・〈わかる〉シリーズ

新版
よくわかる
教 育 学 原 論

教育学の研究対象・領域

 教育学の研究対象・領域は「教育」という営みの事実・事象

　そもそも，ある学問が独立の学問として認知されるためには，少なくともそれが独自の研究対象・領域と独自の研究方法をもっていなければなりません。教育学の研究対象・領域は「教育」という人間の営みの事実・事象です。この営みは他の学問は扱っていないので独自のものであり，その意味では１つの条件を満たしています。でも，問題はこの事実・事象の性格・範囲・奥行きです。

　人間の社会ないし一定の集団では，一般に「親がその子どもを育て一人前に自立させる」事実・事象が認められます。通常は，高等動物のその種の営みを含め，これを「教育」と呼んでいます。中には親以外の年長者がその子育てに加わったり，大人や子ども同士が相互に影響し合うことで，その能力や性質を変容・向上させる事実・事象も含めて「教育」が行われたとする見方もあります。この場合は「社会的」な「機能」としての教育で，「政治」や「経済」と並ぶほどの基本的に重要な社会的機能であるといえます。研究領域としては教育社会学，教育政治学，教育経済学，教育情報学などがあげられます。

　しかし，一般には「教育」はこのような「機能」概念ではなく，「場＝領域」概念で考えられています。たとえば，それは家庭教育，学校教育，地域・企業などの場での自立への営みの事実・事象を指しています。研究領域もほぼその名称で「家庭教育論」や「幼児教育学」として「論・学」が付されます。この場合，年齢的な観点から，幼児教育学，青少年教育論，成人教育学，生涯教育学などと呼ぶこともありますが，「場所・場面」とセットになって分類されるのが普通です。その際，大事なことは，政府等の公権力が一定の法令のもとで運営・維持している学校などの「公教育」と，親・保護者や企業などが家庭・地域や企業内で自由にその子弟・社員を育てる「私教育」とを明確に区別することです。公教育は，歴史的には後代になって，公権力が私教育の一部を切り取って制度化したもので，私教育こそが母体なのです（図序-1）。

　他方，「教育」は個々の人間が行うもので，「個人的」性格ももっています。それは，一人の子どもの成長・発達を，年齢を追って生涯にわたり促す個人的な営み，という一面です。同じ「教育」によっても，個々の人間にとって共通に育つ部分とともに，それぞれの人によって効果や奥行き・次元，方向，筋道は異なるものであり，事実上みな個性的なものになります。この共通性と個人

図序-1　「教育」の内的区分

出所：筆者作成。

性の両面を視野に入れて研究する領域が，教育心理学，教育生理学，身体教育学または体育学などであり，研究方法の面から分類すれば，教育哲学・教育思想，教育史学，教育方法学，教育工学，教育課程論またはカリキュラム学，教育行政学，教育法学，比較教育学などの研究領域があります。こうしてみると，研究領域の分類の軸は複数の軸によっており，整理不十分なのが実態です。

② 教育学は「事実の解明」と「事実の創造」の両方を追求する！

そもそも「教育学」という学問は，他の多くの学問と同様，元来「哲学」から分化して，18世紀末になって独立したもので，最初に大学で「教育学」を講じたのは哲学者**カント**でした。この哲学としての「教育学」は教育目的とする理想的人間像を理念的・倫理的に定立し，そのような人間に育てる方法を自然の営みや先人の経験から学んでその原理を導き出すというやり方で，学問的性格をもたせようとしました。この点では「教育学」よりも「教授学」の方が歴史的に先行して登場したことに留意する必要があります。「教授学」は**ラトケ**によって提起され，**コメニウス**の『大教授学』によって体系化されるとともに，「教育学」の先駆的モデルとなりました。

最近は「教育学」を現代風に捉える見方もありますが，従来「教育」を社会的かつ個人的な営みという事実・事象であると見て，この「事実の解明」に努める研究を「教育科学」と呼び，「教育学」の基礎的な一部とする見方がありました。しかし，その事実・事象は多様で，一方のスパルタ風の強制的なものから，他方ののびのび風のものまで存在し，自然科学のように，宇宙全体から見ても同一の事実・事象を扱うとは限りません。「どの教育の事実を選びとるか」によって，「教育学」は異なります。これにより「教育学」に「立場」が入るわけで，この多様な事実を生み出すのは「人間の可塑性・可能性の豊かさ」であるといえます。これに基づき，「事実の解明」を部分として含む全体の学問として，「事実の創造」を目指す「教育学」が位置づけられます。

近年は「教育」というと「学校教育」，特に公権力の営む「公教育」にすべてのものを求める議論が強まっていますが，それでは「教育」という事実を矮小化してしまい，自然や社会といった「環境」による影響をも視野に入れた「感化」「形成」「教化」「宣伝」「洗脳」などとの関連が見えなくなって，広く学校の外で日常的に起きている「私教育」的なものの重要性が忘れられています。改めて「教育学」は「公教育と私教育」の両者を視野に入れ，その相互関係を自覚的に吟味する必要があります。「教育学」は「教育」という事実・事象を歴史学的・社会学的・心理学的・生理学的など多面的に解明するとともに，その事実・事象をいかに望ましいものにするかを哲学的・理念的に提言し，そのために個人的及び社会的要因をどう組み合わせるかという，「分析・解明」と「創造・改善」の両面を具えた総合的な学問であるといえます。　（安彦忠彦）

▷1　**カント**
(Kant, I.; 1724-1804)
⇒ Ⅰ-6 参照。

▷2　**ラトケ**
(Ratke, W.; 1571-1635)

▷3　**コメニウス**
(Comenius, J. A.; 1592-1670)
⇒ Ⅲ-1 ，Ⅳ-1 ，Ⅴ-3 参照。

▷4　田中智志・今井康雄（編）『キーワード現代の教育学』東京大学出版会，2009年。

教育学の研究方法

 教育学の研究方法の特質

　「教育学」は，対象・領域の面では確かに「教育」という固有の事象をもっていますが，研究方法の面では独自のものをもっているでしょうか。この点では，ほとんどみな，これまでの哲学的方法，あるいは社会学や心理学などの実証科学的方法を適用ないし借用しているといってよいでしょう。他の学問も大なり小なりそうなのですが，既存の学問の研究方法を，「教育」を対象とする研究においても適用する，ということです。たとえば「教育史学」は「歴史学」の「史料の発掘・批判・分析」の方法を「教育」に対して適用し，「教育社会学」は「社会学」の「社会調査によるデータ収集・分析・解釈」の方法を「教育」に適用したものである，ということです。この点から見ると，「教育学」の中で，他の学問にもそれなりに認められているのは，いずれも先行する学問の方法を借用・応用して研究成果を積み重ねているものばかりで，逆にいえば既存の学問の方法を使用した方が，元来その方法を用いてきた学問・学界からも認められやすいといえます。たとえば教育社会学や教育心理学は，最近ではほぼ完全に一人前の学問領域として認知されているといえます。

　他方，これらの領域以外の「教育学」の研究領域では，学校教育や社会教育の分野での，「教育方法学」「教育課程論」や「幼児教育学」「家庭教育論」「生涯教育学」「生涯学習論」などがあります。いずれも部分的には実証科学的方法を用いていますが，全体としてはその性格は理念的・思想的で，むしろ「実践学」的な内容のものが運動論的に提言されてきました。その場合，それぞれの部分領域で哲学的・行政学的・技術学的な研究方法が用いられますが，その研究成果は必ずしも他の学問や学界では尊重されない嫌いがあります。その理由を考えると，これらの領域では「実証科学」的であるよりも，政策提言に関わる「理念・実践」的性格を求められているからです。「事実の解明」よりも「事実の創造・改善」に主眼を置いているからであるといえるでしょう。

　この点については，伝統的な「教育学」が「事実の創造」にばかり関心をもち，「事実の解明」をおろそかにしてきたことと無関係ではありません。現在の段階では「事実の創造」を理念的・思想的レベルで図るのでなく，「事実の解明」を担う教育の実証科学的領域の研究成果に基づき，事実レベルから丁寧に着実に「事実の創造」を進めるという構えが必要です。最近の国際的な学力調査

などの「教育評価」的な動きは，そのような構えの必要性を認識させるものです。

❷ 「設計科学」としての「教育学」の新たな意義

　しかし，実証科学的な「教育科学」とも呼ばれる研究領域がそれほど絶対視できるわけではありません。たとえば，社会情報学者の吉田[1]は，従来の科学を「法則定立の科学＝法則科学」と呼び，それはほぼ限界まできているのに対して，今後の科学は「設計科学」を主とする時代に入ると主張して，従来の実証科学を相対化します。これは，理学に対して工学を，文学に対して教育学を今後の社会が重視する方向にあることを示唆するものとして注目に値します。「事実の解明」よりも「事実の創造」の方に学問的関心の重点が移るというわけです。ただし大切なことは，法則科学の成果を無視して，設計科学が質のよいもの，実現性の高いものにはならないということです。思想的・運動論的なことを言っているだけでは，何も具体的な成果をあげられないということです。

　最近の20年ほどは，認知心理学の関係者を中心に「認知科学」，さらには「学習科学」と呼ばれる分野の研究者が活躍していますが，これらの科学者は「子ども」ないし大人の「学習者」の「学習」ないし「学び」を分析・解明して，要約的にいえば，これを「意図的働きかけ」としての「教育」によって，いかに効果的なものにするかを追求しています[2]。この場合，学習や学びについて，その質や働きを，主に心理学的な方法で実証的に分析するだけで，あまりその教育的な価値を吟味しない点で，哲学を欠いていることに留意すべきです。

　この学習科学の登場以前から，教育学にその種の「実証科学」的な研究方法がまったくなかったわけではなく，「授業研究」という独自の研究方法が用いられてきているのです。この方法は，1950年代から60年代にかけて旧ソ連を中心とする社会主義国，さらには米国，そして日本が，ほぼ時を同じくして開発したもので，日本では当初「授業分析」といわれました。最近ではこの「授業研究」が"Jugyo-kenkyu"（Lesson Study）として世界的に注目されるようになりましたが，それは，これが「研究方法」として優れているというよりも，主に「教員研修」の方法として有効であるとの評価に拠っています。当初は教育方法学者のみでなく，教育心理学者や教育社会学者も「授業研究」を行っていましたが，現在では，教育方法学者よりも教育心理学者や教育社会学者の方が，新しい研究方法を用いて積極的に成果を発表しています。ただし，その成果がこれまで以上のレベルに達しているかは，いまだ明確ではありません。

　「教育学」が今後重要な学問であると認められるためには，主として教育評価研究による，個人と社会の両面から「事実の解明」に努める実証科学的な研究方法を基礎とするとともに，望ましい「事実の創造・改善」を目指す理念的・実践的な設計科学としての部分をも合わせもつ，一層厳密な「総合的な学問」であることが求められています。

（安彦忠彦）

▷1　吉田民人「21世紀の科学」『組織科学』**32**(3)，1999年。

▷2　R. K. ソーヤー（編著），森敏昭・秋田喜代美（監訳）『学習科学ハンドブック（第2版）』（全3巻）北大路書房，2018年；三宅なほみほか（編著）『協調学習とは』北大路書房，2016年等を参照。

教育と文化

▶1　教育学では「子供」とせずに「子ども」とすることが多い。「供」が「つき従う者」の意があるためである。「子ども」は何歳から何歳までと明確にいえるものではないが，小学生は児童，中学生以上を生徒といっている。

▶2　社会化（socialization）
固有の文化をもった特定の共同体社会の一員となっていくことを文化人類学などでは社会化（socialization），あるいは文化化（enculturation）として注目しているが，そこでは固有の文化そのものの研究に力点がおかれることになっている。⇒ XⅦ-1 参照。

1　教育と文化の基本的関係

　教育と文化は深く結びついた関係にあるといえます。というのは，教育という仕事（使命，役割）の中心は，文化を次の若い世代（子ども達）に伝えていくことであり，そのことによって人間の社会を維持し，発展させていくことだからです。こうした教育と文化の関係は，常識的にはよく理解されることとなっていますが，少し立ち止まって考えてみると，そこには教育はどうあるべきか，文化とは何かといった大きな問題があるのです。

○生活様式としての文化

　教育の仕事は文化の伝達にあるといった場合，ではその伝達されるべき文化（culture）とはどのようなものなのでしょうか。その問いかけに対する答えの1つは，文化とは生活の仕方（way of life）だということです。人間（人類）は，それぞれの人種や民族，あるいは国家といった固有の集団によって，それぞれ独自の生活の仕方や様式，そして行動パターンや価値観などを歴史的にも，また現在も有しています。そうした固有で独自の生活の仕方，様式を身につけることによって子ども達は，その共同体の一員として生きていくことができます。こうしたことは社会化ともいわれるものですが，それもまた広い意味では教育（education）ということができます。

　しかしこの社会化としての教育は，親子関係や子ども達がその集団の中に参加していく過程で，非計画的で無意図的な，つまり非定型的な教育としてなされています。しかし現在，私達が教育ということでイメージするのは，学校教育といった，むしろ定型的で制度的な教育の方が多いといえます。

○蓄積されてきた文化

　文化といった場合，私達はたとえば文化的生活といったように，これまで人間がつくり出してきた科学，技術，学問，芸術などの蓄積されてきた人間的英知に関係するものといったイメージがあります。文化的生活というのは，そうした人間がつくり出してきた，英知に支えられ，それを活かした生活ということなのです。人間がその長い歴史の中でつくり出してきた，科学，技術，学問，芸術などは，まさしく人間が人間として生きていくために，今や欠かすことができない文化となっています。そしてこうした蓄積されてきた文化を，しっかりと次の世代を担う子ども達に伝えていくことは，教育が果たすべき重要な社

会的機能の１つとなってきているのです。

2 文化の体系と制度的教育

　科学，技術，学問，芸術などの蓄積されてきた文化は，実は大きな特徴を
もっています。それは蓄積されてきた文化は，非常に体系的で系統的なまとま
りをもったものとしてあるということなのです。それはたとえば科学といった
ことを考えればすぐにもわかることでしょう。科学はその発生から発展の過程
を通して，１つの体系として積み重ねられてきています。では，そうした科学
を子ども達に伝え，理解してもらうためには，どのような教育が必要となるの
でしょうか。

　人間がつくり出してきた科学，技術，学問，芸術といった蓄積された文化は，
それらが精緻な体系をもったものとして成立し，発展してきました。だからそ
うした蓄積された文化を子ども達の中にしっかりと伝えていくためには，意図
的に計画された制度的な教育が何よりも必要となってきたのです。

3 文化の伝達と社会の創造

　教育の中心的な仕事は文化の伝達ということにあります。それは文化という
ものをどう捉えるかにかかわらず，教育と文化の基本的な関係としてあります。
しかしその文化の伝達の意味（意義）をさらにどう捉えるかについて，教育学
の中ではいくつかの考え方が示されてきました。

○文化教育学 (kulturpädagogik)[3]

　文化の伝達は教育の大切な仕事なのですが，そこでは文化の伝達がなされな
ければ人間社会が維持され，存続することができないということだけでなく，
文化伝達の教育的な意味が検討されてきています。その１つである文化教育学
では，文化が伝達され学ばれていくことによって，人間の精神がより豊かにな
り，自分を高め自己形成に役立つと考えられてきました。ドイツを中心とした
こうした考えはいささか観念的で抽象的であるとはいえ，教育と文化の関係を
人格形成という視点から捉え直そうとするものとなっていました。

○本質主義 (essentialism) と進歩主義 (progressivism)[4]

　教育と文化の伝達の関係について，アメリカでは対立する２つの考え方が見
られてきました。その１つである本質主義の考えでは，本質的な価値を有する
文化的遺産の伝達こそが学校教育の中心となるべきであり，読み・書き・算と
いった基礎的な知識の教育が重視されなければならないとしました。他方，進
歩主義の考えでは，教育は単なる知識の伝達にとどまるべきではない，むしろ
教育は子ども達の生活的な経験を中心とすべきであり，そのことによって教育
は社会の進歩と創造に役立つべきだとしたのです。

（長尾彰夫）

▷3　シュプランガー
(Spranger, E.；1882-1963)
は，文化と教育の関係（文
化教育学）に関する哲学的
な考察を行い，教育学の基
礎を築いた学者としてその
名をよく知られている。

▷4　本質主義と進歩主義
の２つは，文化内容をどの
ような教育内容（カリキュ
ラム）として具体化してい
くかの立場（視点）の違い
となってきたが，デューイ
(Dewey, J.；1859-1952)
は進歩主義に立つ教育の提
唱者として特に有名である。
本質主義と進歩主義につい
ては I-2 参照。

2 教育と子ども観

1 教育観の相克

　日本の場合，教育課程の基準を国が制定するので，教育課程論争が大きく展開されることがあまりありません。しかし，欧米では教育は地方自治に属する事項なので，自治体により教育の姿が異なります。それだけに，教育理念や教育課程をめぐる論議が交わされる状況にあります。

　アメリカの教育界では，**「本質主義」**と**「進歩主義」**▷1との対立が1世紀以上も続いています。「本質主義者」は教育という営みの本質は基本的な事項をきちんと子どもに伝達することだと主張します。それに対し，「進歩主義者」は，本質主義の教育は知識の注入であって，真の教育は子どもの主体的な学習経験を尊重することだと説きます。

　そうした意味では，両者の対立の根底に子ども観が横たわっています。図式的な指摘をするなら，進歩主義は子どもの可能性を信頼する性善説を取ります。それに対し，本質主義は幼いうちにきちんと教育することが重要と子ども性悪説的な視点を踏まえているといえなくもありません。

2 コペルニクス的な転換

　アメリカの教育学者の**デューイ**▷2は『学校と社会』（岩波書店，1957年）の中で，「これまでの教育の中心は教師で，子どもは教師の回りを取り巻く存在だった。しかし，これからの学校では子どもが中心に位置し，その周りを教師達が取り巻き，子どもの学習を支える形が望ましい。したがって，教師中心から子ども中心へ教育観のコペルニクス的な転換を図るべきだ」と説きました。こうしたデューイの指摘はシカゴ大学での3年間に及ぶ実験学校での実践を踏まえたものなので，具体的な説得力があり，アメリカの教育に大きな影響を与えました。

　デューイに象徴される進歩主義の教育では知識の注入を避け，子どもの経験を重視します。子ども自身が経験することを通して学習が成立します。それだけに，子どもにどういう経験を積ませるかというカリキュラムづくりが重要になります。といっても，必要とされる経験は地域の状況や子どもの属性などにより異なるので，教育委員会は学習のガイドラインを示すのにとどめるのです。そして，具体的な学習の展開は学校や教師の教育課程づくりに委ねられること

▷1　**「本質主義」**（essentialism）**と「進歩主義」**（progressivism）
両者との相違は，「基本的な教材の系統的な伝達を目指す教育」と「子どもの経験を重視して子どもの主体的な学習を尊重する教育」との違いといえよう。

▷2　**デューイ**（Dewey, J.：1859-1952）
20世紀前半を代表するアメリカの教育家。子どもに経験させることの重要性を説いた。
⇒Ⅲ-7参照。

になります。

　進歩主義の経験に基づいた実践に対し，本質主義者は経験を重んじる教育は場あたり的な学習になりやすく，基礎的な学力が身につかないと批判します。そして，学力は系統的な教材の伝達を通して定着すると説きます。

③ 大正自由教育

　日本の教育史の中でも，子どもの自主性を尊重する教育実践が見られます。その典型が**大正自由教育**[13]でしょう。これまでの学校では子どもの興味や関心と無関係に知識を注入する教育が行われていました。それだけに，子どもの意欲を大事に自由で伸び伸びとした学習を心掛けたいという実践です。

　1920年代は世界的に自由教育の運動が盛んでした。現在の日本の教育に影響を与えている**モンテッソーリ教育**[14]やシュタイナーの**自由ヴァルドルフ学校**[15]もこの時代にルーツをもちます。そして，日本では奈良女子高等師範学校や千葉師範学校などの附属小学校のほかに，成城小学校や玉川学園などの私立小学校でも，子どもの自主性を尊重する運動が展開されました。

　黒柳徹子の『窓際のトットちゃん』（講談社，1981年）は大正自由教育の末期，1937（昭和12）年に創設されたトモエ学園に「トットちゃん（徹子）」が学んだ記録です。同書は，個性的で公立学校になじめない「徹子」が小林宗作校長の温かいまなざしに安堵して学校に適応していくという実話です。

④ 「ゆとりの教育」と「学力保障」

　ここ数十年来，日本でも「ゆとりの時間」や「総合的な学習の時間」などが提唱され，実践に移されてきました。これらの政策の底流に子どもの主体性を尊重したいという思想が感じられます。それに対し，学校の授業には時間的な制約があるのに，「ゆとりの教育」に多くの時間を割くと，国語や算数などの基礎的な学力低下を招くとの指摘がなされています。そして，国際的な比較で，日本の学力が相対的に低下したとの資料が提出されたことも手伝って，学力保障の重要性が説かれるようになりました。

　「子どもの主体性を踏まえた教育」は理念的に望ましいものです。しかし，経験主義の教育を展開するには教員集団の卓越した指導力や豊かな教育環境が求められます。そうした条件を欠くと，はいまわる経験主義といわれる劣悪な教育に陥りやすいのです。それに対し，系統的な学習は整然としてはいますが，子どもの心情と遊離しがちになります。それだけに，「子どもの主体性」をいかに伸ばすか，アクティブ・ラーニングの具体化は教育の永遠の課題となると思います。

（深谷昌志）

▷3　大正自由教育
知識を注入する旧教育に対し，児童中心主義をスローガンに掲げる新教育運動で，一般に時代的な背景を視野に入れて「大正自由教育」と呼ばれる。なお，運動は学校教育の範囲を超えて，鈴木三重吉の「赤い鳥」運動や山本鼎の「自由画教育」などの多方面に及んだ。⇒Ⅱ-7参照。

▷4　モンテッソーリ教育
モンテッソーリはイタリア生まれの医師だが，「教具」と呼ばれる木製玩具を通して子どもの感性を育てる教育を提唱した。モンテッソーリ教育は，日本では幼児教育の指導法と評価されがちだが，「子どもの家」は障害児や貧困層の教育の中から発展してきた教育実践である。⇒Ⅲ-8参照。

▷5　自由ヴァルドルフ学校
自由ヴァルドルフ学校は，シュタイナー（Steiner, R.；1861-1925）の提唱した学校で，オイリュトミーやフォルメンなど，子どもの感受性を尊重する実践で知られる。なお，「自由ヴァルドルフ学校連盟」として全世界的に展開されている教育運動である。⇒Ⅲ-9を参照。

3 教育と学校・教師

1 師の地位

　教育を仕事とする職業人として，近世時代の藩校では，教授・助教・訓導がおり，寺子屋には，師匠がいました。教授も師匠も，その教員として養成されたのではなく，学問を修行した結果として「師」としての地位を得たのでした。寺子屋の場合は必ずしも「師」として適格な者ばかりではありませんでしたが，それでも伝統的な「有徳有識」の「師」のあり方を基準として評価されるのが一般的でした。ですから，伝統的な「師」の考え方は，学問であろうと芸事であろうと，その道を究めて，これを伝授するための模範となる者への敬称でした。近世までの日本には，教員を養成するという発想はなく，道を伝授され，究めた者だけが免許皆伝を許されて「師」の地位を得ていました。

2 近代学校と教員・教師

　しかし明治維新によって，近代国家の建設とともに近代学校が創設され庶民の義務教育が一斉に始まることで，「師」をとりまく状況は一変しました。近代国家建設に有効な新しい資質を有する「教員」が大量に必要になり，これを計画的に養成しなければならない時代を迎えたからです。

　それでは，「教師」というのはどういう存在でしょうか。**東京師範学校**[1]の歴史を見ると，お雇いの**スコット**[2]だけが教師でした。明治草創期は，外国人教師がいて，その教えを受けて伝達する日本人の教員が存在しました。そうすると，「『真理』を能動的に提示するのは常に『師』であって，受動的にその伝達あるいは普及にのみつとめるのが『教員』」ということになります。ところが時代の変化でその区分けが混合し曖昧になってきました。「一般には『教師』の下降化と『教員』の上昇化」現象です。しだいに「東京師範学校教員が『教師』と呼ばれ，次いで公立師範学校教諭もそう通称され」，さらに「小学校教員へも適用」[3]されることになります。一般に統計など員数として計算する場合は「教員」であり，「師」としての敬意を込める場合には「教師」として表現されます。現在は，そうした歴史的経緯を背景に便宜的に使われているのが実情です。なお「教官」という言葉も耳にしますが，それは本来国家公務員の教員に限定される法令上の用語で，たとえば，少年院の法務教官や自衛隊教官などがあります。

▶1　**東京師範学校**
師範学校は学校の教員養成を目的とした学校で，東京師範学校は，地方の師範学校の教員を養成していた。後の東京高等師範学校，東京教育大学，筑波大学の前身である。

▶2　**スコット** (Scott, M. M.：1843-1922)
米国の教育者で，来日後，大学南校で英学を担当し，1872年に東京師範学校の外国人教師として採用された。日本の教員養成は彼の指導で始められた。

▶3　佐藤秀夫「Ⅰ『近代学校』の創設と教員養成の開始」中内敏夫・川合章（編）『教員養成の歴史と構造』明治図書出版，1974年。

③　3つの教師論

　日本では，あるべき教師論として，聖職教師論，教育労働者論，「でもしか先生」論が論じられてきました。

　戦前の教師は，天皇制の下，**教育勅語**[4]の精神を踏まえ，天皇の徳を代行して普及する聖なる職業と位置づけられました。献身的に国家・国民に奉仕する存在で，その意味で教師として一定の敬意を受けてきました。他面，薄給で出世栄達の道が閉ざされている社会的地位の低さが問題にされてきました。それでも，学業の優れた生徒は，奨学金を受けて聖職教師を目指しました。

　第二次世界大戦後は，そのような聖職教師論に対して，教員は教育に従事している教育労働者で，労働者としての基本的人権が保障されるべき存在であるという論が，**教職員組合**[5]によって主張されました。労働者は働いた時間に応じて給料を受けるべきであり，賃上げや労働環境の改善など基本的人権を守るために教員組合を結成して団体交渉やデモやストライキをすることができるという主張です。しかし，社会的には，教職員組合が賃上げ闘争のデモやストライキをすることに，少なからぬ違和感や反発がありました。

　そうした教師のあり方に対して，「デモしかしない先生」という意味で「でもしか先生」批判が起き，この言葉が一時普及しました。その後，高度経済成長の過程で多くの青年は民間企業へ走り，薄給の教職を志望する人は少なく教員不足でしたので，「でもしか先生」の意味が変容しました。教員に「でも」なるか，教員に「しか」なれない教職の実態が自嘲気味に論じられたのです。しかし，就職の動機はどうであれ，『デモシカ先生奮闘記』[6]などが出版されることで，積極的な意欲もなく「でもしか先生」に就いた普通の青年でも，優れた教育実践者に成長できるという事実は，多くの青年の共感を得ました。

④　専門職としての教師

　改めて教師はどのような職業であるべきか。1966年のILO[7]「教員の地位に関する勧告」は，「教職は専門職と認められるものとする」と宣言し，以後，この方針が中央教育審議会でも踏襲され，現在は，社会的にも承認されるに至っています。それは給料にも，専門職手当として教職調整額4％が加算されることで，教員組合と文部科学省とが合意の上で成立しています。ただし，専門職をどう捉えるかによって，論の立て方は変わってきます。専門職の典型は医師や弁護士や大学教授などがあげられますが，それは高度の専門性（知識・技術）と高度の理論的基盤に裏づけられることで，判断の自律性が必須の条件ですが，教職は，その専門性の確立が薄弱で自律性も弱いことが難点です。同時に，「省察的実践者」であることを特色とする専門職としての教師が，官僚機構の中で有効に機能し得るかという困難な問題があります。　　　　（水原克敏）

▷4　教育勅語
明治政府が育成すべき日本人像について，儒教やキリスト教などを検討して1890年に天皇の勅語として出したもの。古事記・日本書紀や儒教の五倫五常などを基本に作成し，日本人の国民意識形成をねらった。

▷5　教職員組合
教職員が基本的人権や労働環境の改善を目指して組織した労働組合で，地方公務員法と教育公務員特例法に基づいている。特に大きい組織は，いわゆる日教組（日本教職員組合）である。

▷6　村上正巳『デモシカ先生奮闘記』青葉図書，1972年。

▷7　ILO
国際労働機関（International Labour Organization）。1946年に国連の最初の専門機関となり，労働・生活条件を改善するための国際的な政策やプログラムを策定し，国際労働基準を設定している。

参考文献

水原克敏『近代日本教員養成史研究』風間書房，1990年。
　水原克敏・足立佳菜・鈴木学『学校を考えるっておもしろい‼』東北大学出版会，2016年。
　村上正巳『デモシカ先生奮闘記』青葉図書，1972年。
　ドナルド・A・ショーン，柳沢昌一・三輪健二（監訳）『省察的実践とは何か』鳳書房，2007年。

教育と学習

1　教育のもとでの学習

○「学習」の古典的定義

「学習」という言葉は，これまで心理学用語とされてきました。**ヒルガード**[1]
と**バウアー**[2]によれば，「学習とは遭遇した状況に生体が反応することによって，
活動が初めて生起するか，又は，活動が変容されるような過程」のこととされ
ます。ただし，「活動の変化の特徴が生得的な反応傾向や成熟，あるいは生体
の一時的な状態（たとえば疲労や薬物などによるもの）として説明できないも
の」と限定されています。[3]

　このように，学習の「定義」としては，学習を「教育によってもたらされる
もの」とはしておりません。教育によってもたらされるかもしれないし，それ
とは独立に生起するかもしれません。

　一方，「教育」という言葉は，教育を受ける対象がいなければ意味がないで
しょう。つまり，対象がのぞましい状態に変わってほしい，しかも，一時的で
はなく，ずっと変わってほしいという願いのもとに行われるのが教育ですから，
教育を受ける対象の存在が前提になります。その「教育を受ける対象」こそが
「学習者」であり，その学習者が「学習」すること，つまり，一時的ではない
状態に変化することが期待されているわけです。したがって，「教育」という
ことを大切にする立場からは，ともすると，学習は教育によってもたらされる
ものと決めてかかり，教育が学習のありようをすべて支配することとしてしま
いがちです。子どもが何をどう学習するかは，すべて教育（特に親や教師の教
育的働きかけ）次第でどうにでもなるものと考えてしまい，いわゆる「教師主
導型の教育」が中心的になることは避けられません。

　このような人々の期待に応えるべく，心理学での学習研究は，実験室での動
物（ネズミやハト）の反応の変化をもとに，「どのような働きかけ（刺激の与え
方）で，生体（学習者）はどのように変わるか（つまり学習を生起させるか）」
の研究となり，教育心理学は，心理学が明らかにした「学習の法則」を教育現
場で応用するという研究に終始することになっていました。

○学習観の変革

　ところが，1980年代の後半になって，学習を（心理学者ではなく）人類学者
達が研究し始めました。心理学者達は人間以外の動物（ネズミやハト）を対象

（side notes）

▷1　ヒルガード
(Hilgard, E. R. ; 1904-2001)

▷2　バウアー
(Bower, G. H. ; 1932-)

▷3　ヒルガード，E. R.
& バウアー，G. H.，梅本
堯夫（監訳）『学習の理論
（上)』培風館，1972年，p.
2。

に実験室でさまざまな刺激を与え，その反応を観察して「学習の法則」を導こうとしていましたが，人類学者達は，なんといっても，「人間」の学習に関心をもちます。しかも，実験室の中ではなく，社会や文化の中での人々の「暮らし」に関心をもちます。そこで，現実の社会でのさまざまな活動を通して，人々がどのように学習するかを観察しました。これはさきのヒルガードとバウアーの学習の定義において，「生体」というのを「人間」もしくは「生活者」とし，「遭遇する状況」を「社会・文化的環境」と読み替えたことになります。

❷ 文化的実践としての教育と学習

○ 正統的周辺参加論

1991年に，人類学者の**レイヴ**と**ウェンガー**は，学習はそもそも「状況に埋め込まれた」ものであり，人々が文化的実践に参加することによって，実践共同体の成員としてのアイデンティティを確立していくこと，すなわち，正統的周辺参加（Legitimate Peripheral Participation：LPP）であるとしました。このように，学習を学習者個人の変容に焦点化せず，社会や文化の実践との関係から捉えるという見方は，ロシアの心理学者である**ヴィゴツキー**が古くから提唱してきたことでもあり，レイヴらの人類学的研究は近年のヴィゴツキー心理学と一体となって，教育と学習に関する「社会文化的アプローチ」として今日盛んに研究が進められています。

このように，教育と学習を文化的実践として見るという考え方からしますと，学習研究や教育研究の対象として「学びの共同体」に関心が集まり，その中での「学び合い」，すなわち協同的な学習が大切とされるようになります。また，学習を「学校」だけに限定せず，職場での学習（職場学習論），さまざまな組織の中での，組織変革をもたらすもの（組織学習論）も重要な研究課題に取り上げられ，学習者が共同体の成員として他の成員との協同的な活動により，「一人前になる」過程を分析する研究が盛んになってきています。

○ 学習を支える道具の開発

ヴィゴツキー理論が学習論に影響を与えたものに，彼の媒介論があります。すなわち，私達の学習や発達は常に道具によって媒介されているとするのです。この考え方は，学習を支援する道具の開発，特に，コンピュータの教育利用の開発を促進させました。今日，学習環境は，コンピュータなどの新しいメディアの導入によって大きく変わりつつあります。特に，インターネットを活用した遠隔学習（e-Learningと呼ばれる）など，新しい学習方法が開発されています。

（佐伯　胖）

▷4　レイヴ
(Lave, J.；1939-)

▷5　ウェンガー
(Wenger, E.；1952-)

▷6　ジーン・レイヴ&エティエンヌ・ウェンガー，佐伯胖（訳）『状況に埋め込まれた学習』産業図書，1993年。

▷7　ヴィゴツキー
(Vygotsky, L. S. ； 1896-1934)

5 教育と人間形成

　人間形成を目的とした教育にはさまざまな捉え方があります。英語の"education"には「人間の中に備わっているものを外に引き出すこと」などの捉え方が，「教」は偏の上部は模倣を下部は子ども，旁は鞭撻を表していることから，教育は子どもに大人を見習うように励まして育てるといったような語源的な捉え方から教育者・教育学者などの論に至るまで極めて多様です。しかし以下においては，社会学的な視点からいくつかの論を述べてみます。

1 方法的社会化としての教育

▷　**デュルケム**
(Durkheim, É.；1858-1917)

　社会的価値を内面化することを「社会化（socialization）」といいますが，**デュルケム**は，教育を，成人世代が若い世代の人間形成を意図的，計画的，組織的に行うという意味において「方法的社会化（une socialization méthodique）」であると捉えました。デュルケムは，社会学固有の課題は，個人的事実ではなく，「社会的事実（fait social）」を研究することであるといいました。デュルケムがいう「社会的事実」というのは，個人にとって外在的であり，個人の行為に対して拘束性をもつ事実という意味ですが，教育をもって方法的社会化というのは，教育する内容も「社会的事実」であるということです。

　このように，教育を方法的社会化と捉えて，若い世代＝生徒を成人世代から一方的に拘束される客体として見なすのは，教育を個人的なこと，すなわち，私事としてではなく，社会統制（social control）手段として考えているということです。社会統制というのは，全体社会やその内部の集団が秩序を維持するために，内部で発生する逸脱，犯罪，緊張などを処理して均衡を回復しようとすること，またその過程のことを指しています。社会統制の手段のことを制裁＝サンクション（sanction）といいますが，それは逸脱を阻止したり罰したりすることだけでなく，好ましい行為を奨励したり表彰したりすることも含んでいます。

　社会統制の手段には，このようにさまざまなものがありますが，方法的社会化としての教育は，子どもが成人になる前に，成人として期待される役割を果たす上で必要な能力を形成することによって，社会や集団の秩序を維持することを目的とした重要な社会統制手段の1つと捉えた概念です。現代の学校における教育が公教育（public education）といわれるのはそのような意味においてです。

② 社会関係としての教育

デュルケムは教育を方法的社会化であると定義しましたが、社会化の対象である生徒は一方的に知識、技術、価値などを内面化するわけではありません。たとえ教育に期待されている役割がそのようなものであったとしても、現実の教育過程は一方的ではあり得ません。教師が生徒に知識を教えようとしても、それぞれの生徒が修得する知識は一様ではありません。それは教育が現実には、教師が生徒を拘束する一方的な関係ではなく、教師と生徒の間、生徒と生徒との間のさまざまな相互作用であるからです。

このような相互作用を社会学では社会過程（social process）といいます。特に、学校におけるように、教師と生徒の間の関係が持続的であり、それが規範化、様式化されているような場合には社会関係（social relations）といいます。社会化は社会過程の中で行われますが、「方法的」に行う教育は、実際には、社会関係の中で行われるということになるでしょう。

学校においては、教える者と教えられる者は、自他共に教師、生徒という地位を承認しており、それぞれの地位に応じた役割（教師の場合は「教える」、生徒の場合は「教えられる」）が期待されています。そして相互作用は期待され規制し合うことによって様式化され（教師は発問し生徒は応答するといった様式）、ここに安定した持続的な相互期待の状態としての社会関係が成立します。

③ 意味付与作用、象徴的相互作用としての教育

前述したように、教育は教える者と教えられる者との間の相互作用によって機能していきますが、その相互作用は一様ではありません。お互いの地位の承認の仕方や役割の期待の内容は一様ではなく、個々の教師対生徒という個別的なものです。生徒によっては教師を軽蔑するということがあり得ることを1つ想起するだけで、そのことが理解されるでしょう。ここで教師といったのは、教師の人間としての側面だけでなく、教師が教えようとしている知識や価値なども含んでいます。

教育は、社会統制の手段としての方法的社会化という性格をもっていますが、これだけでは教育の本質のすべてを言い尽くしたことにはならないのです。教育が価値付与作用（意味付与作用ともいいます）であるとしても、教育を受ける者が教える側の意図通りに価値を内面化するとは限りません。それは教育を受ける者がその価値を読み取る意味やそれに主観的に与える意味が一様ではないからです。

関連して忘れてはならないことは、教育には、教える側の意図とは異なる結果を生むことも多いということです。

（新井郁男）

参考文献

Durkheim, É., *Education et sociologie*, Les Presses universitaires de France, 1922.（デュルケーム，É., 佐々木交賢（訳）『教育と社会学』誠信書房，1976年。）

小澤周三ほか『現代教育学入門』勁草書房，1997年。

船津衛『シンボリック相互作用論』恒星社厚生閣，1976年。

6　教育と国家・社会

▷ 1　カント
(Kant, I. ; 1724-1804)

▷ 2　カントは，人間の尊厳を自分の意志で道徳的に正しい行動ができる点に見出した。そして，教育は，現実的な利益などのための手段としてではなく，自律的な意志の主体である人間を育てるという目的そのものとして行われなければならないと主張した。
　『カント全集17　論理学・教育学』岩波書店，2001年。

1　文化共同体の成員としての人間

　哲学者の**カント**は，「人間は教育によってのみ人間になることができる」と述べています。

　ここでカントがいう「人間」とは，生物種としての「ヒト」ではなく，理性（正しく考える能力）に基づいて行動できる文化的な存在を意味します。そのような文化的な存在となるには，教育されることが必要です。文化とは，人間によってつくり出され，人間の集団によって共有され，伝達されている行動様式です。文化の伝達を受け，習得するとは，すなわち教育されるとは，そのような文化が共有されている集団の成員となることを意味します。

　この場合，集団については，原始的部族集団，古代都市国家，前近代の地縁的村落，近代国民国家など，さまざまな集団を想定できます。人間は，それぞれの時代の歴史的条件や地域の自然環境の中で，自分達の生存を維持するための行動様式を創り出し，集団で共有し，伝達してきました。そのような行動様式としての文化を共有する集団を共同体といいます。教育とは，子ども達を共同体の成員として行動できるようにすることを目的に行われます。

　したがって，教育を通じてどのような人間を育成するのかは，その教育が行われる共同体のおかれている歴史的条件や自然環境に依存します。

2　近代国家と教育

　人間は，文化を生み出し，それを集団で共有し，伝達することで生存を維持してきました。人間は自己の生きる歴史的条件や自然環境から離れられません。共同体の文化を習得しなければ，その時代のその地域で生きることはできません。人間は，人間として生きるためには共同体から離れられないのです。

　しかし，共同体が個人に対して国家や社会として立ち現れる時，個人の個性や自由は拘束されると意識されることがあります。

　確かに，市民革命によって成立した近代国家は，すべての国民に共通の学校教育を提供する公教育制度を成立させました。すべての国民は政治的・経済的に平等な社会参加の機会が保障されました。この点で個人は，村落的な狭い地域共同体や不平等な身分社会から解放され，より広い世界において自己を実現できるようになりました。近代とは個人の自由と平等が達成された時代です。

しかし，他方，近代とは，国家を1つの単位とした共同体に国民全員を強固に再編した時代ともいえます。近代国家（日本も含む）の目標の1つは，産業社会を発展させることでした。近代国家の公教育は，産業社会を支える従順で勤勉な資質や能力を強制する装置であるという批判もあります。[3]個人は国家という巨大な共同体の中に巻き込まれ，自由で主体的な学習の機会を喪失しているという指摘もあります。[4]

③ 民主主義国家における教育

現代では，教育の制度は国家によって提供されています。そして国民を育成する社会的機能を果たします。しかし，現代的な問題は，共同体＝国家という近代における観念をいかに乗り越えるかにあります。もちろん国家も現代に必要な共同体の1つです。しかし，地球全体を1つの共同体と見なすグローバルな視点，また身近な地域で多様な人々と共生する共同体を構築するローカルな視点と，現代では共同体を重層的に捉えなければなりません。重層的な共同体の成員として生きる資質・能力の育成が，教育の現代的な課題の1つです。

また，国家において民主主義を機能させる教育のあり方を考えることです。民主主義国家は，他の形態の国家と比べて，それを取り巻く情勢や条件の変化に柔軟に適応できます。新しい制度や法などの文化を，国民の側から提案して実現することができます。独裁国家や全体主義国家では，このようなことは許されていません。つまり，民主主義とは，人々に自由な発案を保障し，多様な提案を募り，活発な議論を通じて適切な対応策を形成するシステムなのです。そのようにして人間は集団として柔軟に生存を維持できるのです。[5]

民主主義国家の教育では，読み・書き・算をはじめ知識や技能を子ども達に習得させます。社会参加するために必要だからです。また，民主主義国家の教育では，個性や創造性の育成が尊重されます。情勢や条件が変化した時に，それに適応するための文化の創造力を担保するためです。新しい情勢や条件に適切に適応するためには，できるだけ多様な考えを出し合って，多くの人々の参加によって，その考えを磨き上げる活動が必要だからです。

教育は共同体のあり方と切り離して考えることはできません。共同体を取り巻く情勢や条件は，時間的経過の中で変化します。変化が発生した時に，新しい文化を創り出して柔軟に適応しなければなりません。そのようにして人間は集団として生存を維持できるのです。民主主義は最も混乱なく変化に対応できるシステムです。そのために教育のあり方が重要になります。教育の課題は，子ども達を共同体の成員として社会化するとともに，必要な場合には他の成員と協力して共同体をつくり変えていく社会力を育成することです。個性や自由が尊重され，創造性の育成が保障されるのが民主主義国家の教育です。[6]

（藤井千春）

▷3 フーコー（Foucault, M.; 1926-1984）は，学校は監視・賞罰・試験というメカニズムによって，生徒が進んで産業社会の規律に服する人間にしていると指摘した。
⇒Ⅲ-10 参照。

▷4 イリイチ（Illich, I.; 1926-2002）は，『脱学校の社会』（1971年）で，過度に制度化された学校化社会を批判し，市民的ネットワークの中で個人が自由に学ぶ学習のあり方を提唱した。
⇒Ⅲ-10 参照。

▷5 デューイはこのような観点から民主主義の意義を主張した。
⇒Ⅲ-7 参照。

▷6 門脇厚司は，『子どもの社会力』（岩波書店，1999年）において，既存の社会に適応する能力としての「社会性」に対して，他者と共に社会を構築していく「社会力」とその育成の必要性を提唱した。

1 古代ギリシアの教育
──全体主義・軍国主義と民主主義・市民主義の教育

スパルタとアテナイ

　スパルタとアテナイは古代ギリシアにおける代表的な二大ポリス（都市国家）です。スパルタは全体主義・軍国主義国家として，アテナイは民主主義・商業国家として，現代に至るまで対比的に伝えられています。

2 全体主義・軍国主義国家の教育

　スパルタは前1000年頃，ドーリア人がペロポネソス半島を南下して先住民を征服して建国したと伝えられています。しかし，被征服民が約10倍と圧倒的に多数であり，被征服民の反乱が繰り返されました。そのため，征服民である市民は全員が軍人となり，被征服民を農業奴隷として，軍事力で支配する統治体制がとられました。^注市民は常に被征服民の反乱に備えて，集団的な軍営生活を送っていました。市民には平等な土地所有が実施され，経済的な格差が発生しないように配慮されていました。また，市民は共同で食事を行って連帯感を保ち，娯楽や贅沢は禁じられていました。

　スパルタでは，子どもは国家の所有物と見なされ，一種の優生政策が実施されていました。誕生した子どもは長老達による身体検査を受けなければならず，虚弱児や障害児は生存が許されなかったと伝えられています。子どもは７歳になると両親から離され，「スパルタ教育」という言葉で伝えられるような，軍事教練を中心とする厳しい集団教育が施されました。そこでは読み書きの学習は実用程度にとどめられ，戦闘的で強壮な軍人となるための厳しい訓練が行われました。また，相手の油断を見抜いて，大胆かつ狡猾に行動する訓練も行われ，子ども達は自分達の食糧を他家の野菜畑から，あるいは大人達の会食の場から盗んで調達するようなこともさせられていました。もし見つかり捕えられると鞭で打たれます。このような教育は20歳まで続けられました。

　このようにスパルタでは，独特の全体主義・軍国主義に基づく市民生活と教育が営まれていました。そして，このような市民生活と教育によって，スパルタ人に特有の利己的，保守的，冷酷な性格が形成されたといわれています。

3 民主主義・商業国家の教育

　アテナイは地中海貿易による商業国家として発展し，市民による直接民主主

▷1　スパルタのこのような統治体制は，リュクルゴス（Lycurgus；前8-前7世紀？）によって定められたと伝えられている。30歳以上の市民が民会を構成し，王を含む30人の長老会の指導のもと，市民は任期1年で行政を担当する役を務めた。

義が行われていました。市民はクジによる抽選で評議員や行政担当者に選出されました。アテナイは前490～480年頃のペルシアによるたび重なる進攻を，ポリス連合軍の中心となって撃退しました。そして，アテナイは，対ペルシア防衛のためのポリスの軍事同盟（デロス同盟）の盟主となり，紀元前5世紀の中盤に古代ギリシア世界の覇者として，経済的な繁栄を達成しました。▷2

アテナイでは，**ホメロス**▷3の『イリアス』『オデュッセイア』▷4などの英雄叙事詩が青少年の教材として重視されました。物語に登場する英雄（アガメムノン，オデュッセウス，アキレウスなど）は，知恵，武勇，雄弁，人間性に卓越しています。そのような諸能力の調和のとれた全人的な人間像が，「美にして善なる人」として，アテナイの市民たちの理想像とされました。またスコーレ（shool の語源）と呼ばれる私塾では，体育，音楽，文法などの教育が行われました。アテナイでは，ギリシア彫刻に見られるように均衡や調和のとれた像に美が見出されており，教育では1つの能力に偏ることなく，全人的で調和的な能力を発揮できる人間を育成することが目指されました。

このようにアテナイでは，直接民主主義のもと，それぞれの職業に従事しつつ，主体的にポリスと共に生きる市民の育成が目指されました。しかし，前5世紀後半から政治的な混乱や対スパルタ戦争（ペロポネソス戦争）の長期化と敗北により衰退していきます。アテナイの経済的な繁栄は，市民の間に新しい考え方を生み出しましたが，ポリス市民の紐帯を維持してきた伝統的な倫理を弱める結果にもなりました。他方，スパルタもアテナイとの戦争に最終的に勝利したものの，その後，弱小国のテーバイとの戦争（前371年）での予想外の敗北後，急速に衰退しました。

❹ 両国からの歴史的教訓

スパルタとアテナイの統治体制と教育は，それぞれ固有の歴史的条件に基づいて発展しました。両者は対照的ですが，当時の人間（市民）は，自分のポリスを離れて自由人として生きることはできません。各ポリスは，常にペルシアや他ポリスとの戦争状態にありました。ポリスの敗北は自分の自由人としての生存の喪失を意味し，市民はポリスと運命共同体だったのです。

しかし，両国は多くの歴史的な教訓を残しています。スパルタは統一性のある軍事的な強国でした。しかしテーバイ戦での予想外の敗北後は急速に衰退してしまいます。他方，アテナイはスパルタに対する敗北後は弱小化したものの長く存続しました。しかし，政治的には内部で政争が繰り返され不安定でした。また，スパルタは文化的財産をほとんど残すことなく，その統治体制や教育についてはアテナイ側の文献によってのみ伝えられています。一方，アテナイは現代にも継承されている豊かな文化や芸術を生み出しました。

（藤井千春）

▷2　アテナイはペリクレス（Perikles；前 495? - 前 429年）の時代に繁栄が最高潮に達したといわれる。ペリクレスは民主政を下層市民にまで拡大し徹底した。アテナイの民主主義を指導したリーダーとして歴史的に評価されている。

▷3　**ホメロス**（Homeros；前 8 世紀？）

▷4　トロイア戦争を題材とする『イリアス』『オデュッセイア』では，英雄達が多くの神々と密接に交流する場面が生き生きと描かれ，キリスト教以前のヨーロッパ世界における明るい人間観や現世肯定的な世界観が示されている。

（参考文献）

太田秀通『スパルタとアテネ』岩波書店，1970年。

近代市民社会と公教育制度

 公教育制度

　ヨーロッパにおいて民衆への教育は，市民革命以前には主として教会によって行われていました。

　公教育制度とは，市民革命を経て誕生した近代西欧型民主主義国家において整備・運営されている，すべての国民を対象とした学校教育制度です。

　公教育制度は，次の三原則に基づいて運営されています。

①無償（義務教育に関しては授業料を徴収せず，公費によって運営する。）

②義務制（子どもの就学保障を親権者や公権力などの義務とする。）

③宗教的中立（国家や地方公共団体などの世俗の公権力が運営し，教会などの宗教による教育への干渉を排除する。）

　イギリス，フランス，ドイツ，アメリカなどでは，市民革命後の19世紀の当初にこのような三原則に基づく公教育制度の設立が提唱され，その後の約100年をかけて整備され，1900年頃にこのような教育制度は完成されました。

② 民主主義国家を支える人材の育成

　市民革命によって誕生した近代国家では，国民が平等な権利をもち，身分によらずに全国民の中からリーダーを選び，国民によって国家を運営していくという，民主主義の制度が採用されました。

　そのためには，門地や貧富にかかわらず，すべての国民に教育を受ける機会を平等に保障しなければなりません。優れた人がリーダーになるためにも，また，そのようなリーダーを選び，国の政治に主権者として参加できるためにも，すべての国民が教育を受けることは不可欠の条件なのです。そのために無償で義務制の教育制度を国家が提供することが必要とされたのです。

　また，市民革命は絶対王政を否定して遂げられました。絶対王政時代は，国王が国民を支配する権限は神から与えられたと主張されました（王権神授説）。国王は教会に便宜を与える代償として，王権は神から与えられたという考えを教会に認めさせました。このためフランス革命では，王権神授説は絶対王政を支えてきた非合理な説として強く否定されました。そのような観点から，宗教界（教会）の教育に対する影響力を排除したのです。また，国民の間での宗教的な対立は，国家的な統一の妨げとなります。

▷1　西欧近代とは，教会による精神的支配から人間が独立していく過程である。宗教的中立性は，人間の精神形成を世俗の市民国家が行うことの宣言といえる。

③　産業国家を支える人材の育成

　近代国家では，民主主義の確立とともに，国民全員が力を合わせ近代的産業の発展に邁進することが課題でした。このためには優秀な産業界のリーダーと一定共通の知的能力を有する勤勉な労働者の育成が必要でした。

　産業労働者には，読み・書き・算に関する一定共通の知的能力と規律や命令に従順に従う態度や勤勉性が求められます。近代の学校教育はしばしば工場との類似性が指摘されています。近代的産業を発展させるためには，人々を工場労働に適した一定の規格化された人材として育てることが必要だったのです。

　また近代の世界は，国家を政治的・経済的に重要な単位として動いてきました。この点で教育では，愛国心に溢れる国民を育成することも課題となりました。このために学校教育を通じて，国民の間で言語の共通化と歴史物語の共有が図られ，国民精神を統一することが目指されました。同じ言語，歴史，文化を有する国民としての意識を生み出す役割を担ってきました。

　近代国家では，いずれの国の教育でも国語と自国史の教育が重視されています。近代国家は，国民が主人公であるとともに，それぞれの国家の国民を生み出すために，精神的に統一するための教育が行われたといえます。[2]

④　西欧各国の公教育制度成立に至る歴史的経過

　各国では，いずれも19世紀の約100年間を通じて公教育制度は整備されますが，成立に至る契機や経過は各国の歴史的な状況によって異なります。

　わが国の公教育制度は，明治維新後の学制（1872年）から整備が開始されました。そして，短期間で西欧各国とほぼ同じ頃に完成されました。

○イギリス

　イギリスでは1760～1830年頃に産業革命が達成されました。

　しかし，産業革命は人々の社会生活に大きな変化と新たな問題を生み出しました。特に深刻な問題は，工場での長時間にわたる低賃金での児童労働の悲惨な実態でした。また，低賃金による児童労働や女性労働は，成人男性の失業と表裏一体の問題でした。産業都市におけるスラムの形成，そこにおける家庭生活の崩壊，犯罪の多発，モラルの低下など，子どもの健全な育成をめぐる環境は劣悪な状況になりました。[3]

　そのような中，**オーエン**は，人間形成における環境の重要性，すなわち，子どもは博愛に満ちた知的な環境の中で教育を受けることにより健全な性格が形成されると主張しました。そのような観点から労働者の待遇改善を求めて，工場法の制定に尽力しました。[4]

　工場法は1802年に初めて制定されました。そして，工場主に対して雇用児童の就学を義務づける「教育条項」という形式で，労働児童の健康や教育に対す

▷2　学校教育において愛国心の育成が重視されたのは，近代的な国民国家の形成過程においてだった。富国強兵を推進するためには国民の意識を覚醒し，そこに向けて国民の精神を愛国心として統一することが必要になった。

▷3　産業革命は，動力機械の使用による工場での大量生産という生産方式の転換だけではなく，人々の生活様式についても大きな転換を引き起こした。家族単位で生産活動に従事するという農村の生活様式が解体された。工業都市の職住分離の家庭生活への転換は，教育的に重大な意味を有している。

▷4　**オーエン**
(Owen, R.：1771-1858)

▶5　1833年に改正された工場法では，労働児童に対する保護や教育に関する条項が大きく改善された。

る国家の責任を明確にしました。工場法はその後，改正が繰り返されて次第に児童労働の制限と労働児童の就学の権利保障が強化されていきました。[5]

イギリスでは，民衆の子どもに対する教育は，宗教団体の寄付によって運営される慈善学校で行われていました。それらは民間団体によって運営され，労働児童が通う「日曜学校」と，不就労の子どもが平日に通う「助教制学校」とがありました。いずれも資金難のため質的に高い教育を行うことはできませんでした。そして，1833年に国庫補助金制度が成立し，さらに1839年にそれらの学校に対する国の監査制度が定められました。このようにして次第に資金的にも監督においても，民衆の子どもに対する教育は宗教的な民間団体から公権力の統制のもとに組織されていきます。そして，1870年に「イングランド及びウェールズにおける初等公教育を提供する法律」が制定され，1880年に義務制が確立，1918年には完全な無償制が実現し，公教育制度は完成されました。

▶6　啓蒙主義とは，人間の知的能力を信頼する立場である。人々が新しい科学的な知識を発見し，人々が共有することによって，世の中の不合理な考え方が次第に排除され合理的な社会が実現すると主張された。

○フランス

フランスでは，フランス革命の理念を全国民に教育し，民主主義国家の国民としてフランス人を統合する目的で，公教育制度の整備が提唱されました。[6]

1791年に制定されたフランス憲法では，身分にかかわらず全国民を対象とした無償の公教育制度を組織することが定められました。しかし，その後，**タレーラン**[7]や**コンドルセ**[8]，**ロベスピエール**[9]，**ルペルチェ**[10]がそのための具体的な法案を作成しますが，いずれも革命後の混乱の中で実現されることなく廃案となりました。これらの中でもコンドルセによる案では，公教育を国民に対する国家の義務として定め，また，教育行政の政治的中立性，教育内容の無宗教性が主張されていました。また，そのほかにも能力主義，単線型学校体系，男女共学，無償制と奨学制度，学校の全国均等配置など，現代の教育行政の基本原理として発展する考えが示されていました。

▶7　タレーラン
(Talleyrand-Périgord, C. M.；1762-1835)

▶8　コンドルセ
(Condorcet, M.；1743-1794)

▶9　ロベスピエール
(Robespierre, M.F.M.I.；1758-1794)

▶10　ルペルチェ
(Lepeletier, L.M.；1760-1793)

その後，1881年に無償制，1882年に義務制，1886年に小学校の教員を非聖職者に限定する宗教的中立性が確立し，公教育制度は完成されました。

○ドイツ

ドイツは，三十年戦争の影響で産業の近代化に立ち遅れ，しかも多数の小領邦国家に分裂していました。比較的大国であったプロイセンでは，啓蒙専制君主と呼ばれた**フリードリヒ大王**[11]のもとで，国家主導の「上からの近代化」が推進されました。1763年の「一般地方学事通則」では国民の就学義務が規定されました。しかし，国家の富国強兵の道具として働く「忠良な臣民」の育成という色彩の強い教育が行われました。

▶11　フリードリヒ大王
(Friedrich Ⅱ；在位1740-1786)

その後，1806年の対ナポレオン戦争敗北とフランス軍の占領によって，プロイセンに自由主義的な改革が実行され，また，ドイツの国家統一の機運が盛り上がりました。言語学者である**フンボルト**[12]は，文部大臣としてジューフェルン教育法案をまとめ，ドイツの国民的な統一を目指した教育制度を提案しました。

▶12　フンボルト
(Humbolt, K.；1769-1859)

また哲学者の**フィヒテ**は『ドイツ国民に告ぐ』でドイツ人の愛国心を鼓舞し，言語や文化の共有を根拠にドイツの統一を訴えました。

しかし，ジューフェルン教育法案はウイーン会議後のヨーロッパの反動の嵐の中で実現されませんでした。その後，1871年，宰相の**ビスマルク**によってドイツは統一され，1872年の「学校監督法」では，学校に対する国家の監督権と宗教的中立性が明確にされ，同年の「一般諸規定」では，学校教育に関するさまざまな制度や規則が整備されました。そして，1887年に無償制が確立して，公教育制度は完成されました。

◯アメリカ

アメリカでは，植民地時代より子どもに対する教育は熱心に行われていました。1642年のマサチューセッツ教育法では両親や親方に対する教育義務が，1647年の改正法では小学校や中等教育学校の設置についての規則が定められていました。しかし，植民地時代の教育は宗教的な必要性に基づくものでした。宗教的自由を求めてアメリカにやってきたピューリタンにとって，聖書を自分で読めることは，神と結びつくために不可欠な能力でした。

独立後のアメリカでは，行政組織や産業が次第に発達し，優秀な実業家，行政官，政治家などの実務家が必要になりました。**フランクリン**は1749年，ペンシルヴァニア州で実務家を養成するための中等学校の設置を提案しますが実現できませんでした。また，**ジェファーソン**はヴァージニア州知事時代の1779年に「知識の一般的普及に関する法案」を提出し，才能ある人を教育によってリーダーとして選抜していくことを目指し，実務家を養成するための学校教育制度を提案しました。しかし，この法案も財政的な理由などから実現されませんでした。

その後，**マン**によって，すべての子どもを対象として共通の教育を行う，公営，無償，非宗教，義務制の原理に基づくコモン・スクールの設置が，1852年にマサチューセッツ州で就学義務規定によって実現しました。そして，その後，コモンスクールの設置は全米へと広がり，州ごとに公教育制度が完成されていきました。

⑤ 公教育制度に対する批判と新たな原理の必要性

近代批判の思想家である**フーコー**は，学校を規律訓練的権力によって，特定の規律に子ども達を主体的に従うように訓練する機関であると批判しました。また，**イリイチ**は，制度化された学校に学習が独占されている社会を批判し，脱学校論を提唱しました。

しかし，グローバル化されて多文化の共生が課題とされる現代では，学校教育には人々を統合する新たな公共性の原理が求められています。

（藤井千春）

▷13 フィヒテ
(Fichte, J.；1762-1814)

▷14 フランスの啓蒙主義に対して，ドイツではドイツロマン主義思想が展開された。そこでは人々の間での，あるいは人間と自然世界や神との有機的な連続が強調され，その中での調和的な生き方が重視された。

▷15 ビスマルク
(Bismark, O.；1815-1898)

▷16 アメリカはプロテスタントの一派で，当時のイギリスで宗教的に弾圧されていたピューリタンによって本格的な入植が開始された。17世紀のアメリカの入植地は，一種の宗教的な共同体として生活が営まれていた。

▷17 フランクリン
(Franklin, B.；1706-1790)

▷18 ジェファーソン
(Jefferson, T.；1743-1826)

▷19 マン
(Mann, H.；1796-1859)

▷20 フーコー
(Foucault, M.；1926-1984)
⇒Ⅲ-10参照。

▷21 イリイチ
(Illich, I.；1926-2002)
⇒Ⅲ-10参照。

（参考文献）
江藤恭二ほか（編著）『西洋近代教育史』学文社，1979年。
藤井千春（編著）『時代背景から読み解く西洋教育思想』ミネルヴァ書房，2016年。

3　新教育運動

1　新教育運動の発生

　新教育運動とは，19世紀末にヨーロッパで発生し，その後，20世紀初頭にかけてアメリカやわが国でも展開された学校教育の改革運動です。この頃，国家による公教育制度の整備はほぼ完成しましたが，指導内容や指導方法については画一的・注入的で低い水準にとどまっていました。[1]一方，産業社会の発展により都市中産階級が成熟し，新教育運動は都市中産階級による，学校教育に対する別の選択肢の要求として展開されました。新教育運動は，近代的な教科の重視，活動主義，自主性や個性の尊重，全人主義などを特色とし，現代でも多くの学校の教育実践にその理念と活動は受け継がれています。

2　イギリスでの発生

　新教育運動はイギリスで中等教育学校の改革として始まりました。レディー[2]は1889年にアボッツホルムに小さな寄宿学校を開設し，園芸，農耕，飼育，手工的作業，音楽，絵画などを重視した活動主義の教育を行いました。また，寄宿舎では生徒達による自治活動を重視しました。当時の中等教育学校であるパブリックスクールでは，ギリシア語やラテン語などを中心とした古典的教養の伝統的な教育が行われていました。それに対して，レディーの学校では，近代的職業に対応するような教科や活動が重視され，自主・自立的な産業社会のリーダーを育てる教育が目指されました。

　フランスでは，ドモラン[3]がレディーの影響を受け，1899年，パリ郊外にロッシュの学校を開設しました。

3　ドイツへの広がり

　アボッツホルムの学校で教師を経験したリーツ[4]は，1898年，ベルリン郊外のイルゼンブルクに初等教育のための寄宿学校を開設しました。この学校は田園教育舎と呼ばれました。子ども達は自然環境に恵まれた中で，農耕，飼育，木工・金工などの労作活動に取り組み，自然の中での遊びや寄宿舎での自治的な共同生活をしました。そのようにして，知・徳・体の調和的・全面的な発達を目指す全人教育が行われました。[5]

　一方，オットー[6]は，当時の公教育の学校を「懲罰学校」「強制学校」と批判

▷1　公教育制度は19世紀末までにほぼその「量的な整備」は完成した。しかし，言葉を覚えさせるだけ，あるいは体罰で脅しつつ読み・書き・算を習得させるなど，指導内容は貧弱で指導方法も拙劣な水準にとどまっていた。

▷2　レディー
(Reddie, C. ; 1858-1932)

▷3　ドモラン
(Demolins, J. E. ; 1852-1907)

▷4　リーツ
(Lietz, H. ; 1868-1919)

▷5　自然豊かな環境の中で，自然世界や学ぶ仲間と一体性を感じつつ人間性の調和的発達を目指す点にドイツの新教育運動の特色がある。このような考え方に基づいて，青少年のワンダーフォーゲル運動（山野の自然の中を徒歩旅行する青年たちの活動）が始まった。

▷6　オットー
(Otto, B. ; 1859-1933)

し，「子どもから」という発想のもと家庭教師学校を開設して独自の教育活動を展開しました。オットーは，子どもは「問う存在」であり，自らの認識衝動に基づいて探究を開始すると考えました。また，子どもの興味関心は未分化であり，子どもの学習活動を教科別に行うことはできないと考えました。そのような考え方に基づいて，オットーは，子ども達に話し合い活動を通じて興味・関心を深化させること，及び合科教授によって探究活動に総合的に取り組ませることを主張しました。オットーのこのような考え方は，わが国において生活科を新設する際にその論拠とされました。

また，**ケルシェンシュタイナー**[7]は，ミュンヘン市の視学官として，自然や生活圏の探究を中心とした「実科」「世界科」の教科の採用を提案しました。また，学校に調理，栽培，飼育，工作，実験などを行う施設を設置し，協力的に労作活動を行うことを通じて，子ども達に社会性を育成することを目指しました。

④ アメリカでの新展開

1900年前後のアメリカでは，産業社会の急速な発達に伴う社会的対立が深刻な問題となっていました。人々をどのように社会的に統合して民主主義を再構築するかが重大な課題となっていました。**デューイ**[8]は，学校を子ども達が民主主義の生活の方法を学ぶ場とすることを提唱し，シカゴ大学附属実験学校で教育活動の指導にあたりました。デューイは学校を「小型の共同体・胎芽的な社会」とすることを目指しました。そして，教科の知識習得を中心とした学習活動から，「行うことによって学ぶ」という原理のもと，子ども達が自らの興味に基づいて協力的に製作や探究に取り組む，「しごと（オキュペーション）」を中心とする学習活動を実施しました。

⑤ 新教育運動の流れを受け継ぐ諸学校

新教育運動の理念を受け継ぐ学校は，現在でも世界各地に存在し，独自の教育理念に基づく教育活動を発展的に展開しています[9]。

シュタイナー[10]の自由ヴァルドルフ学校は世界各地に開設され，独特の方法で子どもの身体，感性，知性の発達を助けています。**フレネ**[11]の学校で行われている，子ども達の自由作文を教材にした授業は，世界中の多くの教師に採用されています。**ニイル**[12]が目指した，自分の人生の主人公として生きる人間を育てる教育は，現在でもイギリスのサマーヒル・スクールで継承されています。

わが国でも成城学園初等学校（成城小学校）や玉川学園などの私立小学校，奈良女子大学附属小学校などの大学附属小学校では，大正自由教育期にわが国に伝えられた新教育運動の理念を発展的に継承した教育活動が現在でも行われています。

（藤井千春）

▷7 ケルシェンシュタイナー
(Kerschensteiner, G. M.；1854-1932)

▷8 デューイ
(Dewey, J.；1859-1952)
⇒Ⅲ-7 参照。

▷9 20世紀になると新教育運動は知識体系の軽視などの批判や国家による産業推進優先のもと，運動そのものは大きな壁に突きあたった。しかし，その後もその理念は，教育者達の間で常に継続的に支持されている。

▷10 シュタイナー
(Steiner, R.；1861-1925)
⇒Ⅲ-9 参照。

▷11 フレネ
(Freinet, C.；1896-1966)
⇒Ⅲ-9 参照。

▷12 ニイル
(Neill, A. S.；1883-1973)
⇒Ⅲ-9 参照。

（参考文献）

藤井千春（編著）『時代背景から読み解く西洋教育思想』ミネルヴァ書房，2016年。

現代の学校教育の動向

1　チャータースクール

　チャータースクールはアメリカにおいて，1990年代から現在にかけて増加傾向にある新しい公立学校のあり方です。公費によって運営されるという点においては公立学校ですが，その運営計画に関しては，保護者や地域住民，教師らによって計画され，認可を受けるという形になっています。日本国内においても導入が一時検討されたものの，その際は実現に至りませんでした。しかし，大阪市立水都国際中学校・高等学校が，公設民営学校として2019年に開校しています。通常，私立の学校は学校法人によって設立され，私学助成金などで運営を行いますが，公設民営の学校では公費から費用が捻出されます。

2　教育バウチャー

　教育バウチャーは使用目的を教育に限定した金券を配布し，多様な教育の中で自分にあった学校を選びやすくする制度です。[1]アメリカなど海外では積極的に行われており，日本でも2000年代にその導入が公教育において検討されました。現在，日本国内においては，塾や習い事などの私教育で行われる学校外教育バウチャーの実践が見られます。このバウチャーは個人に対して直接支給される形式もありますが，集まった児童生徒数に応じて補助金などの形で支給される形式もあります。

3　ホームスクーリング

　ホームエデュケーション，またはホームベイスドエデュケーションとも呼ばれ，学校に通わずに自宅で学習する形式であり，アメリカで盛んに行われています。ホームスクーリングは学校に馴染めないことや，宗教上の理由などで選択されるケースも多いですが，一方で，教育内容をより個人化することを理由に選択されるケースも増えています。近年はインターネットの普及に伴うeラーニングの普及も影響し，ホームスクーリングを選択する家庭が今後増加する可能性があります。

4　フリースクール

　フリースクールは**ニイル**[2]の思想の影響を受けた学校で，子どもが自身の今日

▷1　教育バウチャーは，フリードマン（Freedman, F.）が『教育に関する政府の役割』（1955年）の中で提唱した。

▷2　ニイル
（Neill, A. S. ; 1883-1973）
⇒ Ⅲ-9 参照。

的な関心に基づいて教育課程を編成する学校形態です。ニイルによって創設された，イギリスのサマーヒル・スクールなどが知られています。特定のカリキュラムに縛られず，多くの場合，子どもの自主性によって学習活動が支援されます。日本においてはきのくに子どもの村学園など一部の学校を除いて，不登校の児童生徒の駆け込み寺的な側面が強くなっています。公的な学校ではない場合，フリースクールへ出席していても，義務教育段階では公立学校に在籍していることになり，二重籍の課題が生じています。2016年には「義務教育の段階における普通教育に相当する教育の機会の確保等に関する法律」が制定され，具体的な支援のあり方について，今後検討されることとなっています。

⑤ 教育特区

　元々は2002年に小泉純一郎政権下で行われた構造改革特区の中で，教育に関する分野で認定された特区を指します。教育特区の認定を受けると従来の国の規制が一部緩和され，地方公共団体や民間事業者によって，必ずしも学習指導要領によらない教育などを行うことができます。また，従来の私立学校は学校法人によって設立されていましたが，この特区認定を受けた場合は，学校法人ではない民間事業者も学校を設立することができるようになりました。また，公立学校の運営を民間に開放する取り組みなども行われています。しかし，この教育特区はその内容を全国展開することを基本としており，全国化に伴いその特色を失うケースも多く見られます。また，株式会社立の学校の一部閉校なども見られ，今後の展開に向けての課題も残されています。

⑥ 日本における現代の学校教育

　その他，日本国内においても，従来の学校教育を変えるようなさまざまな動きが見られています。「シュタイナー教育」や「モンテッソーリ教育」などは，これまで**オルタナティブ教育**と呼ばれていました。しかし，**イエナ・プラン**，**ドルトン・プラン**など，各種教育を行う学校の設立が日本国内でも各地で進んでいます。また，高等学校を中心に，「**国際バカロレア**」のカリキュラムで教育を行う学校も増加しています。そのほか，学び直しの機会や外国人の子息に日本語の学習機会を提供する「夜間中学校」も，近年その設立が増加しています。

　こうしたさまざまな新しい学校によって，選択肢が増え，より一人一人に合った教育が提供されることは望ましいことですが，一方で，この多様化の流れが市場原理・競争原理と結びつくと，本来の教育のあり方が失われてしまうという危惧があることも，忘れてはなりません。

（岡村健太）

▷3　構造改革特区に加え，2011年に始まった総合特区，2013年に始まった国家戦略特区の特区へと制度改正が行われている。

▷4　**オルタナティブ教育**　オルタナティブ（alternative）の訳語から，代替教育とも呼ばれる。ここで扱った，チャータースクール，ホームスクーリング，フリースクールなどもオルタナティブ教育に分類されることが多い。

▷5　**イエナ・プラン**　⇒Ⅸ-1参照。

▷6　**ドルトン・プラン**　⇒Ⅸ-1参照。

▷7　**国際バカロレア**（International Baccalaureate）　スイスで設立された非営利組織である国際バカロレア機構が認定する教育プログラムを指す。IBと略されることも多い。国際バカロレアのカリキュラムを受け，認定試験に合格することで修了資格が授与されるが，その資格と最終試験のスコアは国際的にも評価されるため，海外の大学への進学や一部の授業免除にもつながる。日本国内の大学においても，国際バカロレアのスコアを利用する入試形態を実施している大学が増えている。

5　日本の江戸時代の教育

① 文治主義の江戸時代

　江戸時代はおよそ260年の間，平和な時代が続きました。その間，武力ではなく学問によって社会を治めようとする文治主義の考え方が社会の主流でした。このため，身分階層の上位にあった武士は，武力だけでなく，学問も身につけることが求められました。

　そのための教育機関としての役目を担ったのが，昌平坂学問所です。昌平坂学問所は，**林羅山**が設立した家塾から始まりました。**寛政の改革**の時には朱子学が官学とされ，その後，幕府直営の学校として，江戸時代における儒学教育の中心的教育機関となりました。このような江戸幕府の教育機関設立の動きに連動して各藩でも儒学が重用され，全国に文治主義が浸透していきました。

② さまざまな教育機関の登場

　戦乱のない平和な江戸時代には，さまざまな形態の教育機関が登場し，発展しました。では，江戸時代の人々は，どのような場所で教育を受け，どのように学習していたのでしょうか。以下，江戸時代の教育機関と教育内容に注目していきます。

○藩校について

　江戸時代は，各地域が藩によって統治されていました。藩内部では，藩政改革の一環として，家臣に対する教育のために藩校が設置されるようになりました。藩校は，主に藩士やその子弟に向けて設けられた教育機関です。さまざまな規模のものがありましたが，多くは講堂や武術稽古場などの施設を備えていました。江戸前期に設置された藩校は儒学を中心として教授するものでしたが，時代が進むと，学習する内容も変化していきました。そして，藩校で学んだ武士階級の子弟は，後の時代において重要な人材として活躍するようになっていきました。

　また，藩が設置した教育機関として他に郷学があげられます。郷学は，藩が藩士の子弟のためにつくったもの，領民教化のために設置したものなどいくつかの種類に分けることができます。郷学の教育内容などは藩校をモデルとして設定されていました。このように各藩では，武士のための教育が充実していたのです。

▷1　林　羅山
(1583-1657)

▷2　寛政の改革
1787年から老中松平定信によって開始された改革のこと。この改革の一環として定信は，学問所では朱子学以外の学問を禁止する「寛政異学の禁」を行った。

○寺子屋について

　江戸時代には，藩による武士のための教育だけでなく，庶民に対する教育も大きく発展しました。経済の発展によって知識・技術を獲得することが重要になってくると，貧富・身分の差に関係なく，人々は教育を受けるようになります。また，生産量拡大や技術改善についての手法を理解するために文字を読む能力の必要性が高まったので，文字文化は人々の間に急速に広がっていきました。

　このような状況の下で，民衆教育に重要な役割を担ったのは寺子屋でした。寺子屋は，商人や農民といった身分にかかわらず，子どもが学習する場でした。寺子屋には決まった入学年齢はなく，特別な入学資格なども必要ありませんでした。多くの寺子屋は一人の教師と一つの教室という非常に小規模なもので，教師の自宅が使用されていました。そのような寺子屋の経営は，主に通っている子どもの父兄からの謝礼によって成り立っていました。謝礼は時代や地域によって異なり，その土地の産物や日用品であったとされています。

　そして，寺子屋では，子どもは初めに「いろは」を習うことから始まり，次に人名や地名などの単語を学びます。さらに，商人の子どもの場合は「商売往来」，農民の子どもの場合は「百姓往来」というように，それぞれの仕事に関連した単語を集めた**往来物**[3]で学習しました。寺子屋に通う子どもたちは，こうした往来物を手本として文字の書き方を何度も練習し，教師に添削をしてもらっていました。また，往来物に示された庶民生活に必要な知識や常識を学習することで，地域社会の一員として成長することができたのです。

○私塾について

　個人によって開設された教育機関として，他に私塾があります。私塾の教師は主に民間の学者である場合が多く，その教師個人を慕って，さまざまな身分や出身地域の生徒が入塾しました。私塾では，主に儒学が多く学習されていましたが，時代が進むと**蘭学塾・国学塾**[4]が登場し，儒学以外の多様な学問も教授されるようになっていきました。

　私塾は，自由に学問に取り組めること，さらに，身分にかかわらず入塾できたことから，多くの人々の間で広まり，その数を増やしていったのです。

（雨宮和輝）

▷3　往来物
当時の社会生活などを示した寺子屋の教科書に該当する教材。いくつかの書簡を収録したもので，身分や地域，職業別のさまざまな往来物が存在していた。

▷4　蘭学塾・国学塾
蘭学とは，主に当時のオランダを通じて輸入されてきた西洋学問のこと。国学とは，儒教や仏教が伝来する前の日本の古代文献を研究する学問のこと。

【参考文献】
　石川謙『寺子屋（日本歴史新書）』至文堂，1960年。
　石川松太郎・大戸安弘・寿福隆人・関山邦宏・多田建次・四方一弥『日本教育史』玉川大学出版部，1987年。
　大石学『江戸の教育力』東京学芸大学出版会，2007年。

6 日本の公教育制度の成立

❶　近代国家の成立と「学制」

　明治時代は，欧米列強により東アジアの植民地化が進められた時代でした。日本は国家の独立のため，「富国強兵」を国家目標とし，経済発展と軍事力の強化を推し進めます。このような状況の中，近代的公教育制度の確立は，国家を支える人材育成のために急務となりました。そこで，明治政府は，1872（明治5）年にフランスの教育制度を参考にした「学制」を頒布します。

　学制では，「国民皆学」の理念のもと，男女の差なくすべての子どもが学ぶことができる教育制度が目指されました。しかし，学制は財政的基盤に乏しく，また「受益者負担」を前提としたため，学校の建設費を地域住民が支払い，授業料も有料であるなど，国民への過重な負担となりました。特に，働き手として家業を手伝っていた子ども達が学校に通うことは，農村では大きな負担でした。また，教育内容も西洋の知識の直輸入であるなど，人々の望むものとはかけ離れていました。このため，学制に反対する国民の声が相次ぎます。

　このような学制への批判を受け，政府は1879（明治12）年に「教育令」を制定します。この教育令は，就学に関する規定を緩和することで就学率の向上を目指したり，教育の権限を地方に移譲し学校設置を促進したりするなど，より柔軟な制度となりました。しかし，実際には就学率が低下し，さらには自由民権運動の広がりに対する政府の危機意識の高まりにより，1年後に改正され，結果的に教育に対する国家の規制が強まることになりました。

❷　近代立憲国家体制の確立と公教育制度

　1880年代後半から90年代は，日本が近代立憲国家としての体制を整えた時期です。たとえば，1889（明治22）年には**大日本帝国憲法**が発布され，翌90（明治23）年には帝国議会が開設されました。また，これらに先立つ1885（明治18）年には内閣制度が成立し，初代文部大臣に**森有礼**が就任しています。森は近代立憲国家にふさわしい教育制度を整備するために，1886（明治19）年に「小学校令」「中学校令」「師範学校令」「帝国大学令」を公布しました。これらの法令をまとめて「学校令」と呼びます。この学校令により，小学校，中学校，帝国大学からなる近代的な学校体系が確立されました。そして，この学校体系は戦前の学校制度の基本的な枠組みとなります。

▷1　具体的には，全国を8大学区に，各大学区を32中学区に，各中学区を210の小学区に分け，大学区には大学校を，中学区には中学校を，小学区には小学校を各1校設置する構想であった。結果的に創設された小学校の設置数は約2万4,000校で，現代の小学校数を超える数であった。

▷2　自由民権運動とは，明治政府に対し民主的な改革を要求した政治運動。薩摩藩や長州藩出身者らによる専制的な政治を批判し，立憲体制を整え国会を開設することや言論の自由，集会の自由の保障などを要求した。このような動きに対し，政府は教育に対する国家的統制を強め，国家に従順で帝国主義的な国家目的や政策を積極的に支持する「臣民」の育成を目指すことになる。

▷3　**大日本帝国憲法**
1889年2月11日に発布された憲法。ドイツの憲法を参考に，伊藤博文らにより起草された。近代的立憲体制の基礎となる憲法であり，立憲君主制により政府が強力な統治権をもつ国家体制が整えられた。一方，国民は「臣民」として，その権利が大きく制限された。1947年の日本国憲法施行により廃止。

▷4　**森　有礼**
(1847-1889)

具体的には，次のような制度となっています。まず，小学校は6歳から14歳までの8年間を対象とし，修業年限4年の尋常小学校と高等小学校が設けられました。そして，尋常小学校が義務教育化されます。しかし，この時点でも小学校の授業料は有料であり，就学免除の規定もあったことから，就学率は十分に高まりませんでした。さらに，経済的負担を軽減するため修業年限3年以内の簡易科の設置が認可されるなど，統一的な制度にはなりませんでした。

また，中学校は尋常中学校（5年制）と上級校の高等中学校（2年制）の2種から構成され，帝国大学への予備教育機関として位置づけられました。帝国大学は国家のために有用な研究をする場とされ，国立（官立）の大学のみ設置が認められ，私立大学は認められませんでした。教員を養成するための師範学校では，全寮制を基本として日常生活を通じた人間形成が重視されるとともに，「兵式体操」などの軍隊式の教育方針が採用されたことに特徴があります。

❸　就学率の高まりと公教育制度の成立

「学校令」により日本の公教育制度の基本的な枠組みができあがりましたが，子どもの就学率は十分に向上しませんでした。そこで政府は1900（明治33）年に小学校令を改正し，簡易科を廃止するとともに，尋常小学校の修業年限を4年に統一し，義務教育年限も4年と明確に定めました。この改正で特に重要な点は義務教育費が無償とされたことです。さらに，将来的な義務教育年限の延長を視野に，尋常小学校と高等小学校を併置した尋常高等小学校の設置も推奨されています。この改正により，小学校の就学率は徐々に上昇し，1902（明治35）年には約90％が就学するなど，日本の公教育制度が制度的に整えられました。

さらに，その後も小学校の就学率は上昇し，1905（明治38）年には95％を超えました。このような動向を受け，1907（明治40）年には再び小学校令が改正され，義務教育の年限が6年間に延長されます。この改正によって6年間の義務教育を基盤とする日本の公教育制度が名実ともに確立したのでした。

一方で，公教育制度を確立させる過程で，中等教育機関への女性の進学が制限され，高等教育からは女性が排除されてしまいました。この背景には，女性は家庭で役割を果たすものとする「良妻賢母」の理念があります。また理想的な国民としてのあり方を説く「教育ニ関スル勅語」の発布や教科書国定化により，教育目的や内容に対する国家統制が強まるなど，公教育制度の国家主義的性格も強められる結果になりました。これらの公教育制度の国家主義的な性格は，第二次世界大戦後の教育改革により，教育基本法に基づく新しい公教育制度が成立するまで存続し，日本の教育を特徴づけることになります。

（野口穂高）

▷5　私立大学は，1918（大正7）年に公布された「大学令」によって認められるようになった。

▷6　師範学校の教育には，軍隊式・兵営式という教育方針のもと，軍事教練や兵式体操が重視された点，寄宿舎における没個性的な生活指導や生徒間における強固な上下関係による統制があった点など，国家主義的，閉鎖的な性格が指摘されている。このため，戦前の師範学校では「師範型」と呼ばれる「形式的」「画一的」「事なかれ主義」で，帝国主義的な国家の教育目標に従属する教員を多数養成する結果となったとの批判がある。

▷7　男女の性別役割分業を前提に，男性は社会で働き，女性は家庭で良き妻，賢き母として，その役割を果たすという考え。戦前の学校体系においては，この「良妻賢母」の理念のもとで男女別学を基本とし，女性の中等教育は，男性とは異なる「高等女学校」を中心に行われることになった。また，教育内容においても男性と女性とでは異なる内容となっていた。

【参考文献】
　佐藤秀夫『教育の歴史』放送大学教育振興会，2000年。
　柴田義松・斉藤利彦（編）『教育史』学文社，2005年。

7 大正自由教育

▷5　ヘルバルト派は，ドイツのヘルバルト (Herbert, J. F.；1776-1841) の学説をもとに発展した学派。日本では，ハウスクネヒトや谷本富らにより，「予備」「提示」「比較」「総括」「応用」の五段階によるラインの五段階教授法が紹介された。ヘルバルトは，「教授」に主体的な人格を形成する機能を期待したが，日本の教育現場に受容される過程で効率よく知識を注入する方法として形骸化され，詰め込み式の注入教育の性格を強めた。
⇒ Ⅲ-6，Ⅸ-1 参照。

▷6　教育ニ関スル勅語
1890年に制定された教育の国家目的を示す文書。明治天皇の勅語という形で発布された。前文において，日本の歴史を万世一系の天皇による統治とそれを支える「臣民」の忠誠により発展してきたものと述べる。そして，忠孝をはじめとする徳目を掲げ，「臣民」としての理想的なあり方を示した。この「教育勅語」は，教育の最高目的として近代日本の学校教育に大きな影響を与えた。

1 大正デモクラシーと大正自由教育

　1914年，欧州で第一次世界大戦が勃発しました。この戦争は，1919年のパリ講和会議で締結されたヴェルサイユ条約により終結します。戦争の悲惨さに直面した欧州の社会を中心に，世界的に平和を求める声が強まり，国際平和を実現するための教育が求められるようになりました。このような状況の中で，**エレン・ケイ**により，子どもの自然な成長・発達に基づく学校改革の必要性を提唱する『児童の世紀』が出版されると，世界的な共感を呼びます。そして，欧米を中心に，子どもの個性と自主性を尊重する新教育運動が展開されるようになります。代表的な人物としては，フランスの**ドモラン**，ドイツの**リーツ**，アメリカの**デューイ**などがあげられます。日本でも，産業の発展や市民社会の成長を背景に，大正期にはデモクラシーと呼ばれる自由主義的な思潮が高まります。欧米諸国における新教育の広がりと，国内の自由主義思想の高まりを受けて，日本の教育者達の中にも新しい教育を生み出そうとする動きが出てきました。この時期に実践された自由主義的な教育を「大正自由教育」と呼びます。

2 大正自由教育の実践者達

　明治以降，日本の小学校教育では，ヘルバルト派による五段階教授法が受容されました。しかし，この教授法は次第に形式化し，子どもの状況や教科の違いなどを考えずに，理論的枠組みに当てはめただけの授業が増加します。とりわけ大正期には，教師中心の画一的で詰め込み式の一斉教授が日本の学校を覆っていきます。また，「**教育ニ関スル勅語**」及び国定教科書制度により，教育の目的や内容も，帝国主義的発展を目指す国家とそれを支える「臣民」の育成という，国家主義的色彩の強いものへと画一化されました。さらに，教員養成の中心を担う師範学校でも，全寮制を通じた軍隊式の教育方針により，「師範型」と呼ばれる形式主義的な教員が養成される結果となっていました。

　大正期に自由教育を実践した教員らは，このような形式的・画一的な教育の状況を批判的に捉え，新しい教育の実現を目指しました。その特徴は，子どもの個性や主体性を重視し，その活動性を考慮した教授法の確立にあったといえます。具体的には，子どもの体験，労働，作業などを教育に取り入れ，その創造性や積極性を引き出そうとする教育が展開されました。自由教育は師範学校

附属小学校や「新学校」と呼ばれた私立小学校を中心に実践されます。まず，師範学校附属小学校における実践としては，明石女子師範学校附属小学校の**及川平治**[7]をはじめ，**木下竹次**[8]（奈良女子高等師範学校附属小学校），**手塚岸衛**[9]（千葉師範学校附属小学校）などによるものがあげられます。また，私立小学校の実践としては，**澤柳政太郎**[10]（成城小学校），**中村春二**[11]（成蹊小学校），**野口援太郎**[12]・**野村芳兵衛**[13]（池袋児童の村小学校），**小原國芳**[14]（玉川学園）らによるものがあげられます。そして，これらの学校の影響力のもとに，一部の公立小学校でも自由教育が広まっていきます。このような大正期の自由主義的な教育運動の強まりを象徴する出来事が，1921（大正10）年に開催された八大教育主張講演会です。この講演会では8人の講演者が登壇し，それぞれの教育論を主張しました。聴講者は主催者の予想を大きく超え，2,000人を超える人々が集まったといいます。自由教育への関心の高まりがあったことがうかがえます。[15]

3　大正自由教育の終焉

　しかし，大正自由教育には，以下の限界があったことも指摘できます。第一に，教育方法上の改良が中心とされ，国家主義的な教育目的と内容に対する批判が少なかったことです。子どもの自由や自主性を尊重しようとする自由教育でしたが，その自由や自主性の制限につながる日本の公教育の国家主義的性格には無自覚でした。むしろ，天皇制への忠誠と日本の帝国主義的な海外発展を支持し，その枠組みの中での自由と自主性の発達を目指した側面もありました。大正自由教育は，1930年代に高揚した「**新興教育運動**」[16]により，この点を強く批判されます。また，海外の理論・方法の輸入に終始した実践も多く，日本の教育の実状に適合しなかったという限界もあります。さらに，多くの学校では，子どもの自主的な学習活動を保障するだけの教育環境や教材を整備できないことも多く，自由教育を適切に実践することが困難な実状もありました。

　そして，1931（昭和6）年に満州事変が勃発し，日本が戦時体制へと進む中で，自由教育に対する国家的統制や社会的批判が強まりを見せます。また，財政的基盤が十分ではない当時の私立小学校は，常に財政上の問題を抱えていました。自由教育への風当たりが社会的に強まる中，私立小学校の中には児童数が減少し財政的に立ち行かなくなる学校も出てきました。このような状況が重なったことで，大正自由教育は社会的に十分に根づかないまま衰退していくことになります。しかし，この時期における革新的な教育の経験は，第二次世界大戦後に新しい教育制度の確立が目指される中で再び注目され，戦後の教育を支える重要な教育的遺産となったのでした。

（野口穂高）

▷7　及川平治
(1875-1939)

▷8　木下竹次
(1872-1946)

▷9　手塚岸衛
(1880-1936)

▷10　澤柳政太郎
(1865-1927)

▷11　中村春二
(1877-1924)

▷12　野口援太郎
(1868-1941)

▷13　野村芳兵衛
(1896-1986)

▷14　小原國芳
(1887-1977)

▷15　この時に檀上に登った講演者と講演題目は次の通りである。樋口長市（自学教育論），河野清丸（自動教育論），手塚岸衛（自由教育論），千葉命吉（一切衝動皆満足論），稲毛金七（創造教育論），及川平治（動的教育論），小原國芳（全人教育論），片上伸（文芸教育論）。

▷16　**新興教育運動**
「新興教育運動」「プロレタリア教育運動」は，労働者階級の解放を歴史的課題として，そのための教育の実現を追求する運動。日本では1920年代の後半から30年代に強まりを見せた。大正自由教育は裕福な中産階級の人々により受容されていたため，自由教育には対決姿勢を示し，その限界を指摘し批判を強めた。

（参考文献）
　中野光・平原春好『教育学』有斐閣，2004年。
　古沢常雄・米田俊彦（編）『教育史』学文社，2009年。

8 戦後占領期の教育改革

 戦後民主教育の出発

　日本は，1945年7月26日にアメリカ・イギリス・中華民国が共同で日本に全面降伏を要求したポツダム宣言を8月14日に受諾しました。続いて，東京湾内に停泊していた戦艦ミズーリ（アメリカ海軍）の甲板上で，この宣言の履行に関する調印式が9月4日に行われ，ここに，1937年7月7日発生の盧溝橋事件以降拡大し続けた日本の戦争は終わることになりました。長い期間にわたった戦争は，教育の現場にも大きな被害を与えていました。疎開していた子ども達の日常生活への復帰はもちろんのこと，授業の再開や学校校舎の復旧など，その課題は全国いたるところに山積していたからです。当時の占領軍の調査によると，米軍の爆撃によって破壊された学校は約4,000校にのぼったとも伝わっています。

　こうした状況の中でも，子ども達の将来につながる教育の再建は重要な政策であり，文部省は8月28日付で「時局の変転に伴ふ学校教育に関する件」を発して学校教育の再開を命じています。また同じような時期に，それまで使用していた教科書の中から，軍国主義や極端なほどの国家主義がうたわれているような箇所を黒く塗りつぶす作業が全国的に広がりました。9月に入ると，文部省は「新日本建設ノ教育方針」（15日）を発表しました。その方針では，冒頭で「従来の戦争遂行の要請に基く教育施策を一掃して文化国家，道義国家建設の根基に培ふ文教諸施策の実行」に努めたいと宣言され，「教育の大勢」「教科書」「教職員に対する措置」「学徒に対する措置」「科学教育」「社会教育」「青少年団体」「宗教」「体育」「文部省機構」の改革に乗り出すことが表明されました。

　東京に連合国軍総司令部（GHQ）が設立されると，GHQはいわゆる「教育の四大指令」を10月から12月にかけて発しました。占領政策としての教育改革の方針が示された「日本教育制度に対する管理」をはじめ，民主主義の精神を尊重できるかどうかという教員の適格審査につながる「教員及教育関係官の調査，除外，認可に関する件」，公的支援を受ける神道教義の布教を禁止する「国家神道，神社神道に対する政府の保証，支援，保全，監督並に弘布の廃止に関する件」，戦時イデオロギーの普及や形成の手段となった教科を停止する「修身，日本歴史及び地理停止に関する件」の4つの指令です。さらに翌年3月には，来日したアメリカ教育使節団によって日本の教育改革に関する報告書

がまとめられました。この使節団に対応した日本側教育家委員会を母体に，その年の８月には内閣総理大臣が所轄する機関として教育刷新委員会が設置され，占領下におけるさまざまな教育改革を構想・審議し，教育の民主化の理念を具体化していきました。

　この教育の民主化の理念を具体化したものが，1947年に制定された教育基本法です。教育基本法は，前年に公布された日本国憲法の精神に則り定められたもので，「人格の完成」を目指すことを教育の目的に掲げ，義務教育の無償や教育の機会均等などの戦後教育の諸原則を定めました。教育基本法を教育諸法の頂点に位置づけ，幼稚園や小学校から大学まで続く学校教育制度を設計してそれぞれの教育目的を規定した学校教育法や，公選制の教育委員らによって教育行政の民主化や地方分権化を実現する教育委員会法（1948年），青少年や成人に対する組織的な教育活動の振興をうたった社会教育法（1949年）を続けて整備していきました。また，教員養成の機能を一部の学部教育に限定せずに，大学教育全般に広げる教職課程の開放制を旨とする教育職員免許法（1949年）なども制定され，民主的な戦後教育の枠組みがつくられました。

② 教育内容の民主化

　このような制度の整備の一方，教育内容の側面からも民主化が進んでいきました。1947年には，学習指導要領（試案）が発表されました。学習指導要領とは，各学校が教育課程を編成する上でその基本となる教科内容や学習指導の方針を提示したものです。1947年の学習指導要領では，社会科や家庭科，自由研究といった新しい教科が設けられました。それまでの道徳教育の中心であった修身や，日本歴史及び地理という教科は廃止されていますから，この社会科は共同生活である社会の中で望ましい人間関係を築くための社会的能力を獲得することを目的としています。男女平等に根差した家庭科や児童の自発性を重視した自由研究なども，戦後教育の新たな価値観に基づいたものだといえるでしょう。教師にはそれぞれの地域や学校，子ども達の特性にあわせて適切に授業を工夫してほしいという願いから，試案の形で発表されました。

　加えて，1949年には検定教科書の使用が開始されました。占領直後から教科書より軍国主義や極端な国家主義と考えられる要素や表現を排除する努力は続けられていました。神道の教義なども教科書から削除されました。その上で，これまで見てきたような民主化の整備が進むことで，戦時中から続いていた国定教科書の制度が廃止されることとなり，学習指導要領に準拠して新しい教科書が作成されることとなったのです。

　教育の制度・内容ともに民主化が進み，戦後の教育はそれまでの教育のあり方とは全く異なる，新しい一歩を踏み出すこととなりました。

（梅本大介）

参考文献

　児玉三夫（訳）『日本の教育　連合国軍占領政策資料』明星大学出版部，1983年，pp. 131-147。

東西の冷戦構造と教育政策の転換

反動的教育政策とそれに対する抵抗

　戦後の新教育は1947年以降急激に展開しましたが，長くは続きませんでした。1949年に毛沢東の率いる中国共産党による中華人民共和国が成立し，1950年に朝鮮半島において朝鮮人民共和国が成立するのに伴って同年6月，朝鮮戦争が勃発してアジア地域における米ソ対立が顕在化します。そしてマッカーサーは，日本に対して警察予備隊（現在の自衛隊）の創設を指示して再軍備の道を開き，日本を「反共の砦」とする政策を推し進めます。日本政府も1951年のサンフランシスコ講和条約による主権回復を前にして，日米安保条約によるアメリカとの軍事同盟へと移行し，教育については「逆コース」と呼ばれる反動化政策が推進されていくことになります。

　その動きの源流とされるのが，1951年5月の**政令改正諮問委員会**[1]答申です。政令改正諮問委員会は，同年11月に「教育制度の改正に関する答申」を発表し，戦後の新教育は「国情を異にする外国の諸制度を範とし，徒に理想を追うに急で，わが国の実情に即しない」と，中学校教育課程のコース制や文部省による標準教科書の作成，教育委員会の任命制への移行と文部大臣の権限強化，五年制専修大学（現在の高等専門学校）などの大綱を示しました。政府・文部省主導による戦後教育制度の再編に対して，日本教職員組合（日教組）はこれに激しく反発します。1950年代以降に顕著となった両者の対立構図は「文部省対日教組」という表現で説明することができます。

　1953年6月，いわゆる「山口日記事件」が問題となります。これは，山口県教職員組合が自主教材として編集した『平和日記』が政治的に偏向していると指摘されたことをきっかけとして起こった事件です。「山口日記事件」によって沸騰した教育の政治的中立性をめぐる議論は，翌1954年の「教育公務員特例法の一部を改正する法律」「義務教育諸学校における教育の政治的中立の確保に関する臨時措置法」の2つの法律（「教育二法」）の制定を促しました。前者は，国家公務員に課せられている政治的行為の制限・禁止の規定を教育公務員の政治的活動に対しても適用させることを目的としたものです。また，後者は特定の政党などを支持させ，または反対させるための教育を教唆・煽動した者に懲役・罰金を科すことを規定しました。

　さらに1956年には1948年に制定された「教育委員会法」が廃止され，「地方

▶1　政令改正諮問委員会
マッカーサーの後任としてGHQの責任者となったリッジウェイの「占領政策是正」声明に即して，吉田茂首相のもとで設けられた私的機関。

教育行政の組織及び運営に関する法律」が制定されます。これは，教育の政治的中立と教育行政の安定確保，地方公共団体における教育行政と一般行政との調和の促進などを意図したもので，教育委員を選挙によって選出する公選制は任命制へと改められました。

　1956年から1960年にかけては，教員の勤務評定をめぐって文部省と日教組が激しく対立し，法廷闘争にまで発展しました。勤務評定は，「地方教育行政の組織及び運営に関する法律」の第46条に規定されましたが，それに対する反対闘争が愛媛県教育委員会による勤務評定を皮切りに全国に広がったのです。勤務評定を政治的中立性の確保のために必要であるとする文部省に対して，日教組は教職員の組合活動を抑制し教育への権力統制を強化する，教職員の職務の特性になじまない，などと反対しました。

　「文部省対日教組」という構図で表すことができるこの時期の激しい政治的対立は，1961年に文部省が実施した全国中学校一斉学力調査（学テ）に対する全国各地で行われた学力調査裁判（**学テ裁判**）へと発展していきます。

② 教育批判と道徳教育

　1950年代に入ると戦後の新教育におけるカリキュラム理論や実践を見直す動きも出てきます。特に，新教育によって進められた経験主義的な教育が基礎学力の低下をもたらしたとする批判が次第に高まっていきます。日本教育学会や国立教育研究所が行った調査研究において「読み・書き・算盤」の能力が低下している実態が報告されると，いわゆる「基礎学力論争」が激しく展開され，新教育は真っ先に批判の対象となりました。

　新教育への批判は，まずは「基礎学力」を中心に展開します。戦後新教育の単元学習や問題解決学習は「**はいまわる経験主義**」であり，読み書き算の基礎学力の低下を招いているという批判です。子ども中心主義の教育が「基礎学力低下」を生んでいるという一般世論の厳しい視線にさらされ，新教育は次第に勢いを失っていきました。

　また，道徳教育の問題も大きな論争となります。「教育勅語の復活」を求める声が政界の一部と一般世論において根強く，「愛国心」教育の必要性が叫ばれました。そして1958年，教育課程審議会は「小学校，中学校の教育課程の改善について」を答申し，学習指導要領が改訂されます。この改訂は，学習指導要領が教育課程の国家基準として法的拘束力を有することを明確にするとともに，これまでの経験主義的な教育課程から教科や知識の「系統性」を重視する教育課程へと転換するものとなりました。具体的には，「道徳の時間」の特設による道徳教育の徹底が図られるとともに，地理，歴史教育の改善のほか，特に国語，算数に関する基礎学力の充実と科学技術教育の向上が意図されました。

（久保田英助）

▷2　学テ裁判
1956年から1965年にかけて行われた全国中学校一斉学力調査を阻止しようとした反対運動派が公務執行妨害，地方公務員法違反，道路交通法違反などに問われた事件に対する裁判。全国で反対闘争などが相次いだことから，全国学力調査は1965年に全員調査を中止した。そして，1966年の旭川地裁判決で，学力調査が違法と認定されたことで，学力調査は完全に中止となった。

▷3　はいまわる経験主義
経験主義を重視し系統主義を軽視する教育論に対し，断片的な学習に終わって知識の積み重ねが不十分である，活動という手段が目的化された活動主義に陥っている，などの批判を込めてこう呼ばれた。

10　高度成長と学校問題の発生

① 高度成長期における教育

　第二次世界大戦の敗戦により日本経済は壊滅的状態に陥りましたが，1951年に勃発した朝鮮戦争による特需を契機に急激な成長を遂げます。1958年には「もはや戦後ではない」といわれるほどの復興が実現します。1960年7月，日米安全保障条約締結後，総辞職に追い込まれた岸内閣に代わって，池田内閣が発足しました。池田首相は日米安保体制を堅持しながら，「国民所得倍増計画」をはじめとする一連の経済政策を展開します。それは，国家が主導して日本の産業構造の重化学工業化及び設備の近代化，大型化を図るものでした。1968年には国民総生産（GNP）は，西ドイツを抜いて世界第2位となり，大衆消費社会が成立しました。

　この時期の教育には目覚ましい量的拡大が見られます。戦後直後の高校進学率は約40%，大学進学率は約10%でしたが，1975年には高校進学率は91%，大学進学率は38%に達しています。工業の急速な発展は「金の卵」と呼ばれる若年労働市場の急速な拡大と多様化をもたらしました。都市近郊の工業地帯の人口が急増し，各都道府県では都市部を中心に高等学校の増設が急務となりました。公立高等学校，国公立大学の設置が遅れたことにより，それらに代わって私立高等学校，私立大学が急速に増加しました。

　高度成長期の教育政策は，「**四六答申**」[1]と呼ばれる1971年の中央教育審議会答申「今後における学校教育の総合的な拡充整備のための基本的施策について」に代表されます。「四六答申」は教育の総合的な拡充政策を提起しており，大衆社会における高等学校教育のあり方を示し，明治初期と戦後に続く「第三の教育改革」の総合計画を示しています。その内容は，中高一貫の教育，高校教育内容の多様化，現職教員向けの大学院の創設などです。

　「四六答申」の政策は，「**マンパワー・ポリシー**」[2]と呼ばれる人材開発政策と教育投資論における「受益者負担主義」を基本原理としていました。人材開発政策においては，1966年の中教審答申「**期待される人間像**」[3]における工業化社会における産業構造に適した人材の育成が追求され，能力主義的な教育と高等学校の多様化が推進されました。また「受益者負担主義」の考え方により，大学の授業料は次第に高額化し親の教育費負担が増加しています。

　この能力主義の教育政策は，アメリカの動きと密接な関わりをもつものでし

▷1　四六答申
出された年が昭和46年だったことから，四六答申と呼ばれる。この答申は，国家が調査をして教育政策のすべてを規定して進めていくという性格の成長・拡大型公教育政策の最後のもの。

▷2　マンパワー・ポリシー
国民の能力・資質向上を通じて国家発展を図ろうとする政策。高度化，多様化する労働力需要の変化を見越して，科学者，技術者，技能者，高度な事務，管理関係従事者などの各種職業人を養成しようとした。

▷3　期待される人間像
1966年の中央教育審議会答申「後期中等教育の拡充整備について」に「別記」として添えられたもの。「当面する日本人の課題」が示され，遵法精神や「愛国心」の育成が強調されている。

た。1957年にソビエト社会主義共和国連邦が世界最初の人工衛星（スプートニク1号）の打ち上げに成功すると，アメリカでは翌1958年に国家防衛教育法を制定し，科学教育の振興策を展開します。いわゆる「スプートニクショック」と呼ばれるもので，それまでの子どもの経験，個性，主体性を重視する経験主義，児童中心主義から学問の系統性を重視した教育への大転換でした。その政策を認知心理学の立場から理論的な基盤を与え推進したのが，**ブルーナー**[4]です。ブルーナーの「どの教科でも知的性格をそのままに保って，発達のどの段階の，どの子どもにも効果的に教えることができる」との仮説は，科学的知識をその体系・構造・成り立ちとして学習する「発見学習」の理論として世界各国に影響を与えました。日本では，**「教育内容の現代化」運動**[5]として広がり，数学教育を中心に学者と現場の教師達が共同して教育内容・方法の改革を展開していきました。

❷　新しい学校問題

　1968年に改訂された学習指導要領では，以上のような教育政策の動向が反映されました。算数・数学，理科の理数系科目の内容が精選され，より高度な内容が盛り込まれました。教育現場では理科や算数の研究授業が盛んに行われ，教育研究が進展しましたが，その反面「詰め込み教育」や「落ちこぼれ」を生むなどの批判が出てくるようになりました。

　高度成長は農村から都市へ大量の労働力を移動させ，都市部においては人口の過密や貧困や公害などといった問題を生み出し，「地域と教育」に関する諸問題が強く意識されるようになります。その中で「地域に根ざす教育」のあり方が，多くの教師達の関心を呼び起こしました。兵庫県の教師，東井義雄は『村を育てる学力』[6]を著し，学校が「村を捨てる学力」を教育している状況を告発しました。山形県の詩人，真壁仁は「地域」を教育の源泉とする教育運動を展開しました。その他にも，三重県の「員弁の教育」，京都府の「奥丹後の教育」など，各地で地域に根ざす教育が展開されていきました。

　1980年は，教育問題が全国的に報じられる年となりました。戦後の急激な経済成長が内包していた教育問題がにわかに噴出した年であったといえます。たとえば，三重県の尾鷲中学校では校内暴力[7]が発生し，警察を導入して卒業式が行われました。その後，校内暴力の嵐は全国の中学校を席巻することになります。家庭内暴力が話題になったのもこの年でした。少年非行の激化も人々の関心を集めるようになっていきます。中学生を中心に子ども達の反乱が学校と家庭と地域において表面化したのがこの時期です。

（久保田英助）

▷4　ブルーナー
（Bruner, J. S.;1915-2016）J. S. ブルーナー，鈴木祥蔵・佐藤三郎（訳）『教育の過程』岩波書店，1986年。

▷5　「教育内容の現代化」運動
学校の教科内容に現代科学・技術の成果をより完全な形で反映させようとしたカリキュラム改革運動のこと。

▷6　東井義雄『村を育てる学力』明治図書出版，1957年。

▷7　尾鷲中学校内暴力事件
1980年10月，三重県の尾鷲中学校で，多数の生徒が教師たちに暴力をふるって負傷させ，学校の要請で警察官が出動，24人の生徒が検挙されるという事件が発生し，社会的に衝撃を与えた。

西洋の教育思想の潮流

1　ヨーロッパ古代における教育思想

　古代ギリシアの教育は，ポリスの市民育成という目的で行われました。スパルタでは，軍国的な国家体制が採用され，子どもは国家の子どもと見なされ，幼少時に両親から離されて，厳しい軍事教練による集団教育が行われました。一方，アテナイでは，知恵，武勇，弁論，人間性に卓越した「美にして善なる人」が理想的人間像とされました。アテナイでは，経済的な繁栄の中，市民に弁論術などの有用な技術を教える職業教師（ソフィスト）が登場しました。他方，**ソクラテス**は青年達に金銭や名声ではなく，自分の「魂の世話」に心がけた市民としての生き方を唱えました。**プラトン**は『国家』の中で，アテナイの民主主義の混乱期，国家が「正義」を実現するための理想的な国家制度を考え，子どもを素質に応じて庶民，戦士，支配者候補に振り分けて，真に「知恵」を有する者を支配者に選抜する教育制度を著しました。**アリストテレス**は，知性や道徳性は有徳な人々と交際し，現実生活の中で習慣と反復によって身につくと考えました。また，教育には実用目的のものと，人間的な教養のためのものがあると主張しました。

　この時代に，たとえば，①子どもを特殊な方向で型にはめる全体主義の教育 vs 人間性の全面的発達を目指す民主主義の教育，②知識を教え込む注入主義 vs 生徒自身が真理を発見することを手伝う開発主義，③理想から演繹した教育プラン vs 現実生活での積み上げによる教育プラン，④実用的な教育内容 vs 人間的教養のための教育内容——など，教育のあり方をめぐって，その後も長く議論され続けている重要な論点がすでに提起されていました。

2　ヨーロッパ中世における教育思想

　中世のヨーロッパはキリスト教世界として統一され，教育活動も教会を中心に行われます。キリスト教の教えが人間形成に決定的な役割を果たしました。
　スコラ哲学の完成者**トマス・アクィナス**は，人間は潜在的に「神の似姿」として誕生し，神の恩寵の力と自らの努力により自己を完成させると考えました。人間は自由な意思により自らを完成へ向けて高めることのできる存在だと考えました。一方，宮廷では封建領主に従属する，武勇と忠誠心に優れた戦士を育てるための騎士道の教育が行われました。騎士道の教育では，乗馬，弓，剣な

▷1　**ソクラテス**
（Sokrates；前469-前399）
⇒Ⅲ-3参照。

▷2　**プラトン**
（Platon；前427-前347）
⇒Ⅲ-3参照。

▷3　**アリストテレス**
（Aristoteles；前384-前322）

▷4　古代ギリシア・ローマの文明は，ヨーロッパ文明の祖先として位置づけられている。哲学や文芸をはじめヨーロッパの多くの精神的な文化は古代ギリシア・ローマに起源を発しているといわれている。

▷5　ヨーロッパの精神的な文化の根底にあるもう1つの伝統はキリスト教である。ヨーロッパは中世以降，約1000年間にわたりローマ教会が支配し，その後もキリスト教の神はヨーロッパの精神文化の根底に影響を与えてきた。

▷6　**トマス・アクィナス**
（Aquinas, T.；1225？-1274）

どの武術を中心に読み書きも重視され，勇敢さとともに高尚な精神を備えた人間の育成が目指されました。ここにヨーロッパの紳士的理想像が形成されました。また，都市では商工業の同業者組合（ギルド）が発達し，その徒弟制度において，徒弟は親方と生活を共にして技術的な修業を積むとともに，一人前の職人としての人格的な教育を受けました。

　修道院，宮廷，都市におけるそれぞれの教育は，近代の人間の教育可能性，エリート教育，労作教育などの教育へと思想的に受け継がれていきます。

③ ヨーロッパ近代における教育思想

　ルネサンス[7]では人間の全面的な能力の発達が重視されました。エラスムス[8]は自由人にふさわしい教育を重視し，体罰の否定，遊びを通じての学習，個性に応じた教育など，後の新教育運動に通じる論点を提唱しました。また，コメニウス[9]は，国土の平和のためには，すべての人が共通の知識を有して理解し合うことが必要だと考えました。そして，世界初の絵入教科書『世界図絵』を著し，多くの人々への百科的な知識の普及に努めました。コメニウスの思想は近代公教育制度の理念のさきがけであり，また『世界図絵』は近代的な教授法へと発展していきます。

　啓蒙思想は市民革命の思想的な基盤となりました。ロック[10]，ルソー[11]，カント[12]などの啓蒙思想家は，人間には誰でも自ら真理を認識できる能力があることを主張し，人間の普遍的な教育可能性とそのための方法的原理を提唱しました。ペスタロッチ[13]は，すべての子どもの教育可能性を主張し，子ども達を貧困から根本的に救済するための教育を自ら実践しました。市民革命後，19世紀を通じて，近代市民国家によって，すべての国民を対象とした義務・無償・宗教的中立を原則とする公教育制度が整備されていきました。

④ 新教育運動・近代教育批判・新たな公共性の模索

　近代の公教育制度はすべての子どもの教育を受ける権利を保障したものの，内容や教授法は画一的でした。このため1800年代末から都市中産階級を中心に個性尊重・活動主義・全人教育などを重視する新教育運動が発生し，世界的な広がりを見せました。また第二次世界大戦後には，公教育は多数派の文化を押し付け，産業社会への適応を目指す「隠されたカリキュラム」を有するという指摘・批判がなされ，脱学校論が主張されました。しかし，高度産業化，グローバル化の中，現代では多様な人々の共生を実現するために，公共性についての新たな考え方が検討され，それに基づく教育理念が模索されています。

（藤井千春）

▷7　ルネサンス
ルネサンスは14世紀のイタリアで始まり，16世紀にかけてヨーロッパに広がった文化運動である。そこでは古代ギリシア・ローマの文化から「人間的なもの」が学ばれ，現実世界とそこにおける人間のあり方に関心が向けられた。

▷8　エラスムス
(Erasmus, D.；1465-1536)

▷9　コメニウス
(Comenius, J. A.；1592-1670)

▷10　ロック
(Lock, J.；1632-1702)
⇒Ⅲ-4 参照。

▷11　ルソー
(Rousseau, J. J.；1712-1778)
⇒Ⅲ-4 参照。

▷12　カント
(Kant, I.；1724-1804)

▷13　ペスタロッチ
(Pestalozzi, J. H.；1746-1827)
⇒Ⅲ-5 参照。

（参考文献）
　今井康雄（編）『教育思想史』有斐閣，2009年。
　山﨑英則（編著）『西洋の教育の歴史』ミネルヴァ書房，2010年。
　松島鈞ほか（編）『現代に生きる教育思想（全8巻）』ぎょうせい，1981～1982年。

2 日本の教育思想の潮流

1 日本の古典的な子ども観

　日本人の独特な子ども観は, 『万葉集』の中におさめられている**山上憶良**の [1]
731年頃の作品「貧窮問答歌」の中に見ることができます。「 銀 も 金 も玉も
何せむに勝れる宝子に及かめやも」(『万葉集』803番) という歌が表している
のは, 記紀万葉時代の子ども観です。つまり, 子どもは金銀や宝石よりも大切
な宝物であるという捉え方です。フランスの**アリエス**[2]はヨーロッパでは中世以
降に"小さな大人"でしかなかった子どもが, 保護の対象である"子ども"と
して「誕生」した歴史を明らかにしましたが, ヨーロッパと比較すると, 日本
での子どもを見る目は独自のものがあったといえるでしょう。しかしその反面,
子どもを宝と捉える考え方は, 親は子どもを私物化できるという意識がつきま
とっており, 子どもの人権という地点にまで人々の目が行き届くようになるに
は長い年月を必要としました。

2 教育思想家の登場

　江戸時代に入ると, ようやくわが国においても教育思想家が現れることにな
ります。**中江藤樹**[3]は藤樹書院を設立し, 近江聖人と呼ばれました。**山鹿素行**
[4]は儒学と兵学を学んだ古学の開祖です。**貝原益軒**[5]は儒学者・教育者で, 『和俗
童子訓』や『養生訓』などいわゆる益軒十訓を著しました。そのほか, 心学
の祖である**石田梅岩**[6]や, 「報徳仕法」と呼ばれる勤労・節制を中心とした思想
で農村の再建を行った**二宮尊徳**[7]などが登場しました。

　また家庭での教育については, これを重視するかどうかはそれぞれの藩に
よって方針が異なっていましたが, 会津藩や薩摩藩など家庭での道徳教育の規
準書を公布する藩主もいました。

　女子教育としては, 『女大学』が江戸時代中期 (1716年) 以降, 明治以降に
いたるまで広く普及しており, 女子教育の中心となりました。その内容は, 女
性の特性に特化したものとなっており「女は陰性なり。故に女は男に比ぶるに,
愚かにして目の前なる可然ことをも知らず」「総じて婦人の道は, 人に従うに
あり」という記述があります。封建社会における家族制度を維持・強化してい
くための女子教育の書であり, そこにおける「三従」[8]の考え方は, その当時
の女性の地位をよく表しています。

---

③ 近代日本における教育思想

◯代表的な教育者・教育学者

　明治・大正期には留学組を含めて，多くの優れた教育者あるいは教育学者が生まれ活躍しました。**福澤諭吉**は脱亜入欧・官民調和を唱え，独立自尊と実学の教育を提唱し，慶應義塾を設立しました。彼の著した『学問のすゝめ』（1872-1876年）は日本近代教育の成立に大きな影響を与えることになります。そのほかに大学の前身として，**新島襄**は1875年に同志社英学校（同志社大学）を，**大隈重信**は1882年に東京専門学校（早稲田大学）をそれぞれ設立しました。またフェノロサらと共に明治時代の美術界の指導者だった**岡倉天心**は，東京美術学校の設立に携わり，1890年に同校校長に就任します。

　東北帝国大学や京都帝国大学総長を務めた**澤柳政太郎**は，1917年に成城小学校を設立し，大正の新教育・自由主義教育運動を先導しました。当校は**ドルトン・プラン**を採用して，その教育方法の中核となります。ドルトン・プランとは伝統的な一斉授業や，受動的学習を排して，個々の生徒の能力に応じた学習計画を立て，それを生徒自らに独力で学ばせる教育方法です。このような児童中心の新教育は，私立学校から始まり，やがて，官公立学校にも波及していきます。また，澤柳のもとで活躍した**赤井米吉**は明星学園を設立（1924年）し，同じく**小原國芳**は全人教育論を掲げ，玉川学園を設立（1929年）しました。

◯幼児教育における教育思想

　大正期から昭和期にかけて，幼児教育思想も活発に論じられました。たとえば，**倉橋惣三**は子ども一人ひとりの個性に着目し，子どもの現在の生活の充実を目指す子ども中心主義を主張しました。当時，流行していた**フレーベル**の恩物（作業遊具）主義を形式的に実践するだけの教育のあり方を批判し，フレーベルの本質的な理解を目指して，子どもが自発的な生活経験を通じて内面的に成長することを目指したのです。一方，**城戸幡太郎**は，子どもは子ども達自身から何かを自由に発達させることができるという子ども中心主義の主張を批判し，子どもを社会的存在として捉え，社会的協同生活訓練を通じて，子どもを未来の社会の担い手へと形成しようとしました。これがいわゆる社会中心主義です。城戸は倉橋の理論を楽天的子ども観に依存しているとして批判したのです。

◯文学・芸術における教育思想

　文学・芸術の分野では，夏目漱石門下の作家，**鈴木三重吉**は童話作家として活動しました。彼は雑誌『赤い鳥』を創刊し，大正期の児童文学運動に貢献します。また**山本鼎**は洋画家・版画家であり，美術教育の分野で自由画運動を興しました。

（久保田英助）

▷9　福澤諭吉
(1834-1901)

▷10　新島襄
(1843-1890)

▷11　大隈重信
(1838-1922)

▷12　フェノロサ
(Fenollosa, E.；1853-1908)

▷13　岡倉天心
(1862-1913)

▷14　澤柳政太郎
(1865-1927)

▷15　ドルトン・プラン
⇒Ⅸ-1参照。

▷16　赤井米吉
(1887-1974)

▷17　小原國芳
(1887-1977)

▷18　倉橋惣三
(1882-1955)

▷19　フレーベル
(Fröbel, F. W. A.；1782-1852)
⇒Ⅲ-8参照。

▷20　城戸幡太郎
(1893-1985)

▷21　鈴木三重吉
(1882-1936)

▷22　山本鼎
(1882-1946)

3　ソクラテス，プラトン

▶1　ソクラテス
（Sokrates；前469-前399）

1　ソクラテスの活動

　ソクラテス[1]は，紀元前5世紀後半のアテナイの全盛期から斜陽期にかけての時代を生きました。当時のアテナイでは経済的繁栄の一方で，ポリスの人々を結びつけてきた伝統的な価値観が揺らいでいました。そのような中でソクラテスは，ポリスの市民としての正しい生き方の自覚を促す活動を行いました。

　ソクラテスは，ポリスの市民として「正しく生きる」とは，「善く生きる」ことであり，それは自分の魂を優れたものにするように，常に「魂の世話」を心がけて生きることでした。つまり，金銭，地位，名声など，自分の外面を飾り立てるものに心を惑わされることなく，「真の知恵」である「徳」を探求し，「徳」に従って自らの生き方を導くことの大切さを主張しました。

2　ソクラテスの教育方法

　しかし，ソクラテスは，「真の知恵」に関して自分が無知であることを自覚していました。ソクラテスにとって，「真の知恵」の探求の第一歩は，自分自身の無知を自覚すること（「無知の知」）でした。また，ソクラテスは，「真の知恵」は，教師から生徒に直接的に教えることはできないと考えました。そのためソクラテスは，相手との問答によって，まず相手に自分の無知に気付かせ，その上でさらに問答を積み重ねて，相手が自分自身で「真の知恵」を発見する手助けをするという方法で，青少年達に対する教育活動を行いました。この点で，ソクラテスの教育方法は，「問答法」，あるいは相手に自分で真理を生み出させるという特質から「産婆術」と呼ばれています。

　このようなソクラテスの教育方法は，当時，アテナイで自らを「知恵ある者」（ソフィスト）と称して，市民に弁論術などの技術を教えていた職業教師達の教育方法と対比されています。弁論術は当時のポリスの市民に必要とされた技術でした。しかし，ソフィストは弁論術を，公共的な場面で自分に有利なように他者達を説得する技術として教える傾向がありました。また，それは金銭の授受のもと，教師から生徒へと卸売り的に伝授される技術として扱われていました。ソフィストはポリスに新しい考え方をもち込みましたが，一方で伝統的な価値観の破壊者として市民から警戒されました。[2]

▶2　ソフィストは社会のあり方について，伝統や慣習に基づくのではなく人間自身で考えることを主張した。代表的なソフィストのプロタゴラス（Protagoras；前485？-前415？）は「人間は万物の尺度である」と述べ，ポリスに新しい考え方をもたらした。

❸　ソクラテス裁判

　ソクラテスは自らについて，「アテナイという名馬にまとわりつく虻」であったと述べています。金銭，地位，名誉などに傾きがちな状況の中で，人々にポリスの市民としての正しい生き方をうるさく覚醒する役割を果たしていました。しかし，ソクラテスの活動は一部の人々の誤解と反発を招き，邪神を信仰して青少年達を悪導したと訴えられ，裁判にかけられてしまいました。

　裁判そのものは，ソクラテスにも十分な弁明の機会が与えられ，手続き的には合法的に行われました。しかし，ソクラテスはわずかの差で有罪とされ，最終的に死刑の判決が下されてしまいました。ソクラテスの友人達は金銭を支払って他国に亡命することを勧めました。しかし，ソクラテスはポリスの法や秩序を尊重せよと自分が主張してきた通りに，市民としてアテナイの裁判の判決に従うことを選択し，毒杯を仰ぐことを甘受しました。^{◁3}

❹　プラトンによる哲人政治の構想

　ソクラテス裁判では，正しい手続きに従ったものの，誤った判決が出されました。ソクラテスの弟子の**プラトン**は，ここに民主主義の制度に不可避に伴う問題点を見つけ出しました。^{◁5}

　プラトンは『国家』で，誤った判断が生じることのない国家制度を構想しました。プラトンによれば，真に魂の優れた哲学者が支配者となるならば，常に真理に従った国家の統治が実現できるのです。そのためにプラトンは特別な教育制度を計画しました。プラトンは，それぞれの子どもが生まれもった資質を見定め，それに基づいて庶民，戦士，支配者に選別して教育していくことを提案しました。そこでは，欲望の資質のある子どもは庶民に，気力の資質のある子どもは戦士に，知性の資質のある子どもは支配者になるように選別されます。そして，欲望には節制，気力には勇気，知性には知恵というように，それぞれの魂の働きをそれに対応する徳によって統御できるように教育されます。プラトンは，各階級の人々の魂の働きがそれぞれの徳によって正しく統御された調和の上に，国家全体としての「正義」の徳が実現されると考えました。

　しかし，プラトンの構想したこのような国家は，一種の全体主義国家です。理想的な制度を設計してそこに社会を固定しようとする試みです。プラトンはスパルタをモデルとしてこのような国家制度を構想したともいわれています。どのような国家制度であっても，誤った決定を犯す可能性から逃れることはできません。しかし，民主主義はたとえ誤った決定がなされても，それを最も混乱の少ない方法で訂正できる方法を有している制度です。民主主義を正しく機能させるためには，教育を通じて民主主義を支える責任ある国民を育てる以外にはないのです。

（藤井千春）

▷3　このようなソクラテスの態度は「悪法といえども法である」という言葉で伝えられている。しかしこの言葉については，絶対的な意味で捉えてはいけない。ソクラテスは，脱獄した場合には，自分の生涯で主張したことに反する行動をとることになると考えた。ソクラテスが判決を甘受したのは，高齢で余生は短いこと，自分の主張を無にしたくないなど，多角的にその影響について考慮した上での決断だった。

▷4　**プラトン**
（Platon；前427-前347）

▷5　ソクラテスの思想は，プラトンの著作によって伝えられている。『ソクラテスの弁明』など前期作品では，ソクラテスの思想が忠実に論述されているのに対して，『国家』など後期作品ではプラトン独自の思想をソクラテスに語らせているといわれている。

（参考文献）

　プラトン，久保勉（訳）『ソクラテスの弁明・クリトン』岩波書店，1964年。
　プラトン，加来彰俊（訳）『ゴルギアス』岩波書店，1967年。
　プラトン，藤沢令夫（訳）『国家（上・下）』岩波書店，1979年。

ロック，ルソー

1　近代教育学の誕生

　近代になると，人間は，世界に関する真理を神の啓示によって与えられるのではなく，自らの観察（経験）と考える力（理性）によって知ることができると考えるようになりました。人間は誰でも正しく観察して正しく考えるならば，自分自身で世界についての真理を知ることができると，また，すべての人間はそのような能力をもっていると主張されるようになったのです。

　イギリスの哲学者**ベーコン**は，人間は偏見（イドラ）を取り除いて公正に自然を観察するならば，自然を人間のために役立てるための知識を得ることができると主張しました。また，フランスの哲学者**デカルト**は，人間は誰でも正しく考える能力（理性）を所有しており，理性を働かせて論理的に考えれば，真理を知ることができると主張しました。両者の主張はその後，それぞれイギリス経験論と大陸合理論として，近代ヨーロッパにおける 2 つの啓蒙的な哲学として展開されていきます。

　では，自ら真理を知ることができる能力は，人間にどのようにして形成されるのでしょうか。そのような能力が発達する筋道や形成する方法を究明することが課題となりました。ここに近代教育学の探究が開始されます。

2　ロックの思想

　ロックは，人間の精神は生まれた時は白紙であると考えました。人間の精神には生まれた後のさまざまな観察（経験）を通じて，あたかも白紙に文字が書かれていくかのように知識が記録されていくと主張しました。したがって，人間は，客観的で公正にものごとを観察し，それを歪めることなく精神に伝えれば，誰でも事物についての正しい知識を得ることができるというのです。

　このような観点から，ロックは子どもとは何も書かれていない白紙，あるいは形の決められていない蠟のような存在であると見なしました。子どもがどのような人間に成長するかは，生後にどのような経験をするかによって決められるのです。このような考えに基づいて，ロックは子どもを正しい指導のもとで正しい習慣が形成されるように教育することを主張しました。ロックは，子どもには，勤勉さ，思慮，礼儀正しさなどに基づく行動力が習慣となるように，幼少時から行動させるという，質実剛健な教育の必要性を論じました。

▷1　中世では真理は神の啓示として教皇に与えられると主張され，教会に真理は独占されていた。近代哲学では，人間は誰でも自ら真理を知ることができるという主張の論拠を確立することが目指された。

▷2　ベーコン
(Bacon, F.；1561-1636)
「知は力なり」と述べ，人間は自然についての知識を得て，それを自分達の生活の改善に役立てることを主張した。

▷3　デカルト
(Descartes, R.；1596-1650)
『方法序説』（1637年）で，真理を知るために，試みにすべてのものの存在を疑うことを提唱した。しかし疑っている自分の存在，さらに言えば自分が考えるという能力を操っていることだけは否定できないとした。「われ惟う。ゆえにわれ在り」と述べた。

▷4　ロック
(Lock, J.；1632-1704)

ロックの提案した教育は，イギリスの市民革命期に社会的に台頭してきたジェントリー層の子どもに対する教育の方法でした。イギリスの近代社会の発展のリーダーとなる勤勉・有徳・志操堅固な実務家を育成する教育でした。ロックは，他方で労働者階級の子どもの労働学校を提案します。しかしそれは厳しい規律や秩序のもとで勤勉で従順な労働者として訓練する教育でした。

3 ルソーの思想

ルソー[5]は逆説の啓蒙家といわれています。ルソーの思想はフランスのアンシャンレジウム（旧体制）を批判し，フランス革命を導いた啓蒙思想として評価されています。当時多くの啓蒙思想家達が，知識や文化の発展・普及によって人々は旧い考えから解放され，社会は進歩する方向で変革されると考えました。それに対して，ルソーは，知識や文化の発展は人々の心に欲望を生じさせ，虚栄や妬みなど人々の心を堕落させたと主張しました。ルソーにとって，欲望[6]から奪い合いが行われて不平等が生まれ，人々が貧困な状態におかれているのがフランス革命前のフランス社会だったのです。

ルソーは，自然状態，すなわち知識や文化が生まれる以前の段階に人間の理想世界があると論じました。ルソーによれば，人々は自然状態では，自分に必要な分だけを手に入れて満足し，お互いに友愛に満ちた生活をしていました。「自然に帰れ」という標語で表現されるように，ルソーにとって，自然状態における生き方を人々に回復させることが課題だったのです。

『エミール』の中で，ルソーはすべての人間には自動的に正しく成長していく能力が，自然の法則として生まれながらに備わっていると論じました。教育として重要なことは，自然の法則を尊重し，それに従って能力の自動的な発達を損なわないことでした。早く大人にしようと人為的に子どもに働きかけて，知識などを教え込むことは，自然の法則に基づく発達を妨害することなのです。また，そのようにすると欲望や妬みなどを生み出す誤った観念や悪徳を子どもに植え付ける危険性もあります。感覚器官を育て，その後に考える力（理性）を育て，その上で社会的な存在となる経験を与えるというように，無理なく段階を踏んで育てていくことを主張しました。このようにルソーは，促成的な人為的な働きかけを排除して，子どもの成長の論理に合致した教育を提唱しました。このようなルソーの教育法は「消極教育」といわれています。

ルソーの教育論では，子ども時代にはそこで遂げられなければならない固有の課題があると主張されています。子どもは「小さな大人」ではなく独自の世界を生きる存在であり，子ども時代の固有の生活を充実させることが，大人になってからの生活の充実へと連続するという論理を構築しました。このような点でルソーは「子どもの発見者」，近代教育学の父[7]として評価されています。

（藤井千春）

▷5 ルソー
(Rousseau, J. J. ; 1712-1778)

▷6 教会の聖職者と国王とが結託して庶民を苦しめている体制の打倒を目指すという点で，ルソーは啓蒙思想家に分類されている。しかし，他の思想家が知識や文化の進歩によって不合理な現状を打破できると考えたのに対して，ルソーは知識や文化が不平等な現状を生み出していると主張した。

▷7 ルソーは性格的に偏執なところがあり，常に社会からの疎外感を抱いて生きた。ルソーの描いた自然状態や子どもの世界は，ルソーが生涯にわたって憧れ求めた精神的な安らぎの世界であったのかもしれない。

参考文献

ロック，服部知文（訳）『教育に関する考察』岩波書店，1967年。
ルソー，今野一雄（訳）『エミール（上・中・下）』岩波書店，1962〜1964年。
押村襄ほか『ルソーとその時代』玉川大学出版部，1987年。

5 ペスタロッチ

▶1　ペスタロッチ
(Pestalozzi, J. H. ；1746-1827)

1 教育者としての生涯

　ルソーの『エミール』は教育学の必読書です。しかし，それは富裕層の家庭の子どものための家庭教育の方法として書かれました。また，ルソー自身は子どもに対する教育に関わることはありませんでした。それに対して**ペスタロッチ**▶1は，すべての子どもの教育の可能性を主張し，すべての子どもを対象とした学校教育の方法を実践的に追求しました。

　ペスタロッチは5歳の時に医師であった父親と死別します。しかし，愛情深い母親のもと，また牧師である祖父の貧困問題への取り組みに影響を受けて育ちました。大学時代は社会改革運動に奔走し，卒業後はノイホーフで理想の農場経営を試み失敗します。その時ペスタロッチが出会ったのは，貧しい農民の子ども達や孤児などでした。産業革命が進行中の当時のスイスでは，国民の間に経済的格差が拡大し，特に農村の経済的疲弊による荒廃は深刻でした。ペスタロッチはそのような子ども達に労作教育を行うことにより，経済的に自立できる能力を育てる学校を開設しました。しかし，資金不足や親達の無理解から挫折し，その後，20年近く著作生活を送ります。この間に代表作の『隠者の夕暮れ』『リーンハルトとゲルトルート』が著わされます。

　その後，1798年，ペスタロッチは政府から戦災孤児の教育をシュタンツで行うことを依頼されます。この教育は短期間で終了させられますが，ペスタロッチはブルクドルフに新たに学校を開設して独自の教育活動を開始しました。学校は，ミュンヒェンブッフゼー，イヴェルドンへと移転しますが，ペスタロッチの学校と教育法に対する評判はヨーロッパ中で高まり，ヨーロッパ各地から入学者や参観者が訪れるようになりました。しかし，評価が高まるとともに，入学者は富裕層の家庭の子どもが中心となり，また，学校内では経営を重視する現実主義の教師達とペスタロッチの思想の実践を重視する理想主義の教師達との間の対立が深まるようになりました。1825年，学校は閉鎖され，ペスタロッチは遺作となる『白鳥の歌』を著し，1827年に死去しました。

2 貧困の源泉を堰き止めるための教育

○すべての子どもの教育の可能性

ロックやルソーの教育論は富裕層の子どもを対象としていました。それに対

してペスタロッチは，貧民の子ども，孤児，障がいのある子どもなども含めて，すべての子どもを対象とし，その教育可能性を主張しました。

ペスタロッチは，「玉座にあっても，木の葉の屋根の陰に住んでいても，すべて同じ人間である」（『隠者の夕暮れ』），「どんなに貧しい，どんなに不良な子どもの中にも，神より与えられた人間性の力がある」（『シュタンツだより』）と述べています。すべての子どもに深い愛情を寄せたことに，ペスタロッチが現代にいたるまで「教聖」と称される理由があります。

○経済的自立のための教育

当時の民衆の子どものための学校では，読み書きや聖書の言葉を暗記させる教育が中心でした。それに対してペスタロッチが行った教育は，畑での栽培や機織，手工など，子ども達が将来，経済的に自立するために必要な能力を育成する教育でした。経済的に自立できる能力を子ども達に育成することにより，ペスタロッチは貧困問題を解決することを目指したのです。

○愛情溢れる家庭生活による教育

ペスタロッチは，子ども達が将来，経済的に自立するとともに，愛情溢れた家庭生活を営むことができるようにすることを目標としました。ペスタロッチは「家庭の幸福は，最もよき，最も著しい自然の関係である」（『隠者の夕暮れ』）と述べています。子どもに道徳性や勤勉性が育まれる基盤は，愛情溢れる家庭生活にあると考えました。家庭生活が経済的に安定し，愛情の溢れた家庭生活が営まれることが，貧困の世代連鎖を断ち切るための根本的対策と考えたのです。このためペスタロッチの学校では，家庭におけるような相互に対する温かい愛情を基盤とした教育が行われました。

○学校教育における学習指導法の原理

ペスタロッチは学校教育における学習指導法の原理として，教える対象についての観念を，数・形・語などの単純な直観的な要素に分解して，それを再構成するという方法を提唱しました（**直観教授**）。この「メトーデ」と呼ばれる方法はヨーロッパ中に，そしてアメリカに広がり，わが国には明治初期にアメリカ経由で「庶物指教」として導入されました。

③　教育思想の意義

すべての子どもの教育可能性，経済的な自立のための教育，家庭教育の重要性などの主張は，現代では当然すぎる主張です。しかし，二百余年前は，まだ新しい考え方でした。ペスタロッチの人生は挫折の連続で，ペスタロッチは学校の閉鎖後，失意の中で死去します。それでもペスタロッチの思想は次第に多くの人に理解され，支持者を増やしていきました。

（藤井千春）

▷2　当時の民衆のための一般的な学校の教室には椅子とテーブルが置かれ，子ども達に言葉を覚えさせる教育が行われていた。

▷3　直観教授
実物や図絵などを使用して，その対象についての知覚と結びつけて観念を得させる方法。そのために知覚を単純な要素に分解すること，感覚器官を育てることが重視された。

▷4　ペスタロッチの墓碑には次のような言葉が銘まれている。
ハインリッヒ・ペスタロッチ，ここに眠る。／1746年1月12日　チューリッヒに生まれる。／1827年2月17日　ブルックに没す。／ノイホーフにおいては貧民の救済者／リーンハルトとゲルトルートにおいては民衆への説教者／シュタンツでは孤児の父／ブルクドルフとミュンヒェンブッフゼーにおいては新しい民衆学校の創設者／イヴェルドンにおいては人類の教育者／人間，キリスト者，市民。／おのれを捨ててすべてを市民のために為す！／彼の名に祝福あれ！

（参考文献）

ペスタロッチー，長田新（訳）『隠者の夕暮・シュタンツだより』岩波書店，1982年。

村井実『ペスタロッチーとその時代』玉川大学出版部，1986年。

ヘルバルト

▷ 1　ヘルバルト
(Herbart, J. F. ; 1776-1841)

① 科学としての教育学の確立

　ヘルバルトは，近代諸科学が発展する時代において，科学としての教育学の確立を構想しました。ヘルバルトは，教育学について，その目標を倫理学に依拠し，その方法を心理学に依拠することにより，科学的で実践的な教育学の学問体系を打ち立てることを目指しました。

　教育とは，子どもの成長に対して働きかけていく活動です。このため第一に，どのような方向に向けて働きかけていくのかという目標が定められなければなりません。しかも，その方向は人間と社会にとって好ましい方向でなければなりません。そのために教育は倫理学に依拠してその目標が設定されなければならないのです。第二に，どのように働きかければ目標に向けた成長を促すことができるのかが明らかにされなければなりません。方法が明確でなければ目標を実現することはできません。そのために教育は心理学に依拠して働きかけの方法が設定されなければなりません。

　つまり，目標は方法が明らかにされることにより実現可能なものとなり，また，方法は目標に導かれることにより単なる技術ではなく，人間にとって価値ある道具となるのです。このようにヘルバルトは，倫理学に基づく目標を実現するために，心理学に基づく方法によって実践を導くことを主張し，そのようにして科学としての教育学を確立しました。

② 「道徳性（品性）」の育成を目標とする教育

　ヘルバルトは教育の目標は「道徳性（品性）」の完成であると述べています。ヘルバルトのいう「道徳性（品性）」とは極めて広い概念です。幅広い教養に裏打ちされた知的な判断力や情操などを含む豊かな人間性です。ヘルバルトによればあらゆる学習活動に対する指導は，このような豊かな人間性という意味での「道徳性（品性）」の完成を目指すことに関連しなければなりません。ヘルバルトは「道徳性（品性）」の育成を目指す学習指導が「教育的教授」であり，そうでないものは教育という名に値しないとも述べています。

　このようにヘルバルトにとって，教育とは単に知識や技能を伝授する活動ではなく，豊かな人間性の完成を目指した活動なのです。

❸　「多面的興味」を発達させる教授

　子ども達の学習活動を促して成立させるためには，子ども達のものの見方や態度を揺さぶって動かさなければなりません。ヘルバルトは子ども達の見方や態度を揺さぶって動かし，学習活動を成立させる基盤となるものが「興味」であると考えました。したがって「教育的教授」を成立させるためには，子ども達の「多面的興味」を発達させることが不可欠となります。ヘルバルトは，「興味」は新しく認知した対象がすでに知っている対象と類似していると感じる「類化」によって生じると述べています。このため学習指導（教授）においては，「興味」を生じさせて活用することが重要な要件となります。また，ヘルバルトは「多面的興味」を「認識的興味」と「同情的興味」とに大別しました。前者は自然科学的な内容に，後者は人文的な内容に対応します。

❹　教授方法としての「類化」

　先に述べたように「興味」は「類化」によって発生します。したがって，教授では，新しい対象を提示して認知させ（明瞭），すでに知っている対象との類似性に気付かせ（連合），さらに多くの類似性のある対象と異同を比較して概念を形成させ（系統），そのようにして概念を使用できるようにする（方法）という段階を踏むことが必要となります。ヘルバルトはこの過程で子ども達に個々の事物に意識を集中する「専心」と，事物を互いに結びつけて比較する「致思」とを意識の働きとして重視しました。

❺　ヘルバルト主義の発展

　ヘルバルトの教授方法の原理は，その後，「ヘルバルト派」と呼ばれる**ツィ
ラー**や**ライン**によって整理されて発展します。特にラインは教授の流れを「予備 - 提示 - 比較 - 総括 - 応用」にまとめ，「五段階教授法」を確立しました。

　この「五段階教授法」は，公教育制度が次第に量的に整備されつつも，他方で学習指導のための有効な方法が未確立の状況の中で，1単位時間の学習指導をわかりやすくパターン化する方法として，1890年頃から多くの国々で広く受け入れられました。アメリカでは1890年に「全国ヘルバルト協会」が結成されました。また，わが国でもその頃から全国的に広がりを見せました。

　「五段階教授法」は1単位時間の授業での指導をわかりやすくパターン化する方法でしたが，やがて単に段階を踏むことが重視されるという形式的なものとなりました。そのため子ども達の主体的な活動を重視する新教育運動の高まりと共に次第に衰退していきます。

（藤井千春）

▷2　ツィラー
(Ziller, T.；1817-1882)

▷3　ライン
(Rein, W.；1847-1929)

(参考文献)
　高久清吉『ヘルバルトとその時代』玉川大学出版部，1984年。

7　デューイ

▷1　デューイ
(Dewey, J. ; 1859-1952)

▷2　社会主義革命を目指すマルクス主義者は，世界の本質を対立と考え，社会は闘争を通じて革命によって進歩すると主張した。デューイは自由放任の旧来の自由主義を批判するとともに，マルクス主義に基づく社会主義革命にも反対した。

1　民主主義の再構築

　デューイ[1]は，アメリカが農業中心から工業中心の社会へと急速に変貌し，それに伴って発生した社会問題と階級的対立が深刻な状況となった時代に育ちました。それまでの自由放任を原理とする自由主義が行き詰まり状態にありました。人々を再統合して社会問題の解決に向かうための民主主義のあり方についての新しい原理が必要とされていました。

　デューイは当時発達しつつあった生物学の考え方に基づいて，この世界の本質は対立ではなく，多様な構成要素の相互依存関係にあると考えました。また哲学の役割は，世界の究極的な真理の究明にではなく，現実の社会的問題の解決のための思考の方法を示すことにあると主張しました[2]。そのような観点からデューイは，民主主義社会の新しい原理と教育のあり方を探究しました。

　デューイによれば，民主主義の本質は，人々の協力によって社会的問題の解決のための活動が展開されている点にあります。協力的な活動とは，その目標の設定において，また活動の進め方や各自の分担について，人々が自由に議論に参加して進められる活動です。人々が自由に議論して参加できるという，いわば豊かなコミュニケーションに基づいて，人々の主体的な参加による協力的な活動の展開に，民主主義の新しい原理を設定したといえます。選挙，議会，権力の分立などは，人々の間での自由な議論とそれに基づく参加を保証するために不可欠な制度です。しかしデューイは，民主的な制度そのものにではなく，制度が人々の参加によって協力的に機能することを重視しました。

2　社会生活と連続した学校教育

　デューイは，学校を協力的な活動に参加できる能力を育てるための機関と考えました。つまり，学校で子ども達に協力的な活動に参加するという経験を与え，将来，社会的問題の解決に有能に参加できる民主主義社会の構成員を育てることを，学校教育の役割として設定しました。そのように学校生活での経験と将来の社会生活での経験とを連続させること，すなわち，学校を「小型の共同体，胎芽的な社会」とすることを主張しました。

　デューイの教育論は，児童中心主義として色分けされています。確かにデューイは，学習活動の中心に子どもをおき，子どもの学ぶ意欲や知性の発達

する論理に基づいた学習指導の必要性を主張しました[3]。しかし，デューイの根本的な問題意識は，教育を通じて民主主義を再構築していくということ，すなわち，教育による社会改良という公共的な点にありました。デューイが育てることを目指した人間像は，民主主義社会の構成員であったのです。

❸ 行うことによって学ぶ

　デューイはシカゴ大学に附属実験学校を開設（1896年）して，子ども達に「しごと（オキュペーション）」を中心にした学習に取り組ませる教育活動を行いました。「しごと」とは，子ども達の興味に基づき，子ども達が熱中して協力的に取り組む，製作，構成，探究などの学習活動です。このような学習活動の経験を通じて，協力的な活動への参加の能力の育成を目指したのです。

　また，このような学習活動では，子ども達は活動の目標に到達するために問題解決に取り組み，実際の事物を取り扱いながらさまざまに思考を機能させます。デューイは，そのような過程で知識や技能は効果的に習得されると考えました。知識は言葉によって伝達されるよりも，また技能はそれだけを取り出して訓練させられるよりも，実際の具体的な活動の中で問題解決の必要性から使用されて学ぶことによって，その後も同様の問題解決の場面で役立てることのできる道具として習得されるのです。

　デューイは，子ども達にとって協力的に取り組む経験となり，しかも科学や歴史についての知識がその過程で習得できるような学習活動を，「典型的なしごと」として教材化することを試みました[4]。

❹ 現代的意義

　グローバル化した現代社会では，ローカルな生活において，多様な文化や価値を背景とした人々が共に生活するという状況が生まれました。文化や価値観の異なる人々の間で問題が発生した場合，私達は相互に対立者としてではなく，一緒に解決を目指すパートナーとして向き合うことが求められます[5]。多文化共生の時代となり，多様な人々と「われわれ」として協力的に問題解決にあたることができる能力の育成が，教育の不可欠の課題となっています。

　また，デューイにとって教育とは，人間が社会的に蓄積してきた文化を次世代に伝達し，人間社会を存続させていく活動です。この点でデューイは文化の伝達としての教育を否定してはいません。しかし，人間を取り巻く状況は常に流動しています。新しい問題が発生した時に人間はそれを解決するために新しい文化を創り出して対応しなければなりません。新しい文化を生み出す能力も教育を通じて育成しなければなりません。教育における子どもの自由，個性，創造性の尊重の必要性は，そのような観点から考えることができます。

（藤井千春）

▷3　デューイは従前の教師や教科書を中心とする「旧教育」から子どもを中心とする教育における「重力の中心移動」を主張した。

▷4　デューイは羊毛や綿花から糸を紡いで布を織るという学習活動から，人類の歴史，生活を豊かなものにしようとする発見と科学技術の発達，協同的な作業について，総合的に，しかも活動体験を通じて学ぶことができると述べている。

▷5　デューイの哲学を発展的に継承したローティ（Rorty, R. ; 1931-2007）は，価値観や所有する意味の異なる人々の間で会話を継続させ，次第に相互理解を深めていくことの重要性を指摘している。

参考文献

　ジョン・デューイ，市村尚久（訳）『学校と社会・子どもとカリキュラム』講談社，1998年。

　デューイ，松野安男（訳）『民主主義と教育（上・下）』岩波書店，1975年。

　ジョン・デューイ，市村尚久（訳）『経験と教育』講談社，2004年。

　ジョン・デューイ，上野正道（訳者代表），藤井千春（解題）『教育Ⅰ　学校と社会，ほか（デューイ著作集6）』東京大学出版会，2019年。

　田浦武雄『デューイとその時代』玉川大学出版部，1984年。

　杉浦宏（編）『日本の戦後教育とデューイ』世界思想社，1998年。

　レイモンド・D・ボイスヴァート，藤井千春（訳）『ジョン・デューイ——現代を問い直す』晃洋書房，2015年。

8　フレーベル，モンテッソーリ

▷1　ルソー
(Rousseau, J. J. ; 1712-1778)
⇒ Ⅲ-4 参照。

▷2　フレーベル
(Fröbel, F. W. A. ; 1782-
1852)

▷3　幼稚園とは，子ども
の保護・世話にとどまらず，
この時期の子どもに積極
的・意図的に教育を行うこ
とを目的とした学校として
位置づけられている。フ
レーベルは幼稚園を家庭か
らその後の学校へと橋渡し
する機関として位置づけた。

▷4　モンテッソーリ
(Montessori, M. ; 1870-
1952)

▷5　フレーベルは幼少時
に森の中で遊び，その後，
大学では幾何学や鉱物学を
学び，また，フレーベルが
学んだベルリン大学はド
イツロマン主義思想の拠点
だった。

1　幼児教育

　ルソー[1]は「子どもを発見」したといわれています。ルソーは，子ども時代に
は尊重されなければならない固有の価値や成長の論理があると主張しました。
教育の過程は完成された大人の姿から逆算的に考えられてはならないのです。
子どもを「小さな大人」にしようと促成栽培することは，子どもの健全な心身
の成長にゆがみを生じさせることになりかねないからです。
　フレーベル[2]は，幼児の固有の世界と成長の論理を考え，幼児を単なる身体的
な保護と世話を受けるだけの存在としてではなく，積極的な教育を受けるべき
存在であると主張しました。フレーベルは1840年にドイツのブランゲンブルク
に世界最初の幼稚園を開設しました[3]。また，**モンテッソーリ**[4]は，ローマのスラ
ム街に「子どもの家」を開設し，良好な環境や教具などを整えることにより，
どのような子どもも知的・道徳的に健全に成長することを実証しました。
　このようにフレーベルとモンテッソーリは，幼児の成長の論理とその促進の
ための方法を研究し，幼児を保護・世話の対象から教育の対象へとその位置づ
けを押し上げたのです。

2　フレーベルの思想

　フレーベルはドイツロマン主義の中で教育思想を形成しました[5]。当時，フラ
ンスの啓蒙主義は人間の理性（正しく考える能力）を信頼し，理性に基づく科
学的な知識の蓄積による社会の進歩発展を主張していました。それに対してド
イツロマン主義は，人間と世界のあらゆる存在との有機的なつながりを主張し
ました。万物は神の創造物であり，万物には神の性質が宿っていると考えまし
た。神の性質を共通に分有している世界の万物と調和して生きることを重視し
ました。ドイツロマン主義の思想は，ドイツを文化的な共通性に基づいて，近
代国家として統一するという，近代のドイツ固有の社会的な課題から生まれた
思想ともいえます。
　フレーベルは，子どもには神の性質が宿されていると主張しました（児童神
性論）。教育の目的は，子どもの神性を開花させ，同様に神性を分有している
世界の万物と，調和して生きるようにすることでした。幼稚園では，家庭での
家族との調和的な愛情関係を基盤にして，友達との調和的な信頼関係を形成し，

その後の学校生活や社会生活で人々と調和的な人間関係を形成できるようにすることが目指されました。フレーベルは，ドイツの国家統一を目指し人々と調和的に連帯して生きる人間の育成を目指しました。

③ フレーベルの教育方法

　フレーベルは，自己と世界との調和的なつながりを子どもに気づかせるために，「恩物（Gabe）」と呼ばれる独自の教具を開発しました。立体的，平面的，線状，点状の形の積み木のようなもので，恩物を使用した造形活動を通じて，子どもは自己に宿る神性と世界との調和に気づくと考えられました。▷6

　また，子どもに自己と他者との調和的なつながりに気づかせるために，幼稚園では遊戯が行われました。特にみんなで円形を形づくる遊戯は世界の調和を象徴し，子ども達がそれを実感できる活動として重視されました。

④ モンテッソーリの活動

　精神科医でもあったモンテッソーリは，精神遅滞児の治療と教育に取り組み，▷7 教具や教育方法を開発することによって成果をあげました。モンテッソーリはその成果をスラム街の幼児を対象とした教育に応用しました。スラム街の幼児は，家庭において昼間は放置されていたため，文化的に剝奪状態にあり，知的・道徳的な発達から疎外されていました。モンテッソーリは「子どもの家」で，子ども達に安全で衛生的な環境を整え，知的な発達を促すような興味ある教具を準備しました。そして，そのような環境と刺激を与えることにより，子ども達が知的・道徳的に健全に成長することを証明しました。

　モンテッソーリの開発した教具は，子ども達が遊びながら知的な学習を進めることができるように工夫されていました。そのようにして子ども達に知的な興味と主体的な学習への態度を育てることが目指されました。

⑤ 幼児教育の世界的な広がり

　フレーベルが開始した幼稚園運動は，当時のドイツ（プロイセン）の政治状況の中で1851年に禁止令が出されます。しかし，フレーベルの思想と活動はヨーロッパ各地に伝えられ，1854年にロンドンで，1855年にパリで，さらに1860年にはアメリカのボストンでフレーベル主義の幼稚園が開設されました。わが国には1876年，東京女子師範学校（現・お茶の水女子大学）の附属機関として幼稚園が開設され，**倉橋惣三**によってフレーベルの教育思想と教育方法が▷8 紹介・導入されました。

　またモンテッソーリの教育方法は，「モンテッソーリ・メソッド」としてまとめられ，その方法に基づく幼稚園は世界各国に開設されています。

（藤井千春）

▷6　1873年以降に本格的に製造され，フレーベル主義幼稚園と共に世界各地に普及した。しかし，次第に恩物を使用しての指導の方式が定式化され，形式主義・画一主義と批判され，次第に衰退した。

▷7　1896年，女性で初めてローマ大学医学部を卒業し医学博士となった。

▷8　倉橋惣三
（1882-1955）
⇒Ⅲ-2参照。

（参考文献）
　フレーベル，荒井武（訳）『人間の教育（上・下）』岩波書店，1964年。
　小笠原道雄『フレーベルとその時代』玉川大学出版部，1994年。

9　シュタイナー，フレネ，ニイル

▷4　シュタイナーも
デューイと同様に，マルク
ス主義の考え方，すなわち
社会の本質を対立に見出し，
闘争を通じての革命によっ
て社会を改革しようとする
唯物史観に対して批判的
だった。しかし，国家を超
えて人々の調和を理想とす
るシュタイナーの思想は，
ナチスから弾圧される。

▷5　シュタイナーによれ
ば，人間は霊的な存在とし
て共通であり，霊的な世界
において一体である。シュ
タイナーにとって教育とは
子どもをこの世において霊
的存在として磨き上げる芸
術であった。

▷6　シュタイナーにとっ
て，教育は一種の芸術だっ
た。シュタイナーは，「こ
の世に教育芸術の行われて
いる学校を生み出そうとし
ている」と語っている。

1　現代に続く自由教育・自由学校

　世界各国にも，わが国にも，現在，新教育運動期以来，独自の教育理念に基づいて教育実践に取り組み続けている学校が多数存在しています。
それらの中でも，シュタイナー[1]の自由ヴァルドルフ学校，フレネ[2]が実践した「自由テクスト」による授業，ニイル[3]がサマーヒル・スクールで実践した自由教育は，現代でも世界各地の多くの教育者から支持を得て，それぞれの教育方法を採用した学校が開設されています。

2　シュタイナーの思想と自由ヴァルドルフ学校の教育

　近代の西欧諸国は，文化，宗教，人種，言語などの共通性に基づいて国家が形成されました。市民革命後の国家は，そのような共通性に基づいて国民を精神的に統一して，富国強兵の達成に邁進していきました。シュタイナーはそのような近代国家が相互に対立し，また産業化の進展によって階級間での対立が深刻になりつつある状況の中で生きました。そして，人々が国，階級，文化，宗教，人種，言語の相違にかかわらず，相互に尊重し合い，自由に交流できる生き方を追求し，独自の人智学（anthroposophy）を確立しました。[4]
　シュタイナーの学校では，人智学で探究された人間の本質についての考えに基づく教育が行われています。[5] 8年間一貫の担任制，周期集中のエポック授業（4週間にわたり午前中の2時間を同一教科の授業を集中的に行う），リズムと運動によるフォルメン（図形の湾曲・進展，リズム・運動を共感する形態体験），原語・身体芸術としてのオイリュトミー，9〜12年生での社会実習，低学年からの外国語授業，競争主義の廃止などが実施されています。[6]

3　フレネによる「自由テクスト」を使用した授業

　フレネは，戦争で喉と肺を痛め，その後遺症で十分に話すことができなくなりました。フレネは子ども達を散歩に連れ出し，そこで見たことや感じたことを教室で自由に語らせました。そしてその言葉を板書して，みんなで推敲するという授業を行いました。教科書を使用して型にはまった表現方法を習得させるのではなく，自らの心で感じたことを表現させる作文教育を実施しました。さらにフレネは，学校に印刷機を導入して，子ども達の作文を印刷してそれを

「自由テクスト」として使用しました。またそれを他校との間での「学校間通信」としても活用し，子ども達の学習の交流を広げていくことを試みました。

❹　ニイルのサマーヒル・スクールでの教育

　ニイルは問題行動を起こす子どもの背後には，子どもの自由な感情を抑圧する権威的な親や教師が存在すると指摘しています。また，ニイルは，子どもを抑圧する親や教師自身も，世間的あるいは伝統的な権威に縛られた不自由な生き方をしていると考えました。[7] そして，子どもは自分の心を抑圧する権威から解放され，自由な感情を尊重してくれる大人と出会うことにより，しだいに自他の自由を尊重し，自分に責任をもった生き方のできる人間へと成長すると考えました。ニイルは，体罰や脅しによる教育は子どもの心に歪みを生み出し，それが問題行動となって現れると考えたのです。

　サマーヒル・スクールでは，授業への出席は子ども自身の意思に任されており，強制されません。学校生活で教師が権威者として振る舞うことはしません。まず子どもに権威からの自由を保障しました。また，子ども達による自治活動を重視しました。学校の行事や規則については，子ども達と教師が平等に参加する全校集会で決定されました。この集会の採決では，校長のニイルも他の子ども達と同じように1票を与えられています。子どもと教師との全員による平等な話し合いを通じて，子ども達に自らの意思に基づく自己決定が保障されています。[8] そのようにして相互への信頼の上に，自己及び他者の自由に相互に責任を負うことを求める教育を行いました。

❺　自由の主人公としての生き方

　シュタイナーの学校は1919年にシュトゥットガルトに設立されました。現在では世界各地に800校を超える学校が設立されています。また，フレネの教育方法は，フランス語圏を中心に西ヨーロッパ，アメリカ，アフリカなどで支持されています。ニイルの教育はサマーヒル・スクールにおいて継承され，アメリカのサドベリーバレー・スクールなどで発展的に広がりを見せています。[9]

　これらの教育では，いずれも子ども達の自由な感情が尊重されています。国家，伝統的な表現の型，宗教的な権威などに縛られることなく，自由に自分の感情を表現し，偏見なくさまざまな人々と交流・連帯できる人間の育成が目指されています。自由教育は自分勝手な人間にしてしまうという批判があります。しかし，これらの教育では子どもを解放すると同時に，自分の自由に責任をもち，また他者の自由を尊重できる人間の育成が目指されています。自分の人生を主人公として歩める人間が目指されています。

（藤井千春）

▷7　ニイルが抑圧的な権威として敵視したものは，ピューリタニズムの原罪説に基づく子ども観だった。ニイルは，自由な感情の表現を抑圧し，体罰で規律を強いるピューリタニズム的な教育が子どもの問題行動の温床であると考えた。

▷8　ニイルは，抑圧的な権威からの自由を保障することにより，子どもは自らの意思に基づく自由を正しく行使することができると考えた。

▷9　和歌山県橋本市にある「きのくに子どもの村学園」は，ニイルの教育思想を根底にして設立された学校である。

（参考文献）
　子安美知子『ミュンヘンの小学生』中央公論新社，1965年。

10　ポストモダンと教育思想

1　ポストモダンの定義

　ポストモダンとは，1960年代以降に始まった「近代（モダン）」を問い直す思想運動です。近代を支えてきた啓蒙思想を相対化し，近代国家のあり方を疑問視する思潮が生まれました。そして近代国家の産物である教育制度についても，根本的な再検討が図られたのです。近代では，教育は，「理性」「主体」「解放」「進歩」「成長」「生産」「完全」「普遍」「統一」などの概念によって「物語」の進む方向を示してきました。ポストモダンでは，そのような「大きな物語」の終焉が宣言され，近代教育のあり方も再検討に付されたのです。[1]

　以下，学校教育のあり方を批判したポストモダンの思想家として，**フーコー**[2]と**イリイチ**[3]をとりあげます。

2　フーコーの思想

○規律・訓練的な権力を通じた主体形成

　フーコーは，近代の権力様式として，監獄で囚人達に効率的な規律訓練を可能にしている一望監視方式（パノプティコン）という監視技術に注目し，学校でも類似の方式が作用していると，学校の権力作用を指摘しました。[4]学校では，相互監視・観察，役割分担，試験，競争，制裁などを通じて，規律・訓練が子ども達の身体に内面化され，子ども達は評価される規格化された「主体」へと形成されます。学校にはこのような近代特有の権力作用があるのです。しかも，近代の「権力は（人々の）もろもろの力を減少するためにそれらを束縛するのではない。それらを多様化すると同時に活用するように，それらを結びつけようと努める」[5]のです。つまり，権力作用は，近代以前のように強制的な抑圧的作用としてではなく，生産的で効率的な個別化された形成作用として行使されるのです。近代権力は，諸個人の欲求を禁止するのではなく，部分的に満たす作用として，個人にソフトに巧妙に働きかけていると言えます。

　フーコーは，このように権力が，ソフトで巧妙な管理統制の装いのもとで作用することを問題視しました。ここから，機能的合理性や規則性に従順に従う，近代社会が要求している人間の形成を当然のことと見なしてしまう傾向が生まれてしまうからです。そして，人々は現在の社会のあり方を絶対視するようになります。そうなると現状に窮屈さや息苦しさを感じ，現状に抵抗し，よりよ

▷1　「大きな物語」とは，フランスの哲学者リオタール（Lyotard, J. F. ; 1924-1998）が『ポスト・モダンの条件』において提唱した言葉であり，科学がみずからの依拠する規則を正当化する際に用いる「物語（narrative）」のことを意味する。リオタールは，このような「大きな物語」に準拠していた時代を「モダン」，そしてそれに対する不信感が蔓延した時代を「ポストモダン」と呼んでいる。つまりポストモダンとは，この基礎づけとしての「哲学」が有効性を失った，言い換えれば「大きな物語」が終焉した時代だという。
　ジャン＝フランソワ・リオタール，小林康夫（訳）『ポスト・モダンの条件』書肆風の薔薇，1986年。

▷2　フーコー
（Foucault, M. ; 1926-1984）
⇒ Ⅰ-6 参照。

▷3　イリイチ
（Illich, I. ; 1926-2002）
⇒ Ⅰ-6 参照。

▷4　ミシェル・フーコー，田村俶（訳）『監獄の誕生』新潮社，1977年。

▷5　ミシェル・フーコー，同上書（▷4），p. 175。

く生きようと，ほかに向かって思考する自由が抑圧されてしまいます。[6]

○抵抗の可能性を含む権力関係

　フーコーは，20世紀の問題を「『権力』の過剰」におきました。しかし，フーコーは，批判の対象を実体化された国家権力にではなく，制度形成的かつ個人化するミクロレベルの権力作用の浸透におきました。権力とは，「一方が他方の行動を指揮しようとするような関係」[8]をいいます。ここから，フーコーは，権力を相互の対立や抗争をめぐる諸力の関係として捉えなおすことが，人々には抵抗可能性を具体的に知り，思考の自由を担保する条件になると考えました。教育制度に依拠した規律・訓練権力に関しても，家庭における保護者と子ども，学校における教師と児童・生徒及び教師と保護者，地域における大人と子どもなどの間にも常に対立・抵抗関係が存在しています。それらを見逃してはいけないとフーコーは主張しています。しかし，フーコーによれば，現実に存在する教育の権力関係は悪ではありません。むしろ支配を縮小し主体の自由を開き自己の実践を鍛えるための「戦略的なゲーム」[9]の契機なのです。フーコーの投げた問いかけは，近代的主体の再生産メカニズムとして機能している現代の教育の閉塞性を打ち破る抵抗拠点を示唆するものとなっています。

③　イリイチの思想

○脱学校の社会と稀少性の仮定

　イリイチは，近代社会の人々が制度への依存を強め，独習・独学する能力を喪失しつつあると指摘しました。そして，そのような状態を「貧困の近代化」[10]と呼びました。近代の教育制度は数量化できる価値を人々に提供してきました。また義務化・公費化されました。しかし，学習の内実より学歴の形式が優先され，学歴差別の正当化が浸透するというように，人々の価値をめぐる創造性や自律性が奪われつつあるとイリイチは考えたのです。

　このようにイリイチは，近代における価値の制度化と制度への依存，その中核的な再生産装置としての義務教育制度に鋭い批判を向けました。しかし，制度や学校の廃止を訴えたわけではありません。「人々の人間的，創造的かつ自律的な相互作用を助ける制度で，かつ価値が生み出されるのに役立ち，しかも肝心なところを専門技術者にコントロールされてしまわないような価値を生じさせる制度を創り上げることに，科学技術を利用するにはどうしたらよいか」[11]と，イリイチは問いかけています。

　その後イリイチは，ますます商品的で強制的な学習が浸透する教育中毒社会を前に，教育を「稀少性の仮定のもとでおこなわれる学習，つまり，知識と呼ばれるものを獲得する手段は稀少であるという仮定のもとでおこなわれる学習」[12]と再定義しました。イリイチは自明視されている現代の教育制度依存が，歴史的には相対的なものにすぎないことを指摘したのです。[13]　　　（鵜海未祐子）

▷6　田中智志『教育思想のフーコー』勁草書房，2009年。

▷7　ミシェル・フーコー，小林康夫・石田英敬・松浦寿輝（編）『権力・監禁（フーコー・コレクション4）』筑摩書房，2006年，p. 410。

▷8　ミシェル・フーコー，小林康夫・石田英敬・松浦寿輝（編）『性・真理（フーコー・コレクション5）』筑摩書房，2006年，p. 316。

▷9　ミシェル・フーコー，同上書（▷8），p. 330。

▷10　イヴァン・イリッチ，東洋・小澤周三（訳）『脱学校の社会』東京創元社，1977年，p. 17。

▷11　イヴァン・イリッチ，同上書（▷10），p. 14。

▷12　イバン・イリイチ，デイヴィッド・ケイリー（編），高島和哉（訳）『生きる意味』藤原書店，2005年，p. 106。

▷13　イバン・イリイチ，桜井直文（監訳）『生きる思想』藤原書店，1991年。

西洋の古代・中世の学校

1 古代ギリシアの学校

　古代ギリシアのポリス（都市国家）においては，さまざまな教育機関が存在していたといわれています。2大ポリスである，スパルタとアテナイ（アテネ）についてみてみましょう。

　まず，スパルタではポリス主導の教育が行われていました。そこで行われる教育は，現代の「スパルタ教育」の語源ともなる厳しい教育であり，ポリスを守る勇敢な戦士になるための，軍事訓練を中心とした教育が行われていたとされています。一方のアテナイでは，7歳になるとパイダゴーゴスという養育係の奴隷に付き添われ，読み・書き・音楽・詩などを学ぶ私塾の「ディダスカレイオン」や体育を学ぶ「パライストラ」に通い，教育を受けました。そして青年期になると公共の教育施設である「ギュムナシオン」でレスリングなどの各種競技や格闘技を学び，哲学・文学・音楽などの発展的な学問についても学びました。

　アテナイにおける特徴的な高等教育機関としては，**プラトン**▷1が設立した「アカデメイア」と**アリストテレス**▷2が活躍した「リュケイオン」があげられます。これらはいずれも，元々はアテナイを代表するギュムナシオンが置かれた神域であり，その地名を学園名として継承しています。アカデメイアでは幾何学・天文学などの数学的理解を基礎として，哲学的な対話法・弁証論が説かれていました。このアカデメイアで学んだ人物の一人がアリストテレスです。リュケイオンはアリストテレスの支援者であったアレクサンドロス大王によって設立され，形而上学や自然学，修辞学，弁証術，政治学，倫理学などさまざまな学問が教えられました。

2 古代ローマの学校

　古代ローマにおける教育はギリシアとは異なり，強い家長権に基づいていました。そのため，家長（父親）からの家庭教育を中心とした教育が行われていました。初歩的な読み・書きに加え，ローマ最古の成文法である**十二表法**▷3の暗記などが，父親からの教育として行われていました。その後，ローマがギリシアを征服すると，ギリシア文化がローマに流入し，教育に関してもその影響を強く受けることになります。ギリシア人の教師がローマに流入することにより，ローマの伝統的な家庭教育とギリシア型の教育との間に，葛藤が生じることに

▷1　プラトン
（Platon；前427-前347）
⇒Ⅲ-3 参照。

▷2　アリストテレス
（Aristoteles；前384-前322）

▷3　十二表法
紀元前5世紀につくられた古代ローマ初の成文法。12枚の銅版に記されたとする伝承からそう呼ばれている。訴訟，相続，結婚，犯罪など，多岐にわたる生活について定められている。

なります。ここでのギリシア人教師は市民権をもたず，主に奴隷として扱われるなど，教師の地位は低く抑えられていました。しかし，ギリシア文化の流入に伴い，読み・書き，十二表法などを学ぶ初等学校の「ルードス」，ギリシア語を学ぶ中等学校の文法学校，弁論術を学ぶ高等学校の修辞学校といった学校文化がローマにも登場することになります。こうした時期に登場した**キケロ**[4]は，政治家としての自身の活動に加え，「人間的教養」を備えた「学識ある弁論家」を目指し，ラテン語を中心とする弁論家教育を主張しました。

　その後，ローマが帝政期を迎えると，皇帝達によって学術が保護されるようになり，人材育成のために学校教育も重視されるようになります。この頃には，国庫から給与が支払われる教師も登場します。その代表である**クインティリアヌス**[5]はキケロの思想を継承し，弁論術教師として活躍しました。また，ギリシアで重視された教養である「エンキュクリオス・パイデイア」（円環的教養）も，ローマに流入し「**セプテム・アルテス・リベラレス**（**自由七科**[6]）」へと発展していきます。

❸ 中世ヨーロッパの学校

　西ローマ帝国滅亡（476年）頃から東ローマ帝国滅亡（1453年）頃を指す中世ヨーロッパにおいて，教育の中心はキリスト教が担いました。キリスト教の教区制度が普及すると，司教のいる教会に聖職者を養成するための学校（司教座聖堂学校）が設立され，自由七科や神学が教えられました。後に，聖職者を志願する者以外にもその門戸は開かれていくことになります。また，キリスト教の世俗化に反対する修行僧が暮らす修道院においても，学校が設立されて教育が行われていました。同じ頃，封建体制においては，フランク王**シャルルマーニュ**[7]（カール大帝）が782年，アーヘンに宮廷学校をつくり，**アルクイン**[8]などの知識人を内外から招聘するなど，宮廷での学校教育が行われるようになりました。シャルルマーニュは初等教育の普及にも努め，教会や修道院に初等教育を行う学校の設立を命じています。これらの学校では，聖書を用いた読み書きなどが教えられていました。

　11世紀頃には，十字軍遠征などを契機として，イスラム圏の文化がヨーロッパに伝えられるようになり，科学をはじめとする学問に注目が集まります。こうした中，自然発生的にギルドとして，研究・教育団体が形成されていきました。はじめは学校や学者の自宅で行われた教育は，やがて大学という形へと変化していきます。12世紀頃までにイタリアにボローニャ大学が，フランスにパリ大学などが形成されました。

　こうしたヨーロッパにおける学校のさまざまなあり方は，近世における，**ルター**[9]や**コメニウス**[10]など，宗教改革の流れの中で行われた教育改革へと，その系譜が続いていきます。

（岡村健太）

▷4　キケロ
(Cicero, M. T.；前106-前43)

▷5　クインティリアヌス
(Quintilianus, M. F.；35頃-100頃)

▷6　セプテム・アルテス・リベラレス（自由七科）
言語を中心とする文法学・修辞学・論理学（弁証法）の3科と，数学を中心とする算術・幾何学・天文学・音楽の4科からなる。

▷7　シャルルマーニュ
(Charlemagne；742-814)

▷8　アルクイン
(Alcuin；735頃-804)

▷9　ルター
(Luther, M.；1483-1546)
「95箇条の論題」に代表される宗教改革とともに，人文主義（ヒューマニズム）に基づくキリスト教学校の普及にも尽力したことで知られる。

▷10　コメニウス
(Comenius, J. A.；1592-1670)
現在のチェコ出身の教育学者。『大教授学』は近代教育学の金字塔ともいわれている。また，『世界図絵』は世界初の絵入り教科書といわれ，絵本の基になったともいわれている。

参考文献
　勝山吉章（編著）『西洋の教育の歴史を知る（現場と結ぶ教職シリーズ3）』あいり出版，2011年。

近代的学校制度と学校体系

1　近代的学校制度の始まり

　①無償制（国や地方などの公費により運営され，授業料を徴収しない），②義務制（すべての子どもの就学が保障される），③世俗性（宗教的に中立で，世俗の権力により運営される）は，公教育の三原則といわれます。教会からの支配を脱し，すべての子ども達が無償で教育を受けることができる学校制度は，欧米諸国では19世紀半ばに始まりましたが，それぞれの国の歴史的・文化的背景の違いなどにより，異なる展開をたどりました。

　18世紀末から19世紀にかけて，イギリスでは，産業革命による工場での子どもや婦人の過酷な労働が大きな問題となりました。政府は児童労働の禁止や労働時間の制限を内容とする工場法を1833年に制定し，その後，度々の改正を行いました。この時期，子どもの保護や教育に大きな役割を果たしていたのは教会や民間団体による慈善活動でした。その後，教会や民間団体により運営される学校への国からの補助金制度が整備されるようになりました。公費で運営される無償の学校を設置する要求が高まり，1870年に初等教育法が制定されました。それ以降，種々の法律が制定され，徐々に学校の義務制，無償制，宗教的中立が確立しました。

　1789年のバスティーユ牢獄襲撃を契機とした始まったフランス革命では，1791年に制定された憲法ですべての人に無償の公教育制度を提供することが定められました。フランス革命期には，**コンドルセ**▷1などによる公教育案が示されました。ナポレオンによる帝政，その後の王政など政治は激動しましたが，1833年の初等教育法，1858年の教育法などにより教育制度の整備が進められました。普仏戦争（1870年）時に成立した第三共和政で1881年法，1882年法により，無償，義務，世俗化という近代的初等教育制度の基礎が確立されました。

　領邦国家が分立し，イギリスやフランスに後れをとっていたドイツでは，18世紀後半にプロイセンを中心に国家統一の機運が高まりました。プロイセンの**フリードリヒ大王**▷2は1763年の学校令により民衆学校の制度について定めました。19世紀の初め，ナポレオンに敗北したプロイセンでは，国民教育の重要性が叫ばれるようになり，ベルリン大学の創設に関わった**フンボルト**▷3らによる教育改革が進められました。1871年にドイツ帝国が成立しますが，翌1872年，プロイセンの宰相**ビスマルク**▷4は「学校監督法」と「一般諸規程」を定め，近代的な学

▷1　コンドルセ
（Condorcet, M.；1743-1794）
⇒Ⅱ-2参照。

▷2　フリードリヒ大王
（Friedrich Ⅱ；在位1740-1786）
⇒Ⅱ-2参照。

▷3　フンボルト
（Humbolt, K.；1769-1859）
⇒Ⅱ-2参照。

▷4　ビスマルク
（Bismark, O.；1815-1898）
⇒Ⅱ-2参照。

校制度の整備を進めました。

　植民地時代のアメリカでは，聖職者や富裕層のための学校と庶民のための学校が分立するヨーロッパ型の学校制度が導入されていました。1783年にイギリスから独立しましたが，19世紀に入りマサチューセッツ州の**マン**[5]やコネチカット州の**バーナード**[6]らによる「コモン・スクール」運動が展開されます。コモン・スクールとは，すべての人を対象にした義務制で無償の公立学校です。1852年にマサチューセッツ州でコモン・スクールが制度化され，その後，全米に広がっていきました。

　このように欧米諸国では19世紀半ば以降，義務で無償，宗教的に中立な近代的学校制度が確立されました。ただし，当時の学校では，庶民の子どもの教育は読・書・算の初歩と道徳的教化が中心であり，時間や規律を守り，教師に従順な人材の育成が重視されていました。

2 学校体系の変遷

　近代的な学校制度が始まるずっと前，12世紀末に，大学の起源といわれるパリ大学，ボローニャ大学が誕生しています。当時の大学はラテン語で教育が行われていましたから，時代が進むにつれて，大学に入るための文法学校が設立され，さらに，文法学校に入るための予備学校が設立されるようになりました。このように，まず大学があり，そこに入学するための教育を行う学校が下の段階に設立されていった学校は「下構型学校系統」あるいは「貴族型学校系統」といわれます。それに対し，庶民のための学校は，初歩的な読・書・算の教育から始まり，より上級の学校，職業準備のための学校が設立されるようになりました。これらの学校は「上構型学校系統」あるいは「庶民型学校系統」といわれます（図Ⅳ-1）。

　このように，別々の学校系統が互いに行き来することができず併存している体系を「複線型」学校体系といいます。多くの国で，近代的学校制度は複線型学校体系で始まりました。その後，この「複線型」学校体系の初等教育の部分を統一し，共通にしたのが「分岐型」学校体系です。「分岐型」学校体系では前期中等教育の段階では異なる学校種が併存していますが，これをすべての生徒に共通にしたのが「単線型」学校体系です（図Ⅳ-2）。すべての国の学校制度がこのような歴史的変遷をたどったわけではありません。「複線型」「分岐型」「単線型」の3類型は，学校体系の歴史的変遷のモデルとみなすことができます。

（長島啓記）

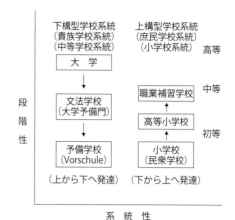

図Ⅳ-1 2つの学校系統

出所：教育制度研究会『全訂版要説教育制度』学術図書出版社，2000年。

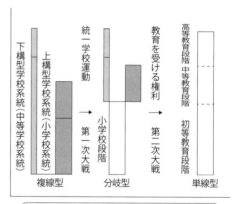

図Ⅳ-2 学校体系の歴史類型（3類型）

出所：教育制度研究会『全訂版要説教育制度』学術図書出版社，2000年。

▷5 マン
(Mann, H.；1796-1859)
⇒Ⅱ-2参照。

▷6 バーナード
(Barnard, H.；1811-1900)

3 各国の教育制度とその改革

 1 主要国の教育制度

　アメリカでは教育に関する権限は各州が有しており，州においても学区（地方教育行政のための特別区）が大きな権限を有していることから，教育制度は州により，学区により異なっています。学校制度には6-3-3制，6-6制，5-3-4制，8-4制などがありますが，現在は5-3-4制が多いといわれています（図Ⅳ-3）。大学への入学は，ハイスクールの成績，複数回受けることができる大学進学適性テストの得点，内申書などにより決定されます。

　イギリス（連合王国）は，4つの地域から構成されていますが，それぞれ学校制度は異なっており，図Ⅳ-4はイングランドの学校制度です。義務教育は満5歳から始まり，11年間です。初等学校6年，中等学校5年，主として大学準備教育を行うシックスフォーム2年の6-5-2制となっています。中等学校の最終学年（16歳）で中等教育修了一般資格（GCSE）試験，シックスフォームの最終学年（18歳）でGCE・Aレベル資格試験が行われ，大学入学に際しても，この資格試験の成績が重要となります。

　フランスの学校制度は，小学校5年，コレージュ4年，リセ3年の5-4-3制です（図Ⅳ-5）。義務教育は10年間で，リセの第一学年で終了することになります。リセの最終学年に行われる試験の合格により取得するバカロレアはリセの修了資格であると同時に大学入学資格です。バカロレア取得者は，原則として希望する大学に入学することができます。

　ドイツは16州から構成される連邦制国家で，教育に関するほとんどの権限は各州が有しており，州により学校制度には違いがあります。基礎学校は4年制（一部の州は6年制）で，前期中等教育段階から生徒の能力・適性に応じて，ハウプトシューレ，実科学校，ギムナジウムの3つの学校種に分かれるのが伝統的でしたが（「三分岐型」学校制度），現在，ハウプトシューレと実科学校の課程を併設する学校種（名称は州によりさまざま）が増加しています（図Ⅳ-6）。ギムナジウムの修了資格であると同時に大学入学資格であるアビトゥアを取得すると，原則として希望する大学に入学することができます。

 2 教育制度の改革

　ヨーロッパ諸国では1960年代・70年代まで，現在のドイツのように，前期中

▷　4つの地域とは，イングランド，ウェールズ，スコットランド，北アイルランド。

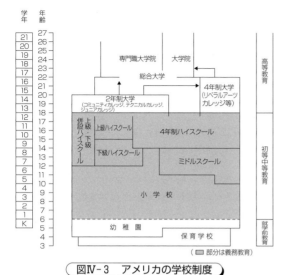

図Ⅳ-3 アメリカの学校制度

出所：文部科学省「諸外国の教育統計」2019年。

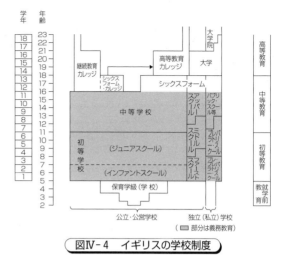

図Ⅳ-4 イギリスの学校制度

出所：文部科学省「諸外国の教育統計」2019年。

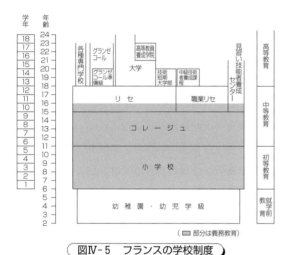

図Ⅳ-5 フランスの学校制度

出所：文部科学省「諸外国の教育統計」2019年。

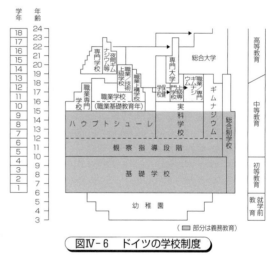

図Ⅳ-6 ドイツの学校制度

出所：文部科学省「諸外国の教育統計」2019年。

等教育段階は複数の学校種が設けられていました。多くの国でそれらの学校種を一本化する改革が行われ，現在のような学校制度になりました。それ以降，大きな学校制度改革は行われていません。日本の場合，戦後に設けられた6 - 3 - 3の単線型の学校制度は高等専門学校（1961年），中等教育学校（2006年），義務教育学校（2016年）が導入されたことにより，やや複雑な制度になってきましたが，ヨーロッパ諸国とは改革の方向が異なっているようにみえます。

　また，アメリカには，家庭で教育を行う「ホームスクール」や，保護者や教員等が設立し公費で運営される「チャータースクール」があります。イギリスでも，このチャータースクール等をモデルにした「アカデミー」が増加しています。

（長島啓記）

4 日本の教育制度とその改革

1 戦前の学校教育体系

▷1　日本の近代的公教育制度の成立については，Ⅱ-6 参照。

▷2　**身分的複線型**
原則として，身分などによって学ぶ学校が分かれている制度。これに対し単線型は，身分や性別により学校が別になっていない制度で，民主的な学校体系といえる。

▷3　その後，1935年には青年学校制度が設けられ，また1941年には小学校が国民学校となった。

日本の近代学校教育制度は，1872年の「学制」によって創始されました。[1] この学制は，近世の**身分的複線型**[2] の学校体系ではなく，すべての国民を対象とするもので，これにより小学校・中学校・大学という近代的な学校制度が成立しました。さらに専門学校・外国語学校・師範学校も設立されました。その後，幾度かの改革を経て，内閣制度下の初代文部大臣により1886年に諸「学校令」が定められ，小学校・尋常中学校・高等中学校・帝国大学という4段階になり，これが戦前日本の学校体系の基本構成となりました。

1899年には中学校・高等女学校・実業学校という中等教育制度が確立し，また1900年には小学校4年間が義務教育となり，その後1907年には6年間に延長されました。さらに，高等教育制度としては，1903年に専門学校制度が，1918年には帝国大学以外に官公私立大学をも認める制度が確立しました（図Ⅳ-7）。[3]

このような戦前日本の学校体系は，単線型を基本としながらも，職業や進路により進む学校が異なる複線型の要素も加わっていました。さらには，男女別学を原則とし，女性に差別的な制度であった点も非民主的といわざるを得ません。

2 戦後教育改革期の学校体系

1945年8月15日，日本は敗戦を迎え，当初は戦前の制度での復興を目指しましたが，1946年3月の**アメリカ教育使節団報告書**[4]や**教育刷新委員会**[5]での議論を経て，1947年3月に教育基本法と学校教育法が成立し，今日に至る新しい学校教育制度が確立しました（図Ⅳ-8）。

学校教育法による学校体系は，進路や性別により分岐していた制度が，教育を受ける権利の保障と機会均等の原理に基づいて民主的なものに改められました。すなわち，小学校・中学校・高等学校・大学を基本とする単線型の民主的な学校体系になった点に新学制の特長があり，盲学校・聾学校・養護学校，幼稚園も一貫した学校体系の中に位置づけました。さらに，新学制の重要な意義と

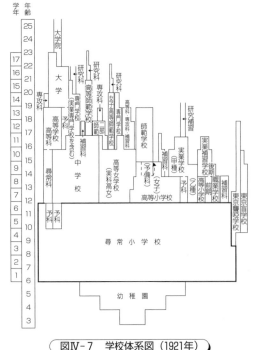

図Ⅳ-7　学校体系図（1921年）

出所：文部省『学制百二十年史』ぎょうせい，1992年，p. 767。

して，義務教育年限を延長してすべての国民に共通な3年の中学校を設けた点，共学が制度原則とされた点，女性の大学教育機会が男性と平等となった点などもあげられます。[6]

3 今日の学校体系とその背景

　1960年代以降の高度経済成長に伴う産業の高度化や国民の教育要求の高まりを受け，高校進学率は1954年に50％であったものが74年には90％に，また短大・大学への進学率は66年に25％，75年には43％と急上昇しました。今日では，高校進学率は98％，短大・大学への進学率は57％以上となっています。

　このような社会の高学歴化，さらには子どもを取り巻く社会・地域の変化，家庭や地域の教育力の低下，子どもの発達の加速化などに伴い，戦後に確立した学校体系を見直す要望が高まりました。それを受け近年，学校間の接続の見直しや学校教育の弾力化を推進する制度改革が行われました。

　こうした学校として，認定こども園，義務教育学校，中等教育学校などがあります。認定こども園は，教育・保育を一体的に行う，いわば幼稚園と保育所の両方の機能をあわせもっている施設で，2006年10月に創設されました。一定の機能を備え，認定基準を満たす施設は，都道府県等からこども園として認定を受けることができます。[7] 義務教育学校は，小・中という義務教育を一貫して行う学校で，2016年から設けられました。小学校の4・5年生段階では発達上の「段差」があることから，カリキュラム区分の弾力化や学校種間の連携・接続を改善する試みといえます。小・中一貫校の一種でもあります。

　さらに中等教育段階でも一層の多様化を進め，生徒の個性をより重視した教育を実現するため，1999年度から中高一貫教育校が導入されました。その形態には①中等教育学校，②中高併設型，③中高連携型があります。中等教育学校は，1つの学校で中・高の課程を一体的に編成し，一貫教育を行います。

　高校の課程についても，今日では生徒の多様な関心や能力，進路等に対応し，特色ある学校・学科で個性化・多様化が進められています。[8] このほか，2019年から専門職大学の制度も発足しました。

　以上のような制度改革以外に，高大連携など，制度の枠を越えた多様な試みがなされています。

（湯川次義）

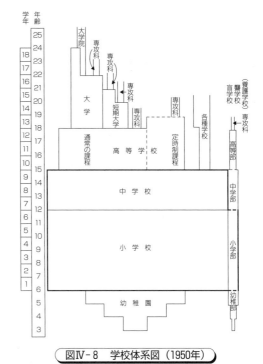

図Ⅳ-8 学校体系図（1950年）

出所：文部省『学制百二十年史』ぎょうせい，1992年，p. 769。

▷4 アメリカ教育使節団報告書
1946年3月に，連合国総司令部の要請で，日本の教育の民主的再建について勧告することを目的に来日し，報告書をまとめた。

▷5 教育刷新委員会
戦後の教育改革を審議するために内閣に設けられた諮問機関。

▷6 なお，義務教育段階の学校は1947年に，高等学校は1948年に，多くの大学は1949年に発足した。さらにその後，1949年に短期大学，1961年に高等専門学校の制度が成立した。

▷7 認定こども園には，幼保連携型，幼稚園型，保育所型，地方裁量型の4類型がある。

▷8 課程の種類としては，普通科・専門学科・総合学科があり，総合学科では選択科目中から生徒自身が選択して学ぶ。

学校経営と組織マネジメント

 組織マネジメントを活かした学校経営への期待

▷1　学校経営計画
学校の教育目標の達成を目指し，学校全体をトータルに捉えた視点から，教育課程を中心に校内研修などの諸計画をまとめた学校の総合的な計画。学校の教育目標，校長自らの経営理念，目指す学校像（ビジョン），子ども像，経営目標（中期・短期），具体的方策により構成。

　組織マネジメントは，各学校独自の教育目標，それに基づく**学校経営計画**を^{▷1}達成するため，学校内外の人的，物的などの諸資源や学校文化を生かしつつ，教育活動の計画（Plan），実施（Do），評価（Check），改善行動（Action）といった PDCA マネジメント・サイクルに一定の成果と効率をもたらす組織的，能動的な活動です。これまでの学校経営が概して組織としての一体感，明確なビジョン，課題に対する共通認識を踏まえた活動が十分でなかったことからマネジメントの発想を取り入れた学校経営が期待されています。組織マネジメントの発想を**カリキュラム・マネジメント**の基本構造（図V-1）を例に述べて^{▷2}みます。

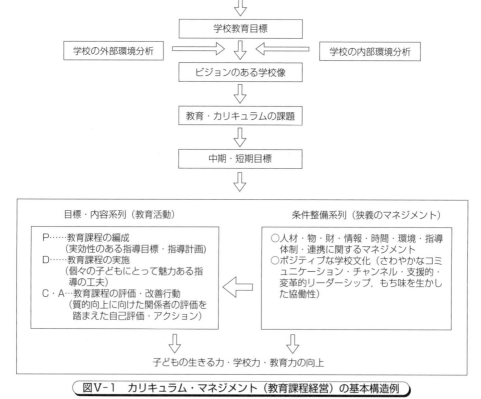

図V-1　カリキュラム・マネジメント（教育課程経営）の基本構造例

出所：筆者作成。

　図V-1で示す「教育課程の編成」の段階においては，各学校の実態，児童生徒，保護者，地域等の学校関係者の意見，ニーズを踏まえた実効性のある指導目標・指導計画の設定が前提になります。「実施」の段階においては，学校と保護者・地域などの良好な双方向のコミュニケーション・チャンネル形成の考え方に立ち，日々の教育活動をオープンにし，かつポジティブな視点で教育活動の情報を発信・提供します。その際，教育活動を学校という組織全体，チームの視点で，かつ分掌，学年間の協力体制のもとに実施するという姿勢が重要です。「評価」の段階では，学校自らの主体的な自己評価が基本ですが，やはり評価プロセスにおいて学校関係者や第三者の意見を反映しつつ改善すべき課題に対して教職員一体となって共通理解を図る必要があります。最も期待される「改善行動」の段階においては，自己評価や学校関係者評価などの結果をもとに，学校として問題提起をしつつ，カリキュラム改善の個性的ビジョンを早急，短期，中期，長期の視点からどう具体化するかです。

❷ 組織マネジメントにおけるリーダーシップの重要性

　上記の組織マネジメントを強化する上で図V-1で示した条件整備系列の役割を無視できません。しかも，リーダーシップは最優先のカテゴリーです。

　リーダーシップの発揮は，通常，相手の状況（situation）によって異なります。教職員の成熟度（マチュリティ），すなわち「成就意欲（達成可能な，しかもできるだけ高い目標を設定しようとする本人の基本的姿勢）」「責任負担の意思と能力」「教育なり経験なりの程度」との関連で捉えられます。たとえば教職員の課題関連マチュリティや心理的成熟度が高い場合，責任権限を大きく委譲し，自由裁量を高めることも必要でしょう。

　筆者が行った校長のリーダーシップ・イメージ調査では，4つの次元（「目標達成」「人間性重視」「対処的活動」「自己象徴（シンボリック）」）すべてがリーダーシップ行動として必要かつ不可欠で重要な次元ですが，より重視されるべき次元は，校長自身，教職員側の意識双方から見て，「人間性重視」の次元であったことです。つまりこの次元の高低によって，ほかの3つの次元におけるリーダーシップ行動，及び学校革新風土に対して教職員が感じる意味合い，組織力も異なるのではないかと考えられます。「教職員を感じさせ，動かすシンボリックでしかも人間味のある支援的・変革的リーダーシップ」が指導性の基盤でしょう。また教職員の年齢構成アンバランスの状況下，教師に期待される指導力（教師力）はライフステージにおいて異なります。**教員育成指標**に基づく研修計画も各教育委員会によって進められていますが，職位，専門分野，得意分野に応じ，自己変革・向上するスピリットをもった教師が望まれます。このような姿勢自体が児童生徒にとって教育的励ましとなるでしょう。

（八尾坂修）

▷2　**カリキュラム・マネジメント**
新学習指導要領（2017年3月告示）によると，①教科横断的な視点による教育内容の組織的配列，②教育課程のP-D-C-Aサイクルの確立，③教育活動に必要な人的・物的資源等の効果的活用，の3つの側面から捉えられる。
⇒ V-2 参照。

▷3　自己評価，学校関係者評価，第三者評価の概念・機能・活用については文部科学省「学校評価ガイドライン」を参照。

▷4　**教員育成指標**
各成長ステージ（採用時，基礎向上期など）において求められる基礎的，基本的な資質能力を示す。

（**参考文献**）
　八尾坂修「カリキュラムの経営学的研究」日本カリキュラム学会（編）『現代カリキュラム研究の動向と展望』教育出版，2019年。
　八尾坂修（共編著）『教師のためのコーチング術』ぎょうせい，2016年。

カリキュラム・マネジメント

 カリキュラム・マネジメントとは

　「カリキュラム・マネジメント」（カリマネ）という言葉に戸惑いを感じている学校や教師は少なくありません。これから教職を目指す学生ならなおさらのことでしょう。今次改訂はこれまでの教育改革の延長線上にあります。2008年学習指導要領においても「言語活動の充実」，「思考力・判断力・表現力等」の育成，「各教科等と実社会・実生活との関連」を重視してきましたし，カリマネの三側面に関してもまったく新しいことを求めているわけではありません。

　「主体的・対話的で深い学び」はこれまでの「思考力・判断力・表現力等」の育成と「言語活動の充実」との関連が大きく，「育成を目指す資質・能力」は「生きる力」の具現化と考えることができます。「社会に開かれた教育課程」を含むこれら4つのキーワードはいずれも平成10年に創設された総合的な学習の時間において重視され実践されてきたことです。

　中教審答申（2016年12月）では，「教育課程とは，学校教育の目的や目標を達成するために，教育の内容を子供の心身の発達に応じ，授業時数との関連において総合的に組織した学校の教育計画であり，その編成主体は各学校である。各学校には，学習指導要領等を受け止めつつ，子供たちの姿や地域の実情等を踏まえて，各学校が設定する学校教育目標を実現するために，学習指導要領等に基づき教育課程を編成し，それを実施・評価し改善していくことが求められる」と述べた上で，以下の三側面を示しています。

カリキュラム・マネジメントの三つの側面

○教科横断的な視点の教育課程編成

　先行き不透明な時代を生きていく子ども達は現代的な諸課題への対応と新たなものの創出が求められています。各教科等で身につけた知識や技能を，教科等を越えてつなげて活用することが求められます。学校の教育目標を踏まえた上で，教科横断的な視点で目標達成に必要な教育内容を組織的に配列する目標達成に向けた内容の組織化が必要です。

　学級担任がほとんどの教科等を担当する小学校では，生活科や総合的な学習の時間を核として，教科学習と社会とをつなげたり，教科と教科とをつなげたりすることや必要に応じて学習内容の再編成を行うことは可能です。中学校や

高等学校こそ総合的な学習／探究の時間と各教科等との関連を図るワークショップを，積極的に行いたいものです。また，授業公開を日常化し，一部分でも他教科の授業を見合うことで，授業内容を知ることとなり，担当教科の内容と他教科等の内容との関連を意識した指導を可能にすることができます。生徒一人一人の中に教科横断的な学びを実現することにつながる取り組みです。

◯各種調査結果の活用とPDCAサイクルの確立

全国学力・学習状況調査や県版学力調査等の各種調査やデータを，授業改善や学校改革に生かすことであり，それらの調査結果や日々の子どもたちの姿を踏まえて，教育課程の「P（計画）・D（実施）・C（評価）・A（改善）サイクル」を確立することです。

全国学力・学習状況調査の結果を一部の学年や教科の教員だけで分析・検討するのではなく，結果はすべて学校の成果であり，課題であると受け止める必要があります。課題に関しては具体的な改善策を学校全体で模索し，その実現に取り組むことが求められます。

一方で，日頃の子どもの姿を基に日常的に見直し・改善を図っていくことが重要です。その日の授業の反応を踏まえて次の授業の内容や方法を改善していくことは一般的に行われていることです，教員一人一人が短期間で小さなPDCAサイクルを廻しています。学校教育目標やその実現のための授業づくりの考え方・手立てが有効に機能しているかを組織的・計画的に行うのが授業研究と捉えることが必要です。

◯校園内外の人的・物的資源の活用

校園内外の人的・物的資源（人，もの，金，時間など）の有効活用です。目指す資質・能力の育成のための授業改善や学校改革には教職員だけでなく家庭や地域の理解と協力が必要となります。諸資源（人材や予算，施設・設備，学習時間や勤務時間など）は限られています。校園内外の人的・物的資源を有効活用するためのマネジメントが重要となります。特に「働き方改革」が叫ばれる中，教職員の勤務時間の適正化につながる取り組みを推進したいものです。

ある中学校では英語授業の中で海外勤務歴の長かった企業の退職者がボランティアとして指導に当たっています。グループ指導や個別指導だけでなく，日本人英語教師とのやり取りも行います。生徒が「英語を学ぶことの意味」を理解する上でのキャリアモデルにもなっています。さまざまな分野に堪能な方が地域には存在します。そのような人材を授業で活用することが「社会に開かれた教育課程」実現への早道です。

なお，今次改訂の移行措置期間中に，小学校では外国語や外国語活動の時間の捻出が直近の課題となり，それに関する報告書も文部科学省から出されたため，「カリマネ＝時間割編成」と狭義に理解されました。時間割編成は3つ目の側面の一部にあたります。

（村川雅弘）

3 学年経営と学級経営

1 学級の誕生

　学級（Class）は，学校の教育活動を行うための組織として，一定の人数で編成された学校運営上の基礎となる集団の単位です。

　近代の学校では，基本的には1年単位で同年齢（学年制）の一定数の子どもを1学級に編成してきましたが，支配階層の一部の子弟に教育をしていた中世までの学校は，個別教授が中心でした。17世紀に，チェコの教育思想家であるコメニウス（Comenius, J. A.）が**学年学級制**を提唱しました。

　学級を単位とした教授法として，フランスのラ・サール（Jean-Baptiste de La Salle）が1680年，「キリスト教学校修士会」において，貧困層の子どもを対象に学力別グループを編成して教授効果を上げたといわれています。19世紀になり，多くの民衆の子どもに教育を受ける機会が与えられることになって，学級を単位とした一斉教授の必要性が生じ，年齢（学年）別に学級が編成されるようになりました。

　そして，イギリスの**ベル**と**ランカスター**が，助教法（monitorial system）と呼ばれる一斉教授法を開発しました。この方法は，3R's（Reading, Writing, Arithmetic）の伝達において優秀な生徒が助教生（モニター）となって，下位の生徒を10人ほどの能力別グループに分けて教える方法でした。

　助教法は，その後アメリカにおいて，能力別にクラス分けし，優秀な生徒に教師の代役をさせ，少ない経費で多くの生徒を一斉に教授できる効率的な方法として普及し，義務教育制度の成立に大きく寄与することになりました。このように学級は，多くの人々への教育の普及にともなって誕生していきました。

2 学級の機能と学級経営

　学級は，学校教育上の指導の基礎単位として生まれたわけですが，その誕生の時から，学級のもつ機能として2つの矛盾を抱えていました。

　その一つは，一斉指導と個別指導のジレンマです。一斉指導は，一度に多くの子どもを安価で効率よく指導でき，国民全体への教育を可能としました。しかし，一斉指導は，個別的な配慮や支援の必要な子どもにきめ細かな指導を行うことができにくい状況をつくりだしてしまっています。

　もう一つは，学級は知的能力を育成する機能と同時に，社会性を培う機能も

▷1　**学年学級制**
コメニウス（1592-1670）が『大教授学』（1657）で「教育されなくては人間になることはできない」という理念に基づいて，「すべての人々に，すべての事を，楽しく学ばせる」方法として年齢を基準とした学級を編成し，学年制に応じた教育内容を系統的に整え，教科書などを利用して学級全体を一斉に教授する方法を提唱した。またコメニウスは，一斉教授を提唱しながらも，教師中心の一斉教授に陥らないよう，生徒相互の励まし合いによる学習の意義を主張していた。

▷2　**ベル**
（Bell, A.；1753-1832）
⇒Ⅸ-1参照。

▷3　**ランカスター**
（Lancaster, J.；1778-1838）
⇒Ⅸ-1参照。

もっているというジレンマです。知的能力の育成を重視する場合は，少人数編成が望ましいわけですが，学級のもつ機能として人間関係の形成の場であることや，社会性の育成を目的とした場合は，ある程度の規模が必要になります。

　学級はそうした矛盾をはらみながらも，学級を構成する子ども達と学級担任とでつくっていくものであり，学級がどのように運営されていくか，学級担任の方針とその実際の展開が，学級経営と呼ばれるものです。

　学級では，学校生活を送る集団として，子ども達相互が助け合い，支え合う生活集団が形成され，それを土台として学び合い，高め合う学習集団が成立していきます。一方で，閉ざされた学級，学級至上主義といったいわゆる学級王国と呼ばれる状況に陥ることがないよう，開かれた学級にしていかなければなりません。学級担任は，確かな学力を育成する各教科等の指導力とともに，子どもの人間関係や学級の**支持的風土**[4]をつくり，社会性を育成していく学級経営力が求められています。学級経営がうまくいかなくなった状態が，**学級がうまく機能しない状況（いわゆる学級崩壊）**[5]と呼ばれるものです。

③　学年経営と学級経営

　学年は，単なる学級の寄せ集めではありません。学年経営は学校の教育活動を展開する基盤であり，学級経営を土台として，学級の枠を越えた各教科等の指導や，子どもの課題に応じた児童・生徒指導，学年の発達段階に応じた社会性の育成など，学校運営上の内容とその果たす役割をもっており，さらには，学級経営を組織として学校経営に結びつける役割と機能をもっています。

　学年経営は，学校の教育目標の具現化を目指して取り組み，学校が現在抱えている課題としてその実態を把握し改善に取り組みます。この役割は，よりよい学校経営を実現していく上で重要になります。また，教育効果をあげる学校経営を考える場合，学級の枠を越えて教師同士が同僚性を発揮し，知恵を出し合い，学年でチーム・ティーチングや少人数指導等に取り組むなど，指導方法の工夫・改善を図ったり，連携・協力して特別な配慮を必要とする多様な子ども達に対応したりしていくことができます。

　さらに学年経営では，学年に応じて人間関係の拡大を図ったり，集団的・自治的能力の伸長を図るために，学年集団や異学年（異年齢）集団の中で学年行事や学校行事を行ったり，児童・生徒指導において連携を図ったりすることが不可欠であり，学級を越えた教師同士の協働体制が求められます。

　このように，学年経営においては，学年会等を通して各学級経営の計画や実践を確認し合いながらその充実を目指すとともに，各担任の特性や専門性を生かしながら協働体制で取り組むことで，教師の孤立化を防ぎ，学級経営と学校経営をつなぐ役割と機能を果たすことが求められています。

（神永典郎）

▷4　**支持的風土**
学級集団に失敗や間違いを気持ちよく受け入れられる環境や，どの子にとっても居場所があり居心地がよい雰囲気，互いに学び合い支え合ってケアする関係があることなどを表した言葉。学級経営の目標として支持的風土のある学級づくりが求められる。

▷5　**学級がうまく機能しない状況（いわゆる学級崩壊）**
学級崩壊は報道上の言葉であり，2000年に文部省（現：文部科学省）の委嘱研究を行った学級経営研究会は「子どもたちが教室内で勝手な行動をして教師の指示に従わず，授業が成立しないなど，集団教育という学校の機能が成立しない学級の状態が一定期間継続し，学級担任による通常の方法では問題解決が出来ない状態に立ち至っている場合」と定義している。

（参考文献）
　柳治男『〈学級〉の歴史学——自明視された空間を疑う』講談社，2005年。

4　コミュニティ・スクール

> ▷1　コミュニティ・ス
> クール
> 2011年7月の文部科学省の
> 関係会議による提言「子ど
> もの豊かな学びを創造し，
> 地域の絆をつなぐ」は，
> 「今後5年間で，コミュニ
> ティ・スクールの数を全公
> 立小中学校の1割に拡大」
> すると目標値を示している。
> これは，地域運営学校と称
> されることもある。

❶　コミュニティ・スクールとは何か

　コミュニティ・スクール[1]は，広義には地域社会との結びつきを重視した学校のことです。もともと，1930年代のアメリカでコミュニティ・スクール運動として展開され，戦後直後のわが国の学校改革にも影響を及ぼしました。

　現在は，保護者や地域関係者が学校運営に参画できる仕組みとして学校運営協議会が制度化され，これを設置する公立学校をコミュニティ・スクール（または地域運営学校）と呼ぶようになりました。これを狭義のコミュニティ・スクールと捉えることができます。コミュニティ・スクールは，2004年に改正された地方教育行政の組織及び運営に関する法律によって創設され，その学校を管理する教育委員会によって指定されることになります。つまり，学校運営協議会を設置してコミュニティ・スクールに指定するかどうかは，教育委員会の判断に委ねられているのです。

　コミュニティ・スクールの意義は，①地域のニーズを反映させた教育活動を展開すること，②地域ならではの特色ある学校づくりを展開すること，③保護者・地域住民に対する説明責任を果たすこと，④保護者・地域住民が学校教育について自覚と意識を高めるようにすること，⑤学校を核とした地域社会づくりの広がりが期待されること，などの点にあります。なお，この場合の地域社会とは通学区域程度の範囲が想定されています（文部科学省『コミュニティスクール設置の手引き』2004年9月参照）。

　なお，狭義のコミュニティ・スクールとは別に，地域との連携を重視した取り組みを進めている学校が「コミュニティ・スクール」と称している例が見られますが，ここでは制度としての狭義のコミュニティ・スクールについて取り上げることにします。

❷　コミュニティ・スクールと学校運営協議会の役割

○コミュニティ・スクールの導入方法

　前述のように，コミュニティ・スクールは，その学校を管理する教育委員会が導入することになります。たとえば，市町村立学校なら市町村教育委員会が指定し，都道府県立学校なら都道府県教育委員会が導入します。そして，2017年の法改正によって教育委員会がそれを導入することが努力義務とされました。

コミュニティ・スクールには学校運営協議会が設置され，定期的な会合が開かれて，学校運営に関する意見交換や協議が行われます。学校運営協議会の委員は，地域住民や保護者，その他教育委員会が必要と認める者から教育委員会によって任命されます。その学校の教職員が委員に含まれている例も珍しくありません。

委員は特別職の公務員に位置づけられ，教育委員会規則によって協議会で出された秘密情報を外部に漏らさない義務である守秘義務などが課されます。

○学校運営協議会の役割

それでは，コミュニティ・スクールとそうでない学校とではどこに違いがあるのでしょうか。コミュニティ・スクールには学校運営協議会という合議制の組織が設置されます。そこで，学校運営協議会の役割からその違いを見ていきましょう。

地方教育行政の組織及び運営に関する法律は学校運営協議会の役割を以下のように定めています。[2]

①校長が作成した教育方針や教育課程を承認すること

コミュニティ・スクールの校長は，教育方針や教育課程など学校教育の基本的事項を作成し，これを学校運営協議会に示して，承認を得る必要があります。仮に承認されなくても，校長はその方針に基づいて教育活動を進めることができますが，それ以前に，承認が得られるよう努めなければなりません。

②学校運営に関して教育委員会や校長に意見を述べること

学校運営協議会は，校長や学校を管理する教育委員会に対して，問題点の指摘やアイデアなど学校運営に関する意見を申し出ることができます。地域人材の活用や学校評価などに関する意見が出されます。

③教職員の任用に関して任命権者に意見を述べること

自校の教職員の採用を含めた任用に関する意見を任命権をもつ教育委員会に対して述べることができます。その場合の教育委員会とは都道府県教育委員会になりますが，指定都市の場合にはその市の教育委員会になります。他校の教職員に着任してほしい，あるいは今いる教職員をしばらく異動させないでほしいなどの意見が出されます。そうした任用に関する意見は任命権をもつ教育委員会によって尊重されることになります。

コミュニティ・スクールは，学校運営協議会が以上のような役割ないしは権限を行使できることろに一般の学校との違いがあります。つまり，地域住民や保護者などが学校運営に参画できる仕組みがおかれているのです。

なお，学校評議員という制度もありますが，この評議員制度は合議制の機関ではなく，また校長の求めがあって意見を述べるにとどまります。また，教職員の任用に関する意見具申は学校評議員の権限に含まれていません。

(佐藤晴雄)

▷2 そのほか，協議会は学校運営支援に関する協議を行い，その結果について，保護者や地域住民に情報提供するよう努めるものとされている。

参考文献

佐藤晴雄『コミュニティ・スクールの成果と展望』ミネルヴァ書房，2017年。

佐藤晴雄『コミュニティ・スクール』エイデル研究所，2019年。

学校・教職員の法的責任と保護

1 学校・教職員の法的責任

◯法的責任

　学校において事件や事故が起こった場合，学校の「責任」の有無が議論されることがあります。その際，誰のどのような意味での責任が問題とされているのかを厳密に考える必要があります。

　法的責任とは，法に基づき科される不利益のことであり，法に基づくという点が，道義的責任や政治的責任との違いを特徴づけています[1]。

◯法的責任の内容

　法的責任には，公立学校で一般に問題となるものに限っても，刑事上の責任，民事上の責任，行政上の責任があります。

　刑事上の責任というのは，犯罪を行った場合に刑罰を科されることをいいます。民事上の責任というのは，主として他人の権利や利益を侵害する行為（「不法行為」といいます）を行った場合に損害賠償が科されることをいいます。行政上の責任というのは，公務員が法律の定める事由に該当する行為を行った場合に懲戒処分を科されることをいいます[2]。

　刑事上の責任，民事上の責任，行政上の責任は，それぞれ別の責任ですが，一つの行為により複数の責任が発生することもあります。2012年12月，市立高校のバスケットボール部の顧問教諭が，部員である生徒に暴力行為を行い生徒が自殺するという事件がありました。この事件では，顧問教諭に対し，暴行罪，傷害罪により懲役1年執行猶予3年の判決がなされ（刑事上の責任）[3]，生徒の遺族から市に対する損害賠償請求を合計7,496万1,491円（及び遅延損害金）の範囲で認める判決がなされる（民事上の責任）[4]とともに，市から顧問教諭に対して懲戒免職の処分がなされています（行政上の責任）。

2 民事上の責任

◯民事上の責任の発生する条件

　公立学校での民事上の責任は，主として国家賠償法という法律により定められています。公立学校の教職員が学校の業務を行う中で，故意又は過失により違法に児童・生徒に損害を加えた場合には，その教職員が所属する地方公共団体が損害賠償責任を負うこととなります（国家賠償法第1条第1項）[5]。法律に

明文の規定はないものの，教職員個人に損害賠償責任はない（個人責任が免除される）と解釈されています。また，公立学校の施設や設備に瑕疵があり，児童・生徒に損害が生じた場合には，やはりその公立学校の設置者である地方自治体に損害賠償責任を負うこととなるのです（同法第2条第1項）。

これに対して，私立学校での民事上の責任は，民法という法律により定められています。民法と国家賠償法とでは，法律の規定の仕方は異なりますが，私立学校の設置者である学校法人が損害賠償責任を負う条件は，国家賠償法の場合とほぼ同じです（民法第709条，第715条，第717条第1項）。ただし，民法の場合には，個人責任は免除されず，教職員個人も損害賠償責任を負うことには注意が必要です。

○近年，民事上の責任が問題となっている事例

学校事故は，古くから民事上の責任が問われてきた領域です。近年では転落事故やプール事故といった類型だけではなく，熱中症や落雷，東日本大震災などの大規模災害に関しても，被害者である児童・生徒から民事上の責任が追及され，裁判所により損害賠償を認める判決が出されていることに注意が必要です。文部科学省，環境省，地方公共団体，各種スポーツ団体等から，事故防止のためのマニュアルやガイドラインが出されており，これらのマニュアル等を遵守した上で，さらに個々の状況に応じた安全管理を行わなければなりません。

また，いじめについても，直接の加害者である児童・生徒に対してだけではなく，教職員がいじめを防止する義務を怠ったことを理由として，学校の設置者に対して民事上の責任が追及されることがあります。いじめ防止対策推進法や基本方針の内容を十分に理解した上で，教育の専門家として適切な対応を行わなければなりません。

❸ 学校・教職員の保護

公立学校の教職員には，地方公務員法により身分保障が与えられています。私立学校の教職員にも，労働基準法，労働契約法などによる保護が与えられており，特に解雇については厳しく制限されています（労働契約法第16条）。

また，先ほど説明したように，公立学校の教職員については個人責任が免除されています。損害賠償責任を負った地方公共団体から教職員個人に対する求償（損害賠償の全部又は一部の負担を求めること）がなされることがありますが，教職員に故意又は重大な過失がある場合に限られています（国家賠償法第1条第2項）。これらは，公務員の委縮を避けることを趣旨としており，公務員である教職員を保護するための制度であるといえます。なお，先にあげた市立高校のバスケットボール部の事件では，市から故意に暴力行為を行った顧問教諭に対し，市が支払った損害賠償の半額の求償を認める判決がなされています。

（小美野達之）

▷6 瑕疵
通常有すべき安全性を欠いていること（最高裁判所1970（昭和45）年8月20日判決）をいうが，何が通常有すべき安全性であるのかを明らかにすることは困難なことがある。

▷7 いじめについては XVI-4 参照。

▷8 地方公務員法の定める事由等がない限り，免職等の処分を受けることはない。
⇒ VI-2 参照。

▷9 大阪地方裁判所2018（平成30）年2月16日判決。

（参考文献）
塩野宏『行政法Ⅱ（第5版補訂版）』有斐閣，2013年。
橋本佳幸・大久保邦彦・小池泰『民法Ⅴ 事務管理・不当利得・不法行為』有斐閣，2011年。

1　教員養成と教員免許状

 1　教員養成

　学校とは人類が長い歴史の中で蓄積してきた文化を次世代に組織的，継続的，系統的に伝達するだけでなく，新たな文化を創り出す機関でもあります。次世代の育成や人類の繁栄や存続にとって重要な使命をもつ学校での教育は，誰にでも任せるわけにはいきません。わが国では学校で教育を担当できる人を教員免許状をもつ特定の人に限定しています。つまり，子どもや若者に必要な知識や技術を教える重大な職務を担当できる人であるかどうかは，公的な資格や条件をもっているかどうかで判断しています。適切に教育を行うことのできる高い資質や能力をもっていると誰しもが認めることのできる教員免許状は，どこでどのような内容を習得した人に与えられるべきかなど，教員を育てるための全体的な仕組みのことを教員養成制度と呼びます。

2　教職課程

　第二次世界大戦前まで初等学校や中等学校の教員は主として師範学校で養成され，特定の教授技術を身につけた強固な聖職者意識をもった教員が輩出されていました。戦後になって，教員は学問の自由を保障された真理探究機関である大学で養成されるようになりました。また，要件さえ整えば，どこの大学でも何の学部でも関係なく教員免許状が取得できる，開放制免許状制度が採用されました。

　教員養成は，1949年に制定されてから何度か改正されている教育職員免許法に基づいて行われています。ただし教員養成は，すべての大学で可能なのではありません。教職に就きたいと考える学生のために，同法の規定に沿って教員免許状取得のための特別カリキュラムを設定している大学だけが教員養成を行っています。このカリキュラムのことを教職課程と呼びます。教職課程の設置を希望する大学は必要な手続きに沿って文部科学省に申請します。教科に関する専門科目や教職に関する専門科目などを開設して文部科学省から認定を受けた課程認定大学における取得単位によって教員免許状が授与されます。

3　教員免許状の種類

　教員は勤務する学校段階（小学校，中学校，高等学校）や担当する教科（国

語，数学，理科，社会など）に合致した免許状をもっていなければなりません。このことを相当免許状主義といいます。また，免許状には普通免許状，特別免許状，臨時免許状の３種類があり，いずれの免許状も都道府県の教育委員会によって授与されます。普通免許状は大学院修士課程修了程度の専修免許状，大学学部卒業程度の一種免許状，短期大学卒業程度の二種免許状に分かれています。特別免許状は担当教科に関しての専門的な知識・経験や技能をもつ人などを採用する時に行われる教職員検定に合格した人に与えられ，社会人の学校での活用の一環として設けられた免許です。臨時免許状は普通免許状取得者を採用できない場合に，教職員検定に合格した人に与えられます。

❹ 教員免許制度改革の動向

　戦前も戦後も教員免許状はいったん取得すれば終身有効でした。しかし2007年に教育職員免許法が改正されて，教員免許状には10年間の有効期間が定められました。この制度は学校教育の課題や子どもの変化に対応して必要とされる最新の知識や技能などを習得することで教員の専門性の向上を図り，保護者や国民の信頼を得ることなどを目的としています。30時間程度の教員免許更新講習によって教員の資質や能力に効果が得られるのか，教員の多忙化を促進することにならないか，教員の身分の不安定化を招かないか。こうした批判が寄せられているものの，2020年代に入っても継続されています。

　2011年１月に公表された中央教育審議会「教職生活の全体を通じた教員の資質能力の総合的な向上方策について（審議経過報告）」は今後の検討課題として以下の点を指摘しています。教員免許状の種類において修士課程修了者の免許状を標準とすること，生徒指導や進路指導といった専門性を公的に証明する「専門免許状（仮称）」を創設することなどです。[1]

　2015年12月にも中央教育審議会は「これからの学校教育を担う教員の資質能力の向上について」と題する答申をまとめています。答申では教員の養成，[2] 採用，[3] 研修[4]に力点をおいた政策の推進を求めています。大学と教育委員会が連携して教員の資質向上に取り組むこと，アクティブ・ラーニングの視点からの授業改善やICTを用いた指導法や，新たに教科となった道徳や小学校英語などに対応した養成，研修の必要性について訴えています。この答申を踏まえて，関連法が改正され，都道府県や政令指定都市の教育委員会は「教員育成協議会」を設置し，大学などと話し合って，共通の目標である「教員育成指標」を作成することとなりました。

　細分化された育成指標によって教員をチェックすることで，教員の教育活動を萎縮させたり，研修の強化が逆に教員の多忙を加速化させたりする懸念や，非正規の教員への研修がなおざりにされたりする懸念もあります。これらの課題解決も必須であるといえましょう。　　　　　　　　　　　　（小松茂久）

▷1　ほかに，隣接する学校種で指導できるように，小学校と中学校の免許状を併せた「義務教育免許状」や中学校と高等学校の免許状を併せた「中等教育免許状」の検討も提案している。

▷2　養成に関しては，教員となる際に最低限必要な基礎的・基盤的な学修を踏まえるとともに，学校現場や教職に関する実際を体験させる機会を充実させ，教職課程の質の保証ならびに向上が必要であり，教科・教職に関する科目の分断と細分化の改善を求めている。

▷3　採用に関しては，自治体が優秀教員確保のために求める教員像を明確化し選考方法を工夫すること，採用選考試験への支援方策の検討などを指摘している。

▷4　研修に関しては，自ら学び続けるモチベーションを維持できる環境整備やアクティブ・ラーニング型研修への転換や初任者研修・10年経験者研修（現：中堅教諭等資質向上研修）の制度や運用の見直しなどを指摘している。

教師の身分と職務

1 教師の身分

　社会関係の中で特定の人がもつ地位や資格のことを身分といいます。公立学校の教師は地方公務員としての身分をもっています。公務員の場合，本人に不利益を及ぼす処分が行われる際には制限があります。具体的には，任命権をもつ者が配下の公務員の職を強制的に辞めさせる「免職」や，役職ないし地位を下げる「降任」や，給与の支給額を減らす「減給」などの処分に関して法律上の制限が設けられており，これを身分保障と呼んでいます。政治的な圧力による降任や免職などを排して，担当する公務の安定性や継続性を維持し政治的な中立性を守るために，公務員は法定の事由によらない限り本人の意思に反して不利益を受けることのない仕組みが採用されています。▷1

2 教育公務員としての教師

　公立学校に勤務する教師は地方公務員法の適用対象になるとともに，教育公務員特例法によって特例が定められています。▷2 1949年に制定された教育公務員特例法の制定趣旨は，教育を通じて国民全体に奉仕する教育公務員の職務とその責任の特殊性に基づき，教育公務員の任免，給与，分限，懲戒，服務及び研修等について規定することでした。この法律によって一般公務員よりも教育公務員は以下の諸点で異なる扱いがなされています。

　一般公務員を採用する際の試験は，学力試験，論文，面接などによる競争試験です。ところが，教師はすでに教員免許状をもっているために職員としての適性を有していることや，職務の性質からして人間性が重要視されることなど，競争試験になじまないので，選考基準に照らして判定する選考試験で合格者を決めています。また，現職のままで長期研修が可能であるといった，一般公務員よりも積極的な研修奨励策が採用されています。加えて，本務に支障がないと任命権者が認めれば教育に関する他の職を兼ねたり，教育に関する他の事業の事務に従事することもできます。

3 教師の職務としての学習指導と生徒指導

　学習指導要領で定められている教科や学年の目標を，担当する学校や学年，学級に即してふさわしく設定し，教材分析と教材づくりを通して児童生徒の動

▷1　教育基本法第9条は教員について以下のように定めている。
「法律に定める学校の教員は，自己の崇高な使命を深く自覚し，絶えず研究と修養に励み，その職責の遂行に努めなければならない。
　2　前項の教員については，その使命と職責の重要性にかんがみ，その身分は尊重され，待遇の適正が期せられるとともに，養成と研修の充実が図られなければならない。」

▷2　「教育公務員」とは公立学校の校長（園長を含む），教員（副校長，教頭，主幹教諭，指導教諭，教諭など），専門的教育職員（指導主事，社会教育主事）を指す。ただし，ここでは公立大学関係者は省いている（教育公務員特例法第2条）。

機づけを図りながら授業を展開するのが学習指導です。

　学習指導に加えて生徒指導も教師は担当します。不登校や問題行動などに関連して児童生徒に指導・援助するだけでなく，問題が生じるのを事前に防ぐ指導も欠かせません。児童生徒のもつ可能性を伸ばすことも生徒指導の重要な領域です。進路指導は生徒指導と並んで教師の重要な任務になっています。進学や就職に関する指導・援助の際に，単なる進学校紹介や就職先企業の紹介だけでなく，広く生き方そのものの観点からの指導が保護者からも社会からも求められています。近年では，望ましい交友関係をつくることなど社会性に関する指導も強く求められています。勤務校や担当学級によっては，学習指導以上に生徒指導に教師のもつ時間と労力を注ぐことも少なくありません。

　小学校は学級担任制を採用し，中学校と高等学校のほとんどの教師は教科担任であると同時に学級担任もしています。そのために，学級経営も教師の重要な職務の１つになっています。学習集団であると同時に生活集団でもある学級を児童生徒の心の居場所にするためにさまざまな働きかけを行いながら条件整備を図ること，つまり，教師は学級集団づくりに重点的に取り組むことが必要不可欠となっています。むろん，学級内事務や保護者との連絡なども綿密に行うことになります。これらの職務のほかにも学校行事の運営・指導や小学校ではクラブ活動，中学校や高校では部活動の指導などもあります。校内の業務だけではなく，保護者・地域と学校との関係も複雑化・緊密化してきており，行政や関係諸団体とも密接に連携・協力を図るようになっています。

④　教師の職務としての校務分掌・学校運営

　学校運営の責任と権限は校長がもっており，法的に校長の職務は「校務をつかさどる」ことです。ただし現実に校長が１人で，あるいは副校長や教頭を含めた管理職だけで多様化し複雑化してきている学校全体を直接に関与し処理することは不可能であり，実質的には教職員が分担して行っています。分担の仕組みを校務分掌と呼んでいます。学校の事情によって分掌組織は多様ですが，いずれも教育活動の円滑な展開のために工夫を凝らしています。

　わが国の教師の勤務時間の長時間化や多忙感の高まりが国内のみならず国際比較調査でも明らかにされています。2019年１月には中央教育審議会が「新しい時代の教育に向けた持続可能な学校指導・運営体制の構築のための学校における働き方改革に関する総合的な方策について」答申しました。その中で，勤務時間管理の徹底と勤務時間・健康管理を意識した働き方改革の促進，学校及び教師が担う業務の明確化・適正化を図ること，学校の組織運営体制のあり方の見直し，教員の勤務のあり方を踏まえた勤務時間制度の改善などについて，具体的方策も含めて提言を行っています。教師が子ども達と触れ合う時間を十分に確保するための取り組みが強く求められます。

（小松茂久）

▷３　勤務時間管理の徹底と勤務時間・健康管理を意識した働き方改革の促進に関連して，文部科学省は勤務時間の上限ガイドラインとして，残業時間を月45時間，年間360時間に制限することを求めている。また，教師の代表的な業務を，学校以外が担うべき業務，学校の業務であるが必ずしも教師が担う必要のない業務，教師の業務であるが負担軽減が可能な業務に分けて，職務の明確化・適正化を求めている。さらに休日を一定期間に集中させる１年単位の変形労働時間制が，教職員給与特別措置法の改正によって2019年に導入された。

3　教職における教師の成長

▷1　木原俊行「カリキュラム・マネジメントの意義」高橋純（編著）『教育方法とカリキュラム・マネジメント』学文社，2019年，pp. 156-169。

▷2　牛渡淳・元兼正浩（編）『専門職としての校長の力量形成』花書院，2016年。

▷3　木原俊行『授業研究と教師の成長』日本文教出版，2004年。

▷4　秋田喜代美「教えるといういとなみ」佐藤学（編）『教室という場所』国土社，1995年，pp. 46-85。

▷5　吉崎静夫「授業研究と教師教育(1)──教師の知識研究を媒介として」『教育方法学研究』13，1987年，pp. 11-17。

▷6　柴田義松「教育技術の特質は何か」柴田義松・杉山明男・水越敏行・吉本均（編）『教育実践の研究』図書文化，1990年，pp. 12-21。

1　教師にとっての「学び」の重要性

　子どもを指導する立場にある教師は，すでに成長を遂げた存在であり，それ以上成長する必要はないと考えている人は少なくありません。けれども，次のような意味で，教師にとって，成長に資する「学び」は必然なのです。

○教職の特性から

　まず，教職の営みは，人間，とりわけ発達途上にある子どもを対象とする営みですから，状況依存的な部分が少なくありません。たとえば授業づくりにおいては，教師達は，指導を担当する子ども達の学力や人間力を高めるために，学習過程や準備物等を「個別的」「具体的」に検討せざるを得ないのです。自らが指導する子ども達にどのようなデザインの授業を提供すべきか。誰かが正解を教えてくれるわけではないですし，どこかにマニュアルがあるわけでもありません。教師自身が，ベターな方策を探るしかないのです。

○時代の要請に応えるために

　ところで，子どもに培う能力・資質，それを実現するための授業づくりには，普遍的な側面と時代に固有なものとがあります。後者は，参照し得る理論・モデルや事例が少ない，その重要性が社会的要請によって急激に浮上するといった事情から，教師達にとって，焦眉の課題となりやすいものです。たとえば，いわゆるアクティブ・ラーニングやカリキュラム・マネジメントなどへの対応では，子ども達の資質・能力の育成のために，各教師・学校に，新たな，そして独自の工夫が求められることになります。

○教師のライフステージから

　教師達は，そのキャリアにおいて，子どもの学びを創出する営為を支える立場になることがあります。教育委員会指導主事の職に就いたり，管理職を務めることになったりすると，その役割を満たすために，新たな力量を身につけることを余儀なくされます。たとえば，後者であれば，「校長の専門職基準」を満たす力量，そのための学びのスタイル等が提案されています。

2　教師の成長の3つの次元

　それでは，「学び」を通じた，教師の成長は，どのような側面において，いかなる形で確認されるものでしょうか。ここでは，授業づくりに関する力量

（授業力量）を取りあげて考えてみたいと思います。

　筆者は、「授業力量」を3層構造で把握することにしています（図Ⅵ-1）。その中核には、授業に関する「信念」が位置づきます。たとえば、授業という営みの本質を「教師から子どもへの知識伝達の場」と捉えるのか、「教師と子どもの共同作業の舞台」と把握するのかによって、そのデザインが異なってくるからです（授業観）。授業をめぐる信念は、多様なものが存在します。その中には、対立するものもあるでしょう。多様な信念の存在を是として、自身の信念の再構築を図ることが、信念という見地からの教師としての成長を意味します。

　信念を具体化するためには、「知識」が必要となります。すなわち、授業についての知識を教師達は幅広く有するべきです。吉崎によれば、授業についての教師の知識領域は、図Ⅵ-2のようなものとなります。吉崎は、A〜Dのような複合領域に、教師の知識の特徴を求めています。それらの知識が、教室という臨床の場で子どもを相手に実践を蓄積している教師が持ち得る、具体的な知識であり、教師達の意思決定の手掛かりとなる知識だからです。

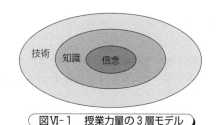

図Ⅵ-1 授業力量の3層モデル

出所：木原（2004）より。

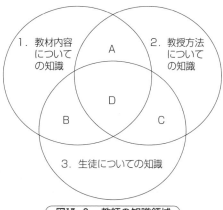

図Ⅵ-2 教師の知識領域

出所：吉崎（1987）より一部改変。

　信念と知識に基づいて構想され、展開される授業が子ども達の成長に結実するか否かは、教師達の「技術」の量や質に依存しています。柴田は、「授業を教師によって遂行される技術過程としてとらえる時、その全体は、教材研究と授業の設計を含む準備過程と実行過程とに分けられる」と述べ、授業技術を教材研究、授業の設計、授業の展開の3つのカテゴリーに整理しています。いうまでもなく、教師にはその成長の過程において自らが有する技術の量を増やし、それを整理して使い分けできるようになることが望まれます。

③ 教師の成長に資する「専門的な学習共同体」

　教師の成長は、「終わりなき旅路である」といわれます。教師がその信念・知識・技術を豊かにする営みに、ゴールはありません。

　彼らが専門職として学び続けるためには、それを支え、促す仲間が必要です。それは、「専門的な学習共同体（Professional Learning Communities）」と概念化されるものです。具体的には、教師達は、学校内の同僚と共に、時には学校外の教師等と教育実践に関するケーススタディ（授業研究等）や共同作業（たとえば研究発表会や実践記録の文書化等）に従事し、そこで自身の教育実践の省察を繰り広げることを通じて成長し続けます。

（木原俊行）

▷7　教職における専門的な学習共同体には、「信念・価値・ビジョンの共有」「分散的・支援的リーダーシップ」「集団的学習とその応用」「支援的な諸条件」「個人的実践の共有」という特徴があるといわれている。

Hord, S. M. & Sommers, W. A., *Leading Professional Learning Communities : Voices from Research and Practice*, Corwin Press, 2008.

▷8　日本教育工学会（監修），木原俊行・寺嶋浩介・島田希（編著）『教育工学的アプローチによる教師教育』ミネルヴァ書房，2016年。

教師教育と研修

 教師教育における研修の形態

　教員の資質能力向上は，大学における養成教育（pre-service education）の段階のみならず，採用，研修（in-service education）の段階を一体化した教師教育（teacher education）を通して行うのが今日定着した考えです。研修は現職教育（現職研修）とほぼ同義で用いられていますが，後者はフォーマルな組織的・計画的活動を意味する傾向にあります。

　教員の研修は，個々の教員の職務遂行能力を維持・向上させたり，学級を改善する必要から教師，行政機関，大学などによって行われる教育活動です。内容的には職能別研修（主任，主幹教諭，教頭・副校長・校長など対象），教職経験別研修（**初任者研修**，5年研修，**中堅教諭等資質向上研修**，20年研修など），専門的研修（教科指導，生徒指導，キャリア指導，情報教育，人権教育など）に分けられます。また研修の提供主体・形態から見れば同レベルの都道府県・政令市などの教育委員会（教育センター），大学（院），教育研究団体，校長会・教頭会などの各種団体による研修のほか，派遣研修，校内研修，学校間研修，自己研修などがあります。

2 教職大学院の位置と学びの機会

　専門職大学院としての教職大学院は2008年に私立大学4大学と国立の教員養成系大学・学部15大学で設置されましたが，2018年度は私立大学7大学，後者の国立では全大学に設置されています。当時の新たな教職大学院設置の政策的背景として，中央教育審議会答申「今後の教員養成・免許制度の在り方について」（2006年）の指摘が考えられます。答申ではこれまで「我が国の大学院制度が研究者養成と高度専門職業人養成との区分を曖昧にしてきたこと」「個別分野の学問的知識・能力が過度に重視される一方，学校現場での実践力・応用力など教職としての高度の専門性の育成がおろそかになっていること」を指摘しました。その後，教員の資質能力向上に関わる当面の改善方策の実施に向けた協力者会議報告「大学院段階の教員養成の改革と充実等について」（2013年）において，「高度専門職業人としての教員養成機能は教職大学院が中心となって担うこと，特に国立大学の教員養成系修士課程は原則として教職大学院に段階的に移行すること」が提言されたことが契機となり，全国的に普及するに

至ったのです。

　教職大学院の標準修業年限は２年ですが，各大学の判断・工夫により，短期履修コース（たとえば１年），長期在学コース（たとえば３年）の開設も現職教員の履修上の便宜等を考慮して可能です。また学部での教員免許状未取得者を対象に，教職大学院に在学しつつ，併行して一種免許状の取得に必要な学部の教職科目を履修可能なコースも開設している大学院もあり，ニーズは高いです。

　修了要件は原則２年以上在学し，45単位以上修得とされ，そのうち10単位以上は学校（連携協力校）における実習が義務づけられています。ただし実習は，一定の教職経験を有することにより10単位の範囲内で免除可能です。修了により，専門職学位として「教職修士（専門職）」が授与され，また専修免許状を取得できます。

　教職大学院における履修カリキュラムとしては，共通するカリキュラムのフレームワーク（体系的・共通的に開設すべき授業科目の領域）が，明確に制度化されています。また指導方法として，ケーススタディ，授業観察・分析，フィールドワーク等を積極的に導入し，理論と実践の融合を図る教育を行っているのが特徴です。

　文部科学省が提示する各教職大学院において共通的に開設すべき授業の領域（５領域，大学院生はすべての領域にわたり履修）は以下のとおりです。

(1)　教育課程の編成・実施に関する領域：教科等の内容を学校における教育課程及び学校教育全体の中で俯瞰する内容。

(2)　教科等の実践的な指導方法に関する領域：子どもの確かな成長・発達と創造的な学力を保証する教科等の実践的指導力に関する内容。

(3)　生徒指導，教育相談に関する領域：子どもの社会的・情緒的発達についての理解を深め，子どもが教育領域の諸活動を通して発達課題の達成と社会的自立を図ることを促進するとともに，社会的・情緒的発達の課題や問題の把握と適切な対処のできる実践的指導力を習得する内容。[3]

(4)　学級経営，学校経営に関する領域：子どもに充実した学校・学究生活を保証する学校・学級経営とともに，その課題の分析と解決の方策に関する内容。[4]

(5)　学校教育と教員の在り方に関する領域：上記(1)～(4)までを総覧し，現在の社会における学校教育の位置づけを理解し，教員としての役割を考える。
　その他，各コース（分野）や院生の専攻等に応じた選択科目があります。

　教職大学院の充実を図るには，教職大学院入学者への採用名簿登載機関の延長，修了者に対する採用試験の一部免除や特別選考の実施，在学中の財政的支援，学校での補充教員の確保，さらには昼夜開講等による現職教員の学習機会の保障，修了者への処遇等のインセンティブ付与が不可欠となるでしょう。

　　　　　　　　　　　　　　　　　　　　　　　　　　　　（八尾坂修）

▷3　具体的内容例として，①子どもの理解の内容と方法（思春期等に見られる心身症，精神疾患等に関する知識を含む），②問題行動等に関する事例研究，③子どもの進路発達を促す指導援助体制など。

▷4　具体例として，①学級経営と学校経営（学年経営案，学年会，学校行事など），②校内研修の意義・形態・方法，③開かれた学校づくり（家庭や地域社会との連携，学校間交流の推進，学校経営と学校評議員，情報公開と説明責任）など。

（参考文献）
　八尾坂修（編）『指導教員のための初任者研修の進め方』教育開発研究所，2006年。
　八尾坂修『教職大学院』協同出版，2006年。
　八尾坂修（編著）『新時代の教職概論』ジダイ社，2018年。

地域・保護者への対応

▷1　イチャモン
小野田は，学校がやるべきことに対するまっとうな要求を「要望」，学校がある程度は対応すべき要求が「苦情」，学校にもどうにもできない要求が「イチャモン」と分類し，保護者と向き合う教員の気持ちを失わせるモンスターペアレントという言葉を使うべきでないと指摘している。
　小野田正利（編著）『イチャモン研究会——学校と保護者のいい関係づくりへ』ミネルヴァ書房，2009年。

❶　難問化する地域・保護者への対応

　最近，「モンスターペアレント」「**イチャモン**▷1」などという言葉が新聞やテレビ等で取り上げられるようになりました。保護者の要望が多様化し，要求・要望というより無理難題が目立ち始め，教師や学校の対応が困難になっているという現実があります。いくつかの教育委員会では，保護者対応手引書なども作成されています。

　教員養成課程では，実践の場において，多くの教職員が苦労している保護者への対応のあり方までは教えてくれません。今日，地域も含めた保護者への対応や連携について学ぶことは，学校や教師のこれまでとこれからのあり方を考えることにも通じる重要なテーマです。

❷　学校と地域・保護者との教育機能の分担と連携の実際

　地域や家庭の教育力が低下している中で，本来，地域・家庭で学ぶべきしつけなども学校で行わざるを得ず，学校の負担が大きくなっています。その点，学校では，家庭や地域との連携の必要に迫られていますが，行政主導の改革の域を完全に脱することができず，教師の意識転換は必ずしもうまくいっていないようです。たとえば，担任教師と保護者との対話は限られており，保護者の側でも，学校経営参加の意思は決して高いとはいえません（表Ⅵ-1，表Ⅵ-2）。こうした状況は今日でも変わっておらず，その意味では，学校と地域・保護者の教育機能の分担と連携を支える基盤としてのコミュニケーション・チャンネルは大変狭いといわざるを得ません。

　家庭はいうまでもなく社会の最も基本となるべき構成単位であり，人間形成において基礎的な影響を及ぼす第一次社会です。保護者の教育権については，民法第818条「成年に達しない子は，父母の親権に服する」や同法第820条「親権を行う者は，子の監護及び教育をする権利を有し，義務を負う」と唯一，法的に規定されています。また，地域は，学校に通う子ども達がそこに生き，その保護者達がそこで生活しているという点で，学校教育の前提条件として常に存在してきました。

　しかし，戦後における学校と家庭，地域との意図的，組織的なつながりを概観すれば，戦後の一時期を除いて，学校にとっての家庭，地域は，それが学校

表VI-1　担任教師との対話

（単位：%）

	全体	父親	母親
週に1度以上	0.4	0.3	0.6
2〜3週に1度くらい	1.4	0.3	2.3
ひと月に1度くらい	5.4	2.0	8.5
1学期に1〜2度	32.1	11.6	51.0
1年に1〜2度	21.2	13.0	28.7
ほとんど話すことはない	38.7	71.6	8.1
無回答（N.A.）	0.9	1.1	0.7

出所：NHK放送文化研究所「子供たちの現状についての世論調査」1998年より。

表VI-2　学校運営参加への意思

（単位：%）

	全体	父親	母親
参加したい	34.5	29.5	39.0
参加したくない	63.1	68.1	58.4
無回答（N.A.）	2.5	2.3	2.6

出所：NHK放送文化研究所「子供たちの現状についての世論調査」1998年より。

教育にマイナスに作用する時でなければ意識してつながりをもとうとしてこなかったという側面があります。PTA活動さえ学校の後援会的な意義しか認めてこず，地域住民の地域への共属感情の希薄化などの問題は学校の問題としては切り離してきたといってよいかもしれません。

③ 地域・保護者の学校経営への参加・参画の動き

　中央教育審議会答申「今後の地方教育行政の在り方について」（1998年9月）では，教育委員会や校長の学校運営に関する権限と責任の明確化を図る観点，地域住民の意向の把握・反映，地域・家庭との連携協力の観点から，学校の自主性・自立性の確立について検討がなされました。そして「公立学校が地域の専門的教育機関として，保護者や地域住民の信頼を獲得していくためには，学校が保護者や地域社会に対してより一層開かれたものとなることが必要であり，地域の実態に応じて『学校評議員制度』を導入するなど，学校運営に地域住民の参画を求めるなどの改革が必要である」と答申されました。

　こうした地域住民の意向の尊重や地域・家庭との連携協力の指摘が，2000年4月から施行された「学校評議員制度」に具現化され，さらに，自己点検・自己評価という新しい学校評価の導入，そして，イギリスの**学校理事会**[2]を模したといわれる「学校運営協議会」の制度化（2004年6月改正）に結びついてきました。教育の専門家でない保護者や地域の代表が学校運営に関わることを懸念[3]する声もありますが，学校への理解が進み教育活動が活性化した例も少なくありません。また，家庭との連携を図りながら児童生徒の学習習慣を育てることは，教育基本法第10条や第13条の「教育の第一義的責任は家庭教育にある」ことや，学校・家庭・地域の連携・協力理念の具現化でもあることを忘れてはいけません。

　これまで，「開かれた学校」という掛け声が先行して，必ずしも実践が追いついていなかったと批判される学校においても，地域・保護者からの支援を積極的に活用し，学校と地域・保護者が双方向で子ども達を「共育」する体制を構築していくことが求められています。

（堀井啓幸）

▷2　学校理事会
イギリスの学校理事会は，戦前から法制化されている。保護者代表，L. A.（わが国の教育委員会に相当する）代表，校長，教師代表から構成され，特に1988年法以後，教育課程管理権や教員の人事権をかなりの割合で掌握するようになった。わが国の学校運営協議会は，学校の基本方針や教員人事に地域・保護者の代表が意見を述べることができると規定されているが，現状では，教員人事等への意見が出されることは少ない。
　堀井啓幸「学校運営協議会における『人事意見』・『承認』・『研修』」佐藤晴雄（編著）『コミュニティ・スクールの研究』風間書房，2010年，pp. 75-82。

▷3　学校運営協議会は，2015年12月の中央教育審議会答申「新しい時代の教育と地方創生の実現に向けた学校と地域の連携・協働の在り方と今後の推進方策について」を踏まえ，2017年度より設置の努力義務化が図られている。学校運営に保護者，地域住民などが参画する学校運営協議会が設置されている学校をコミュニティ・スクールという。

6　教師の多忙化とメンタルヘルス

▷1　たとえば，2019年6月20日付けの朝日新聞では，OECDの調査として，日本の小中学校の教師は他の先進国と比較して仕事時間が最も長く，教師としての能力を上げるために用いている時間が最も短いと報じている。そして文部科学省が教師の働き方改革を「待ったなしの課題」と位置づけているとも報告している。

▷2　中央教育審議会は2019年1月に教師の長期間の勤務を是正するために「新しい時代の教育に向けた持続可能な学校指導・運営体制の構築のための学校における働き方改革に関する総合的な方策について（答申）」を出した。

▷3　松永美希・中村菜々子・三浦正江・原田ゆきの「新任教師のリアリティ・ショック要因尺度の作成」『心理学研究』88(4)，2017年，pp. 337-347。

▷4　久保真人「バーンアウト（燃え尽き症候群）——ヒューマンサービス職のストレス」『日本労働研究雑誌』49(1)，2007年，pp. 54-64。

▷5　西村昭徳・森慶輔・宮下敏恵「小学校教師におけるバーンアウトの因子構造の検討」『学校メンタルヘルス』12(1)，2009年，pp. 77-84。

▷6　中央教育審議会は2015年12月に「チームとし

1　教師の多忙化と子どもの援助ニーズの多様化

　昨今，わが国の教師は，国際的に見て多忙であることが知られています。国レベルで教師の勤務時間を短縮するためにさまざまな施策を提案しています。今後は，教育委員会，学校ぐるみで教師の仕事の仕方が変わってくると思います。多忙化の解消のためには，教師が子どものために何をすることが効果的なのかについて考えていく姿勢が大切です。しかし，多忙化を解消すれば教師のメンタルヘルスの悪化を防げるわけではありません。たとえば昨今，若い教師が学校現場で戸惑う姿も指摘されています。

　大学や大学院を卒業しすぐに教師になった初任者が教育現場で経験するものに「リアリティ・ショック」というものがあります。松永・中村・三浦・原田は，219名の小学校・中学校の初任者を対象に調査しています。そしてリアリティ・ショック要因尺度として，「先輩教師との関係の悪化が気になり意見が言えない」「先輩教師に事務作業や生徒のケアについて聞きにくい」などの項目からなる〈職場の人間関係〉，「生徒から期待されていることは何なのか自分で判断できない」「保護者から期待されていることは何なのか自分で判断できない」などの項目からなる〈経験不足〉，「教師と生徒の距離が遠いと感じた」「教師と保護者の距離が遠いと感じた」などの〈生徒・保護者との関係〉，「授業に対して注げる時間が少ない」「生徒に直接関わる仕事よりも事務処理が多い」などの〈多忙〉の4つの因子を抽出しています。このように，初任者は，職場の人間関係，経験不足，生徒・保護者との関係，多忙という要素で教師という仕事の現実を経験するといえます。

2　教師のバーンアウト

　では一般の教師のメンタルヘルスはどのように考えたらよいでしょうか？教師が陥りやすいものにバーンアウト（燃え尽き）というものがあります。バーンアウトは，教師などの対人援助サービスに関わる人に多いとされ，教師のメンタルヘルスの具体的な指標として議論されています。久保は，今まで普通に仕事をしていた人が急に，あたかも「燃え尽きたよう」に意欲を失い，休職，ついには離職してしまうことが報告されると指摘しています。西村・森・宮下は，小学校教師540名を対象にバーンアウトの因子構造を検討し，〈情緒的

消耗感〉，〈脱人格化〉，〈個人的達成感〉の３つの因子を確認しております。〈情緒的消耗感〉とは，精神的に疲れ果て，「もう教師は続かない」と思うことです。〈脱人格化〉とは，子どもの顔を見ても疲労が先に立ち，いきいきと子どもや保護者，同僚との関係を保つことができなくなることです。〈個人的達成感〉は，それが欠如していることがバーンアウトにつながるわけですが，仕事に熱中できなかったり，仕事が終わっても達成感が感じられないことを意味します。

③　バーンアウトに陥らないためには

　では教師はどうしたらよいのでしょうか？　教師一人で子どもの課題を抱えないことが大事です。授業がうまく進まないのは教師の授業スタイルと子どもの期待がマッチしていない可能性があります。加えて，学級に授業に集中できない子ども，基本的な理解が難しい子ども，家庭の環境から情緒が安定しない子どもがいるかもしれません。学年の教師，特別支援教育コーディネーター，養護教諭，スクールカウンセラー，スクールソーシャルワーカーと連携しながら子どもを支援します。[6] たとえば，児童・生徒の登校しぶり，授業中の問題行動，子ども同士の人間関係など，担任教師が「様子が変だな」と思ったら他の教師に相談してみることが大事です。助けを求めやすい教師はバーンアウトに陥らないとする研究もあります。[7]

　次にできることは，教師自身が物事の受け止め方を柔軟にし，うまくストレスと付き合うことです。教師が「完璧な教師を目指さないといけない」と思えば思うほど，自分で仕事を抱え込み，身動きが取れず，学級経営，生徒指導で重大な案件を抱えていても他の教師に相談できないということが起こります。加えて，身体の緊張をほぐしていくリラクゼーション法[8]などは一定の効果をもたらすでしょう。一方で，教師が効果的な教育方法を学ぶことも大切です。最近，実証的な心理学的方法に裏打ちされた学級経営の方法，ソーシャルスキルトレーニング，構成的グループエンカウンター[9]などが紹介され，さまざまな実践が積まれています。日本の学校は学級活動が中心ですから，学級経営を安定させることは結果的に教師の多忙化を防ぎ，教師のメンタルヘルスも安定させます。ソーシャルスキルトレーニングなどを導入することも，学級経営，児童生徒と関わる上で大変効果があります。

④　求められる新しい教師像

　学校教育は今，大きな転換期です。一人で何でもできる教師よりも，子どものニーズを汲み取り，さまざまな人的資源を組み合わせて，その子どもに適切な援助を提供できる教師が求められています。教師の多忙化の解消と共に，子どもの困り感をチームで支える教師が今，学校に求められています。　（水野治久）

ての学校の在り方と今後の改善方策について（答申）」を出し，教師や学校が校内外の専門家と連携し，子どもの課題を解決していくことを提案している。子どもの援助をチームで実践することは学校心理学では「チーム援助」として概念化している。チーム援助とは，石隈（1999）によると，子どもの学習面，心理・社会面，進路面，健康面における問題状況の解決を複数の専門家（教師・スクールカウンセラー・特別支援教育コーディネーター）と保護者で行うことである。

　石隈利紀『学校心理学——教師・スクールカウンセラー・保護者のチームによる心理教育的援助サービス』誠信書房，1999年。

▷7　貝川尚子「小学校教師の被援助志向性とバーンアウトに関する探索的研究」『パーソナリティ研究』20(1)，2011年，pp. 41-44。

▷8　リラクゼーションには呼吸法や弛緩法などがある。

▷9　河村茂雄・小野寺正己・粕谷貴志・武蔵由佳『Q-Uによる学級経営スーパーバイス・ガイド』図書文化社，2004年。

　飯田順子・石隈利紀「中学生の学校生活スキルに関する研究——学校生活スキル尺度（中学生版）の開発」『教育心理学研究』50(2)，2002年，pp. 225-236。

　武蔵由佳・河村茂雄「グループ・アプローチを活用した学級集団の育成」石隈利紀（監修），水野治久（編集）『学校での効果的な援助をめざして——学校心理学の最前線』ナカニシヤ出版，2009年，pp. 33-42。

　小泉令三『社会性と情動の学習（SEL-8S）の導入と実践（子どもの人間関係能力を育てる SEL-8S①）』ミネルヴァ書房，2011年。

教育課程とその類型

 教育課程の意義

　「教育課程」について，「カリキュラム（curriculum）」や「教育内容」とどう違うのかを，まず明確にしておきます。この用語は，1951年の学習指導要領（試案）において最初に用いられ，それまでの「教科課程」・「学科課程」と区別されました。後者は「教科」ないし「学科」だけから成るものでしたが，前者は「教科以外の課程」も含むので，「教育課程」と称され，英語の「カリキュラム（curriculum）」の訳語とされました。ところで「課程」とは「コース」のことで，「学習者のための系統的に組織された教育計画」であるといえます。この用語は一般に教育行政用語であり，学習指導要領の解説書では「学校において編成する教育課程とは，学校教育の目的や目標を達成するために，教育の内容を児童の心身の発達に応じ，授業時数との関連において総合的に組織した学校の教育計画である」と定義しています。「教育課程」は「学校」にしかないものであり，また「教育計画」レベルのものだ，ということです。

　これに対して「カリキュラム（curriculum）」は，英語の定義で最も広く採用されているのが「子どもの学習経験の総体」というものです。総じて，この英語とそのカタカナ表記の場合は，教育行政用語に限らず，学界や大学・社会教育など，学校外の教育機関や教育産業でも広く使うもので，学術用語でありつつ，学校の枠を越える一般用語です。さらに，この用語は「計画」レベルだけでなく，「実施」レベル，「結果」レベルのものまでを含むので，「潜在的カリキュラム」などという訳語にそれが表れています。一方「教育内容」という語は，今日では「教える文化内容」を意味し，教える者が教えられる者の能力を高めるために用いる，文化的諸領域の知識・技能・価値・経験・活動などを指します。それが，子どもの発達の状況や時数配当など，いくつかの要素との関連で方法的に処理されて「教育課程」の形をとるといってよいでしょう。

2 教育課程の類型

○古典的な類型

　ところで，20世紀に入ってから，教育課程は「教科」と「経験」とを両極とする連続体で捉えられ，その間に複数の類型をもつものとされてきました。その類型化の中で，ここでは戦後日本で広く知られた類型をあげて説明しておき

ます。一方の極に「**教科型**」▷1，他方の極に「**経験型**」▷2，この２つの極の間にいく
つかの型がありますが，まず「教科」の型を残しつつ類似の内容を相互に連関
させて教える「相関カリキュラム」というのは，たとえば，理科の電気の単元
と技術家庭科の電気の単元を連関させて教えるもので，時間の節約や広い柔軟
な視野の育成に役立ちます。その次にくるのが，「教科」の枠を広げて広い視
点で括る「融合カリキュラム」というもので，たとえば国語科，社会科，理科
などです。地理・歴史・公民という領域を「社会」というより広い視点で１つ
に括っているからです。類似の発想で，それを複数の教科にまたがって行った
のが「統合（総合）カリキュラム」で，日本の国民学校時代の「大教科制」は，
それまでの修身科・国語科・地理科・歴史科を大きく括って「国民科」にした
のがその好例です。さらに，それをもっと広い視点から括ると「広（領）域カ
リキュラム」になります。この場合，たとえばかつての大学の一般教育科目の
区分であった「人文科学・社会科学・自然科学」などの３区分が典型的なもの
といえます。経験重視の観点からいえば，幼稚園の「健康・人間関係・環境・
言葉・表現」の５領域もこの類型の１つといえます。次にくるのが，「コア・
カリキュラム」で，教科をコアにする場合と経験をコアにする場合とがありま
す。かつてヘルバルト派が唱えた「中心統合法」による場合は，中心となるコ
アが「歴史科」という教科にされましたが，デューイ等の経験主義教育思想に
よる場合は「経験カリキュラムによる社会科」をコアにして，その周囲に国
語・算数・理科・音楽・図工などを配した，日本のコア・カリキュラム連盟の
ものが典型です。最後に，他方の極にある「経験カリキュラム」は，すべての
教育課程を子どもの「経験」ないし「活動」のみによって構成したものです。
この場合，極端な例では，教師が教室に来て，子どもと一緒に考えながら，カ
リキュラムをその場でつくり実施していくという，「生成カリキュラム」の考
え方が頂点を成します。

○類型の組み合わせと最近の類型化

　現在の主要国の学校は「教科」カリキュラムだけでは済まず，一部に「特別
活動」などのような「経験」カリキュラムを含めたりして組み合わせる方向に
あります。かつては「教科」から「経験」へ，類型が移行していくのが歴史の
流れだといわれた時もありましたが，現在では，「教育目的」に応じてこれら
の類型を使い分ける，ないし組み合わせることが求められています。近年では，
このように組み合わせることを前提にして，類型化の別の試みもあります。ア
トキン（Atkin, J. M.）による「工学的方法」と「羅生門的方法」の２類型，よ
り下位の区分としてグラットホーン（Glatthorn, A. A.）やラスカ（Laska, J. A.）
による「完全習得型」「拡大（教師中心）型」「発達（有機）型」「自由選択（子
ども中心）型」の「４基本類型」の試みなどです。全体に，これらのどれかを
選ぶのではなく，これらを組み合わせる方向にあります。　　　　（安彦忠彦）

▷1　教科型
ギリシア・ローマ時代の「7自由科（自由七科）＝3学：文法，弁証法，修辞学，4科：算術，幾何学，音楽，天文学」などという学科に代表されるもので，今日の学校では，国語・算数・理科・社会科，理科：物理・化学・生物・地学など「教科・科目」と呼ばれているもの。
⇒IV-1 参照。

▷2　経験型
子どもの生活経験だけでカリキュラムをつくるもので，たとえば「特別活動」の学校行事やクラブ（部）活動などは，ほぼそれにあたる。

【参考文献】
　安彦忠彦『改訂版　教育課程編成論』放送大学教育振興会，2006年。

学習指導要領

① 学習指導要領の変遷

　「学習指導要領」は，各学校が「自校の教育課程」を編成する上での「国家基準」です。これは第二次世界大戦後の日本に初めて登場したもので，小学校を中心に見れば，1947年と1951年の「試案」に始まり，官報に告示された1958年以後，1968年，1977年，1989年，1998年，2008年，2017年と改訂告示されてきました。▷1　第1期の1947年，1951年の学習指導要領は，新教育を学校現場に普及定着させようとして，学校での教員による教育課程編成に資するガイドブック的性格をもたせたため，全体に厚手のものとなり，具体的な学校現場での教員の作業を例示し，趣旨を丁寧に説明して，あくまでも「試案」的な性格を強調しています。この学習指導要領は「法的拘束力（法律として関係者の言動を規制する力）」をもつものではなく，学校現場での教員の編成作業を円滑に進めるために必要な情報や方法を示しているだけです。

　ところが，1955年に社会科だけを先行して一部改訂し，経験主義の新教育的なものから知識重視の系統主義的な社会科教育へ変更した頃から，学習指導要領の性格を変える動きが強まり，1958年の改訂学習指導要領から「試案」の文字が消え，官報に告示されるという一般の法律と同じ扱いのものとなったことで，学校現場での教師の教育課程編成の作業を規制するものとされました。以後，1968年には，教育内容の現代化の世界的潮流の影響を受けた改訂により，難度も分量も最高最多の内容になりました。ところが，1972年に「落ちこぼれ」問題が頂点に達し，当時の文部省が地方教育委員会や学校に対して，対応策の強化を促す通知を発して，政策の修正が迫られるような状況が生まれました。

　これにより，1977年に小学校学習指導要領の改訂が行われ，第二次世界大戦後，初めて教育水準のダウンと教育内容の削減などの規制緩和措置が始まりました。週1時間の学校裁量の時間が認められたのも，この時の改訂です。1989年の改訂では「生活科」の導入と隔週5日制が行われ，1998年では「総合的な学習の時間」の導入と完全週5日制が実施されましたが，学校の裁量とされた総合的な学習の時間の効果が疑問視されて「学力低下」論議が起こり，いわゆる「ゆとり教育」として社会的に批判されました。しかし，2003年の一部改訂により，「確かな学力」の育成に向け，理念ではなく方策を修正することとし，基礎基本と思考力等とのバランスをとること，教育内容の水準も時数も「最低

▷1　これを整理すると，大きく3つに区分される。まず1947年から1958年までの新教育を推進した「試案」の時期，次に1958年から1977年までの系統学習と教育内容の現代化の時期，そして1977年から現在までのゆとりと充実の時期。これをさらに細分化して時期区分を行う考え方もあるが，ここでは，この3期に大別することとする。

基準」とすることが明示されるとともに，「生きる力」の理念と規制緩和の方針は保たれ，その流れが2008年や2017年の全面改訂に引き継がれています。

❷ 学習指導要領の基本的性格

　このように，「学習指導要領」は，学校教育法及び同施行規則の規定により，各学校が教育課程を編成する際の国の大綱的基準として文部科学大臣によって示されるもので，各学校はこれに準拠して教育課程を編成していますが，多くの批判者がいうほど学校や教師に強い規制をかけているわけではありません。[2]公教育である以上，学校での教師の教育活動は法令などに従うものですので，教師はそれなりの不自由を承知で活動しなければなりませんが，それが教師の創意工夫を妨げるものであってはなりません。この点への配慮が最も難しい部分です。ただ，時の政権によってその基本的性格は変えられます。

　その解決には，地方教育委員会の動きが，教師の創意工夫を奨励するものになることが重要です。文部科学省は，そのように地方教育委員会を促さなければなりません。従来，文部科学省は，学校の裁量に任せようとすれば丸投げといわれ，逆に具体的な指示を出せば規制を強めるのかと批判されてきました。このような無責任な態度を，ジャーナリズムも教師もとるべきではなく，もっと学校現場の教師の裁量が増えることを，教師の力量向上のために喜ぶべきでしょう。教師の多忙感の解消や定数増などの条件整備が伴わなければなりませんが，何もかも学習指導要領の規制のせいにすることは，もうできません。

　「学習指導要領」が2003年の一部改訂により，「子どもの学習到達上」のではなく，「教師の指導上」の「最低基準」であることを確認しましたが，それまでは「最高基準」のように「これ以上は教えられない，これ以上時数をとってはならない」といわれてきただけに，大きな政策変更でした。以後変わっていませんので，今後は「これ以上教えてもよい，これ以上時数をとってもよい」との趣旨のもとで，各学校が自校の教育課程を編成する力量をもつべきでしょう。

　「学習指導要領」は，同時に，子どもの学習評価に関する「指導要録」の様式・内容の枠組みを決める基準になるとともに，「教科用図書検定基準」や，さらに「教材整備指針」のもとにもなるなど，教育課程編成とその実施に関係する範囲はかなり広いものです。この意味で，大綱的基準とはいえ，各学校の教育課程の編成や教育課程行政全体に与える影響は大きいものがあります。なお，この国家基準に矛盾しない範囲で，各地方教育委員会は「地方基準」を定めることができます。したがって各学校は「学習指導要領」という国家基準と，各地方の「教育方針」などという地方基準のもとで自校の教育課程を編成しなければなりません。文部科学省は，地方基準が中央の規制緩和の方針を受け止めて作成されるよう，各教育委員会や各学校に対し，その方針の趣旨の徹底を図る責任があります。

（安彦忠彦）

▶2　これによって，日本の子どもの学力水準が一定の高いレベルで保たれていることを諸外国も認めており，イギリスをはじめ，OECD主要国の「ナショナル・カリキュラム」を整備する動きを促した。ただし，2020年度実施の新学習指導要領は，事実上，教師の裁量可能な部分は指導方法も含めてほとんどなく，結果的に，規制は強まっている。

3 社会に開かれた教育課程

① 社会に開かれた教育課程の 3 つのポイント

「社会に開かれた教育課程」とは，2016年12月21日の中央教育審議会答申で提起された考え方で，2017年 3 月から順次告示された学習指導要領等の基本理念の 1 つとして，そのあり方に大きな影響を与えています。

答申は，その具体的なポイントとして以下の 3 点をあげています。

(1)社会や世界の状況を幅広く視野に入れ，よりよい学校教育を通じてよりよい社会を創るという目標を持ち，教育課程を介してその目標を社会と共有していくこと。

(2)これからの社会を創り出していく子供たちが，社会や世界に向き合い関わり合い，自らの人生を切り拓いていくために求められる資質・能力とは何かを，教育課程において明確化し育んでいくこと。

(3)教育課程の実施に当たって，地域の人的・物的資源を活用したり，放課後や土曜日等を活用した社会教育との連携を図ったりし，学校教育を学校内に閉じずに，その目指すところを社会と共有・連携しながら実現させること。

② 学校教育は社会の変化を先導して生み出す

まず注目したいのは，(1)の「よりよい学校教育を通じてよりよい社会を創る」という表現です。学校教育と社会の関係をめぐっては 2 つの考え方があると，教育学では整理されてきました。 1 つは，その時代の社会が要請する人材を過不足なく供給できるよう，社会の変化に遅れることなくしっかりとついていくのが学校教育の任務であるという考え方であり，社会的効率主義などと呼ばれてきました。もう 1 つは，教え・育てた子ども達が次世代の社会を主体として創出するという筋道を介して，学校教育は社会の変化を先導して生み出すという考え方であり，社会改造主義などと呼ばれます。

「よりよい学校教育を通じてよりよい社会を創る」には，後者の考え方が少なからず反映されていることが明確に読み取れます。したがって，社会に開かれた教育課程については，「社会や世界の状況を幅広く視野に入れ」つつも，それらに従属的に追随する教育を生み出すのではないと理解することが重要です。むしろ，学校や教師が主体となって社会との間に対等で建設的なパート

▷1　中央教育審議会「幼稚園，小学校，中学校，高等学校及び特別支援学校の学習指導要領等の改善及び必要な方策等について（答申）」2016年，pp. 19-20。

ナーシップを築き，協働で「よりよい社会」とは何かを考え続け，それを教育課程を通して実現していく権限と責任をもっていると理解すべきなのです。

③ 教育目標から始める教育課程の実質化

(2)は，「よりよい学校教育を通じてよりよい社会を創る」という理念を踏まえ，子ども達に求められる資質・能力を教育課程において明確化し育んでいくことの必要性を指摘しています。この指摘は，学習指導要領では総則の第2の1「各学校の教育目標と教育課程の編成」において具現化されています[▷2]。

各教科等や教育課程全体で育成すべき資質・能力は，教育課程の基準である学習指導要領等にも明記されています。まずはそれらを尊重し，また各学校における主体的実践化に耐えられるだけの深く豊かな納得を伴った理解を生み出すべく努力する必要があります。その上で，さらに子どもや学校，地域の実態を踏まえ，その学校らしい表現でもって子ども達に育みたい資質・能力を明確化し，その構造的集積として教育課程を編成することが望まれるのです。

そのためにも，まずは学校で設定する教育目標が単なるスローガンではなく，日々の授業づくりや子どもへの指導の方針決定に際し十分な拠り所となるだけの具体性をもつようにしたいものです。多岐にわたる子どもの姿を具体的にイメージしながら，個々の状況においてどのような子どもの姿を好ましいと考えるのか，家庭や地域にも開かれた議論を丁寧に積み上げていく中で，総体として目指すべき資質・能力の実像が次第に明らかになってくるでしょう。その過程で，学校経営方針やグランドデザイン等の策定や公表も推進していきます。

なお，ほかの教科等と異なり，総合的な学習の時間は目標・内容の設定が全面的に各学校に委ねられています。したがって，学校教育目標との関連を図り，子どもや学校，地域の実態にふさわしい探究課題を設定するなどして，この時間を各学校の教育目標の効果的実現に上手に生かしていきたいものです。

④ 社会と歩みをともにする学校教育

(3)は，以上のような取り組みを経て編成された教育課程の実施に当たって，地域の人的・物的資源の活用や社会教育との連携など，広く地域社会の教育リソースを活用することでその効果を高めることの重要性を指摘しています。また，これを契機に学校の営みが常に社会へと開かれ，豊かな対話が生み出されることにより，学校教育が何を目指しどのように取り組んでいくべきかを社会と共有し連携していく仕組みの構築が可能となることも示唆しています。

もちろん，学校は地域にお世話になるばかりではありません。総合的な学習の時間で子ども達が開始した活動が，地域創生に契機やアイデアをもたらした事例は数多くあります。教育課程を社会へと開くことにより，学校教育はこれまで以上に社会と歩みを共にしていくのです。
（奈須正裕）

▷2 たとえば，小学校学習指導要領では次のように記されている。
「教育課程の編成に当たっては，学校教育全体や各教科等における指導を通して育成を目指す資質・能力を踏まえつつ，各学校の教育目標を明確にするとともに，教育課程の編成についての基本的な方針が家庭や地域とも共有されるよう努めるものとする。その際，第5章総合的な学習の時間の第2の1に基づき定められる目標との関連を図るものとする」。

戦後社会の動向と学習指導要領の変遷

① 1947年の学習指導要領一般編（試案）——経験主義の教育課程

　戦後最初の学習指導要領では，民主主義社会を担う市民像が目的とされ，「児童の生活」経験を重視する教育課程が採用されました。教科は国語・社会・算数・理科・音楽・図画工作・家庭・体育・自由研究の9教科で，従来の修身・公民・地理・歴史が廃止され，社会科・家庭科・自由研究が新設されました。

　中学校の教科は，国語・習字・社会・国史・数学・理科・音楽・図画工作・体育・職業（農業・商業・水産・工業・家庭）の10科目が必修科目で，外国語・習字・職業・自由研究の4科が選択科目とされました。職業科は男女にかかわらず5教科から1科目または数科目を選択して学習します。

　高等学校では，**後期中等教育**▷1段階が統合されて，**総合制高等学校**▷2が推進されました。「青年に共通に必要とされる最低限度の教養」科目38単位や，社会科には時事問題という科目が設定され，**単位制度**▷3で運用されました。

② 1958年（小・中）・1960年（高）改訂——系統主義への転換

　経験主義教育は，「はいまわる経験主義」として批判され，系統主義のカリキュラムへの転換が要請されました。直接には，基礎学力の低下問題があり，生活力などさまざまな新旧の観点から学力論争がなされました。

　小学校では，児童の経験よりも知識・技術の系統性が重視されることになりました。特に，特設された道徳の時間による道徳教育の徹底，国語と算数の基礎学力の充実，科学技術教育の向上，そして職業的陶冶の強化の4点が重点項目とされました。

　中学校の改訂は，第3学年からの選択制が大幅に採用され，選択教科が9教科に及び，外国語はもちろんのこと農業・工業・商業・水産・家庭科，さらには数学・音楽・美術など，進路に応じて選択できる科目が設置されました。

　高等学校は教科・特別教育活動・学校行事の3領域とされ，教育課程の類型が付録に掲載され，能力・適性・進路に応じたコース分けが提案されました。就職用の科目と進学用の科目とに分けられ，卒業単位は85単位とされました。職業課程では，専門科目35単位で中堅となる産業人養成が図られました。

▷1　**後期中等教育**
初等教育6年の後，中等教育を経て高等教育（大学）に至るが，その中等教育の前期が中学校で，その後期が高等学校に相当する段階で，普通科をはじめ農工商水産などのさまざまな学校がある。

▷2　**総合制高等学校**
同一学区の生徒が同一の高等学校に進学する高等学校で，さまざまな進路の生徒を同じ学び舎で学ばせることで，民主主義社会への共同体意識の形成を目的としている。教育課程は多課程または総合課程などさまざまである。

▷3　**単位制度**
教科・科目その内容を修得した場合に，設定された学習時間数を認定する制度で，修得すべき単位数をそろえることで卒業する。これに対して学年制では，1科目でも落第となれば同一学年を繰り返す制度である。

③ 1968年（小）・1969年（中）・1970年（高）改訂 ──教育の現代化と構造主義

　1968年改訂では，高度経済成長下，生産性の高い目的追求型の国民像が目的とされ，**ブルーナーの構造主義**の影響を受けて「**教育内容の現代化**」運動が進められました。従来の系統的な教育体系をより現代科学の成果を生かした高度化をはかり，かつ科学の方法論まで修得させようとするものです。

　小学校では，国語・社会・算数・理科・音楽・図画工作・家庭及び体育の各教科，道徳ならびに特別活動とされ，従来の4領域から3領域に構成されました。そして，集合・関数・確率などの新しい概念が導入されました。

　中学校は3領域に構成され，時間数が3年間で210時間増加となり，国語35時間増，数学35時間増，美術35時間増，保健体育60時間増，そして特別活動45時間増となり，世界一高い水準であることを誇りにしていました。

　高等学校は教科と特別活動の2領域構成で，進路に応じて細分化された教育課程（コース）の**多様化路線**が展開されました。そのため，教科・科目の編成でも，数学の6科目をはじめ専門教科においても，実に多種多様な科目が設置され，職業科に限らず普通科も含めて多くのコースが設置されました。

④ 1977年（小・中）・1978年（高）改訂 ──「学校の人間化」の要請

　高度経済成長から低経済成長に至り，人間的なゆとりある成熟した社会を希望する時代になりました。世界的な改革動向は「人間化」で大きな転換点を迎えました。基本方針は，知・徳・体の調和，基礎的・基本的事項と教育内容の精選，ゆとりある充実した学校生活，そして教師の創意工夫です。

　小学校ではゆとりある学校生活がねらいとされ，授業時数が4時間減（土曜日1日分）となり，合科的な授業や教育方法について教師の創意工夫が要請されました。知・徳・体の調和の観点から国語・算数・社会科・理科の時間が削減されたことも特徴です。また，小中高で国旗・国歌の教育も要請されました。

　中学校の改訂も同様で，「**大綱化**」による弾力化で，時間数減と内容削減を利用して，教師の創意工夫が要請されました。白抜きの時間，いわゆる「ゆとり」の時間が設定され，体力増進活動，自然・文化の体験的活動，教育相談活動，集団的訓練活動あるいは休憩時間やクラブ活動などが期待されました。

　高等学校は，中学校の教育内容の一部が高校に設定されたことで，国民共通の教育期間が10年間とされました。第2学年以降は，コース選択とされ，卒業単位数が80単位に下げられるなど教育課程編成の弾力化が進められました。

⑤ 1989年（幼・小・中・高）改訂──新学力観

　生涯学習社会を自己教育力で切り拓く国民像を求めて，「新学力観」による教育課程が構想されました。「新学力観」では，知識技能の習得以上に，児童

▷4　ブルーナーの構造主義
ブルーナー（Bruner, J. S.；1915-2016）は，学校では，学問の構造を学ぶことの重要性を指摘し，その構造を踏まえれば，「どの教科でも，知的性格をそのままにたもって，発達のどの段階のどの子どもにも効果的に教えることができる」というレディネス観を提案した。

▷5　教育内容の現代化
1960年代以降，科学技術革命の時代といわれたが，これに対して学校教育の内容は遅れてしまっていたので，現代科学の内容及び方法論を導入した改革である。ブルーナーの構造主義の理論を基本としている。

▷6　多様化路線
日本の高度経済成長を遂げるに当たって，その経済構造に見合う人材育成が課題とされ，高等学校の教育課程に細分化されたさまざまなコースを設定する政策がとられた路線である。

▷7　大綱化
学習指導要領で細部に至るまで規定してきた結果，教育委員会及び学校現場の教育を硬直化させる弊害があったとして，現場の課題に即して裁量幅を拡大するために学習指導要領の規定を大綱にとどめる政策がとられた。

生徒の関心・意欲・態度を重視し，思考力・判断力・表現力が求められました。

　幼稚園教育は，幼児の主体的な生活を中心に展開すること，遊びを通して総合的な指導をすること，そして幼児一人一人の発達の特性及び個人差に応じた教育を行うことが大切であるとされ，従来のねらい中心，目標中心の考え方が大きく転換されました。

　小学校低学年の新教科として生活科が設置され，低学年の社会科・理科は廃止され，その分の時間数は，生活科と国語にあてられました。さらに，幼稚園との連携の観点から，生活科を中心とした合科的な指導が要請されました。

　中学校を中等教育の前期の段階と捉え直され，選択教科が，国語をはじめとして全教科に拡大されたことが大きな変化です。選択教科時間数は，第2学年210時間（週6），第3学年280時間（週8）に至り，生徒が自らの生き方を考え主体的に進路を選択することができるよう進路指導も強化されました。

　高等学校の必修教科は，国語・地歴・公民・数学・理科・保健体育・芸術及び家庭で，新たに家庭科が男子も必修となり，生徒の特性，進路等に応じて生徒が自由に選択履修すること，選択教科を増加すること，そして商業科など専門学科では，情報教育と**課題研究**が新たに設定されました。[8]

6 1998年（幼小中）・1999年改訂（高）──「生きる力」

　不透明な情報化時代を生き抜く国民像が想定され，「生きる力」を志向する教育課程の方針がとられ，小中高を通して「総合的な学習の時間」が設定されました。従来の縦割り型の学力に対して**知の総合化と主体化**とを図るものです。[9]

　小学校低学年においては生活科を中核とした合科的な指導を一層推進するとともに，中学年以上においても合科的・関連的な指導を進めることが求められています。従来の教科構成は「現行通り」とされ，新たな教科の再編課題は継続して検討されることになりました。

　中学校は，社会生活の基礎・基本を確実に教育することと，青年期教育という観点から選択幅拡大等による個性伸長の教育をすることが重視され，改訂の目玉は選択幅拡大と総合的学習の時間の設定でした。また，外国語科が選択から必修科目に入れられたことも特徴です。

　高等学校改訂では，ある程度幅広い分野について一定の基礎的・基本的な内容をバランスよく身につけることが求められ，数学基礎や理科基礎などの科目が創設されました。また国際化・情報化時代を反映して，外国語が必修となり，普通科でも情報科が新設され必修とされました。卒業単位は74に下がりました。

7 2008年（幼小中）・2009年（高）改訂──PISAと活用型学力

　グローバルな知識基盤社会の到来を受けて，「活用能力」の育成を重視する教育課程です。OECDの**PISA**によって，学校外でも活用し判断できる能力と[10]

▷8　課題研究
高等学校の専門学科で，各教科・実習等の学習成果を背景に，具体的あるいは理論的な問題解決など，総合的な課題を設定して，具体的な製作や調査研究など課す仕方がとられた。総合的な学習の時間の先駆である。

▷9　知の総合化と主体化
各教科はそれぞれ固有の知のシステムで構成されて縦割りになっており，各生徒がそれを自己の内側において，自分特有の全体として再構成することで「生きる力」につなごうとする考え方である。

▷10　PISA
OECDが進めているProgramme for International Student Assessmentで，学習到達度調査である。読解力，数学的リテラシー，科学的リテラシーなど学校外でも通用する学力の測定が中心である。
⇒Ⅷ-2参照。

▷11　TIMSS
国際教育到達度評価学会（IEA）が行う小・中学生を対象としたTrends in International Mathematics and Science Studyで，数学・理科の基礎的内容の習得程度をみる国際比較のアチーブメント・テストである。
⇒Ⅷ-2参照。

して，読解・数学的・科学的リテラシーが求められました。

　小学校では「生きる力」の路線を継承しましたが，同時に「学力低下批判」への対応，本格的には**TIMSS**及び PISA など国際的学力調査に対応する学力づくりが目指され，かつ外国語教育が重視された改訂となっています。

　中学校も小学校と同一の方針ですが，選択教科が授業時数表から削除され，全科目必修で共通履修の徹底が期され，個別のニーズに対応するよりも，全科目必修の共通教育課程が基本構造とされました。

　高等学校の基礎・基本的な知識・技能の習得では，義務教育段階の学習内容の確実な定着を図るための学習機会を設けて，これを促進することが要請されました。また，「共通性と多様性のバランスを重視」するという観点から，共通の必履修科目が設定されました。卒業は74単位以上を踏襲しています。

8　2017年（幼小中）・2018年（高）改訂——汎用的能力を育む

　育成すべき「資質・能力の３つの柱」が立てられました。①知識及び技能の習得，②思考力，判断力・表現力等，③学びに向かう力，人間性等です。今次の改訂では，この３つの柱が幼小中高の全体を貫徹するように要請されています。そして全教科・領域で「主体的・対話的で深い学び」によって，学校外でも通用する汎用性のある能力を育むことを目指しています。

　幼稚園では，基本方針は継承され，新たに「**幼児期の終わりまでに育ってほしい姿（10の姿）**」が提示されました。

　小学校では，３・４年生に外国語活動を，５・６年生に外国語科が導入されました。プログラミング教育も改訂の新しいポイントで，その**アルゴリズム**の教育ではなく，総合的な学習や算数・理科・家庭科など各教科と関連させてその思考の育成を図るという位置づけです。

　中学校は，一見，目立った改訂はありませんでしたが，幼小中高を一貫している上記の「３つの柱」によって教育課程を構造改革すること，かつ，「主体的・対話的で深い学び」を達成するために全教科・領域で**アクティブ・ラーニング**と**カリキュラム・マネジメント**を展開することが求められました。

　高等学校は，「初等中等教育の総仕上げを行う学校段階」として，また子どもの「人生や未来の社会の在り方に関わる」大きな課題を背負う段階として位置づけられ，改めて小・中学校での学習の学び直し，大学教育との接続，社会との接続という，高等学校の３つの大きな役割が確認され，今回は大幅に教科・科目が改廃されましたので，今後どのような教科書が登場するのかが注目されます。

　以上のように，学習指導要領は，生活経験と科学的系統との間で振り子のように揺れながら時代の課題に応えようと変遷してきたのです。

（水原克敏）

▷12　**幼児期の終わりまでに育ってほしい姿（10の姿）**
①健康な心と体，②自立心，③協同性，④道徳性・規範意識の芽生え，⑤社会生活との関わり，⑥思考力の芽生え，⑦自然との関わり・生命尊重，⑧数量や図形，標識や文字などへの関心・感覚，⑨言葉による伝え合い，⑩豊かな感性と表現，の10項目。

▷13　**アルゴリズム**
プログラムをつくる時に用いる，問題を解決するための手順・計算方法であるが，この意味を他教科にも拡大して，問題を解決するための手段・方法にまで援用してプログラミング的思考の習得が期待されている。

▷14　**アクティブ・ラーニング**
児童生徒が受動的な学習によって教育されていたことが反省されて，主体的で相互対話をする，積極的に問題を解決しようとする教育方法によって，児童生徒が深い学びに至ることが期待されている。
⇒Ⅸ-5参照。

▷15　**カリキュラム・マネジメント**
児童生徒の実態や地域の実情等を踏まえて，各学校が設定する教育目標を実現するために，評価・改善のサイクルによって教育課程の再編を続けることである。
⇒Ⅴ-2参照。

（参考文献）
　水原克敏『増補改訂版学習指導要領は国民形成の設計書』東北大学出版会，2016年。
　水原克敏（編）『小学校学習指導要領改訂のポイント』日本標準，2017年。

5 隠されたカリキュラム

1 潜在的カリキュラムと顕在的カリキュラム

「カリキュラム」とは，時間割のような事前の計画だけでなく，計画に基づいて実際に行った指導や，結果として子どもに与えた影響までを含む概念です。

「カリキュラム」を「子どもの経験の総体」として捉えようとする動きは，「カリキュラム」についての学問的関心が，「教えられる内容」から「学ばれる内容」に移ったことによって起こりました。子どもに何を教えるべきかよりも，子どもが何を学んでいるかを重視しようという動きがあったのです。[1]

学級生活を通じて子どもが学び取っていることは，教師が意図した計画よりも多くの内容を含んでいます。教師が意図してはいないものの，子どもの価値観や態度，行動様式の形成に影響を与えるカリキュラムのことを「潜在的カリキュラム」といいます。一方，時間割や指導計画に代表されるような目に見えるカリキュラムは，「顕在的カリキュラム」といわれます。

2 見えないカリキュラムと隠されたカリキュラム

「潜在的カリキュラム」という概念は，「カリキュラム」を「子どもの経験の総体」と捉えようとする動きの中で注目されるようになりました。このような動きは1960年代に起こりました。「潜在的カリキュラム」をどのように定義するかは論者の立場によって異なります。今現在その概念は一定していません。[2]ここでは「潜在的カリキュラム」を捉える二つの立場を紹介します。そのさい，「潜在的」という言葉の意味を，「見えない（latent）」と捉える立場と「隠された（hidden）」と捉える立場とに分けて考えます。

○「見えない」カリキュラムとしての潜在的カリキュラム

「潜在的」という言葉を「見えない（latent）」と捉える立場では，子どもが教室内で暗黙裡に身につけているものの見方や態度，価値観や行動様式を特定することが重要視されます。たとえば，算数の授業では表向きには算数の内容が教えられているのですが，子どもは時間割に従って着席し，授業中はおしゃべりをせず，質問に答えられる場合は手を挙げるといったように，教科の内容以外のことも学んでいます。学校がもつこのような「見えない」教育機能に着目する立場には，「潜在的カリキュラム」の第一発見者といわれる**ジャクソン**[3]がいます。彼は規則（Rules），規制（Regulations），慣例（Routines）の3R's

▷1　安彦忠彦『改訂版教育課程編成論』放送大学教育振興会，2006年，p. 12。

▷2　髙旗浩志「『潜在的カリキュラム』概念の検討──D. ゴードンの議論を中心に」『カリキュラム研究』5，1996年，p. 53。

▷3　ジャクソン（Jackson, P. W.；1929-2015）

を，学校で意図せず教えられる内容，すなわち「潜在的カリキュラム」の構成
要素であると考えました。[4]

○「隠された」カリキュラムとしての潜在的カリキュラム

「潜在的」という言葉を「隠された（hidden）」と捉える立場では，「潜在的
カリキュラム」には社会的不平等を再生産する機能があると考えられます。社
会的に優位な者が自らの都合の良い社会を維持するために，カリキュラムに埋
め込まれた裏の目的を隠蔽し，さまざまな差別を生み出しているという考え方
です。このことが「隠された」という語に表現されています。社会的不平等の
再生産という視点から「隠された」カリキュラムに注目する研究は，批判的教
育学と呼ばれる分野の一部です。なお，現在ではこの「隠された（hidden）」
を用いるのが一般的であり，「見えない（latent）」はほとんど使われません。

❸　隠されたカリキュラムを明示化することの意義

このように「カリキュラム」は教師の事前の計画レベルにとどまらず，学校
教育活動を規定するより広い範囲の物事を指す概念です。では，「カリキュラ
ム」の概念を拡張し，その潜在的要素について指摘することは，学校教育に対
してどのような意義を果たすでしょうか。

「隠されたカリキュラム」をめぐる議論が始まった1960年代のアメリカでは，
経済的・文化的に貧困な家庭の子どもたちに対する就学前教育を充実させるこ
とで，就学後の滑り出しを順調にすることが課題となっていました。これに対
して連邦政府は子どもの順調な発達を保障するプログラム，いわゆる「ヘッド
スタート計画」を開始し，莫大な公的資金を投じました。学校のカリキュラム
が家庭における子どもの健全な発達を基礎として成立するということは，当時
からすでに明らかになっていたのです。また，近年の経済学の研究でも，心身
の健康や根気強さ，注意深さなどに関わる「非認知的スキル」が学力テストの
成績にも影響するのであり，そのスキルの発達は家庭教育によって左右される
ことが明らかにされました。[5]つまり，家庭教育の質という「隠されたカリキュ
ラム」が，学校教育活動に明確に影響するといえるでしょう。

「隠されたカリキュラム」の存在は，家庭や地域の経済的不平等といった大
きな視点からだけでなく，学校の慣習や教材，教師－子どもの相互作用といっ
たより小さな視点からも指摘されています。ジェンダーを分析視点とした研究
では，男女別の名簿や男性中心的な教科書の内容，性別による教師の対応の違
いなどが，性についてのステレオタイプ的な見方を隠されたメッセージとして
伝えていると指摘しています。社会的に不利な立場にいる人々が被る不平等や
不利益が，学校教育制度によって再生産されるのを防ぐことに，こうした「隠
されたカリキュラム」についての批判的分析が役立ちます。

（折口量祐）

▷4　田中統治「カリキュ
ラムの社会学的研究」安彦
忠彦（編）『新版カリキュラ
ム研究入門』勁草書房，
1999年，p. 74。

▷5　ジェームズ・J・
ヘックマン，古草秀子
（訳）『幼児教育の経済学』
東洋経済新報社，2015年，
pp. 10-44。

6 学校間の連携・接続と一貫カリキュラム

 学校間の連携・接続問題──カリキュラム改善から制度改革へ

▷1　四六答申
⇒Ⅱ-10参照。

　1971（昭和46）年の中央教育審議会答申「今後における学校教育の総合的な拡充整備のための基本的施策について」（**四六答申**）は，1984（昭和59）年に時限立法により設置された，臨時教育審議会のその後の４次にわたる答申とともに，現在までの教育改革の大きな方向性を定めたものとして，極めて重要なものですが，その中で６-３-３制の学校制度上の改革のための「先導的施行」を提言しました。

　この制度上の区切りの問題は，専門的には「学校間の接続関係；articulation」の問題として検討されてきました。しかし，当時は日本教職員組合のみでなく，世論もそのような制度改革を目指すことに反対する空気が強く，具体化への動きは停滞しました。そこで当時の文部省は，制度改革に直接取り組むのではなく，「教育課程」の改善を図る「研究開発学校制度」を1976（昭和51）年に発足させ，公式には次期の「教育課程に関する国の基準＝学習指導要領」の改善に資することを目標とする制度として，まずその時点の学習指導要領に拠らずにさまざまな教育課程の開発・編成を試みることのできる学校を指定することとしました。その際，学校の研究開発のテーマとして「幼・小・中の学校間の連携」や「中・高の教育の連携」を深める教育課程の開発なども視野に入れられ，これにより学校制度の改革にも関係する教育課程開発が可能となりました。

　それが現実となったのは，1989（平成元）年の学習指導要領で「総合的な学習の時間」の導入によってです。なぜなら，「総合的な学習の時間」の教育課程を，小・中の９年間あるいは中・高の６年間の，学校段階を超えるものとして編成することが可能となったからです。特にその時間に英語などの外国語教育を行う場合は，その小・中学校の連携による一貫性が望ましいとされ，これによる学校間の連携は，部分的にせよ非常に増えました。しかし６-３の制度上の区切りのままで，小・中の「連携」が始められたという性質のものでした。

　むしろ，制度上の一貫性を実現したのは「中・高」の方が先で，1997年の中教審答申「21世紀を展望したわが国の教育のあり方について」に基づき，1999（平成11）年４月から「選択的に導入」された中高一貫教育によってでした。それ以前の1994（平成６）年から，研究開発学校として五ヶ瀬中・高校が指定されたのを皮切りに，やはり主に「総合的な学習の時間」の導入による一貫し

た教育課程の開発が試みられて，その研究成果がおおむねよかったことにより，「部分的な」制度化が行われました。それまでは私学の中・高校の一貫教育が，大学受験に有利であるとの社会的評判を得ていましたので，公立学校の一貫教育が受験教育の過熱化をあおるとして強い反対を受けましたが，そうならないようにとの国会の附帯決議とともに承認され，国は「中高一貫教育推進会議」なるものを立ち上げて，全国の高校の約500学区に各1校の設置を目指しました。これによって「高校受験がなくなり，ゆとりある学校生活が送れる」というメリットが強調され，教育課程の作り方・実行の仕方次第で，大学受験のためではない教育が可能となる，という実証データも得られました。

　それ以後，完全な一貫型の「中等教育学校」，同じ場所に中・高の別々の校舎をもつ「併設型」の一貫校，場所が離れていても一貫教育を目指す「連携型」の一貫校という，3種類の中等教育の一貫校が公式に認められるようになり，今では当初の目標を超える学校数になっています。ただし，設置はあくまでも地方教育委員会の裁量に任されており，全国一律の制度化ではありません。これは2016（平成28）年度から導入された小・中一貫教育の学校設置（完全な一貫校は「義務教育学校」と呼び，併設型，連携型もある）の場合も同様です。

② 一貫カリキュラムの可能性と課題

　通常，誰もが不思議に思うのは「小・中」と「中・高」のそれぞれが一貫教育になるなら，なぜ小・中・高の合計12年間の一貫教育ができないのか，ということです。この理由は，「一貫させる原理」が異なるからです。小・中の場合は「義務教育」，中・高の場合は「中等教育」というのが，その一貫性の原理なのです。これでは両者はつながりません。したがって，今のままでは12年間の一貫教育は実現しません。もし統一するなら，後者では高校まで「義務教育」にするか，前者では「義務教育」ではなく，単線型学校体系の「初等教育・中等教育」という原理で接続させる，という制度化を行う必要があります。

　また，この両者が地方教育委員会の裁量による部分的な制度化である点は共通ですが，その理由は異なります。中・高一貫教育は「ゆとりある」教育を目指し，詰め込み教育の脱却を狙いましたが，小・中一貫教育は「**小１プロブレム**」や「**中１ギャップ**」といった，学校間のスムーズな移行に困難が生じ，不登校やいじめなどの増加が見られ，そのような課題への対応という面が強くありました。実際，「小・中」の一貫教育により，区切りを6－3制から4－3－2制ないし5－4制などに変えることにより，大幅に上記の問題が解決・軽減された例が多く，これもやり方次第では成功することが認められています。

　その際，共通に行うべき方策としては，「一貫教育の最後に到達すべき水準の明示とそのための教育課程の構造化」と「保護者・地域住民の学校段階を超える組織化」です。これがなされない場合，必ずしも成功しません。　　　（安彦忠彦）

▷2　小１プロブレム
小学校に入学した1年生が，教室をうろつきまわるなど落ち着きがなく，小学校教育になじめない状態。遊びを中心に興味関心に基づいて個人的学びを主体とする幼児教育と，組織的・系統的な教育プログラムに即して一斉指導の集団的学びを主体とする小学校教育とが，うまく接続していないためとされる。

▷3　中１ギャップ
主として小学校6年生と中学校1年生との間に生じる段差（ギャップ）で，全国平均で不登校が3倍に急増したり，数学嫌いが倍増するなど，急激な変化が見られる。生活モードから学問モードへの教科学習の変化，教師と子どもとの関係など多様な要因が指摘されている。

7 教育の諸課題と教育課程

▷1　持続可能な開発のための教育に関する関係省庁連絡会議「我が国における『持続可能な開発のための教育（ESD）に関するグローバル・アクション・プログラム』実施計画（ESD国内実施計画）」2016年, p. 1。

▷2　「持続可能な開発目標」（SDGs）
Sustainable Development Goals の訳語・略語である。2001年から2015年までのミレニアム開発目標（Millennium Development Goals；MDGs）の後継目標である。ミレニアム開発目標が発展途上国のための目標であったのに対し, 持続可能な開発目標はすべての国を対象する目標として掲げられている。

▷3　6つのこ食
一人で食事をとる「孤食」, それぞれが別々のものを食べる「個食」, 特定のものばかりを食べる「固食」, 麺類やパンばかり食べる「粉食」, 充分な量の食事を食べない「小食」, 味付けの濃いものを好む「濃食」の6種類。他に, 子どもだけで食事をする「子食」, 外食中心の「戸食」, 食欲不振の「虚食」などもあげられることがある。

1 持続可能な開発のための教育

持続可能な開発のための教育（Education for Sustainable Development：ESD）に関して,「国連持続可能な開発のための教育のための10年」が2002年の国連総会において, 日本によって提案されました。その後, 日本国内ではESD の推進拠点として, 2018年10月現在で1,116校がユネスコスクールのネットワークに加盟しています。教育課程に関しては2008年に告示された学習指導要領（高等学校は2009年）から, この ESD の観点が教育課程に盛り込まれるようになっています。2017年告示の学習指導要領（高等学校は2018年）においては, 前文及び総則に「持続可能な社会の創り手」の育成が掲げられています。

持続可能な開発のための教育は,「人類が将来の世代にわたり恵み豊かな生活を確保できるよう, 気候変動, 生物多様性の喪失, 資源の枯渇, 貧困の拡大等, 人類の開発活動に起因する現代社会における様々な問題を, 各人が自らの問題として主体的に捉え, 身近なところから取り組むことで, それらの問題の解決につながる新たな価値観や行動等の変容をもたらし, もって持続可能な社会を実現していくことを目指して行う学習・教育活動である」と定義づけられており, 2016年に発表され, 2018年に改訂された「ESD（持続可能な開発のための教育）推進の手引」では, 教育課程における ESD はカリキュラム・マネジメントの実践として, 教育課程全体で行われることが期待されています。

また, これまで述べてきた ESD と合わせて,**「持続可能な開発目標」（SDGs）**についても注目しておきましょう。2015年9月の国連サミットで採択された「持続可能な開発のための2030アジェンダ」において, 2016年から2030年までの国際目標として, 17の目標（ゴール）と169のターゲットが示されています。いずれの目標においても教育の果たす役割は大きいものであるといえますが, 中でも特に, 目標4が「質の高い教育」の提供に関するものであり, ESD と関連しています。

2 食　育

食に関する問題としては, 特に近年では**6つのこ食**（「孤食」「個食」「固食」「粉食」「小食」「濃食」）に代表される, 不規則な食事があげられます。また, 生活習慣病の増加などの健康に関する問題だけではなく, 食の安全上の問題や

食料自給率の問題など，さまざまな食に関する問題が注目されています。こうした中，2005年に食育基本法が制定されるなど，食を通じた教育について，積極的な取り組みが推進されています。

現在，農林水産省は食育基本法に基づいて，5年ごとに「食育推進基本計画」を定めています。2016年から2021年までの5年間を期間とする第3次食育推進基本計画では，2015年調査において4.4％だった朝食の欠食傾向が見られる子どもの割合を0％にすること，などの数値目標に掲げて，啓発活動などを行っています。また，中学校における学校給食実施率や，学校給食における地場産物使用割合を増やすことも目標としています。

学習指導要領においても2008年以降，「食育の推進」が総則の中で明言されるとともに，2017年告示の学習指導要領では，学校給食法に基づき，食に関する指導の全体計画を作成することが求められています。食に関する内容は教科等横断的な視点に立った学習が求められるため，地域の実態や子ども達の姿を踏まえた上で行われる必要があります。こうした中，文部科学省は2019年3月に『食に関する指導の手引（第二次改訂版）』を発表しました。その中では，2005年から制度化された栄養教諭を中核として，「食育推進体制を確立し，学校・家庭・地域が連携して，次代を担う子供の食環境の改善に努めることが必要」[4]とされています。

③ 安全教育

安全教育はこれまでも教育の中で重視されていましたが，2011年の東日本大震災以降，各地で発生する地震や豪雨などの災害に伴い，より一層の意識の高まりを見せています。南海トラフ地震に代表されるような，近い将来に発生するとされている災害などに対して，被害予測やハザードマップなどに基づき，児童生徒の安全をいかに確保するかについて，我々は考えていかなければなりません。また，SNSなどインターネットを通じた犯罪行為に巻き込まれる危険性についての周知や，学校内における設備を含むさまざまな事故に対する防止対策，学校外における交通規則を中心とした指導など，さまざまな形での安全教育が求められる社会的背景があげられます。

「安全に関する指導」は，食育と同じく，2008年以降の学習指導要領における総則の中で取り上げられています。2017年告示の学習指導要領においては，学校保健安全法に基づき，「学校安全計画」の策定と実施が義務づけられています。安全教育と一言でいってもその範囲は広く，2019年に改訂された「学校安全資料『生きる力』をはぐくむ学校での安全教育」では，生活安全・交通安全・災害安全という3つの領域に分けられていますが，その他の想定外の危機に対しても取り組むことが重要とされています。たとえば，地域の特性に応じて，近年問題視されている熱中症対策に関する問題[5]なども，生活安全や災害安

▷4 文部科学省『食に関する指導の手引（第二次改訂版）』健学社，2019年，p.2。

▷5 日本スポーツ協会発行の『スポーツ活動中の熱中症予防ガイドブック』では，湿球黒球温度（WBGT）に基づき，環境温度に応じてどのように運動したらよいかについての指針が示されている。

▷6　IoT
Internet of Things の略語。物のインターネットと呼ばれ，さまざまな物がインターネットにつながり，相互制御が可能となる仕組みのこと。またそれが可能となる社会を指す。

▷7　小学校段階における論理的思考力や創造性，問題解決能力等の育成とプログラミング教育に関する有識者会議「小学校段階におけるプログラミング教育の在り方について（議論の取りまとめ）」2016年。

▷8　EdTech
Education と Technology を組み合わせた造語。テクノロジーを生かして教育の分野に革新を起こすビジネス領域を指す。

全の一環として，対応の必要性がより一層生じることでしょう。

④ プログラミング教育

　現在，我々の生活の中にコンピュータは深く根ざしています。近年ではIoT[6]といった概念も登場するなど，コンピュータをより適切かつ効果的に用いることや，そのコンピュータの仕組みを知ることが求められています。こうした社会背景の下，プログラミング教育を通じては，情報活用能力だけではなく，論理的思考としてプログラミング的思考を育むことが期待されています。2017年告示の学習指導要領において，小学校ではプログラミング教育が必修化されることになりました。学習指導要領においては，算数・理科・総合的な学習の時間を用いてプログラミング教育を行うこととなっていますが，特定の教科や学年，単元に限定されることなく，カリキュラム・マネジメントの下でプログラミングを教材とした学習が可能であるとして，2018年に発表された「小学校プログラミング教育の手引（第二版）」において各種指導案が出されています。また，中学校ではプログラミング教育の充実が，高等学校では「情報Ⅰ」が必修化されます。

　プログラミング教育における論理的思考，すなわちプログラミング的思考は，「自分が意図する一連の活動を実現するために，どのような動きの組合せが必要であり，一つ一つの動きに対応した記号を，どのように組み合わせたらいいのか，記号の組合せをどのように改善していけば，より意図した活動に近づくのか，といったことを論理的に考えていく力」[7]とされています。ただ，コンピュータがどのような仕組みで動いているのかを理解するだけではなく，物事の因果関係を明らかにし，どうすればどうなるかといった，結果を引き出す要因について理解することが求められています。

　プログラミング教育の充実を図るためには，当然のことながら学校におけるICT 環境の整備が欠かせません。加えて，独立した教科として導入されないため，教材の多様化やEdTech[8]の活用など，実施面においても当面の課題が考えられます。

⑤ アントレプレナーシップ教育

　アントレプレナーシップとは起業家精神と訳される，ヨーロッパで生まれた概念です。フィンランドなどでは教育課程の中に位置づけられており，日本でも主に，経済界からの要請に基づいて注目されています。文部科学省が2017年度から大学などを対象に行っている「次世代アントレプレナー育成事業（EDGE-NEXT）」に加え，キャリア教育の一環として中学校や高等学校で行われている事例も複数あり，地域企業などとの連携の下，教科等横断的な取り組みが期待されることとなります。知識基盤社会と呼ばれる現代において，予測

の難しい未来を切り開く人材をどのように育成するかという観点においても，アントレプレナーシップの育成が求められるでしょう。

　こうした取り組みは，単にアントレプレナーシップを学ぶ時間としたり，キャリア教育の時間としたりするなど，独立した教育課程として捉えるのではなく，ESD などと同様，これからの教育のあり方などと関連づけながら実施されることが求められます。

❻ これからの教育課題と教育課程

　先に述べたとおり，プログラミング教育の実施においては ICT 環境の活用が欠かせません。その他にも，ICT を活用した教育課程の実施が，今後の大きなテーマの１つとなることが予想されます。

　2016年に閣議決定された第５期科学技術基本計画の中で，世界に先駆けた「超スマート社会」の実現に向けた取り組み「Society 5.0」が提唱されました。Society 5.0時代の社会においては，情報活用能力があらゆる学びの基盤となることが予想されます。それに基づき，文部科学省は2019年に「新時代の学びを支える先端技術活用推進方策（最終まとめ）」を発表しました。これからの時代に求められる教育として，先端技術を効果的に活用する学びのあり方が求められています。ICT を利用した遠隔教育や，学びの個別最適化，教育ビッグデータの活用など，予想される次世代の学校教育の中で，教育課程のあり方もまた，問われることになるでしょう。また，2018年に文部科学省で行われた「Society 5.0に向けた人材育成に係る大臣懇談会」の中で，**STEAM教育**[9]が提唱されましたが，2019年の教育再生実行会議の第11次提言の中で，初等中等教育での STEAM 教育のさらなる推進も提言されており，今後の教育課程へも影響することが予想されます。

　これまであげてきた教育の諸課題のほかにも，主権者教育，消費者教育などさまざまな教育の諸課題があり，すでに教育課程に反映されているものも多くあります。知識基盤社会の中では，これからもさまざまなパラダイムシフトが起こり，それに伴う新しい教育課題が生じることが予想されます。当然のことながら，それぞれの課題は取り組むべき課題であるとはいえますが，一方で課題が多様化・複雑化し続け，教育課程における混乱を招きかねないという，最も大きな課題への懸念も残されています。取り上げられている表面的な項目のみに着目するのではなく，それらに通底する，我々に求められている本質的な力とは何かについても，吟味していくことが大切だといえるでしょう。

（岡村健太）

▶9　STEAM 教育
Science, Technology, Engineering, Art, Mathematics の頭文字をとってつけられた。これらに関する各教科での学習を実社会での問題発見・解決に活かしていくための教科横断的な教育とされている。

1 「知識基盤社会」の時代に求められる学力

1 「知識基盤社会」とは [1]

　21世紀は「知識基盤社会」といわれています。「知識基盤社会」は，新しいアイデアが重視される社会です。新しい課題を見つけ出し，その達成方法を考えて実行し，社会に新しい価値を創造する能力が必要とされる社会です。

　その点で，「産業基盤社会」，すなわちモノの生産が重視される社会と対比されています。「産業基盤社会」とは，合理的な方法で規格化された製品を効率的に生産することが重視された社会でした。そのため与えられた課題に対して，決められた解き方を使用して，「早く・確実に・正確に」答えを導き出すという，いわゆる情報処理能力が必要とされてきました。

　「知識基盤社会」では，課題そのものを発見し，その課題に対する解き方を独自に開発する探究能力が必要とされます。しかも，グローバル化した社会に生きる能力として，多様な人々とそれぞれの個性的な能力を協働して，いわばチームとして取り組むコミュニケーション能力が必要とされます。「21世紀型能力」といわれるような，協働的探究に有能に参加・貢献するための資質・能力です。アクティブ・ラーニングや「主体的・対話的で深い学び」は，このような資質・能力の育成を主旨とした学習活動なのです。

2 協働的探究への参加・貢献に必要とされる資質・能力

○社会構成主義的な学力 [2]

　「知識基盤社会」で価値ある知識は，この世界についての究極的な真理ではありません。求められる知識は，この世界において人間がある目的をもって行動する時，目的を達成できる効果的な行動の方法です。そのような知識は，人間が実際に世界と相互作用することを通じて，人間の精神の中に構成されていきます。現実的には，年長者と一緒に活動しながら，文化的共同体の中に蓄積されている知識を習得していくのです。つまり，具体的な活動を通じて，それに熟達した年長者に試行錯誤を監督・評価されながら探究的に習得します。そのようにして年長者との協働的な活動を通じて，文化的共同体の年長者と共通の知識を探究的に獲得し，独力で同じように行動できることが目指されます。

　そして，このような学び方は，新しい知識を探究する能力，他者と協働する能力，他者と知識を伝え合い相互理解や合意を形成する能力の基盤となります。

▷1　2005年の中央教育審議会答申では，「21世紀は，新しい知識・情報・技術が政治・経済・文化をはじめ社会のあらゆる領域での活動の基盤として飛躍的に重要性を増す，いわゆる『知識基盤社会』（knowledge-based society）の時代であると言われている」と述べられ，その特質として，「例えば，1．知識には国境がなく，グローバル化が一層進む，2．知識は日進月歩であり，競争と技術革新が絶え間なく生まれる，3．知識の進展は旧来のパラダイムの転換を伴うことが多く，幅広い知識と柔軟な思考力に基づく判断が一層重要となる，4．性別や年齢を問わず参画することが促進される」と指摘されている。
中央教育審議会「我が国の高等教育の将来像（答申）」2005年。

▷2　1980年頃から哲学・心理学・社会学の世界では，「知る」（knowing）とは「真理」を究明する活動ではなく，ある目的を達成するための行動の方法を考案する実践的・文脈的な活動であると論じられるようになった。しかもコミュニケーションによって協働的に考案され，有効であるとして検証された行動の方法は，「知識」（knowledge）として社会に間主観的に共有されると論じられている。

つまり，他者と協働して社会に新しい価値を創造していく資質・能力なのです。学習活動を新しい知識を協働的に探究する経験として構成し，子ども達に新しい価値の社会的構成に参加・貢献する資質・能力の育成が求められています。

○非認知的能力[3]

協働的探究に参加・貢献し，社会に新しい価値を創造するためには，認知的な知的能力だけでは不十分だといわれています。新しいことに興味・関心をもっていること，高い目標を掲げてその達成に向けて自分を動機づけること，達成に向けて自分の行動を統制すること，他者と良好な関係を維持すること，困難に挫けずに耐えることなど，非認知的な情緒的能力が必要とされます。

このような情緒的な能力は，協働的探究を実際に体験し，そこにおいて発生した感情を自覚し，さらには年長者によって価値づけられることによって育成されます。つまり，そのような感情が展開されるような具体的な活動の体験，その体験における自分の感情についてのメタ認知，その感情についての年長者からの価値づけが必要なのです。そのようにして「挑戦すれば得られるものがある」「やってみると意外な発見がある」「友達と話し合うと新しいアイデアが生まれる」など，情緒的能力を鼓舞し支える感情が自覚され定着します。子ども達に学習活動を自ら鼓舞していく資質・能力の育成が求められています。

○社会関係資本[4]

子どもが学ぶことへの意欲を高めて継続していくためには，現実社会の多様な人々とのつながりをもつことが重要です。憧れとなるようなロールモデルとなる人，相談に乗ってくれる人，励まし・アドバイス・支援を与えてくれる人，機会や情報を与えてくれる人など，多様な人との社会の中での支援的なつながりが社会的な成長のための資本となります。

具体的には，家族，学校での教師や友人，地域の大人や親戚などとの間で形成されている，相互への関心や信頼，密度の濃いコミュニケーションなどです。学習活動において友達との協働的探究に有能に参加・貢献したと実感すること，教師に励ましや努力に対する評価を得られたこと，地域の大人と知り合いになったこと，親の考えを聞いて話し合えたなどは，子どもの社会関係資本の増大となる経験です。学習活動を通じて子ども達の人的なつながりを増大させることに配慮することが必要なのです。

③　学力観の転換

このように学力とは，第一に新しい知識を社会的に構成する協働的探究に参加・貢献する資質・能力です。第二に，非認知的な情緒的な資質・能力によって支えられています。第三に，学力は社会の中での豊かな人的つながりを資本として発展します。このような学力観へと転換しなければなりません。

（藤井千春）

▷3　社会情動的スキルとも呼ばれる。その主要な因子として，開放性（openness），勤勉性（conscientiousness），外向性（extraversion），協調性（agreeableness），否定的感情に対する情緒安定性（negative affect vs emotional stability）があげられている。

▷4　社会関係資本（social capital）政治社会学において使用された概念で，地域の人々の間での対面的でコミュニケーティブな関係の密度が選挙での投票率や政治的安定性の基盤となる資本となっていると論じられた。それが教育社会学の調査に援用され，子どもの有する「社会関係資本」が乏しい場合，高校の中退率が高くなることなどが明らかにされ，子どもの進路を助けるための基盤となると論じられている。

参考文献
藤井千春『主体的・対話的で深い学び　問題解決学習入門』学芸みらい社，2018年。
奈須正裕『「資質・能力」と学びのメカニズム』東洋館出版社，2017年。
志水宏吉『「つながり格差」が学力格差を生む』亜紀書房，2014年。

国際学力調査及び全国学力・学習状況調査

学力調査には，国内の児童生徒を対象に行われるものと，国際的な実施機関に参加して行う国際学力調査があります。これらの調査は，対象とする学力や調査のねらいによって性格が異なりますが，共通していることは，児童生徒の学力の状況を把握し，教育行政や各学校の教育活動の成果を検証したりその後の見直しに生かしたりすることを目的にしていることです。日本が参加している国際学力調査には PISA と TIMSS があり，全国規模の学力調査は，文部科学省が実施している全国学力・学習状況調査があります。

> ▷　PISA と TIMSS，全国学力・学習状況調査の概要，調査問題，結果等に関する情報は，国立教育政策研究所のホームページに収載されている。

1 国際学力調査――PISA と TIMSS

○PISA 調査

PISA（Programme for International Student Assessment）とは OECD（経済協力開発機構）が2000年から実施している学習到達度調査のことです。PISA調査は，義務教育修了段階の15歳の生徒を対象に，「読解力」「数学的リテラシー」「科学的リテラシー」の 3 つを主要分野として，2000年以降 3 年ごとに実施されています。調査の内容は，多肢選択式，自由記述式の調査問題と，生徒質問紙，学校に対する質問紙から構成されていますが，2015年実施からコンピュータを使用した調査に移行しています。問題は，学校における各教科等の学習と直接対応したものではなく，生徒がもっている知識や技能を，実生活のさまざまな場面でどれだけ活用できるかを見ようとするものです。

日本はこれまで2003年調査において，「数学的リテラシー」「科学的リテラシー」「問題解決力」については，参加国中の上位でしたが「読解力」が OECD 参加国の平均程度であったことから，「読解力」向上に向けた取り組みが行われました。その後2006年調査で，「読解力」には大きな改善は見られませんでしたが，2009年，2012年調査では「読解力」の平均得点・順位が上昇，2015年，2018年調査では低下しています。

○TIMSS 調査

TIMSS（Trends in International Mathematics and Science Study）とは IEA（国際教育到達度評価学会）が1964年から実施している小学校第 4 学年，中学校第 2 学年を対象にした国際数学・理科教育調査のことです。PISA 調査がこれからの社会で必要な能力等を見ようとしているのに対して，TIMSS は学校で児童生徒が学習した事項が調査内容となっていることが特色です。調査は，算

数・数学，理科の問題，児童生徒質問紙，教師質問紙，学校質問紙で構成されています。近年は1995年からは４年ごとの調査となり，最近では2019年に実施されています。調査結果は，いずれの教科も参加国中上位に位置しています。児童生徒質問紙の調査から，算数・数学や理科の勉強が楽しいと思う割合，日常生活に役立つと思う割合が国際的な比較の中で課題とされています。

２　全国学力・学習状況調査

◯全国学力・学習状況調査のねらいや内容

　文部科学省が，小学校第６学年，中学校第３学年の児童生徒を対象に，2007年度から実施している全国調査のことです。調査の目的は，義務教育の機会均等と教育水準の向上を目指して，児童生徒の学力等を全国的な規模で把握して教育活動の結果を検証し，その後の改善につなげることにおかれています。調査は，国語，算数・数学の教科に関する調査（2012・2015・2018年度は理科を追加，2019年は中学校英語を追加）と，児童生徒の生活習慣や学習環境等を内容とする質問紙調査，学校質問紙調査から構成されています。毎年ではないものの，経年変化分析調査や，保護者に対する調査，教育委員会に対する調査も実施されています。特に教科に関する調査は，基礎的な知識や技能を調査する「知識」に関する問題と，知識や技能を生活の中で活用する力を見る「活用」に関する問題で構成されていることが特色です。

　調査結果については，各学校には児童生徒の個人票が提供され，設問ごとの正答・誤答の状況が把握できるようになっています。教育委員会に対しては，各学校の学力の状況についての情報が提供され，その後の施策に生かすことができるようにされています。これらの資料を活用して教育活動の検証を行い，指導改善に生かしていくことが期待されています。

◯全国学力・学習状況調査の影響

　全国学力・学習状況調査の影響の第一は，児童生徒の学力に関する関心が高まり，自治体独自の学習状況調査が行われ，学力向上に向けた取り組みが各地で展開されるようになったことです。学力調査の結果を分析し，課題を解決する取り組みを学校改善の方針として掲げる学校が，全国的に見られるようになりました。また，自治体によっては，学力向上のための予算を充実し，学校への支援の取り組みを進めているところも見られます。

　影響の第二は，調査結果のデータを用いて，さまざまな分析が進められたことです。学力と児童生徒の生活習慣や学習環境の関連，学力と習熟度別指導との関連等について分析結果が示され，これらは各学校の教育指導の改善に有益な資料を提供しています。

（工藤文三）

「効果のある学校」

❶ 不平等の再生産と学校

　社会の成り立ちの原理を指す概念に「属性原理」と「業績原理」があります。属性原理の社会とは，ある人の属性（生まれ）がものをいう社会のことです。身分によって社会が秩序づけられていた江戸時代の日本がその典型です。一方，業績原理の社会とは，ある人の業績（何ができるか）がものをいう社会のことです。業績原理の社会においては，人々は学校でさまざまな事柄を学び，学力・学歴・資格・免許などを獲得し，ある特定の職業や社会的地位に就くと考えられています。学校教育は，業績原理社会において，複雑化・分業化した社会の各層に必要な人材を養成し配分する仕組みとして機能しています。この仕組みがうまく機能するためには，誰もが教育を受けられ，その能力を充分に伸ばすことができなければなりません。

　しかし，このような教育は，たやすくは実現できません。教育についての社会学的研究は，家庭の経済力や教育力，民族的背景などが，子どもの学力や学歴に影響することを明らかにしてきました。学力や学歴という「業績」は，個人的な努力の結果のように見えますが，実際には生まれ育った環境からの影響を強く受けています。そのため，教育的に恵まれた環境にある子どもとそうでない子どもの間には，個人の努力では埋められない学力や学歴の格差が生じます。このように，世代をまたがって格差が受け継がれることを不平等の再生産といいます。客観的に見れば，現代の学校は不平等の再生産過程に組み込まれているのです。

❷ 不平等を縮小させる学校の効果

　学校が不平等の再生産に関わっていることは事実です。しかし，学校には不平等を縮小させる力もあります。教育における平等や公正を重視する欧米では，貧困家庭や人種的・民族的**マイノリティ**の子どもと中産階級や白人の子どもの学力格差がなぜ生じるのかを明らかにし，格差を縮小するための学校づくりを探る研究が行われてきました。このような研究を「効果のある学校（あるいは学校効果）」論といいます。

　日本で最初に「効果のある学校」論に注目したのは，関西で同和教育の研究に携わっていた人達です。同和教育における長年の課題の1つに**学力保障**があ

▷1　ここでは学力を「学校で学んで身につけた能力」と定義しておく。学歴や資格・免許は，能力の「証明書」にあたる。たとえば教員免許状は，教員に求められる資質・能力を備えていることを証明するものである。

▷2　マイノリティ
「少数者」という意味だが，特に社会的に差別されたり排除されたりする集団を指す。日本のマイノリティ集団には，同和地区出身者，在日朝鮮人などの旧植民地出身者，日系ブラジル人などの新しく日本に来た外国人，アイヌ民族などがある。

▷3　学力保障
「学力向上」という用語は，純粋に，学力を上げることを意味し，それ以上でもそれ以下でもない。一方，「学力保障」は，教育における平等と公正を実現しようという理念が込められた用語である。

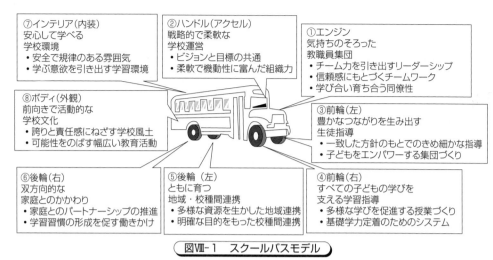

出所：志水（2009），p.72より。

りています。同和地区には，差別のために安定した仕事につけなかったり，生活に追われて子育てに力を注げない保護者が少なくありませんでした。そうした保護者のもとで育った子どもは，学力不振に陥ったり高校に進学できなかったりすることがしばしばありました。学力保障の実践は，このような負の連鎖を断ち切り，すべての子どもに基礎学力と進路選択の機会を保障するために始まりました。共に平等や公正という理念を重視してきたという点で，欧米の「効果のある学校」論と日本の同和教育とは近い関係にあったのです。

近年の学力保障論は，同和地区の教育状況だけでなく，社会経済的格差の拡大や貧困層の増大，外国人の増加といった社会全体の変化を視野におさめるようになっています。今後も，同和教育の実践や海外の調査研究を踏まえ，日本の「効果のある学校」[4]論を一層深化させる必要があります。

3 「効果のある学校」論への批判

「効果のある学校」論には批判もあります。ここでは代表的なものを 2 つ取り上げましょう。その 1 つは，労働，税制，社会保障，児童福祉などの改革をなおざりにして学校だけに格差是正を期待するのは非現実的だという批判です。もう 1 つは，学力による学校の評価は教育を歪めてしまうという批判です。

前者の批判に応えるには，教育政策と他の社会政策とを格差是正の観点から結びつける理論が求められるでしょう。また，実践的には，福祉と教育を結びつける**スクールソーシャルワーク**[5]を学校に取り入れる必要もありそうです。後者の批判に対しては，現実の「効果のある学校」ではバランスのよい教育活動が行われていることを指摘したいと思います。学力の「効果」の背景には，学校の総合的な「力」が存在しているのです。図VIII-1 は，そのような学校の特徴を「スクールバス」になぞらえたものです。 （髙田一宏）

▷ 4 鍋島祥郎『効果のある学校』解放出版社，2003年。
　志水宏吉『学力を育てる』岩波書店，2005年。
　志水宏吉（編）『「力のある学校」の探究』大阪大学出版会，2009年。

▷ 5 スクールソーシャルワーク
児童虐待，不登校，非行・問題行動，高校中退などには家庭状況が関わっていることが多く，問題解決のためには教育的な支援と福祉的な支援を結びつける必要がある。スクールソーシャルワークとはそのような支援の方法を指す。
　山野則子・峯本耕治（編著）『スクールソーシャルワークの可能性』ミネルヴァ書房，2007年。
　日本学校ソーシャルワーク学会（編）『スクールソーシャルワーカー養成テキスト』中央法規出版，2008年。
⇒XVI-11 参照。

4　主体的・対話的で深い学び

1　資質・能力を育成する「主体的・対話的で深い学び」

　生きて働く「知識及び技能」，未知の状況にも対応できる「思考力，判断力，表現力等」，学びを人生や社会において生かそうとする「学びに向かう力，人間性等」を一人一人の子どもに育成していくことが求められています。そのためにも，実社会や実生活の出来事を解決する学習に主体的に取り組んだり，さまざまに異なる多様な人々との関わりを通して自分の考えを広める対話的な学習をしたり，学んだことがさまざまな課題の解決に生かせるような深まりのある学習も大切になります。こうした「主体的・対話的で深い学び」については，中央教育審議会の最終答申において，以下のように示されています。

▷　文部科学省中央教育審議会「幼稚園，小学校，中学校，高等学校及び特別支援学校の学習指導要領等の改善及び必要な方策等について（答申）」2016年。

---

①学ぶことに興味や関心を持ち，自己のキャリア形成の方向性と関連付けながら，見通しを持って粘り強く取り組み，自己の学習活動を振り返って次につなげる「主体的な学び」が実現できているか。

②子供同士の協働，教職員や地域の人との対話，先哲の考え方を手掛かりに考えること等を通じ，自己の考えを広げ深める「対話的な学び」が実現できているか。

③習得・活用・探究という学びの過程の中で，各教科等の特質に応じた「見方・考え方」を働かせながら，知識を相互に関連付けてより深く理解したり，情報を精査して考えを形成したり，問題を見いだして解決策を考えたり，思いや考えを基に創造したりすることに向かう「深い学び」が実現できているか。

2　「主体的・対話的で深い学び」の実現に向けた授業改善

○主体的な学びを実現するイメージ

　主体的な学びについては，授業の導入における「課題設定」「見通し」と終末における「振り返り」を改善することが考えられます。

　子どもは，実生活や実社会とつながりのある具体的な活動や体験を行うことによって意欲的で前向きな姿勢となります。まずは，リアリティのあるクオリティの高い課題設定が欠かせません。それらに加えて，学習活動の見通しが明

らかになり，学習活動のゴールを鮮明に描くことも大切です。実際の学習活動を展開していく際には，見通しがあることで学びが連続し，知識や技能は関連していくはずです。

　一方，振り返りは，自分の学びを意味づけたり，価値づけたりして自覚し，他者と共有していくことにつながります。振り返りの場面には大きく3つの意味があります。

　　・学習内容を確認すること

　　・学習内容を現在や過去の学習内容と関係づけたり，一般化したりすること

　　・自己変容を自覚すること

　それぞれが発揮されるようにするには，文字言語によって表現する学習活動などを行うことが大切だと考えられます。

○対話的な学びを実現するイメージ

　対話的な学びについては，異なる多様な他者との「学び合い」を重視することが大切です。学習のプロセスを質的に高めていくとともに，他者と力を合わせて問題を解決することや力を合わせて新たなアイディアを生み出すことが求められているからです。

　対話的な学びを実現し，相互作用によって子どもの学びを豊かにするためには，次の3つに配慮することが大切です。

　　・子どもがどのような知識や情報をもっているか。

　　・そうした知識や情報をどのように処理するか（比べたり，関連づけたりして子どもは知識や情報を処理して新しい考えを生成していきます）。

　　・どのような成果物を期待しているか（相互作用によって生まれる考えを想定して，豊かに「広がる」対話の場面が大切になります）。

○深い学びを実現するイメージ

　深い学びについては，「学習のプロセス」を意識することが大切です。問題を解決するプロセス，解釈し考えを形成するプロセス，構想し創造するプロセスなど，教科固有のプロセスを一層充実するようにしましょう。

　なぜなら，学習のプロセスにおいては，それまでに学んだことや各教科等で身につけた知識や技能を発揮・活用する学習場面を頻繁に生み出すことができるからです。深い学びの実現のためには，身につけた知識や技能を発揮したり，活用したりして関連づけることが大切です。

　だからこそ，明確な課題意識をもった主体的な学びで知識や技能のつながりを生むことが必要です。また，情報としての知識や技能を対話によってつなぐ学びが重要です。あるいは，学習活動を振り返り，体験したことと収集した情報や既有の知識とを関連させ，自分の考えとして整理し意味づけたり，それを自覚したり共有したりすることも大切になります。

（田村　学）

5　家庭の教育力に見る私教育の現状と公教育の役割

 「家庭」の教育力の捉え方

　そもそも「家庭」における教育は，学校で教育課程によって計画的・組織的に行われるものとは異なり，親ないし保護者がその子どもに対して，日常的な出来事や行事などを通して，適宜，非系統的に行われるものです。そこでの教育責任は私的なもので，基本的に親ないし保護者にあります。ところが，最近の親，といっても必ずしも若い親に限りませんが，「教育については学校でやってもらおう」「親は小さい時のしつけはするが，学校に入ってからはすべて先生にやってもらいたい」として，学校の教員にさまざまなことを求めてくるようになりました。それは親に限らず，周囲の地域社会，種々の企業や団体，さらには全国組織の文化団体やスポーツ団体など，学校でやってくれたら平等で効率的だとの理由から，実にいろいろなことが学校に求められてきています。

　元来，学校がなかった時代には，すべての分野の教育を家庭や地域が担っていたわけです。ところが近代になって，その中の一部を切り取って，中央政府や地方自治体といった公権力が教育機関をつくり，そこですべての子どもを教育するようになりました。その典型的なものが，近代の「学校」であり「義務教育制度」です。そこで行われる教育は「公教育」と呼ばれ，親や保護者といった個々人の行う「私教育」とは区別されるのです。なぜなら，基本的に「公教育」学校は，かつてシカゴ大学の総長だったハッチンズ（Hutchins, R. M.）が，「その時の公権力に役立つ人材の養成工場だ」と喝破したように，国のための人材養成を行うことが目的だからです。[1]

　実際の公教育は，その公権力の「質」如何によって決まるものですから，一概にそれが悪いとは断定できません。北欧諸国のように福祉主義的な国なら望ましいことですが，社会主義国のような全体主義・国家主義的な国の場合は，教育面でも国民に自由が保障されず，国家のために従順で有能な人材（財）の養成として国民は思想教化されてしまい，主権者として尊重されません。したがって，「私教育」の自由が大切なのですが，それも奪われる危険性が常にあります。このような観点から考えると，教育について何でも「公教育」の「学校」に要求する傾向は，常に反省・吟味する必要があり，「私教育」をもっと大切にし，その自由を守る必要もあります。

▷1　ハッチンズ, R. M., 笠井真男（訳）『教育と人格』TBS ブリタニカ, 1968年。

❷ 「学力」面に見る「私教育」と「公教育」の果たす役割

　「学力」というものを，勝田守一[2]のように「学校で育てられる能力」と規定すると，最近は，その学力格差の拡大は家庭の経済力や文化資本によるとする見方が広がっています。子どもを学習塾に通わせたり，家庭教師をつけられる親の経済力の大小や，家庭に文化的な書籍や機器などが資本として豊富にあるか否かなどにより，学力の高低が左右されるというのです。実際，その傾向は強まっていることが知られており，その意味では，「私教育」たる家庭教育や塾・予備校の教育が，受験教育を補強するものとして無視できなくなっています。

　それだけでなく，「私教育」そのものの果たす役割も，あらためて深く考えてみる必要があります。学校は基本的に，教育一般の目指す「人格形成」のうち，その一部の「学力形成」に主たる責任を負っていますが，これまでは家庭で行ってきた「人格形成」までも引き受けることが求められてきました。それは，「人格」面の形成が「学力」面の形成にも大きな影響を与えるから，学校教育は全面的なものであるべきだ，という伝統的な日本の公教育観や，家庭や地域の教育機能が低下したからというのが理由でしたが，その結果は，学校の教員の勤務時間の過重な負担による機能不全と，家庭・地域の教育機能の一層の衰弱の進行です。そのため，大きな犠牲を強いられているのは教員と子どもであるといえます。[3]

　「教育」は本来「家庭教育」から始まり，高等な動物を含めて，「親や保護者が子どもを愛しみ育て，一人前に自立させる営み」です。子どもから見れば，それを親や保護者が他人に委託し，塾や家庭教師のみでなく学校にまで種々押しつけている状態は，自分が愛されていることを実感できず，どんなにか寂しい思いをしていることでしょう。親が自ら行うべき「私教育」を放棄し，「公教育」にまでその不足分を求める状況は，子どもにとって決して望ましいものではありません。このような「私教育」の衰弱は決して自然に生じたわけではなく，これまでの政府の社会政策・経済政策による面があることをも認識すべきです。

　もちろん，学校における「学力」の向上に，家庭の教育力が大きな意味をもつことは，文部科学省の全国学力・学習状況調査などによっても，成績上位の秋田県での家庭学習の果たす役割の重視などで明らかにされてきましたが，それのみでなく，家庭における人格形成がその子どもの学力の向上に役立っていることも確かです。その意味では，「学力形成」に主たる責任をもつ公教育の内容削減と安定した私教育とのプラスの関係づくりや，家庭での私教育の充実を可能とする社会体制づくりに努める「政治」が強く求められます。この次元になると，それは教育の問題ではなく政治・経済の問題だからです。[4]

（安彦忠彦）

▷2　勝田守一『人間形成と教育（著作集4）』国土社，1972年。

▷3　安彦忠彦『「教育」の常識・非常識──公教育と私教育をめぐって』学文社，2010年。

▷4　安彦忠彦『私教育再生』左右社，2019年。

資質・能力と習得・活用・探究

内容中心の教育から資質・能力を基盤とした教育へ

○内容中心の教育の原理と問題点

　長年にわたり，学校教育は領域固有な知識や技能，いわゆる内容の習得を最優先の課題として進められてきました。しかし，知識の習得自体は最終ゴールではありません。子どもがその知識を活用して洗練された問題解決を成し遂げ，よりよい人生を送ることができるところまでを視野に入れる必要があります。

　内容中心の教育は，学問・科学・芸術などの文化遺産から知識・技能を選りすぐり教授することで，この目標を達成できると考えてきました。なぜなら，それらは人類が成し遂げてきた革新的問題解決の成果の数々であり，子ども達は習得したそれらの知識・技能を適宜上手に活用することで，同様の優れた問題解決を成し遂げながら人生を生きていくに違いない，と考えたのです。

　このことは，内容中心の教育がその背後に大いなる**学習の転移**を暗黙裡の前提としていたことを意味します。しかし，1970年代までに心理学は転移が簡単には起きず，その範囲も限定的であることを明らかにしました。

　たとえば，2007年の全国学力・学習状況調査で，面積に関する知識を用いれば正答できるにもかかわらず，授業で教わったとおりの尋ねられ方をするA問題の正答率96％に対し，図形を地図中に埋め込んだB問題では18％と低迷しました。この事実は，単に知識や技能を教えただけでは，それが自在には活用されないこと，つまり学習の転移が簡単には生じないことを示しています。

○非認知的能力の重要性と育成可能性

　心理学者の**マクレランド**は，領域固有知識の所有や基本的理解を問う伝統的な学力テスト，学校の成績や資格証明書の類いが，およそ職務上の業績や人生における成功を予測し得ないことを多数の事実をあげて論証します。マクレランドによると，より大きな影響力を示したのは意欲や感情の自己調整能力，肯定的な自己概念や自己信頼などの情意的な資質・能力であり，対人関係調整能力やコミュニケーション能力などの社会スキルでした。

　これら，非認知的能力の重要性は，大好きなおやつを先送りできるかという4歳時点での自制心の高さが，彼らの将来をかなり正確に予測するという**ミシェル**の研究などにより，今や広く知られるところとなりました。

　しかも，近年の研究によると，非認知的能力は生得的に運命づけられた不変

▷1　**学習の転移**
先行する学習や後続の学習や問題解決に何らかの影響を及ぼす現象。

▷2　奈須正裕「学習理論から見たコンピテンシー・ベイスの学力論」奈須正裕・久野弘幸・齊藤一弥（編著）『知識基盤社会を生き抜く子どもを育てる』ぎょうせい，2014年，pp. 54-84。

▷3　**マクレランド**
(McClelland, D. ; 1917-1998)

▷4　McClelland, D. Testing for competence rather than "Intelligence". *American Psychologist*, **28**, 1973, 1-14.

▷5　**ミシェル**
(Mischel, W. ; 1930-)
ウォルター・ミシェル，柴田裕之（訳）『マシュマロ・テスト』早川書房，2017年。

の特性ではなく，組織的な教育によって十分に育成・改善が可能であり，むしろ幼児教育段階から適切に育てられることが有効であり，望まれてもいます。

○資質・能力を基盤とした教育

　ならば，一生涯にわたる洗練された問題解決に必要十分な学力の育成を課題として学校教育をデザインし直してはどうか。これが，資質・能力を基盤とした教育の基本的な考え方です。もちろん，そこでもなお領域固有知識はカリキュラムの根幹に位置しますが，それは自在に活用の効く知識や相互に緊密な連関をもつ概念にまでその質を高められる必要があります。さらに，思考力・判断力・表現力などの汎用的認知スキル，感情の自己調整能力や社会スキルといった非認知的能力の獲得が組織的に目指されることになるでしょう。

　2017年改訂の学習指導要領では，学力論が従来の内容中心から資質・能力を基盤としたものへと大幅に拡充されました。そこでは，育成を目指す資質・能力を「知識及び技能」「思考力，判断力，表現力等」「学びに向かう力，人間性等」の3つの柱に整理していますが，それは見てきたような学習と知識に関する近年の科学的な知見と，当然のことながら対応しているのです。

❷　習得・活用・探究

　2008年1月17日の中央教育審議会答申は，「基礎的・基本的な知識・技能」に加えて「思考力・判断力・表現力等」を十全に育むための学習活動の類型として「習得・活用・探究」の3つを提起しました。[6]

　内容中心の教育の最大の誤算は，期待していたほどには学習の転移が生じないことでした。この問題点を克服し，知識を自在に活用して洗練された問題解決を成し遂げることができるようにする，つまり資質・能力を育成するには，まずもって知識をさまざまに活用する経験を授業の中にしっかりと位置づける必要があります。これが活用の学習です。これにより，どのような知識の活用がどのような場面でなぜ有効なのかを，子どもは理解するようになります。

　さらに，子ども達を優秀な問題解決者にまで育て上げるには，個々の知識に関する活用の学習に加えて，複数の知識を適切に，また個性的・創造的に組み合わせて息の長い問題解決に粘り強く挑む機会を設けることが重要です。これが探究の学習です。探究は各教科等の中で実施されるとともに，総合的な学習の時間や特別活動など，実生活・実社会の問題解決や教科等を横断した課題の解決に取り組む学びにおいて，いよいよその真価を発揮します。

　資質・能力を基盤とした教育では，領域を超えた汎用的なスキルや能力が強調されがちです。しかし，質の高い問題解決では，深い意味理解を伴う領域固有知識が常に重要な役割を果たします。したがって，併せて習得の学習も不可欠です。習得・活用・探究の3つの学習のバランスと相互の組み合わせに十分配慮してこそ，資質・能力の十全な育成は可能となるのです。　　　（奈須正裕）

▶6　中央教育審議会「幼稚園，小学校，中学校，高等学校及び特別支援学校の学習指導要領等の改善について（答申）」2008年。

1 教育方法の理論的基礎

1 教育方法の基礎

　教育という営みが生まれてから，我々はこれまで幾度となく，「どうすれば他者はより成長するのか」について考え，議論してきました。そうした教育の歴史の中では，一種の信念対立も発生します。ここでは，これまでに生じた代表的な教育方法において，対とされる考え方について紹介します。ただし，現代を生きる私たちは，こうした対となる考え方に対し，どちらか一方を選択するのではなく，両者を包括するよりよいあり方を探る，建設的な思考で捉えていくことが求められます。

○開発主義と注入主義

　開発主義とは，子どもの内部にあるものを引き出す教育のあり方を，注入主義とは，子どもが知るべき事柄を外部から効率よく教える教育のあり方を指します。この2つの考え方は，開発主義に分類される**ソクラテス**の問答法（産婆術）と，注入主義に分類されるソフィスト達の弁論術教育といったように，古くから教育方法の異なるあり方として議論されてきました。

▷1　ソクラテス
（Sokrates：前469-前399）
⇒Ⅲ-3 参照。

○形式陶冶と実質陶冶

　形式陶冶とは，学習内容よりも，それらの学習を通じて育成される記憶力・思考力・想像力などの精神的諸能力の育成を重視する考え方です。それに対して実質陶冶とは，学習内容そのものの修得を目指し，実生活で直接的に役立つ諸能力を育成することを重視する考え方です。

○経験主義と系統主義

　経験主義とは子どもが自身の生活を足がかりとし，それらについて学んでいく中で，同心円状に知識を獲得していくことを目指す考え方です。系統主義とは，子どもが獲得すべき学習内容を体系的に構成し，階段状に積み上げていく形で知識を獲得していくことを目指す考え方です。

2 教授理論に関する教育方法

　近世以降のヨーロッパにおいて，宗教改革と関わりながら，教育改革が行われるようになりました。こうした流れの中，新たな教授理論が生み出されていくことになります。以下では代表的な教授理論について概観していきます。

○実物教授

実物教授は**コメニウス**[2]によって提唱された教授理論です。ある対象に対して，言葉や文字で教えることから始めるのではなく，まずは実物や絵などを提示し，見たり触れたりすることを通して対象を学んでいきます。コメニウスは自身の著書『世界図絵』において，対象に対する絵と説明を併記することで，この教育のあり方を実現しようとしました。こうした感覚を鍛えた上で知識を獲得する学びのあり方は**ルソー**[3]らにも引き継がれ，**ペスタロッチ**[4]が直観教授として完成させたとされています。

○直観教授

ペスタロッチは，貧しい子ども達が等しく教育を受ける学校をつくることを目指し，その中でメトーデと呼ばれる教授法をつくります。その中でも，知識を獲得する過程においてペスタロッチが重視したのが，この直観教授です。ペスタロッチは事象の名前を覚えることから始まる学習をやめ，まず「数・形・語」に対する認識，すなわち直観から学習を始めることを提唱します。

○教授段階論

ペスタロッチの影響を受けた**ヘルバルト**[5]は，知識を理解する過程を「明瞭・連合・系統・方法」の4つの段階に分け，四段階教授を提唱します。この教授理論は**ツィラー**[6]の五段階教授（分析・総合・連合・系統・方法）へ，さらに**ライン**[7]の五段階教授（予備・提示・比較・総括・応用）へと引き継がれていきます。特にラインの五段階教授は明治期の日本にも紹介され，当時の教育方法に影響を与えました。

○ベル・ランカスター法

19世紀初頭に，**ベル**[8]がインドで，**ランカスター**[9]がロンドンでそれぞれ用いた教授理論で，助教法とも呼ばれています。教師の指導を受けた年長の子どもの中から優秀な子どもを選んで助教とし，教師の代わりに助教が指導にあたるという教育方法で，結果として一度の授業で大勢の子どもを教えることができるため，アメリカやフランスでも導入されました。

○問題解決学習

問題解決学習は**デューイ**[10]によって提唱された教授理論です。子どもが学習の中心となり，自身の興味関心に基づいて，問題を発見しそれを試行錯誤しながら解決していきます。その際，他者とコミュニケーションをとりながら，示唆・知的整理・仮説・推論・検証といった局面をその都度行き来しながら，課題を解決していく探究の過程が示されました。こうした探究型の教授理論はさまざまな形で発展を遂げることになります。代表的なものでは，**キルパトリック**[11]の「**プロジェクト・メソッド**」[12]があげられます。

○発見学習

発見学習は**ブルーナー**[13]によって提唱された教授理論です。教師が答えを教え

▷2　**コメニウス**
(Comenius, J. A.；1592-1670)
⇒Ⅲ-1，Ⅳ-1，Ⅴ-3
参照。

▷3　**ルソー**
(Rousseau, J. J.；1712-1778)
⇒Ⅲ-4参照。

▷4　**ペスタロッチ**
(Pestalozzi, J. H. 1746-1827)
⇒Ⅲ-5参照。

▷5　**ヘルバルト**
(Herbart, J. F.；1776-1841)
⇒Ⅲ-6参照。

▷6　**ツィラー**
(Ziller, T.；1817-1882)
⇒Ⅲ-6参照。

▷7　**ライン**
(Rein, W.；1847-1929)
⇒Ⅲ-6参照。

▷8　**ベル**
(Bell, A.；1753-1832)

▷9　**ランカスター**
(Lancaster, J.；1778-1838)

▷10　**デューイ**
(Dewey, J.；1859-1952)
⇒Ⅲ-7参照。

▷11　**キルパトリック**
(Kilpatrick, W. H.；1871-1965)

▷12　**プロジェクト・メソッド**
目標設定・計画・実行・評価の4段階の学習過程を通じた，問題解決的な学習理論のこと。

▷13　**ブルーナー**
(Bruner, J. S.；1915-2016)
⇒Ⅶ-4参照。

るのではなく，学習者が自ら答えを発見していくことを重視しました。その中でも特に，教科の基本的な構造を学ぶことを重視しており，その上で，直感と分析を通じた学びを通して，より発展的な理解へとつなげていく教授理論です。

○プログラム学習

　プログラム学習は**スキナー**[14]によって提唱された個別学習の教授理論です。スキナーの理論である「**オペラント条件づけ**[15]」を用いており，ティーチングマシンを用いて段階的に学習を行います。学習者が自分のペースで問題に答え，即時的に正解不正解のフィードバックを受けながら，小刻みにかつ系統的に問題の難易度を上げていくことで学習のレベルを上げ，一定の学習目標に到達していくという形式で行われます。スモール・ステップを踏みながら，自分のペースで取り組んでいくこのプログラム学習は，現在開発されているさまざまなeラーニング教材にも，大きな影響を与えていることで知られています。

○完全習得学習

　完全習得学習は**ブルーム**[16]によって提唱された教授理論です。診断的評価，形成的評価，総括的評価という評価の段階を設けていることが特徴です。まず，ある単元について学習する際に，それぞれの学習者がどの程度の予備知識をもっているかなどの診断的評価を行います。続いて，学習を進めている最中には，どのように学びが形成されているかの形成的評価を行い，それに基づき指導を修正します。最後に総括的評価によって，学習全体を評価します。教授理論として提唱されたこの完全習得学習は，特に評価のあり方について，今日の教育にも大きな影響を与えています。

③　集団指導の教育方法

　デューイ以降，教師が子どもに学びを伝える形式から，子ども自身が探究する形式の授業形態が開発されるようになりましたが，学校における授業形態としては一斉授業が一般的でした。しかし，**ケッペル**[17]が提唱したチーム・ティーチングなど，一斉授業型の授業形態にも変化が見られるようになります。そのような中，集団指導の教育方法として登場したのが，バズ学習やジグソー学習などです。

　バズ学習は**塩田芳久**[18]が教科学習に取り入れたものとされています[19]。基本的には6人1組の小グループをつくり，それぞれで6分間の議論を行う形態で行われるため，6-6討議ともいわれます。この小グループでの議論の後は全体で議論をし，意見を集約していきます。少人数で意見を聞き合うことによって，それぞれが主体的に議論に参加しやすいという特徴があります。また，グループの人数を状況に応じて変更したり，グループの入れ替えを行って各々の意見を共有したりするなど，さまざまな形式での集団学習の方法として用いられています。

▷14　**スキナー**
(Skinner, B. F. ; 1904-1990)

▷15　**オペラント条件づけ**
自発的な反応に対して強化刺激を与えることで，その反応の生起する確率を増加させるもの。ソーンダイクの実験を発展させたスキナーによって提唱された。ブザーが鳴った時にレバーを押すと餌がもらえる仕組みのスキナー箱と呼ばれる箱を用いたネズミやハトの実験で有名。

▷16　**ブルーム**
(Bloom, B. S. ; 1913-1999)

▷17　**ケッペル**
(Keppel, F. ; 1916-1990)

▷18　**塩田芳久**
(1912-1988)

▷19　元々は討議への全員の積極的参加を促す方法として，アメリカのフィリップス（Phillips, J. D.）によって発案された。

　アロンソン[20]によって提唱されたジグソー法も，集団学習の手法として近年よく用いられています。まず，学習者をいくつかの小グループに分け，それぞれのグループに異なる課題を提示します。各グループで課題が実施されると，今度はその学びを持ち寄り合わせることで，さらに大きな課題に対しての解決が可能となる，というものです。

4　教育課程に関する教育方法

　ここまで，さまざまな教育方法について概観してきました。それらはどのように知識を獲得するかといった，授業のあり方に関する教育方法であるともいえます。以下では，教育課程全体をデザインする形で教育のあり方を構想した，各種プランについて概観していきたいと思います。

　ドルトン・プランは20世紀初頭にアメリカの**パーカースト**[21]によって提案された教育プランです。デューイや**モンテッソーリ**[22]の思想の影響を受け，学習者一人一人の興味関心に基づいて行われるこの学びのあり方は，学習者が教師と相談しつつ，自分で学習計画を立て，その計画に基づいて学習を進めていくことに特徴があります。

　ウィネトカ・プランはアメリカの**ウォッシュバーン**[23]によって導入された教育プランです。一斉授業による学びの画一化に対して，学級の枠組みを外し，個別化された学びが試みられました。共通必修教科を個別学習で，創造的活動を集団学習で行う形式のカリキュラムが行われました。

　イエナ・プランはドイツの**ペーターゼン**[24]によってつくられ，オランダで広がった教育プランです。3学年で編制される「根幹グループ」（ファミリー・グループ）と呼ばれる複式学級を基本とする点が，最も大きな特徴であるといえます。ほかの教育プランと同じく，子どもが主体的に学習することをねらって行われています。

5　教育方法の留意点

　最後に，留意しておかねばならないことは，「教育方法を表面的に用いないこと」です。それぞれの教育方法は，ねらいや対象を考察した上でつくり上げられてきました。目の前の子どもをないがしろにして，ある教育方法を「導入することが目的」となってしまうと，本来手段であるはずの教育方法そのものが目的となります。こうなると，いずれの教育方法も，それを導入できたか否かの評価となり，開発時の本質的な意義が失われて形骸化しやすく，充分な教育的効果を発揮しにくくなります。

（岡村健太）

▷20　アロンソン
（Aronson, E. ; 1932-）

▷21　パーカースト
（Parkhurst, H. ; 1887-1973）

▷22　モンテッソーリ
（Montessori, M. ; 1870-1952）
⇒Ⅲ-8 参照。

▷23　ウォッシュバーン
（Washburne, C. ; 1889-1968）

▷24　ペーターゼン
（Petersen, P. ; 1884-1952）

2 授業の構造と設計

① 授業の構造

　授業の構造は,「授業の構成要因」と「授業の構成要素」から考えることができます。そして,授業は,目標(ねらい)の達成を目指して,教師と子ども(学習者)が教材を媒介としてダイナミックに相互作用する社会的営みです。したがって,「目標」「教師」「子ども(学習者)」「教材」が伝統的な主要因です。

　しかし,最近の授業は,目標や子どもの特性に応じて,多様な構成要因と構成要素を考えるようになってきています(表Ⅸ-1参照)。

　第一要因は「学習目標」で,教師が授業を通して子どもに身につけてほしいと願っている学力のことです。第二要因は教師による「指導・支援」で,教師による行動,つまり教授行動のことです。^{▷1}第三要因は子どもによる「学習活動」で,子どもによる行動,つまり学習行動のことです。^{▷2}第四要因は「指導組織」で,子どもを指導・支援する教師側の体制のことです。^{▷3}第五要因は「学習形態」で,多様な形態が1つの授業の中に取り入れられています。第六要因は「教材」で,教科書が主教材ですが,そのほかにも多様な補助教材があります。第七要因は「メディア」で,学習情報を伝達する媒体のことです。^{▷4}第八要因は「学習時間」で,小学校は45分間,中学校は50分間が基本時間です。^{▷5}第九要因は「学習空間」で,教科や学習内容に応じて特別教室やオープン・スペースが使われます。^{▷6}第十要因は「学習評価」で,子どもの学習過程を評価する方法を考えることが大切になってきました。

② 授業の設計

　授業は,設計(Plan),実施(Do),評価(Check),改善(Action)というPDCAの一連のサイクルの中で行われます。^{▷7}そして,このPDCAが,同僚教師との協働のもとで行われる時,「学校の課題解決」や「教師の授業力向上」に大いに寄与することになります。これが,世界の教育界が注目する,わが国の「**レッスン・スタディ**」の基本形です。^{▷8}そして,授業の設計は,PDCAという一連のサイクルの中の最初の部分に位置づくことになります。

○単元案及び本時案(授業案)の作成

　まず,単元と本時との関係について考えてみます。ここでは,単元案(単元

▷1　教師が前面に出る指導と,背後から子どもの学習を支える支援がある。

▷2　一斉での活動,グループでの活動,1人での活動,体験活動,制作活動など多様なものがある。

▷3　子どもの学習到達度や興味・関心に対応するために,1つの学級を複数の教師が指導・支援するチーム・ティーチング(TT)や外部人材の活用などが行われている。

▷4　従来は黒板やテレビが主要なメディアだったが,最近ではコンピュータやインターネットなどのICT,さらには電子黒板が普及している。

▷5　学習の内容や子どもの発達特性に応じて,15分間を最小基本単位とするモジュール制を採用している学校もある。

▷6　調べ学習のために図書室や学習情報センターなどが盛んに使われるようになった。

▷7　PDCAのサイクルについては V-1 参照。

表IX-1 「授業の構造」に関連する構成要因と構成要素

構成要因	構成要素
1. 学習目標	知識, 技能, 思考力, 判断力, 表現力, 意欲, など
2. 指導・支援	課題づくり, 動機付け, 資料提示, 説明, 指示, 発問, 板書, まとめ, 個への支援, など
3. 学習活動	聞く, 考える, 発表する, 説明する, 話し合う（相互交流する）, 調べる, 体験する, 実験・観察する, 作業する, 制作する, まとめる, 評価・批判する, 振り返る, など
4. 指導組織	学級担任制, 教科担任制, TT, 外部人材, など
5. 学習形態	個別, グループ, 一斉, マルチ学年, 無学年, など
6. 教材	教科書, 副読本, デジタル教材, ドリル, 学習の手引き, など
7. メディア	プリント, テレビ, ビデオ, コンピュータ, インターネット, 電子黒板, テレビ会議, など
8. 学習時間	1単位時間, 連続時間, モジュール制, など
9. 学習空間	普通教室, 教科特別教室, オープン・スペース, 学校図書室, コンピュータ・ルーム, 地域の施設, など
10. 学習評価	アチーブメント・テスト, 面接（口頭試問）, 質問紙, 行動観察, 作品制作, ポートフォリオ, ルーブリック, など

出所：筆者作成。

構成）が上位レベルのプランとなって，本時案（授業案）が下位レベルのプランとなります。したがって，ここで大切なことは，1時間の授業はあくまでも1つの単元の中の1つの授業にすぎないことを忘れないことです。そのことによって，1時間の授業を柔軟な姿勢で設計できるようになります。なお，本時案（授業案）は，表IX-1に示されている各要因の構成要素を選択し，それらの構成要素を時間配分（導入・展開・まとめ）の中に位置づけることによって作成されます。

次に，年間と単元との関係について考えてみます。ここでは，年間指導計画案が上位レベルのプランとなって，単元案が下位レベルのプランとなります。したがって，単元はあくまでも年間計画の中の1つの単元にすぎないことになります。

このように，1つの単元案は1時間の授業案の上位レベルのプランであるけれども，同時に年間指導計画案や学期計画案の下位レベルのプランでもあります。このような複眼的視点をもっていることが授業設計では特に重要です。

○省察（リフレクション）と授業再設計（リ・デザイン）

ショーンは，「実践者は実践している最中にも実践についてリフレクションする」ことを指摘しています。もちろん，実践者（教師）は，実践の最中ばかりでなく，事後の静けさの中でも自分が取り組んだ実践状況を思い出し，将来に備えて，実践についてリフレクションします。さらに，授業リフレクションは，子どもの学習状態を考えながら，「構想した授業をリ・デザインする過程（デザインし直す過程）」を伴います。まさに，授業リフレクションは，よりよい授業状況をつくり出すための「授業リ・デザイン」に結実してこそ，本当の意味があります。なお，授業中の「授業リ・デザイン」は，「時間的な余裕のない中での省察」に基づくために，最初のデザインの小さな変更になるか，多少の追加になることが多いのです。一方，授業後の「授業リ・デザイン」は，「時間的に余裕のある中での省察」に基づくだけに，最初のデザインより比較的大きな変更になることがしばしばあります。 （吉崎静夫）

▷8 レッスン・スタディ
（Lesson Study）
授業研究のこと。そこでは，学習指導案の検討−授業観察−授業についての討議（研究協議）−授業改善という一連の流れを教師が協働で行う。この授業研究が，アジアや欧米の教師に注目されている。
秋田喜代美・C. ルイス（編著）『授業の研究 教師の学習』明石書店，2008年。

▷9 ショーン
（Schön, D.；1931-1997）

▷10 Schön, D., *The Reflective Practitioner: How Professionals Think in Action*, Basic Books, 1983.（ドナルド・ショーン，佐藤学・秋田喜代美（訳）『専門家の知恵』ゆみる出版，2001年。）

3　情報教育と教材・教具

 情報教育の教育目標

　高度情報通信社会の進展に伴い，スマートフォンやタブレットをはじめとする情報通信機器が急速に普及し，大人，子どもを問わず日常生活の中でこれらを利用し，さまざまな情報へのアクセス，また情報発信が手軽にできるようになりました。このような社会的背景を踏まえて，学校教育現場では情報教育が盛んに行われています。しかし一言で情報教育といっても，さまざまなタイプの教育があります。たとえば，道具として情報機器を活用した課題解決型の教育[1]，表現力の育成を目指した教育[2]，ネットワークの双方向性を活かした教育[3]などがあげられます。またメディア・リテラシー教育[4]や情報モラル教育[5]といったメディアとの関わり方やネットモラルについて考える教育も広がってきています。

　現在，高等学校では情報科という独立した教科が設置されており，また中学校では技術・家庭科の技術分野の中で，情報について学ぶ機会が設けられています。教科として学ぶ機会が設けられているのはこの2教科ですが，たとえば2017年に告示された小学校学習指導要領では，「コンピュータや情報通信ネットワークなどの情報手段を活用するために必要な環境を整え，これらを適切に活用した学習活動の充実を図ること」という記述がなされており，このような文言を踏まえて学校教育現場では，各教科の指導や総合的な学習の時間などにおいて，積極的なコンピュータや情報通信ネットワークを活用した授業が求められています。この情報教育の目標は，「情報活用の実践力」「情報の科学的な理解」「情報社会に参画する態度」の3観点に整理されています。この3つの観点を相互に関連づけ，バランスよく身につけさせることが重要です[6]。

2　教材・教具

　先述した力の育成のため，学校教育現場では，情報教育や各教科における学習において，さまざまな教材・教具が用いられています。ここでは，近年において代表的な2つについて取り上げます。

○電子黒板・デジタル教材・タブレット

　電子黒板やデジタル教材，タブレットは，近年学校への配備が進んでおり，さまざまな学習活動において活用されています。電子黒板は，チョークを使わ

▷1　田中博之ほか『新しい情報教育を創造する』ミネルヴァ書房，1993年。

▷2　田中博之（編著）『マルチメディアリテラシー』日本放送教育協会，1995年。

▷3　田中博之（編著）『ヒューマンネットワークをひらく情報教育』高陵社書店，2000年。

▷4　中橋雄（編著）『メディア・リテラシー教育』北樹出版，2017年。

▷5　原克彦・前田康裕（監修），今度珠美・稲垣俊介『スマホ世代の子どものための主体的・対話的で深い学びにむかう』日本標準，2017年。

▷6　文部科学省『教育の情報化に関する手引』文部科学省，2010年。

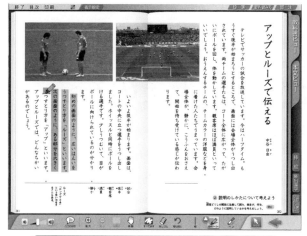

写真IX-1　近年普及が進んでいるデジタル教科書

出所：中谷日出『アップとルーズで伝える（国語4年）』光村図書出版，写真協力：
株式会社Jリーグメディアプロモーションより。

ずに手書きで板書が可能で，教科書や資料はもちろん，子どもの作品やノート，写真なども映し出して，そこへ書き込むこともできます。映し出す際にはデジタルカメラや書画カメラなどを介します。また，電子黒板の画面上で提示したものや書き込んだものを保存し，それを次回の授業で利用したり，プリントにして配布したりすることも可能です。もちろん，授業でデジタル教科書などのデジタル教材を用いる際にも使われます（写真IX-1）。[7]

　また，子どもが意見や考えを発表する際に，口頭だけでなく，電子黒板に文字を書き込んだり線を引いたりしながら発表したり，タブレットを持って自分で用意した資料を電子黒板に提示して発表したりすることもできるようになったので，教師も子どもとの対話を重ねながら授業を進めることが従来よりも容易になりました。[8] このように，電子黒板は授業の中で教師と児童生徒の「対面コミュニケーション」を活性化させる上でとても効果的です。[9]

○ソーシャルメディア

　スマートフォンやタブレットの普及によって利用が促進されるようになったソーシャルメディアを教材とした授業も近年盛んに行われるようになっています。たとえば，SNSの活用を通じてコミュニティにふさわしい投稿内容や言葉の使い方について考える実践，動画共有サイトに映像を公開する際に考慮すべき点について考える実践，擬似ニュースサイト教材を用いて，ユーザーによってサイトが生成されていくことの意味について考える実践などがあげられます。[10]

　ソーシャルメディアを通して四方八方から数多くの情報が飛びこんでくる，また簡単に情報発信ができるようになった現代では，「メディアの意味と特性を理解した上で，受け手として情報を読み解き，送り手として情報を表現・発信するとともに，メディアのあり方を考え，行動していくことができる能力」であるメディア・リテラシーの育成も重要な課題となっており，先述の情報教育の目標の3つの観点の育成につながると考えられます。　　　　（鶴田利郎）

▷7　赤堀侃司（編）『電子黒板・デジタル教材活用事例集』教育開発研究所，2011年。

▷8　中川一史・中橋雄（編著）『電子黒板が創る学びの未来』ぎょうせい，2009年。

▷9　中村伊地哉・石戸奈々子『デジタル教科書革命』ソフトバンククリエイティブ，2010年，pp. 152-156。

▷10　中橋，前掲書（▷4）。

▷11　中橋雄『メディア・リテラシー論』北樹出版，2014年。

4 学習の評価・評定とその方法

1 「評価」と「評定」の違い

教育とは，子どもの発達を促すよう意図的に行われる働きかけの営みです。教育学でいう「評価」とは，この働きかけがうまくいっているかどうかの実態を把握し，その結果を教育の改善へとつなげる行為を指します。その際，望ましい価値（教育目標として具体化されているもの）が，どの程度子ども達に実現されているのかを判定することが必要となります。したがって，教育における評価の中心は，子どもの学習状況の評価となります。

「評価」というと，通知表などに成績をつけることだ，というイメージをもっている読者も多いことでしょう。しかし教育学では，そのような成績づけのことを「評定」といいます。評定は，評価という行為の一部に過ぎないことに注意が必要です。

なお日本では，学校教育法施行規則により，指導要録の作成と保存が各学校に義務づけられています。指導要録とは，児童生徒の学籍並びに指導の過程及び結果の要約を記録し，その後の指導及び外部に対する証明等に役立たせるための原簿となるものです。一方，通知表については法的な裏づけはありません。通知表は，学校が自主的につくっているものなのです。

2 「目標に準拠した評価」と「個人内評価」

日本の指導要録においては，長らく「相対評価（集団に準拠した評価）」が採用されてきました。相対評価は，正規分布曲線を規準とし，配分率にしたがって成績をつけるものです。しかし相対評価は，必ず「できない子」がいることが前提となっている点，排他的な競争を常態化する点，学力実態を映し出す評価とならない点，したがって教育の改善にもつながらない点で，問題です。

このような反省に基づき，2001年改訂以降の指導要録においては，「目標に準拠した評価」が採用されています。「目標に準拠した評価」とは，教育するにあたってあらかじめ目標を明確に設定し，その目標を規準として評価を行うことを意味します。

「目標に準拠した評価」では，指導の前に行う「診断的評価」，指導の途中で行う「形成的評価」，指導の終わりに行う「総括的評価」の3つを区別します。「診断的評価」と「総括的評価」を比較することで，教育の効果を確認できま

▷1 田中耕治『教育評価』岩波書店，2008年。

▷2 評価の結果のすべてを評定に反映させる必要はない。「授業改善のための評価は日常的に行われることが重要である。一方で，指導後の児童生徒の状況を記録するための評価を行う際には，単元等ある程度長い区切りの中で適切に設定した時期において……評価することが求められる」（中央教育審議会初等中等教育分科会教育課程部会「児童生徒の学習評価の在り方について（報告）」2010年）。

▷3 2019年改訂指導要録の方針については，中央教育審議会初等中等教育分科会教育課程部会「児童生徒の学習評価の在り方について（報告）」（2019年），及び初等中等教育局長通知「小学校，中学校，高等学校及び特別支援学校等における児童生徒の学習評価及び指導要録の改善等について（通知）」（2019年）を参照。

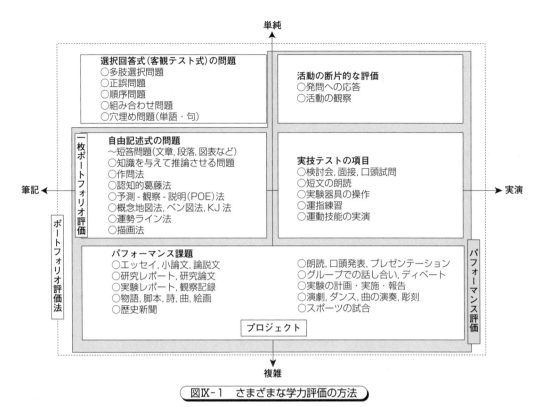

図IX-1　さまざまな学力評価の方法

出所：西岡加名恵『教科と総合学習のカリキュラム設計』図書文化社, 2016年, p. 83。

す。また，回復学習や発展学習を行うといった指導の改善につなげるためには，特に「形成的評価」が重要です。「形成的評価」で捉えられた子どものつまずきを活かし，教え合いや話し合いを組織することで，どの子どもにとってもより深い学習を実現することも考えられます。

　教育を行う上では，一人一人の子どもを規準とする「個人内評価」を行うことも重要です。「個人内評価」は，一人一人の子どもの成長を総合的に捉えるものであり，それぞれの優れている点や長所，進歩の状況，ならびに努力を要する点などを評価することが求められています。指導要録において，「個人内評価」は「総合所見及び指導上参考となる諸事項」欄に採用されています。

③　さまざまな評価方法

　現在では，さまざまな評価方法が用いられています。図IX-1では，評価方法を単純なものから複雑なものまで並べるとともに，筆記による評価と実演による評価に整理しています。知識や技能を活用して，何らかの作品を生み出したり実演を行ったりすることを求める評価を，パフォーマンス評価といいます。

　パフォーマンス評価の方法の中でも，複数の知識やスキルを総合して使いこなすことを求めるような複雑な課題を，パフォーマンス課題といいます。また，ポートフォリオ評価法とは，ポートフォリオづくりを通して，子どもが自らの

▷ 4　西岡加名恵『教科と総合学習のカリキュラム設計』図書文化社, 2016年。

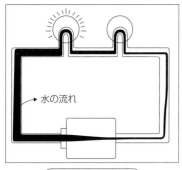

図Ⅸ-2　描画法

出所：日高俊一郎「対話の道具としての描画法」中山迅・稲垣成哲（編著）『理科授業で使う思考と表現の道具』明治図書出版，1998年，p. 98。

表

電圧V	2.0	4.0	6.0	8.0	10.0	12.0
電流A	0.5	1.0	1.6	—	2.4	3.0

（1）　表の結果をもとにして、電圧と電流の関係を右のグラフ用紙に書きなさい。

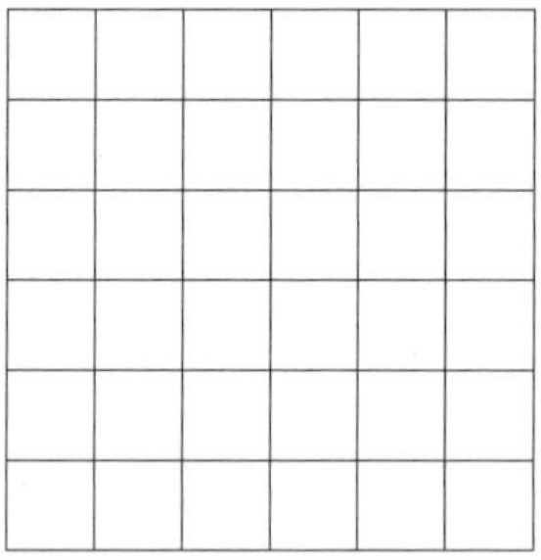

図Ⅸ-3　グラフ化を求める問題

出所：国立教育政策研究所教育課程研究センター『平成13年度小中学校教育課程実施状況調査報告書　中学校理科』ぎょうせい，2003年，p. 85。

学習のあり方について自己評価することを促すとともに，教師も子どもの学習活動と自らの教育活動を評価するアプローチです。ポートフォリオとは，子どもの作品や自己評価の記録，教師の指導と評価の記録などをファイルや箱などに系統的に蓄積していくものを意味しています。[15]

④ 目標と評価方法の対応

　幅広い学力を評価するには，さまざまな評価方法を組み合わせて用いることが必要です。知識やスキルを習得できているかを見るためには，筆記テストや実技テストを用いることが有効です。現在では，さまざまな問題の工夫が提案されています。[16]たとえば図Ⅸ-2は，見えない仕組みのイメージを絵に描かせた描画法の例です。この描画を描いた生徒の場合，回路を流れる電流の量が一定であることを正しく理解できていないことが明らかになっています。また図Ⅸ-3は，表に示された結果をもとに電圧と電流の関係をグラフに表すことを求めている問題です。グラフを描く際には目もりを適切に書き込む力が求められるため，目もりのないグラフ用紙が与えられています。このように問題をつくる際には，子ども達に身につけさせたい力，子ども達がつまずきやすい点に留意することが重要です。また，テストではなく日常の観察によって知識やスキルの習得を確かめる際にも，同様に観察の視点を明確にすることが求められます。

　一方，知識やスキルを総合して使いこなすような思考力・判断力・表現力を保障するためには，パフォーマンス課題を用いることが有効です。パフォーマンス課題については，各教科の中核に位置するような「本質的な問い」に対応させて用いるとよいとされています（表Ⅸ-2）。「本質的な問い」は，学問の中核に位置する問いであると同時に，生活との関連から学ぶ意義が見えてくるような問いでもあります。「本質的な問い」を問うことで，個々の知識やスキルが関連づけられ総合されて「深い理解」へと至ることができます。具体的に

▶5　西岡加名恵『教科と総合に活かすポートフォリオ評価法』図書文化社，2003年。

▶6　田中耕治（編著）『よくわかる教育評価（第2版）』ミネルヴァ書房，2010年。

表IX-2　教科における「本質的な問い」とパフォーマンス課題の例

「本質的な問い」	パフォーマンス課題
中学校・社会 民主主義とは何か？　民主的な国家をつくるには，どうすればよいのか？	**「民主的な国家を提案しよう」** あなたは政治の研究者です。国際連合では，さらに民主的な国家を世界に増やしたいと考えています。しかし，現在，「民主主義とは何か」については意見が分かれています。そこであなたは，「民主主義とは何か。民主的な国家をつくるためには，どうしたらよいか」について提言レポートを頼まれました。国連の会議でレポートをもとにプレゼンテーションしてもらいます。[中略] なるべく具体的に例をあげて，説得力のある提案をしてください。 （出典：三藤あさみ「検討会で関連づけて思考する力を育成する」西岡加名恵・田中耕治（編著）『「活用する力」を育てる授業と評価　中学校』学事出版，2009年，p. 35。）
中学校・理科 身の回りの事象や現象は，どのように探究することができるのだろうか？　物質を識別するには，物質のどのような性質や実験手段を使えばよいだろうか？	**「黒い粉の正体」** あなたはある学校の理科の実験助手の仕事に就いています。ある日実験室の整理を頼まれ，薬品棚などを掃除していると，ラベルのはがれた黒い粉の入った瓶が出てきました。あなたは自分でその薬品が何かを調べてラベルをはることにしました。実験室にあるもので物質を調べる実験を考え，実験計画書を作って実際に行い，結果とその考察（根拠を述べて黒い粉の物質名を明らかにすること）を書きなさい。 （出典：井上典子先生提供。堀哲夫・西岡加名恵『授業と評価をデザインする　理科』日本標準，2010年，p. 186。）

出所：筆者作成。

は，「～とは何か？」と概念理解を尋ねたり，「～するには，どうすればよいか？」と方法論を尋ねたりする問いが，「本質的な問い」となる場合が多いと考えられます。[7]

5　ポートフォリオ評価法の進め方

　日本において，ポートフォリオ評価法は，「総合的な学習の時間」の導入に伴い普及しました。しかしながら，ポートフォリオは，教科において「目標に準拠した評価」を充実させるためにも活用することができます。また，入学者選抜等においても多面的・多角的な評価が求められる昨今，多彩な学習場面での成果を蓄積するとともに，子ども達に自ら学習を振り返り，将来を見通すことを促す点でも，ポートフォリオの活用は意義深いと考えられます。

　ポートフォリオ評価法を実践する上では，下記の3点が重要になります。[8]

　第一に，学習者と教師の間で，見通しを共有することです。ポートフォリオをつくる目的や意義，残す資料や活用方法等について，共通理解した上で取り組み始めることが求められます。

　第二に，蓄積した作品を並べかえたり取捨選択したりして，編集する機会を設けることが必要です。日常的に資料をためておくワーキング・ポートフォリオから永久保存版のパーマネント・ポートフォリオに必要な作品だけを選んで移すという方法もあります。

　第三に，定期的に，ポートフォリオ検討会を行うことが重要です。ポートフォリオ検討会とは，学習者と教師やその他の関係者がポートフォリオを用いつつ学習の状況について話し合う場を意味しています。学習者にとって到達点と課題，次の目標を確認し，見通しをもつ機会となるだけでなく，学習の成果を披露する場にもなります。

（西岡加名恵）

▷7　西岡加名恵（編著）『「資質・能力」を育てるパフォーマンス評価』明治図書出版，2016年，及び西岡加名恵・石井英真（編著）『教科の「深い学び」を実現するパフォーマンス評価』日本標準，2019年。

▷8　西岡，前掲書（▷4）。

（参考文献）
　田中耕治（編著）『よくわかる教育評価（第2版）』ミネルヴァ書房，2010年。
　西岡加名恵・石井英真・田中耕治（編著）『新しい教育評価入門』有斐閣，2015年。
　西岡加名恵『教科と総合学習のカリキュラム設計』図書文化社，2016年。

5　アクティブ・ラーニング

 アクティブ・ラーニングとは何か

　アクティブ・ラーニングは2012年頃から，文部科学省で用いられるようになった言葉です。元々は大学における教育を，従来型の一斉授業から質的に転換させることを目指す中，学生の主体的な学びのあり方として，能動的学修（アクティブ・ラーニング）という言葉が用いられました。2012年8月28日の中央教育審議会答申「新たな未来を築くための大学教育の質的転換に向けて――生涯学び続け，主体的に考える力を育成する大学へ（答申）」の中の「用語集」において，アクティブ・ラーニングは以下のように説明されています。

　「教員による一方向的な講義形式の教育とは異なり，学修者の能動的な学修への参加を取り入れた教授・学習法の総称。学修者が能動的に学修することによって，認知的，倫理的，社会的能力，教養，知識，経験を含めた汎用的能力の育成を図る」。

　こうしたアクティブ・ラーニングの視点は，初等中等教育においても学習指導要領において「主体的・対話的で深い学び」という形で昇華されています。

▷1　中央教育審議会「新たな未来を築くための大学教育の質的転換に向けて～生涯学び続け，主体的に考える力を育成する大学へ～（答申）」「用語集」2012年，p. 37。

2　アクティブ・ラーニングが求められた背景

　すでに述べたとおり，アクティブ・ラーニングとは元々，大学教育改革の文脈の中で用いられるようになった言葉です。2008年の中央教育審議会答申「学士課程教育の構築に向けて」の中で，学士課程教育の水準の維持・向上のために，大学教育の充実が図られることになりました。この答申の中では学士課程教育を通じて，グローバルな知識基盤社会や学習社会における，21世紀型市民を育成する必要があるとされています。そして教育方法に関しては，「何を教えるか」よりも「何ができるようになるか」に力点を置く教育が行われるべきであるとし，改善の方向性が示されました。

　学生が主体的に学ぼうとする姿勢や態度をもつように，双方向型の学習，体験活動を含む多様な教育方法が求められました。変化の激しい現代社会において，新しい問題に取り組み続け，学び続ける力の育成は不可欠であるといえるでしょう。この2008年の答申に基づいて出された2012年の答申において，課題解決型の能動的学修（アクティブ・ラーニング）という表現が用いられました。

3　アクティブ・ラーニングを用いる学習指導

　アクティブ・ラーニングの具体例として，2008年答申ではまだその言葉そのものは用いられていませんが，教育方法に関する具体的な改善方策として，以下のように述べられています。

　「学生の主体的・能動的な学びを引き出す教授法を重視し，例えば，学生参加型授業，協調・協同学習，課題解決・探求学習などを取り入れる。大学の実情に応じ，社会奉仕体験活動，フィールドワーク，インターンシップ，海外体験学習や短期留学等の体験活動を効果的に実施する」。

　また，2012年答申の用語集では，アクティブ・ラーニングの項目において，より具体的に，「発見学習，問題解決学習，体験学習，調査学習等が含まれるが，教室内でのグループ・ディスカッション，ディベート，グループ・ワーク等も有効なアクティブ・ラーニングの方法である」と例示しています。

　いずれにしても，学習者が能動的に学びに取り組むことで，従来の一斉授業形式の中で行われていた，暗記中心の教育を脱却していくことを目指しています。その中で授業者は，単なる知識の伝達者であるだけではなく，学習者の学びをサポートする存在としても，質的に転換していくことが求められます。

4　アクティブ・ラーニングの現状と課題

　すでに述べてきたとおり，アクティブ・ラーニングは学習者の能動的な学びのあり方として広がっています。一方で，この「アクティブ」という表現を「活動的な」として捉え，本来の意味を見失うことのないよう，注意する必要があります。

　確かに，アクティブ・ラーニングの具体的事例として，グループ・ディスカッションやディベートなど，児童・生徒が能動的に活動することで成立する学習指導もあげられています。しかし，ここで大切なことはあくまでも「能動的」であることであり，必ずしも「活動的」である必要はないということです。たとえば，ディベートにおいてそれぞれの児童・生徒が自身の調べてきた内容をしっかり発言できていたとしても，他者の発表を吟味せず，授業前後で意見の深まりがまったくなかったとします。このような状況でも一見，議論は活発に行われているようには見えます。しかし，残念ながらその時間内においては，児童・生徒の中に学びは生まれていないことになるのです。アクティブ・ラーニングの本質である児童・生徒の能動的な学びを保障しないまま，教師がただ活動をさせるだけではアクティブ・ラーニングにはならないことを，私達は理解しておく必要があります。

（岡村健太）

▷2　中央教育審議会「学士課程教育の構築に向けて（答申）」2008年，p. 24。

▷3　中央教育審議会，前掲答申（▷1），p. 37。

シンキングツール

　生活や総合的な学習の時間では，自分の考えをまとめて表明する場面が数多く生まれます。シンキングツールは，そのような場面で，子どもがより深く考えて，それをわかりやすく伝えることを手助けします。

1　多様な思考と思考スキル

　習得した知識の活用が，重視されるようになってきました。知識の習得はいつの時代にも重要なのですが，それを活用することがより強く求められるようになったということです。背景は，グローバル化やAI技術の進化など，複合的ですが，この変化は世界的な動向です。そしてそれは，本来の教育の目的でもある，いわゆる考える力を育てるということにつながっています。

　考える力は，どのようにすれば身につけられるのでしょうか。それを検討する前に，「思考」の多様性に目を向けたいと思います。考えるということは，多様な頭の働きを含んでいます。数学の問題のように，既有知識を組み合わせて唯一の解を求める時にも，願いをもとに学級目標をつくる時にも考えています。しかし，頭の働かせ方はそれぞれ異なっているように思われます。このような，多様な頭の働きを思考スキルと呼び，「思考の結果を導くための具体的な手順についての知識とその運用技法」と定義しています。[1]

　思考に関わることなのに，知識や技能によって定義をすることに違和感を覚えるでしょうか。しかし，たとえば，「比較する」という思考スキルは，［視点を設けて対象の異同を明確にする］→［十分と思われるまで視点を変えて繰り返す］→［明確化された異同をもとに対象についての説明や比較したことによって明確になったことについての考えをつくり出す］というような手順です。

　この手順は，「手続き的知識」と呼ばれる知識であり，認知的な技法（スキル）ともいえます。そして，「思考」とは，その手続き的知識を実際の場面に当てはめて，目的的に活用することなのです。

2　アイデアの可視化とシンキングツール

　思考スキルの手順の中には，考えのもとになる事項を明確化するプロセスが含まれます。教科書や資料集の記載事項，ニュースなどで知った情報，自分や友人の知識などさまざまです。それを一覧できるように並べておくと，考えをまとめやすくなります。作文の時，内容を箇条書きしてから書く人も多いで

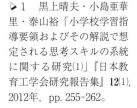

▷1　黒上晴夫・小島亜華里・泰山裕「小学校学習指導要領およびその解説で想定される思考スキルの系統に関する研究(1)」『日本教育工学会研究報告集』**12**(1)，2012年，pp. 255-262。

しょう。箇条書きだけでなく，それぞれの思考スキルに適した方法を用いると，よりまとめやすくなります。それはつまり，思考スキルに適した図式を用いることなのですが，この図式をシンキングツールと呼んでいます。シンキングツールを用いて考えるというのは，シンキングツールに一覧されたアイデアをもとに，考えをつくり出すことなのです。

③ さまざまなシンキングツールと思考スキル

それぞれの思考スキルには，それに適したシンキングツールがあります。[2]

「比較する」には，ベン図が使われます。ベン図は，共通点と相違点を書き分けることを促してくれます。「多面的に見る」時には，Ｙチャートなどを用いて，3つの領域をつくり，それぞれに異なる視点から見えたことを書き出します。主張をつくるために，論理を「構造化する」時には，ピラミッドチャートを用いて，事実・根拠と理由と主張の三角ロジックをつくります。

このように，思考スキルとシンキングツールを対応づけて活用することが望まれます。ただし，厳密な一対一の関係があるわけではありません。マトリクスを使う時も，行と行の内容がどう違っているかなど，比較して検討します。考える目的（何をもとにどのような考えをつくり出すか）によって，思考スキルの意味が違っていることを意識して，適切なシンキングツールを選ぶ必要があります。

④ シンキングツールを使う時の留意点

シンキングツールは，その図式が思考スキルの手順を明確に示すわけではありません。それぞれのシンキングツールについて，アイデアの出し方や考えをつくり出すやり方について，慣れる必要があります。はじめは，活用する手順を子どもと一緒に辿って，意識化することが望まれます。

シンキングツールには，Ｙチャートなど，視点が必要なものがあります。全員で同じ方向に向けて考えたい時，学習活動にとって視点が有益だと思える時には，しっかり視点を設定します。そして，その視点でどのようなアイデアが一覧され，考えがつくり出されるかを事前に確かめておくことが重要です。そういう時はまた，向かいたい方向と関係のないアイデアが出てこないよう，視点に「その他」を設定しないことも重要です。

シンキングツールを選ぶ力を身につけさせたいと考えるかもしれません。確かにそれは大事な力ですが，全員で同じものを活用することが必要な場合もあります。シンキングツールを指定するか，選ばせるかは，学習内容との関係で慎重に考えたいです。

（黒上晴夫）

▷2 黒上晴夫・小島亜華里・泰山裕『シンキングツール——考えることを教えたい』NPO 法人学習創造フォーラム，2012年。

1　生徒指導

1　生徒指導の基本原理

▷1　文部科学省『生徒指導提要』（web版）令和4年12月 p. 12～

　生徒指導は，学校の教育目標を達成するために欠くことのできない教育機能の一つです。『生徒指導提要』では，その定義を「児童生徒が，社会の中で自分らしく生きることができる存在へと，自発的・主体的に成長や発達する過程を支える教育活動のことである。なお，生徒指導上の課題に対応するために，必要に応じて指導や援助を行う」としています。端的に言えば，〈自分らしく生きること〉〈自発的・主体的な成長や発達を支えること〉です。

　また，その機能性については，〈児童生徒が自身を個性的存在として認め，自己に内在しているよさや可能性に自ら気付き，引き出し，伸ばすと同時に，社会生活で必要となる社会的資質・能力を身に付けることを支える働き〉と説明し，その目的を〈児童生徒一人一人の個性の発見とよさや可能性の伸長と社会的資質・能力の発達を支えると同時に，自己の幸福追求と社会に受け入れられる自己実現を支えること〉と表記しています。

　すなわち，生徒指導の在り方を子供の視点からみることを重視し，①個性的存在を認める，②内在するよさや可能性に気付く，③社会的資質・能力を身に付ける，④幸福追求と自己実現を支える，4点に整理しています。このことは，学習指導要領（総則の第4（2））にも記される〈自己の存在感を実感しながら，よりよい人間関係を形成し，有意義で充実した学校生活を送る中で，現在及び将来における自己実現を図っていく〉の文言とも深く連関するものです。

▷2　生徒指導において発達を支えるとは，児童生徒の心理面（自信・自己肯定感等）の発達のみならず，学習面（興味・関心・学習意欲等），社会面（人間関係・集団適応等），進路面（進路意識・将来展望等），健康面（生活習慣・メンタルヘルス等）の発達を含む包括的なものです。

　また，生徒指導の目的を達成するためには，児童生徒一人一人が自己指導能力を身に付けることが重要です。児童生徒が，深い自己理解に基づき，「何をしたいのか」，「何をするべきか」，主体的に問題や課題を発見し，自己の目標を選択・設定して，この目標の達成のため，自発的，自律的，かつ，他者の主体性を尊重しながら，自らの行動を決断し，実行する力，すなわち，「自己指導能力」を獲得することが目指されます。

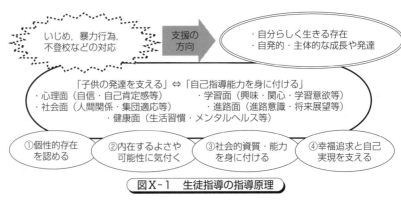

図Ⅹ-1　生徒指導の指導原理

出所：筆者作成。

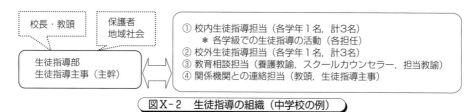

図X-2　生徒指導の組織（中学校の例）

出所：筆者作成。

2　生徒指導の展開

○組織運営

　組織運営のあり方は，児童生徒理解を基本に，個々の自己成長を援助し，彼らの学校生活に機能する態勢が求められます。一般には，各学校の校務分掌に位置付けられ，教務部，進路指導部などと並び「生徒指導部」が設けられます。

　その中身は，生徒指導主事を中心に，校内生徒指導担当，校外生徒指導担当，教育相談担当，関係諸機関との連絡担当などの分担です（図X-2）。全教職員が何らかの役割を担当し，組織的・機能的に関わるようにします。生徒指導主事がリーダーシップを発揮し，そこに，各担任や各教科担当，養護教諭，スクールカウンセラーなどが各々の専門性を生かして協働することが不可欠です。

　そして，必要に応じて各家庭や地域との協力，また法務相談等の関係機関とも連携しながら実効性のある〈体制づくり〉を工夫する必要があります。

○指導援助の基本的な考え方──その3点

　1つ目は，児童生徒の「自己理解の尊重」です。児童生徒が自らの現実をありのままに見つめ，自己洞察を深めるように関わることです。ここに，「カウンセリングの考え方」を生かすようにします。児童生徒の個々の話や行為を積極的に受け容れ，そこにある気持ちに共感し，一緒に考え合うことが大切です。このプロセスで，児童生徒は自分らしさを見つめ，自己を創造する意欲や態度を獲得していきます。2つ目は，「問題解決力の支援」です。児童生徒の自己指導能力を信頼し，自らの困難に向き合うように関わります。その際，児童生徒が自らの解決法を自ら見出せるようにゆっくりと「待つ」関わりを大切にします。その場での直接的な問題解決の方法（助言や指導，叱責や危機的介入など）による場合でも，その支援を一つのきっかけとして自ら立ち直ることがあります。しかし，それは内発的な動機付けや自己成長の力にはなりにくい面もあります。3つ目は，「自己形成の援助」です。児童生徒自らが求める情報収集の在り方や課題解決への方途，一人一人のキャリア形成に資する新しい価値などを適宜適切に情報提供することです。児童生徒が課題としている事態やその実際状況および心身の発達や性格特性などに応じて，より効果的な解決方法を児童生徒が自己選択し，自己探究できるように関わることです。

（有村久春）

▷3　その際，単に「体制づくり」にとどまらず，「態勢づくり」にしていくことが求められる。ここにいう「体制」は，全体としての統一を保っているその組織のことである。また，「態勢」は事に臨むにあたって必要な準備を整えたり，いつでも対応できるような心構えをもったりした状態のことを指している。特に，「態勢」を重視する考えでは，組織のカタチを構成すると同時にそのカタチがより機能的に動いている事態を求めようとする。子どもの生き様や教師などの援助の有り様を，学校を中心としたフィールドで「よりよく見よう」とする教師個々の動きを大切にしたい。

　山田忠雄（他編）『新明解国語辞典（第八版）』三省堂，2010年。

2　進路指導・キャリア教育

1　職業指導から進路指導，そしてキャリア教育へ

　現在のキャリア教育の起源は，職業指導[1]にあります。1927年，文部省が訓令第20号「児童生徒ノ個性尊重及職業指導ニ関スル件」を通達したことで，各学校において職業または進学先の選択に向けた指導が本格的に行われるようになりました。

　戦後においても，当初は中学校・高等学校で職業指導が実施されてきましたが，1957年に公文書に初めて「進路指導」の文言が登場し，以降はこの用語が用いられるようになります。その背景には，高等学校や大学への進学率が高まりつつある中で，職業指導が就職希望者だけを対象にしているように誤解されたことがあります。進路指導は「生徒の個人的資料，進路情報，啓発的経験および相談を通して，生徒がみずから，将来の進路の選択，計画をし，就職または進学して，さらにその後の生活によりよく適応し，進歩する能力を伸長するように，教師が組織的，継続的に指導・援助する過程[2]」と定義され，いわゆる**6領域**[3]の活動が展開されることになりました。

　しかし，実際にはこの理念が示すような「生き方の指導」は実現せず，受験戦争の激化もあって学業成績に基づく出口指導が常態化していきます。この状況を改善し，ニート・フリーターの増加に対応していくことを期待されたのが，キャリア教育です。その文言は1999年に初めて登場し[4]，小学校段階から発達段階に応じて，「主体的に進路を選択する能力・態度を育てる[5]」ことが目指されました。ただし，進路指導の文言も引き続き残され，中学校・高等学校段階におけるキャリアの中核として位置づけられています。

　この草創期のキャリア教育は，「偏差値輪切り」に振れた針を戻すという点では一定の成果をあげましたが，一方で実践が体験活動を中心とする職業観・勤労観の育成に偏るといった「歪み」ももたらしました。そこで軌道修正するべく，2011年に「一人一人の社会的・職業的自立に向け，必要な基盤となる能力や態度を育成することを通して，キャリア発達を促す教育[6]」と新たに定義されました。キャリア発達とは，「社会の中で自分の役割を果たしながら，自分らしい生き方を実現していく過程」のことです。ここでは，進路選択に向けた価値観の醸成だけでなく，選択した役割を適切に遂行し，職業生活・市民生活を営むための**基礎的・汎用的能力**[7]を育てることが重視されています。

▷1　「職業指導」の文言そのものは，1915年に，入澤宗壽が『現今の教育』で，vocational guidance を翻訳したことで輸入された。

▷2　文部省『中学校・高等学校進路指導の手引──中学校学級担任編』1974年。

▷3　**進路指導の6領域**
①自己理解，②進路情報理解，③啓発的経験，④進路相談，⑤進路決定支援，⑥卒業後の追指導，の6つのこと。

▷4　**キャリア発達段階**
文部科学省発行の小・中・高等学校『キャリア教育の手引き』では，小学校は「進路探索・選択にかかる基盤形成の時期」，中学校は「現実的探索と暫定的選択の時期」，高等学校は「現実的探索・試行と社会的移行準備の時期」と区分されている。

▷5　中央教育審議会「初等中等教育と高等教育との接続の改善について（答申）」1999年。

▷6　中央教育審議会「今後の学校教育におけるキャリア教育・職業教育の在り方について（答申）」2011年。

▷7　**基礎的・汎用的能力**
分野や職種にかかわらず，社会的・職業的自立に向けて必要な基盤となる能力で，「人間関係形成・社会形成能力」「自己理解・自己管理能力」「課題対応能力」「キャリアプランニング能力」の4つから構成される。

② 進路指導・キャリア教育の基盤となる理論

　進路指導・キャリア教育は，さまざまな理論から示唆を得て実践されています。最も古典的な理論が，職業指導の祖といわれる**パーソンズ**が提唱した^{▷8}^{▷9}「特性・因子論」で，人間の能力・適性等の特徴（特性）と職業を遂行するための条件（因子）を合理的にマッチングするというものです。進路指導の6領域はこの理論に依拠しており，体験活動やキャリア・カウンセリングを通じて自己理解と進路情報理解を促進することで，「適材適所」を目指します。

　一方で，現在のキャリア教育に最も大きな影響を与えたのが，**スーパー**の^{▷10}キャリア発達理論です。そこでは，キャリアの概念は「ワーク」から「ライフ」へと拡大され，生涯において個人が果たす役割の連鎖として解釈されます。一生が「成長」「探索」「確立」「維持」「解放」の5つの発達段階に区分され，それぞれの課題を達成することで次のステージに移行します。キャリア教育でも，発達段階に合致した目標・内容の設定が必要といえるでしょう。

③ 社会に開かれた教育課程におけるキャリア教育の展開

　小・中学校が2017年，高等学校が2018年に改訂された新学習指導要領では，児童・生徒が「学ぶことと自己の将来とのつながりを見通しながら，社会的・職業的自立に向けて必要な基盤となる資質・能力を身に付けていくことができるよう，特別活動を要としつつ各教科等の特質に応じて，キャリア教育の充実を図ること」と総則に明記されました。したがって，各教科・領域で基礎的・^{▷11}汎用的能力や職業観・勤労観の育成を意識した授業を展開するとともに，それらを有機的に関連づけることで，教育課程全体を通したキャリア教育を遂行することが求められます。また，児童・生徒の「学びに向かう力」を向上させるた^{▷12}め，学ぶことに興味や関心をもち，自己のキャリア形成の方向性と関連づけながら，見通しをもってねばり強く取り組み，自己の学習活動を振り返って次につなげる「主体的な学び」を実践することも重要です。

　さらに，キャリア教育の「要」としての特別活動では，学級・ホームルーム活動の内容に「(3)一人一人のキャリア形成と自己実現」が導入され，そこで「キャリア・パスポート」を作成・活用することになりました。それは，「学びのプロセスを記述し振り返ることができる**ポートフォリオ**的な教材」であり，^{▷13}^{▷14}小学校から高等学校まで引き継がれることが想定されています。児童・生徒はキャリア教育の記録を蓄積し，それをもとに教師や保護者あるいは友達と対話することで，自身の変容や成長を自己評価します。同時に，教師は校種を越えた児童・生徒のキャリアを把握し，系統的指導に役立てます。2019年3月には基準となるフォーマットが例示されましたが，各地域・各学校の実態や特性を^{▷15}踏まえて，柔軟にカスタマイズできることになっています。　　　（京免徹雄）

▷8　キャリア教育の理論とその応用については，京免徹雄「進路指導・キャリア教育の理念と基礎理論」和田孝・有村久春（編著）『新しい時代の生徒指導・キャリア教育』ミネルヴァ書房，2019年，pp. 152-164に詳しい。

▷9　**パーソンズ**
(Parsons, F.; 1854-1908)
ボストンに職業案内所を開設し，世界で初めて職業指導を開始した。その経験を理論化し，著書『Choosing a vocation』にまとめた。

▷10　**スーパー**
(Super, D. E.; 1910-1994)

▷11　新学習指導要領を含めた，2011年以降のキャリア教育の政策展開については，京免徹雄「キャリア教育推進施策の変容とさらなる展開」藤田晃之（編著）『キャリア教育 (MINERVA はじめて学ぶ教職19)』ミネルヴァ書房，2018年，pp. 57-69を参照。

▷12　教育課程の各領域におけるキャリアの展開については，京免徹雄「教育課程とキャリア教育」小泉令三・古川雅文・西山久子（編著）『キーワード　キャリア教育』北大路書房，2016年，pp. 25-35を参照。

▷13　**ポートフォリオ**
子どもの作品，自己評価の記録，教師の指導と評価の記録などを，系統的に蓄積したもの。
⇒ Ⅸ-4 参照。

▷14　中央教育審議会「幼稚園，小学校，中学校，高等学校及び特別支援学校の学習指導要領等の改善及び必要な方策等について（答申）」2016年。

▷15　文部科学省初等中等教育局児童生徒課「『キャリア・パスポート』例示資料等について」2019年。

3 職場体験・インターンシップ

1 教育課程における位置づけと発展の過程

　職業指導・進路指導は「啓発的経験」として，早くから産業社会での体験活動を取り入れてきました。1969年・1970年告示の中学校・高等学校の学習指導要領では，学校行事として「**勤労・生産的行事**」が新設され，「勤労の尊さや意義，創造することの喜びなどが体得できるとともに，職業についての啓発的な経験が得られるような活動にする」と明記されました。

　1998年には，兵庫県で阪神・淡路大震災や神戸連続児童殺傷事件を契機に，県内すべての中学校2年生が週5日間の体験活動を行う「トライやる・ウィーク」が開始されています。この取り組みをモデルとして，2005年から文部科学省が「**キャリア・スタート・ウィーク**」▷2 事業を推進したことで，職場体験は全国の中学校に広がっていきました。また，1998年の学習指導要領改訂で「総合的な学習の時間」が導入され，その目標の1つに「自己の生き方を考えること」が掲げられたことも，普及を後押ししました。

　一方，高等学校におけるインターンシップ（就業体験）は職業学科を中心に発展してきた経緯があります。アメリカではすでに1994年に「学校から職業への移行機会法」が成立し，学校での学習と職場での学習との統合が図られていましたが，日本でも1999年の学習指導要領改訂で，職業学科を対象に「就業体験の機会の確保」▷3 をすることが明記されました。また，若年者雇用対策として2003年に策定された「若者自立・挑戦プラン」では，通年一定の曜日等でインターンシップを長期的・日常的に実施する「**日本版デュアルシステム**」▷4 が提言され，一部の職業学科で試行的に導入されています。▷5

　さらに2009年の学習指導要領改訂では，「キャリア教育を推進するために，地域や学校の実態，生徒の特性，進路等を考慮し，地域や産業界等との連携を図り，産業現場等における長期間の実習を取り入れるなどの就業体験の機会を積極的に設ける」ことが示されました。これは職業学科に限らず，普通科においてもキャリア教育の一環としてインターンシップを行っていく必要性があることを意味しています。

2 職場体験・インターンシップの現状と課題

　公立中学校における職場体験の実施率は98.1%（2016年度）であり，ほとん

▷1　**勤労・生産的行事**
現在では「勤労生産・奉仕的行事」に名称変更され，「勤労の尊さや生産の喜びを体得し，職場体験活動などの勤労観・職業観に関わる啓発的な体験が得られるようにする」（2017年版中学校学習指導要領）とされている。

▷2　**キャリア・スタート・ウィーク**
2005年度から2007年度まで，文部科学省が厚生労働省，経済産業省等の協力を得て行ったキャリア教育実践プロジェクトで，全国138の地域において週5日間以上の職場体験活動が展開された。

▷3　アメリカでのインターンシップについては，リン・オールソン，渡辺三枝子・三村隆男（訳）『インターンシップが教育を変える』雇用問題研究会，2000年に詳しい。

▷4　**日本版デュアルシステム**
高等学校が地域の産業・企業とのパートナーシップを確立して行う「実務・教育連結型人材育成システム」のこと。もともとデュアルシステムとは，企業・職場での実地訓練と定時制の職業学校での理論教育を並行して行うドイツの職業教育の方式である。

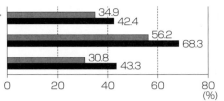

生徒はキャリア教育に関する学習や活動を通して，学習全般に対する意欲が向上してきている　34.9／42.4

キャリア教育を実施する中で，生徒は自己の生き方や進路を真剣に考えている　56.2／68.3

生徒はキャリア教育に関する学習に積極的に取り組んでいる　30.8／43.3

■ 就業体験の事前・事後指導を十分に行っていない担任　■ 就業体験の事前・事後指導を十分に行っている担任

図X-3　事前・事後指導の実施別にみた生徒のキャリア教育への取り組みの成果

出所：国立教育政策研究所生徒指導・進路指導研究センター「キャリア教育・進路指導に関する総合的実態調査　第二次報告書」2013年。

どの学校で実施されている状況です。実施期間は，1日が12.2％，2日が32.3％，3日が38.1％，4日が3.6％，5日が12.6％，6日以上が0.2％です。

公立高等学校におけるインターンシップの実施率は83.7％（普通科78.0％，職業学科88.1％）であり，年々上昇傾向にあります。ただし，中学校と違って全員参加ではなく，希望者のみを対象とする学校も多く，在学中に1回以上体験した生徒は34.0％（普通科22.0％，職業学科68.0％）にとどまります。

職業学科において数値が高いのは，高卒後に就職する生徒が多いことや，職業科目で「就業体験をもって実習に替える」ことが認められているためです。他方で普通科では5分の1程度の体験率にとどまり，今後**アカデミック・インターンシップ**も含めて，さらなる普及促進を図ることが求められています。

3　職場体験・インターンシップの充実に向けて

体験活動を量的に拡大することも重要ですが，同時にその取り組みを質的に向上させていくことも欠かせません。ここでは3つのことを指摘しておきます。

1つ目は，校種を越えた系統的なキャリア発達を実現するために，キャリア発達段階に合致した目標や内容を設定することです。たとえば，インターンシップは希望する進路に関連した「職業」を学ぶことを重視するのに対し，「職場」体験は雰囲気や大人との会話を通じた「働く意義」の理解が優先されます。さらに小学校で行われる1日程度の職場見学は，さまざまな仕事に興味をもち，好奇心を膨らませ，大人に対する憧れを獲得するためのものです。

2つ目は，学校と事業所の連携の強化です。学校は受入をお願いする立場だからこそ，事業所に丁寧に目標を伝え，ビジョンを共有する必要があります。

3つ目は，非日常的な体験活動を単発のイベントにしないためにも，事前・事後指導を徹底することです。事前にレディネスが形成されてこそ児童・生徒は体験から多くのことを獲得できるし，事後に振り返ることで自己の成長を認識することができます。インターンシップの事前・事後指導を十分に行った担任とそうでない担任とでは，前者の方がキャリア教育の成果を実感しているということも明らかになっています（図X-3）。

（京免徹雄）

▷5　職業教育におけるインターンシップの展開については，日本産業教育学会（編）『産業教育・職業教育学ハンドブック』大学教育出版，2013年を参照のこと。

▷6　国立教育政策研究所生徒指導・進路指導研究センター「平成28年度　職場体験活動・インターンシップ実施状況等調査」2018年。5日間実施する学校の割合は，2007年度の21.2％をピークに減少傾向にある。その理由として事業所開拓など教員の負担が重いことや，実施が「当たり前」になる中で「何のために」という部分が見えにくくなっていることがある。

▷7　同上調査（▷6）。

▷8　**アカデミック・インターンシップ**
研究者など，大学等の卒業が前提となる資格を要する職業に関するインターンシップのこと。

▷9　文部科学省『中学校職場体験ガイド』2005年。

参考文献
藤田晃之『キャリア教育基礎論』実業之日本社，2014年。

4 部活動

1 「ブラック部活動」の時代

　近年，部活動をめぐる議論が盛んに行われています。朝日新聞記事データベースを用い，タイトルに「部活動」を含む新聞記事を検索すると，2013年に大きなピークを迎え，2016年頃から飛躍的に増加し，2018年に最も多くなっています。2013年の増加は，前年の12月に起きた大阪桜宮高校体罰事件によるもので，2016年以降の増加は，国の「働き方改革」の方針のもと部活動指導による教員の長時間労働が問題になったからです。[1]

　部活動問題の論点は，大きく2つに分けられます。1つは生徒の過重負担の問題。指導者が勝利にこだわるあまりに，休日もなく長時間の練習を課したり，さらには暴力や暴言を用いた指導が行われ，それが結果として生徒の「死」という最悪の結果を招いたりしています。一方で，過熱化の原因は保護者の側にもあるといえます。競技会でよい成績を収めれば，スポーツ推薦等で進学に有利になることから，教師に圧力をかける保護者が存在することも事実です。

　2つ目は教師の長時間労働の問題。「TALIS」[2]（2018）によると，日本の中学校教師達の週当たりの労働時間は56.0時間と参加国平均の38.3時間を大きく上回っています。その中でも注目すべきは課外活動の指導時間が7.5時間（参加国平均は1.9時間）と長いことです。教材研究や小テストの採点，生活指導・進路指導，保護者への対応，諸会議への出席や事務処理など，ただでさえ多忙を極める日本の教師達。さらに放課後の部活動指導や休日の大会引率などで休むヒマもありません。文部科学省（2016）によると「過労死ライン」と言われる月平均80時間以上の時間外労働を行っている中学校教員は約6割にも上ります。[3]これらの事実をもとに，子どもと先生の両方を苦しめる「ブラック部活動」という言葉が使われるようになりました。[4]

2 「運動部活動の在り方に関する総合的なガイドライン」[5]

　スポーツ庁は運動部活動改革を進めるべく，2018年3月に「運動部活動の在り方に関する総合的なガイドライン」（以下「ガイドライン」と略す）を策定しました。ポイントは，①適切な運営のための体制整備として各都道府県・市区町村，各学校がそれぞれの「運動部活動の方針」を策定すること，②合理的でかつ効率的・効果的な活動の推進のための取り組みとして各中央競技団体に運

▷1　朝倉雅史「部活動をめぐる議論と実態」佐藤博志ほか『ホワイト部活動のすすめ』教育開発研究所，2019年。

▷2　TALIS（Teaching and Learning International Survey；OECD 国際教員指導環境調査）
学校の学習環境と教員の勤務環境に焦点を当てた，OECD による国際調査。OECD 加盟国をはじめ48か国・地域が参加。

▷3　文部科学省「教員勤務実態調査」2016年。

▷4　内田良『ブラック部活動』東洋館出版社，2017年。
　島沢優子『部活があぶない』講談社，2017年。
　中小路徹『脱ブラック部活』洋泉社，2018年。

▷5　スポーツ庁「運動部活動の在り方に関する総合的なガイドライン」2018年。

動部活動用指導手引きを作成させること，③適切な休養日等の設定として週当たり2日以上の休養日（平日少なくとも1日以上と土曜日・日曜日のどちらか）を設けること，また長期休業中にある程度長期の休養期間を設けること，1日の活動時間は，長くとも平日では2時間程度，学校の休業日は3時間程度とすること，④生徒のニーズを踏まえたスポーツ環境の整備，⑤学校単位で参加する大会等の見直し，の以上5点です。中でも，1日の活動時間や活動日数に総量規制をかけている点が大きなポイントです。このような「ガイドライン」は，[6]今までにも出されていますが，[7]守られてきませんでした。スポーツ庁は今回，「ガイドライン」に実効性をもたせるために，10月に「フォローアップ調査」を行い，その結果を発表しています。[8]また，文化庁も12月に同様の「ガイドライン」を策定しています。[9]

③　そもそも「部活動」とは

　中学校学習指導要領には，「生徒の自主的，自発的な参加により行われる部活動については，スポーツや文化，科学等に親しませ，学習意欲の向上や責任感，連帯感の涵養等が目指す資質・能力の育成に資するものであり，学校教育の一環として，教育課程との関連が図られるよう留意すること」とあります。[10]部活動はあくまでも自主的・自発的活動ですから，全員強制加入させられるのはおかしな話です。また，生徒の自主的な活動に教員が必ずしも全員で関わらなければならないこともありません。部活動の顧問をせずに，教科の力を磨きたいという先生がいてもかまわないはずです。しかし，9割以上の中学校で全教員が顧問を担当しています。[11]また，学校教育の一環として行われている活動ですから，「学校の教育目標」に合わせて行われていなければなりません。ところが一方で，運動部活動は，アスリートの養成という一面ももっています。[12]このように「教育の論理」と「競技の論理」という矛盾した2つの論理の綱引きの中で，運動部活動は行われてきたのです。

④　これからの「部活動」は

　現在の運動部活動は，大会でよい成績を収めるために毎日努力を続ける「単一種目型競技的運動部」がほとんどです。これからの「部活動」は，生徒の多様なニーズに応えるものでなければなりません。たとえば，「高校では一つの種目ではなく，いろいろな種目に挑戦したい」「何かスポーツはしたいけど，特に大会出場や勝利は別に目指していない」などのニーズに対しては，複数種目に取り組む「総合スポーツ同好会」[13]や平日の朝45分間だけ体を動かす「体力向上部」，などの「ゆる部活」が実際に行われています。[14]「部活動」は教育の一環として行われている活動です。今後は，学校の教育目標に合わせ，生徒のニーズに応える多様な活動となっていくべきでしょう。

（嶋﨑雅規）

▷6　この「ガイドライン」は，中学校を対象としたものだが，高等学校でも原則として適用するものとしている。

▷7　文部科学省「運動部活動での指導のガイドライン」2013年。

▷8　スポーツ庁「『運動部活動の在り方に関する総合的なガイドライン』フォローアップ調査結果」2018年。

▷9　文化庁「文化部活動の在り方に関する総合的なガイドライン」2018年。

▷10　文部科学省「中学校学習指導要領」第1章総則第5の1ウ，2017年。

▷11　スポーツ庁「平成29年度運動部活動等に関する実態調査報告書」2018年。

▷12　多くのプロ野球選手が，高校野球を経験している。

▷13　阿部隆行「生徒の多様なニーズに応える"総合スポーツ同好会"」友添秀則（編）『運動部活動の理論と実践』大修館書店，2016年。

▷14　野村秀平・中小路徹「『ゆる部活』体力向上部・ヨガ同好会」朝日新聞デジタル，2018年11月7日。

参考文献

　友添秀則（編）『運動部活動の理論と実践』大修館書店，2016年。

　中澤篤史『そろそろ，部活のこれからを話しませんか』大月書店，2017年。

　佐藤博志ほか『ホワイト部活動のすすめ』教育開発研究所，2019年。

学級経営のねらいと領域

 学級経営のねらい

　学級経営は，教科指導が児童生徒の教科の特質に応じた資質・能力の向上をねらいとするのに対して，学級の児童生徒の理解，学級の児童生徒の健康，安全，自尊感情，人間関係の維持・促進，学級に必要なルールの定着と諸活動の運営，学校・学年の運営に必要なルールの定着と諸活動への参加，保護者への対応・啓発，教室の環境整備等に関わる教師の計画的かつ即応的な取り組みです。ただし，「経営」という用語が用いられていますが，企業の経営行為のように利潤の追求を行うわけではありません。ですから，歴史的な用語の定着過程を無視すれば，本来的には，「学級マネジメント」，または「学級運営」という方が適切でしょう。また，日常的には，「学級経営が上手な先生」とか，「あのクラスは学級経営ができているね」という時には，「学級づくり」という用語があるように，学級の児童生徒の肯定的で支持的な人間関係づくりを意味することが多く，狭義で使われていることがほとんどです。

　しかし最近では，テレビ・スマホ依存による不眠症への対応，熱中症への対応，ケガをしやすい子どもへの対応，いじめやけんかの解決，不審者の校内侵入からの児童生徒の保護，理不尽なクレームをつけてくる保護者への対応等，さまざまな場面対応を必要とする事象が頻繁に発生するため，教師の任務と責任における学級経営の比重がますます高まっているのが現実です。

　また，このような場面対応には，学級経営の取り組みの即応性が求められることが多いため，教師の精神的・肉体的疲弊につながっているといえます。

 学級経営の領域

　学級経営は，上記のように幅広い領域にわたって教師の任務や作業内容を求めています。学級担任として，数名から場合によっては43名もの児童生徒の健康と安全，心と体と持ち物の保護，支え合う人間関係と肯定的な言葉づかい等に配慮しなければならないのですから，教科指導よりも責任が重いといっても過言ではありません。さらに，最近では防災・防犯に一層配慮することが求められますから，児童生徒の命を守るというしっかりとした意識と方法を身につけることが必要です。

　もう少し詳しく解説すると，「学級に必要なルールの定着と諸活動の運営」

▷1　具体的な学級経営の原則と実践事例については，『教育技術 MOOK 小学校版新任教師のしごと──学級経営の基礎・基本』小学館，2007 年 や，堀 裕嗣（編）『学級経営力・中学学級担任の責任』明治図書出版，2006年等を参照。

には，係活動に責任をもって取り組ませること，１分前着席の定着，チクチク言葉（否定的で暴力的な言葉）を使わないこと，お楽しみ会の開催，短時間で充実した朝の会・帰りの会の実施，納得感のある席替え，朝学習・朝読書の励行等が含まれます。

また，「学校・学年の運営に必要なルールの定着と諸活動への参加」には，学校行事への主体的な取り組み，朝会・集会活動への静粛な参加と時間厳守，無言掃除の励行，宿題・提出物の期限内提出，放課後補習への積極的参加，校外活動でのルールの徹底等が含まれます。

このような多岐にわたる，即応性が求められる学級経営の取り組みが，一層効果を上げるためには，第一に「学級経営案」において学級目標や年間の取り組みの方針・基準を明確にしておくこと，第二に学年の教師と協力して進めること，第三に管理職と報告・連絡・相談の関係をつくることが大切です。

ただし，上記にあげた確かな経営的な指導力だけでなく，学級担任としての教師の人間的魅力によって，学級の児童生徒が「この先生と一年間ともに学び生活したい」と感じさせるような信頼関係をつくることが最も大切であることはいうまでもありません。

学級経営は，学校の教育課程の領域としては，教科指導における人間関係づくり，特別活動における学級活動や学級指導，学校行事，道徳科におけるルールや人間関係についての理解等に多く含まれますが，教育課程外の活動においても，たとえば朝の会・帰りの会，休み時間，放課後等においても，児童生徒との個別の関わりや対応，教育相談，補習等において実施することができます。

③ 支え合う人間関係づくりを学級経営の基盤に

このような広範囲に及ぶ特色をもつ学級経営ですが，その中でも近年特に重要性を増しているのが，児童生徒の肯定的で支え合う人間関係づくりです。それには，２つの理由があります。

第一の理由として，テレビのバラエティー番組やマンガの影響を受けて，子ども達が，いわゆるチクチク言葉を多用するようになったことがあげられます。そのせいで，学級の子ども達の人間関係がとげとげしく，信頼や安心感のないものになっています。第二の理由は，子ども達の肯定的で支え合う人間関係を必要とする学習活動として，「主体的・対話的で深い学び」が，2020年から順次始まる新しい学習指導要領で提唱されるようになったことです[2]。そのために，新しい学習指導要領の総則第４の１では，「(1) 教師と児童（生徒）の信頼関係及び児童（生徒）相互の好ましい人間関係を育てるため，日頃から学級経営の充実を図ること」と規定されました。

このように，児童生徒の人間関係づくりの充実が求められています[3]。

（田中博之）

▷2 詳しくは，田中博之『アクティブ・ラーニング「深い学び」実践の手引き』教育開発研究所，2017年を参照。

▷3 詳しくは，田中博之『学級力が育つワークショップ学習のすすめ』金子書房，2010年を参照のこと。さらに，発展的な読書として，「構成的グループ・エンカウンター」「ピア・サポート」「プロジェクト・アドベンチャー」等のキーワードが含まれる図書を参考にするとよい。

（参考文献）
田中博之『子どもの総合学力を育てる』ミネルヴァ書房，2009年。
田中博之『改訂版カリキュラム編成論』放送大学教育振興会，2017年。

「学級経営の充実」と学力向上

1　学級の集団性と学力は関係がある

「学級経営ができているクラスは，学力も高い。」

これは，古くから学校で信じられている経験則です。つまり，クラスの子ども達に人間関係が肯定的であり，友達のよさを認め合い，支え合いや学び合いが毎日起きているクラスでは，学力も高いのです。

それは，なぜなのでしょうか？　その理由は学校での学習は，その多くが小集団や学級集団という組織の中で行われているからなのです。

2　学級力と学力の関係性

科学的なデータでも，そのことが証明されています。田中（2013）が提唱している学級力という5つの力をバランスよく発揮できる学級において，通常の教科学力のみならずPISA型読解力，つまり活用型学力が高いことがわかっています。

3　学級力とは

学級力とは，子ども達が学び合う仲間である学級をよりよくするために，常に共同でチャレンジする目標をもち，友達との豊かな対話を創造して，規律を守り協調的関係を築こうとする力です。学級力は，次のような5領域で学年により10〜15項目からなる力の総体です。

(1)　目標達成力

いつもクラスに達成したい目標があって，子ども達が生き生きといろいろなことにチャレンジしているクラスを想定しています。たとえば，「校内長縄飛び大会で優勝しよう」でも，「忘れ物ゼロ作戦に挑戦しよう」でも，あるいは，総合的な学習の時間で「ボランティアプロジェクトを成功させよう」でも，具体的な目標であれば何でも構いません。

(2)　対話創造力

授業中に，友達の意見につなげて発言したり，友達の意見を尊重してよりよいアイデアや新しい考えを生み出したりしてコミュニケーションを豊かに展開できるクラスを想定しています。また，教科学習に限らず学級会や道徳科での話し合い活動が建設的であることや，昼休みや放課後のなにげない友達同士の

▷1　PISA型読解力
OECDが開発・実施している PISA調査で求められる，新しいタイプの読解力（Reading Literacy）のこと。文部科学省が2006年に出した，『読解力向上に関する指導資料』（東洋館出版社）において初めて用いられた用語。その下位能力として，情報の取り出し，解釈，熟考，評価という4つが定義されている。

▷2　活用型学力
文部科学省が学習指導要領において提唱した「活用を図る学習活動」において必要とされる思考力・判断力・表現力という3つの力を総称する用語。文部科学省が定めた用語ではなく，教育学研究者の間で広く用いられるようになったもの。

▷3　田中博之「読解力向上のための総合学級力の育成と読解力向上の提言10か条」『読解力を育てる総合教育力の向上に向けて』ベネッセ教育研究開発センター，2007年，pp. 244-255を参照。

▷4　田中博之（編著）『学級力向上プロジェクト』金子書房，2013年を参照。また，最新のアンケートとレーダーチャート作成ソフトは，田中博之（編著）『学級力向上プロジェクト3』金子書房，2016年を参照。

コミュニケーションも，肯定的で新しい気づきや発見を生み出そうという創造性にあふれていることが望ましいといえるでしょう。

(3) 協調維持力

　友達同士で何でも相談し合える仲のよさがあり，勉強やスポーツでよく教え合い，けんかをしてもすぐに仲直りができるクラスを想定しています。いいかえれば，明るく前向きで，いつも友達のよいところを認めようとして笑いや拍手が起きるクラスです。

(4) 安心実現力

　学級が居心地のよい学習と生活の場となるように，一緒に仲よく学習や運動に取り組み，やさしく丁寧な言葉づかいができて誰もが平等に扱われるクラスを想定しています。

(5) 規律遵守力

　学級という組織としての公的な集団が，すべての子ども達にとって，安心して落ち着いて学習に取り組める場になるためには，集団を構成する一員である子ども達一人一人が多くのルールを守らなければなりません。そこで，学級内で多様な学習や生活のルールを守るだけでなく，それらを話し合いによって創り出していくことができる規範意識の高いクラスを想定しています。

　これら5つの力を，関連づけながらバランスよく育てることが大切です。

　興味深いことに，この学級力アンケートを実施して結果をレーダーチャートにすると，どのクラスも同じ形状になることはありません。つまり，各クラスには，それぞれの学級力の成果と課題が存在しているのです。いいかえるなら，学級力のアンケート調査結果は，学級力向上を目指した子ども達の学級改善への期待の現れなのです。教師と子どもが協力して，学級づくりを進めるために，この学級力アンケートとレーダーチャートを活用してみてください。

④ 小学校と中学校で一貫した「学級経営の充実」を

　2021年度から全面実施となる新しい中学校学習指導要領の総則には，小学校と同様に，「学級経営の充実」という文言が入りました。ちなみに，高等学校の新学習指導要領には，同じ趣旨の「ホームルーム経営の充実」という用語が入ってきました。つまり，新学習指導要領が提唱する「主体的・対話的で深い学び」を実施するためには，クラスの児童生徒の肯定的で支持的な人間関係づくりが不可欠であることを示しているのです。なぜなら，「主体的・対話的で深い学び」は小集団での活動や学級全体での対話による検証活動が多く行われるようになるからです。そこでは，児童生徒の学級力の向上が学びの基盤となります。そのため，学級力アンケートの結果をレーダーチャート化して，子ども主体の学級づくりを進めることが大切です。

（田中博之）

参考文献

田中博之『子どもの総合学力を育てる』ミネルヴァ書房，2009年。

3 若手教員の学級マネジメント力の向上

 学校教育の真の課題

　ここ数年，東京，大阪，横浜といった大都市圏では，20代の若手教員が急激に増えています。すでに，校内の教員集団の半数が20代という小学校も少なくありません。さらに，学年主任や研究主任を20代後半の教員が務めないと学校が回らないといった状況も生まれ始めています。

　また核家族の中で少子化時代に生まれ育った大学生が，家庭でも学校でも地域でも多様な人間関係にもまれずに教員になるケースが増えているため，学級経営が苦手な教員や子ども達のトラブル解決を通した人間的成長に関心が薄い教員，そして，子ども達の人間関係力の育成に指導の重点を置けない教員が校内で増えているのです。こうした傾向は，いずれ全国に波及していくことになるでしょう。

　また，新任3年目までが学級経営力を身につける最適な時期であるにもかかわらず，落ち着いて先輩から学びながら学級経営の技を学ぶ時間的ゆとりさえ校内には存在していないのが現実です。しかし，新任3年目までの若手教員が辞めていく原因の半数以上は，保護者対応を含めた学級経営の力量不足にあるといってよいでしょう。さらに，いくつかの自治体では，教員採用試験の受験倍率がなんと1倍に限りなく近づきつつあります。今や申請すれば誰でも学校教員になれる時代になりつつあります。

　そのため今日，若手教員の学級マネジメント力の育成は，学校崩壊を防ぐ上で，学校の最も重要な課題になったといえるでしょう。

2 学級マネジメント力を育てるには

　そこで，新時代の学級経営を「学級マネジメント」と呼び，学級経営を，指標化・可視化・組織化して全校体制で取り組む校内プロジェクトとすることを提案したいと思います。

　学級マネジメント力とは，子ども達の学級力を高めよりよい学級を創り出す学級担任の専門的力量です。それは，次のような6領域54項目からなっています。

A．やりぬく力を育てる

　A-1　目標を決めて達成させる

▷　理論解説と具体的な取り組み事例，学級マネジメント力チェックリストやレーダーチャート作成ソフトは，田中博之（編著）『若手教員の学級マネジメント力が伸びる！』金子書房，2018年を参照。

　　A-2　自律性・主体性を育てる

　　A-3　ルールや行動規範を守らせる

B．つながる心を育てる

　　B-1　認め合いと安心のある関係づくり

　　B-2　対話力を育てる

　　B-3　協調し関係を修復する力を育てる

C．肯定的な働きかけ

　　C-1　ほめて育てる

　　C-2　豊かなコミュニケーション

　　C-3　公平・公正に接する

D．みとりを生かす指導

　　D-1　子どもの深いみとりと対応

　　D-2　一人ひとりのよさを生かす

　　D-3　共感的な理解と交流

E．自律的な指導

　　E-1　自己コントロール

　　E-2　心に響く語りかけ

　　E-3　環境整備と率先垂範

F．計画的で冷静な対応

　　F-1　計画的な学級づくり

　　F-2　迅速で冷静なトラブル対応

　　F-3　組織的な課題対応

　こうした多面的な学級づくりの専門的力量を，新任教員の時から学級力向上プロジェクトの実施と並行して意図的・計画的に形成することが重要です。

　そして，若手教員の学級マネジメント力の向上のため，全教員の協働のもと，全校体制で校内研修や校内研究を通して組織的・計画的に取り組んでいくことが，これからますます大切になってきます。

　特に若手教員の学級マネジメント力を育てる校内 OJT の場で，学級マネジメント力チェックリストとその結果を図示したレーダーチャートを用いて校内の全教員が組織的・協働的に関わりながら，若手育成とそれを契機とした全校レベルでの学級マネジメント力の向上に取り組むことが大切になります。

　校内のベテランとミドル，若手が協働することによって，子ども達と教員の学級力と学級マネジメント力を高めることにより，いじめを未然に防止し落ち着いて学びに向かう学校づくりが可能になります。こうした校内での教職経験を超えた協働作業，つまり「学級づくりコラボレーション」を生み出すことが，これからの学級力向上を基盤とした学校経営の核となります。

　　　　　　　　　　　　　　　　　　　　　　　　　　　　（田中博之）

（参考文献）

　田中博之（編著）『学級力向上プロジェクト3』金子書房，2016年。

学級づくりのカリキュラム編成と校内研修

学級づくりのカリキュラム編成

　これまでの学級経営の計画性についてのイメージは，年度当初に書く学級経営案くらいのものでしょう。ただしそこには，自分が担任する学級経営のねらいと方法に関する概略的な計画が記載されているだけであり，また，学級内で気がかりな子への個別対応の方針が述べられているに過ぎません。毎年同じような記載をして提出している教師も少なくありません。

　その一方で，学級経営は，子ども達の人間関係上のトラブルに関わる即時的な対応が大切であるため，学校では学級経営の計画性よりも実務経験の蓄積による場面対応の力量が重視されることも多いのです。

　しかしながら，子ども達の人間関係づくりに効果を上げる学級経営を行おうとすれば，学校の教育活動全体を通した意図的・計画的な取り組みと，場面対応による即時的な働きかけの両方が必要となります。

　そこで，学級経営カリキュラムを編成することによって，学級の実態に応じた効果的な取り組みの全体計画をよりきめ細かく構想し，学校カリキュラムの全体を通して意図的・計画的に学級経営を実践することを提案します。

【学級経営カリキュラムの特徴】

①教科，道徳，特別活動，総合的な学習の時間，朝の会・帰りの会などそれぞれの特性を生かした学級づくりの取り組みを含めた教科横断的なカリキュラムとして作成する。

②年間を通して核となる学級づくりの場面として，6回程度の**スマイルタイム**[1]を特別活動や総合的な学習の時間に位置づけ，その中で学級目標の設定（「いいクラスとは？」など），学級力の診断・評価，取り組みアイデアの考案，取り組みの評価・改善などを行うようにする。

③特に教科指導においては，グループ学習による協力や話し合い活動の充実（全教科），相互評価を通した認め合いの活動の活性化（全教科），学級力向上の取り組みについて書いたり話し合ったりする活用学習の設定（国語科），学級力アンケートの結果をグラフにして組み入れた新聞づくり（算数・数学科），学級の絆や仲間をテーマにした学級旗や学級エンブレムの作成（図工科・美術科），クラスソングやクラスのテーマソングの作詞・作曲（音楽科）などの取り組みを行う。

▷1　スマイルタイム
特別活動や総合的な学習の時間において，各学期に2時間程度を充て，学級目標の設定や，学級力レーダーチャートの診断・分析，学級改善のアイデアの提案と振り返りなどを行う，児童生徒主体の話し合い活動のこと。

④総合的な学習の時間においては，R-PDCA サイクルに沿ったスマイルタイムの設定，評価セッションや成長発表会の設定，プロジェクトの成果を祝う会の設定とその中での学級力の成長の振り返りなどを実施するようにする。

⑤特に国語科の教科書単元に位置づけた活用学習のあり方を工夫し，たとえば，「随筆を書こう（6 年)」，「活動報告書を書こう（5 年)」，「改善案を提案しよう（5 年)」，「学級会を開こう（5 年)」，「新聞を作ろう（4 年)」，「グラフや表を使ってポスター発表をしよう（4 年)」，「調べたことを書こう（3 年)」というような活用単元で，学級力を題材として文章を書かせたり，話し合わせたりすることを通して，学級力向上の意識づけを図り振り返りを行う。

⑥特別活動においては，スマイルタイムの他に，**はがき新聞**[2]の作成を行わせるとよい。学級力向上プロジェクトの進捗状況を継続的に綴っていくことで，学級づくりの意識化を促すことができる。

⑦「道徳」においては，学級力アンケートに含まれる項目が，学習指導要領に明示された「道徳」の内容項目と共通性が高いことから，「よいクラスをつくるためには，なぜ学級力を身につけることが大切なのだろう」という課題について体験を通して深く考える機会を設定することが大切である。

こうした多様な実践により，子ども達の学級力が一層高まります。[3]

② 学級づくりをテーマにした校内研修のあり方

各学年の研究授業とその事前研・事後研を実施するだけでも大変な労力を要する時に，全校体制で学級経営に関する研修を行うことは難しいといえます。そこで，まずは夏休みに 2 時間ほどの学級マネジメント研修を実施してみることを提案します。そうして，少しずつ回数を増やし，どこかの学年で学級力向上プロジェクトを特別活動や総合的な学習の時間の研究授業として実施したり，若手教員の学級力向上プロジェクトの成果報告会を 2 学期に入れたりするなどの工夫をしてほしいのです。可能であれば，主幹や研究主任などのミドルリーダーが若手教員を集めた自主勉強会を隔月で30分ほど開いて，学級マネジメントの状況に関する情報交換会を設けることができれば理想的です。

さらに研修が充実してくれば，学級マネジメント力レーダーチャートをもち寄って若手教員が報告会をする全校研修を設定したり，学年会で若手教員の報告を受けてアドバイスをする会を実施したりしてもよいでしょう。

大切なことは，校内研修あるいは研究授業のテーマを，教科指導に関わる教員の授業力向上に限定したり重点を置きすぎたりすることなく，車の両輪のように，子ども達には学力と学級力をともに育て，また教員には授業力と学級マネジメント力をともに高めるような授業づくりや教員研修をバランスよく実施することです。[4]

（田中博之）

▷2　はがき新聞
公益財団法人理想教育財団が提案している縦書き三段組の青い罫線が印刷されたはがきサイズの原稿用紙であり，イラストやワードアートを入れながら100〜200字程度で多様な情報を要約したり自分の考えを整理して書いたりする力を育てる新しい表現ツール。

▷3　田中博之（編著）『学級力向上プロジェクト 2』金子書房，2014年を参照。

▷4　田中博之（編著）『若手教員の学級マネジメント力が伸びる！』金子書房，2018年を参照。

（参考文献）
田中博之『学級力が育つワークショップ学習のすすめ』金子書房，2010年。

5　学級構造の分析とその道具の活用
──Q-U テスト

 学級集団の状態

　学級集団は、さまざまな学級活動が展開される土壌のようなものです。そのような土壌には、児童生徒に多くの学びをもたらす、建設的な相互作用が生起するような、支持的風土や準拠集団、自治的な集団になっている状態があり、教育力のある学級集団といわれます。

　学級集団を教育力のある状態にしていくためには、次の2点が不可欠です。

　まずルールの確立が必要です。家庭で好きなように生活するのと、集団生活を送るのは違います。教室に集まった児童生徒達がまとまり、ともに活動できるようになるためには、共通の行動規範・行動様式を身につけることが必要になります。それゆえ、他者との関わり方と関わる際のルール、集団生活を送るためのルール、みんなで活動する際のルール、が学級集団内に定着していることが必要になるのです。ルールが定着していないと行動の仕方がわからずトラブルが続出したり、傷つきたくないので、他者と関わらなくなってしまうのです。同時にリレーションが必要です。リレーションとは互いに構えのない、ふれあいのある本音の感情交流がある状態です。学級内の対人関係の中にリレーションがあることで、児童生徒同士の間に仲間意識が生まれ、授業、行事、学級活動などの活動が協力的に、活発になされるのです。

　したがって、教員は学級に集まった児童生徒達に対して、①ルールを確立すること、同時に、②児童生徒同士が親和的で建設的な人間関係・リレーションを形成できるようにすること、に取り組んでいくことが求められます。これが、現実的な学級集団の形成（学級集団づくり）の実際です。

　ただし、集団のルールを守ることだけを児童生徒達に強制すると、学級生活そのものが息苦しくなってしまいます。リレーションの形成が伴うことが必要なのです。また、ルールのない中でのリレーションの形成は、なれあい関係になりがちです。つまり、ルールとリレーションは表裏一体のものであり、同時に確立されていることが大事です。[1]

　①と②が確立されてくると、学級は集団として成立し、さらに、児童生徒達が①と②を自発的に能動的に取り組むようになると、学級は集団として成熟し、教育力のある場となるのです。

　つまり、学級集団の状態について、その構造を分析する視点として、①ルー

▷1　河村茂雄（編著）『特別活動の理論と実際』図書文化社，2018年。

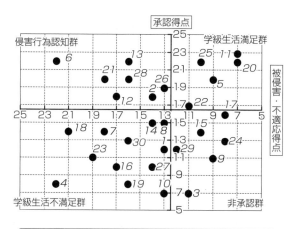

図XI-1　Q-Uにより4群に示される児童生徒のプロット図

出所：河村茂雄『学級づくりのためのQ-U入門』図書文化社，2006年。

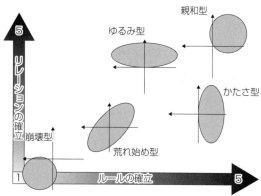

図XI-2　Q-Uによる学級集団の代表的な状態

出所：河村茂雄『学級集団づくりのゼロ段階』図書文化社，2012年。

ルの確立度と，同時に，②リレーションの形成度，があるのです。

❷　学級集団を分析する道具の活用──Q-U テスト

　ルールの確立度とリレーションの形成度の2つの視点で学級集団の状態を分析する心理検査が，Q-U（QUESTIONNAIRE-UTILITIES）です。信頼性と妥当性が担保されている標準化された心理検査です。

　Q-U は児童生徒が自分の存在や行動が級友や教師から承認されているか否かを示す「承認得点」と，不適応感やいじめ・冷やかしなどを受けているか否かを示す「被侵害・不適応得点」の2つの得点から，児童生徒の学級生活における満足感を全国平均値と比較して4つの群に分類して理解するものです（図XI-1）。「被侵害・不適応得点」は学級内のルールの確立と，「承認得点」は学級内リレーションの形成と有意な高い相関を示すので，両者の指標になるのです。その結果によって，「不登校になる可能性の高い児童生徒」「いじめ被害を受けている可能性の高い児童生徒」「各領域で意欲が低下している児童生徒」を発見することができるのです。

　併せて，学級内の児童生徒の満足度の分布状態から学級集団の状態が推測でき，学級崩壊の予防・学級経営の指針に活用することができるのです（図XI-2）。理想的な状態が「親和型」で，リレーションに問題が見られるのが「かたさ型」，ルールに問題が見られるのが「ゆるみ型」，崩れが見られるのが「荒れ始め（不安定）型」，崩壊状態が「崩壊型」です。▷2

　Q-U には小学校1～3年生用，小学校4～6年生用，中学生用，高校生用，専門学校用，大学用があり，2018年度にはQ-U は全国で500万人を超える児童生徒，学生に活用されており，全国の県や市・町の教育センターにおいて，学級経営，生徒指導・教育相談，授業研究に関する講座で，教員研修が頻繁に行われています。

（河村茂雄）

▷2　河村茂雄『学級集団づくりのゼロ段階』図書文化社，2012年。

特別の教科　道徳

 道徳の教科化の背景

　2017年に告示された平成29年版小学校学習指導要領と中学校学習指導要領では，これまでの「道徳の時間」が「特別の教科道徳」（以下，「道徳科」）として位置づけられました。しかし，学校における道徳教育については，道徳科を要としながら，学校の教育活動全体を通じて行われることが，学習指導要領の「第1章　総則」で示されています。道徳教育は，道徳科の指導内容と各教科，外国語活動，総合的な学習の時間及び特別活動の指導内容や時期などの関連，また家庭や地域との連携を図り，学校の教育活動全体で計画・実施されます。

○道徳の教科化に向けての提言

　道徳教育が学校の教育活動全体を通じて行われるものであることは，1958年に改訂された学習指導要領において明示されました。この改訂において「道徳の時間」が特設されました。しかし，戦前・戦中に超国家主義・軍国主義のための教育を中心的に推進した「修身」に対する反省から，「道徳の時間」の設置には反対意見が多く，教科としての位置づけは回避されました。

　2000年代に入ると，道徳の教科化に向けての議論が本格化します。2000年の教育改革国民会議の「教育を変える17の提案」，その7年後に閣議決定された「経済財政改革の基本方針2007〜『美しい国』へのシナリオ〜」を経て，2008年に教育再生会議が報告した「社会総がかりで教育再生を（最終報告）」において，道徳教育の「教科」での充実が提言されました。

　しかし，同年の学習指導要領改訂に合わせ，中央教育審議会でも道徳の教科化は議論されたものの，議論が不十分なままで実現には至りませんでした。

○いじめ問題への対応

　2010年代に入り，いじめ問題への社会的関心が高まると，道徳の教科化に向けての動きが加速します。2011年，滋賀県大津市で当時中学2年生の男子生徒がいじめを苦に自殺したことが，テレビや新聞等で大きく報じられました。この事件では，学校や教育委員会，警察の対応の不適切さに多くの批判が向けられました。文部科学省の調査報告によれば，2011年のいじめ認知件数は約7万件でしたが，翌2012年には約19万件と急激に増加しています。◁1

　一連の社会問題に対して，政府は2013年6月にいじめ防止対策推進法を成立させるなど，いじめ問題への急速な対応を取りました。道徳の教科化も，この

▷1　文部科学省「平成29年度児童生徒の問題行動・不登校等生徒指導上の諸課題に関する調査結果について」2017年，p. 25。ここで報告されているのは認知件数の増加であり，実際のいじめの発生件数が増えたかは不明である。認知件数が急激に増加したことは，学校がいじめを積極的に認知するようになったことを意味する。

ような流れの中でついに実現されるに至ったのです。

　いじめの早期発見は教育再生の喫緊の課題であり，子どもを「加害者にも，被害者にも，傍観者にもしない」教育を実現することが目標とされました。このような目標を掲げ，2013年2月，教育再生実行会議が，「道徳の教材を抜本的に充実するとともに，道徳の特性を踏まえ新たな枠組みにより教科化し，指導内容を充実し，効果的な指導方法を明確化する[2]」ことを提言しました。

▷2　教育再生実行会議「いじめの問題等への対応について（第一次提言）」2013年，p. 2。

○道徳の時間の「特別の教科　道徳」としての位置づけ

　2013年2月の教育再生実行会議の提言を受け，文部科学省は同年3月に道徳教育の充実に関する懇談会を設置しました。懇談会はその後，文部科学大臣に「今後の道徳教育の改善・充実方策について」（同年12月）を報告しました。報告では，道徳の時間を「特別の教科道徳」として位置づけ，「学校の教育活動全体を通じて行う道徳教育の要」とし，各教科等と効果的に関連を図るよう述べられました。2014年2月，報告を受けた文部科学大臣は中央教育審議会に「道徳に係る教育課程の改善等について」を諮問しました。検討すべき事項は，第一に，教育課程における道徳教育の位置づけ，第二に，道徳教育の目標，内容，指導方法，評価でした。この諮問に対して中央教育審議会が同年10月に答申し，以下の改善方策を示しました[3]。

▷3　中央教育審議会「道徳に係る教育課程の改善等について（答申）」2014年，pp. 5-17。

・道徳の時間を「特別の教科道徳」（仮称）として位置づける。
・目標を明確で理解しやすいものに改善する。
・道徳の内容をより発達の段階を踏まえた体系的なものに改善する。
・多様で効果的な道徳教育の指導方法へと改善する。
・「特別の教科道徳」（仮称）に検定教科書を導入する。
・一人一人のよさを伸ばし，成長を促すための評価を充実する。

　これらの改善方策の提示を受け，文部科学省は新学習指導要領において，「特別の教科道徳」を教育課程上に設定しました。

❷　道徳教育はこれまでどのように行われてきたのか

　道徳の教科化の背景にあるのは，いじめ問題の深刻化だけではありません。

　たとえば，情報通信技術の発展など，子どもを取り巻く環境が大きく変化し，子どものコミュニケーションや人間関係のあり方が問われるようになったこともあります。また，家庭や地域社会の教育力の低下が指摘されています。このほかにも，子どもの自尊感情の乏しさ，基本的生活習慣の未確立など，さまざまな課題があげられています。道徳の教科化はこのような社会的変化を背景に論じられてきました。

○教員及び子どもの受け止め方

　「道徳教育の在り方に関する懇談会」報告書では，道徳教育はその歴史的経

緯から忌避されがちな風潮があることや，そのため道徳の時間が各教科等に比べて軽んじられる傾向があると指摘されました。実際，道徳の時間が学校行事の準備の時間などに充てられることも多々ありました。道徳教育や道徳の時間に対する教員の意識は高くはなかったのです。また，道徳の時間の授業を楽しい，ためになると感じている子どもの割合は，学年が上がるにつれて低下する傾向も指摘されています。[4]

◯指導方法の不明確さ

2012年の「道徳教育実施状況調査」では，道徳教育の実施上の課題が報告されています。調査によれば，公立の小中学校の6割以上が，道徳の時間の指導の工夫として，「読み物資料の利用」「資料を提示する工夫」「発問の工夫」「話合いの工夫」を行っていることがわかりました。その一方で，「指導の効果を把握することが困難である」ことや，「効果的な指導方法がわからない」こと，「適切な教材の入手が難しい」ことが主な課題として報告されています。[5]

読み物教材の登場人物の心情理解にとどまる授業方法については，これまでも不十分さが指摘されており，形式的な指導に終始しないように工夫することが求められてきました。

◯発達段階の意識

先に紹介した「道徳教育の在り方に関する懇談会」では，これまでの道徳教育が，子ども達の発達段階に即したものとなっておらず，指導方法が十分に確立されていないことが課題として指摘されました。平成29年版学習指導要領では，「総則」の「第6　道徳教育に関する配慮事項」で，「児童（生徒）の発達の段階や特性等を踏まえ，指導内容の重点化を図ること」が示されています。これらの点を考慮しなければ，道徳教育を効果的に行うことはできません。

アメリカの心理学者コールバーグ[6]は，道徳的な問題をどのように考えるかは，発達段階によって異なると考えました。たとえば，小学校低学年の子どもに友達を叩いてはいけない理由を聞いてみると，「先生に怒られたくないから」というように，目上の人の権威を判断基準にする傾向（第1段階）があります。発達が進むと，他者との利益・不利益を判断基準にするようになり（第2段階），友達や先生，家族など，自分の身近な他者からの期待を判断基準にするようになります（第3段階）。このように，発達が進むことで，子どもは徐々に広い視点から道徳的な問題について判断できるようになります。

大人には，低学年の子どもの言葉は自己中心的に聞こえるかもしれません。しかし，子どもの発達に即した特有の考え方を考慮しなければ，道徳教育は子どもにとって実感が湧かないものになってしまいます。

❸　「考え，議論する道徳」をどのように推進するか

道徳科の授業において，読み物教材の登場人物の心情理解に偏重した授業を

▷4　道徳教育の充実に関する懇談会「今後の道徳教育の改善・充実方策について（報告）」2013年，pp. 2-3。

▷5　文部科学省「道徳教育実施状況調査（平成24年度実施）」2012年，p. 9。

▷6　コールバーグ
(Kohlberg, L.；1927-1987)

見直すことが求められています。子どもにわかりきったことを書かせたり言わせたりする授業から，子どもに「主体的・対話的で深い学び」となるような学習活動，すなわち「考え，議論する道徳」への転換を図ることが課題です。

では，「考え，議論する道徳」をどのように推進すべきでしょうか。中学校学習指導要領には，次のように指導上の配慮事項が示されています。[7]

> 　生徒が多様な感じ方や考え方に接する中で，考えを深め，判断し，表現する力などを育むことができるよう，自分の考えを基に討論したり書いたりするなどの言語活動を充実すること。その際，様々な価値観について多面的・多角的な視点から振り返って考える機会を設けるとともに，生徒が多様な見方や考え方に接しながら，更に新しい見方や考え方を生み出していくことができるよう留意すること。

考えを深め，判断し，それを表現する力を育むには，子どもに自分のものごとの捉え方を見直す機会を与えることが必要です。道徳科で行われる議論は，子どもがものごとの新たな捉え方を知る機会でなければなりません。また，子どもが「多様な見方や考え方に接しながら，さらに新しい見方や考え方を生み出していくことができる」には，特定の価値観に縛られず，さまざまな観点に立つことができる教材を使用することが必要です。

多様な価値観に向き合い，道徳的な問題について考え続ける姿勢を養うための道徳教育の取り組みの例として，「モラルジレンマ授業」があげられます。

モラルジレンマ授業とは，答えが1つではない問題状況を物語形式で提示することで，子ども達に葛藤を生じさせる授業です。たとえば，「こうのとりのゆりかご」をテーマとする授業では，いわゆる「赤ちゃんポスト」の設置についての是非が問われます。モラルジレンマ授業は一般的に2時間構成となっており，1時間目に自分の考えをまとめた後，2時間目にディスカッションを行います。ディスカッションでは，テーマについて自分が賛成・反対どちらの立場をどのような理由で取るのかが話し合われます。明確な勝ち負けを決めるディベートとは異なり，ディスカッションはオープンエンドを基本としています。立場の違う相手を論破するのではなく，自分とは異なる他者の意見や理由づけの仕方に傾聴する態度を育てることに重点が置かれています。

モラルジレンマ授業のほかにも，生活道徳（自分達の生活で直面している問題を取り上げてその解決について考え合う道徳授業），構成的グループエンカウンター，モラルスキルトレーニング，子どものための哲学など，「考え，議論する道徳」を推進する上で役立つさまざまな手法が，これまでも開発され実践されてきました。さまざまな手法について理解しておくことは，教師が目の前の子ども達にとってどのような指導方法が最適かを決めるために必要です。

（折口量祐）

▷7　文部科学省「中学校学習指導要領（平成29年告示）」2017年（第3章「特別の教科　道徳」第3「指導計画の作成と内容の取扱い」の2の(4)）。

参考文献

赤堀博行『「特別の教科　道徳」で大切なこと』東洋館出版社，2017年。

荒木紀幸『続　道徳教育はこうすればおもしろい』北大路書房，1997年。

荒木寿友『ゼロから学べる道徳科授業づくり』明治図書出版，2017年。

藤川大祐『道徳教育は「いじめ」をなくせるのか──教師が明日からできること』NHK出版，2018年。

2　特別活動の意義と内容

1　特別活動の目標と基本的な性格

　特別活動は，各教科，特別の教科道徳，総合的な学習の時間とともに，学校の教育課程を構成する重要な教育活動です。中学校を例とした場合，その領域は，学級活動，生徒会活動，学校行事から成り立っています。

　それでは，特別活動は，教育課程においてどのような役割を果たすのでしょうか。2017年改訂の中学校の学習指導要領では「集団や社会の形成者としての見方・考え方を働かせ，様々な集団活動に自主的，実践的に取り組み，互いのよさや可能性を発揮しながら集団や自己の生活上の課題を解決することを通して，次のとおり資質・能力を育成することを目指す」と，特別活動の全体の目標が示されています。育成することを目指す「資質・能力」は以下の3点です。

(1)多様な他者と協働する様々な集団活動の意義や活動を行う上で必要となることについて理解し，行動の仕方を身に付けるようにする。
(2)集団や自己の生活，人間関係の課題を見いだし，解決するために話し合い，合意形成を図ったり，意思決定したりすることができるようにする。
(3)自主的，実践的な集団活動を通して身に付けたことを生かして，集団や社会における生活及び人間関係をよりよく形成するとともに，人間としての生き方についての考えを深め，自己実現を図ろうとする態度を養う。

　また，2017年の指導要領の改訂では，上記の資質・能力や，特別活動の指導過程を考える重要な視点として「人間関係形成」「社会参画」「自己実現」の3点が明示されています。これらの目標や視点からもわかるように，特別活動において，子ども達は学級や学校，地域社会等，多様な集団の中で活動することになります。これらの集団活動に主体的に参画し，自主的，実践的に取り組むことを通じて，児童・生徒らは，よりよい集団とはどのような集団か考え，よりよい集団を形成することの意義や，集団形成に必要な知識や技能，態度を体験的に習得していきます。そして，互いのよさを認め合える人間関係を結びながら，生活課題を協働的に解決可能な集団を自分達の力で形成するとともに，集団内で自分の可能性を発揮するための意欲や能力を身につけていきます。

　以上のように，児童・生徒に身近な学校を1つの社会として捉え，よりよい集団・生活づくりを通して，社会で生きて働く実践的な知識・技能，態度等の

▷1　中学校の場合。小学校はこれらに外国語活動が加わる。高等学校の教育課程は教科，総合的な探究の時間，特別活動から構成されている。

▷2　小学校では，学級活動，児童会活動，学校行事，クラブ活動の4領域。高等学校では，ホームルーム活動，生徒会活動，学校行事の3領域から構成される。学校段階により，用語や表現に若干の違いはあるが，趣旨としては同様である。

▷3　このような特別活動の特質は，特別活動が学校の教育課程に位置づけられるようになった背景とも関連している。特別活動の領域に示された各種の教育活動は，近代の学校教育でも行われていた。ただし，戦前の場合は教育課程を教科課程と呼称したことからもわかるように，教育課程の中心は教科の学習であり，その他の教育活動は教育課程外に置かれ，課外活動として実施されていた。しかし，第二次世界大戦後の教育改革において，課外活動の一部が「自由研究」等の名称で教育課程内に位置づけられることになった。その背景には，民主的で文化的な国家の建設を目指す日本において，戦後の民主主義社会を支える人材の育成

諸能力を育み，将来の人格的・社会的自立を目指すことが，特別活動の学校教育における重要な役割といえます。また，よりよい集団を形成し，よりよい生活を実現するためには，教科や道徳，総合的な学習の時間等で学んだ知識・技能，態度を総合的に活用することになります。このため，特別活動は，学校における多面的な学びを統合するものともいえるでしょう。その充実は，学校教育の成果を高めるために欠かすことのできないものです。[4]

2　特別活動の内容

　それでは，特別活動ではどのような活動により，児童・生徒らの諸能力を育んでいるのでしょうか。各領域の内容について概略を確認しましょう。[5]

○学級（ホームルーム）活動

　学級活動は，学級や学校の生活への意欲を高め，より充実したものとするため，自分達で生活上の課題を見いだし，解決に向けて合意を形成し，役割分担しながら協働する活動です。その内容は，(1)学級や学校における生活づくりへの参画，(2)日常の生活や学習への適応と自己の成長及び健康安全，(3)一人一人のキャリア形成と自己実現の3つから構成されます。実際の活動としては，学級での話合い活動や当番・係活動などが行われています。

○生徒会（児童会）活動

　生徒会活動は，学校生活の充実を図るために，異年齢の生徒間で協働する活動です。その内容は(1)生徒会の組織づくりと生徒会活動の計画や運営，(2)学校行事への協力，(3)ボランティア活動などの社会参画から成ります。生徒会等の生徒集団を主体的に組織し，自治的な学校生活の向上に向け協働したり，生徒会を中心に学校行事やボランティアの運営に協力したりすることを通じ学びを深めます。具体的には，生徒総会，委員会活動等が行われます。

○学校行事，クラブ活動

　学校行事は，学校の内外におけるさまざまな体験的な活動を通して，集団への所属感や連帯感を深めたり，公共の精神を養ったりする活動です。内容は(1)儀式的行事，(2)文化的行事，(3)健康安全・体育的行事，(4)旅行・集団宿泊的行事，(5)勤労生産・奉仕的行事があり，入学式や卒業式，文化祭，体育祭，修学旅行，職業体験などが行われます。日頃の学校生活では味わえない体験を通じて，児童・生徒らの学びを広げることが可能です。ただし，学外での活動は，事故等が発生しやすいため，安全性への配慮も必要です。また，小学校ではクラブ活動を通じ，個性の伸長をはかったり，自分達の力でクラブの運営をすることにより自治的態度や自治に必要な技能を養います。[6]

　以上の活動に，子ども達が自主的，実践的に取り組むことを通じて，学習指導要領の目標に掲げられた資質・能力を高めていきます。[7]

（野口穂高）

▷4　このほかにも，特別活動には，それぞれの学校の実態や児童・生徒の状況に応じて特色ある活動を展開することにより，各学校独自の学校文化や校風を醸成し，特色ある学校づくりに寄与するなどの意義もある。また，子どもの自主性や協働性を高める日本の特別活動の成果は，OECD（経済協力開発機構）をはじめ，海外からも注目を集めている。
　経済協力開発機構（OECD）（編著），ベネッセ教育総合研究所（企画・製作），無藤隆・秋田喜代美（監修）『社会情動的スキル』明石書店，2018年。
　東洋館出版社編集部（編）『平成29年度小学校新学習指導要領ポイント総整理』東洋館出版社，2017年。

▷5　ここでは，主に中学校の内容を参照しながら，適宜，小学校や高等学校の内容についても触れる。

▷6　中学校や高等学校では，課外活動として部活動が行われ，クラブ活動と同様の機能を果たしている。

▷7　これら各活動の成果を高め，次の活動及び教科学習，学校生活へと成果をつなげるためにも，特別活動により児童・生徒がいかに成長し，学級や学校が集団としてどのように変容したか，その活動を評価し，改善することが重要となる。

が求められたことにある。戦後の自由研究やその後の「特別教育活動」は，民主主義や自治の精神を体験的に学ぶための時間でもあった。

「総合的な学習／探究の時間」と そのねらい

 1998年学習指導要領での総合的な学習の時間の創設

　「ゆとりの中で『生きる力』をはぐくむ」との方向性を示した1996年の中央教育審議会（第一次答申）において「総合的な学習の時間」の創設が提言されました。同答申の中で「『生きる力』が全人的な力であるということを踏まえると，横断的・総合的な指導を一層推進し得るような新たな手立てを講じて，豊かに学習活動を展開していくことが極めて有効である」として「一定のまとまった時間を設けて横断的・総合的な指導を行うこと」と述べられています。

　1998年学習指導要領では，この時間のねらいは2つ示されています。1つは「自ら課題を見付け，自ら学び，自ら考え，主体的に判断し，よりよく問題を解決する資質や能力を育てること」です。1つは「学び方やものの考え方を身に付け，問題の解決や探究活動に主体的，創造的に取り組む態度を育て，自己の生き方を考えることができるようにすること」です。高等学校は，「自己の生き方」が「自己の在り方生き方」となっています。

　2003年の学習指導要領一部改正の際に，この時間のねらいとして「各教科，道徳及び特別活動で身に付けた知識や技能等を相互に関連付け，学習や生活において生かし，それらが総合的に働くようにすること」が付け加えられます。実は，1998年学習指導要領ではねらいになかったために配慮事項の中で示されました。なお，1998年の教育課程審議会答申では，このことが明記されていました。教科と総合とが補完的な関係であることの重要性が指摘されていました。

2008年学習指導要領における目標等の明示

　1998年学習指導要領の中では，総合的な学習の時間は教育課程全体に関わるという考えから総則の中で記述されていました。地域や学校，児童生徒の実態に応じて，教育活動を計画・実施することが求められており，学習指導要領では具体的な目標や内容等が示されていませんでした。そのため，一部の学校においては，この時間の趣旨にそぐわない取り組み（たとえば，特定の教科の補充や各種行事の準備など）が行われたのです。その反省から2008年学習指導要領では，この時間を章として独立し，趣旨等を改めて徹底するとともに，目標を示すなどの充実を図っています。

　1998年学習指導要領（2003年一部改正）のねらいとの違いは，次の3つです。

１つは，「横断的・総合的な学習や探究的な学習を通して」という文言が先頭部分につけ加えられたことです。特定教科の補充学習等への転用や本やインターネットなどで直ぐに解決できるような課題や内容の設定はそぐわないことを示しています。１つは，「主体的，創造的に取り組む態度を育て」の間に，「協同的」という文言が入ったことです。他者と力を合わせて問題解決を図ることを奨励しています。１つは，「各教科，道徳，外国語活動及び特別活動で身に付けた知識や技能等を相互に関連付け，学習や生活において生かし，それらが総合的に働くようにすること」が再び配慮事項の中で示されています。また，目標をさらに具現化した「育てようとする資質や能力及び態度」や学習活動，指導方法，学習評価計画等を示すことを定めています。学校や教師による取り組みの質的な格差を生み出さないために，各学校において計画を立てて実施することを示しています。総合的な学習の時間が章立てになったことにより，『解説書』（小・中・高各編）及び『指導資料』（小・中・高各編）が作成されました。

③ 2017年学習指導要領における探究的な学びのさらなる充実

2017年学習指導要領解説ではすべての教科等に，その教科等が主として育む「見方・考え方」を示しています。総合的な学習の時間における「見方・考え方」は「各教科等における見方・考え方を総合的に活用して，広範な事象を多様な角度から俯瞰して捉え，実社会・実生活の課題を探究し，自己の生き方を問い続ける」と示されています。答えが１つに定まらない具体的な課題に対して，各教科等の見方・考え方を関連づけて活用しながら解決を図ろうとしつつ，自己の生き方を模索しようとする見方や考え方です。

新学習指導要領ではすべての各教科等の目標が「育成を目指す資質・能力」の３つの柱で統一されています。総合的な学習の時間は創設以来，ねらいが資質・能力ベースで示されており，この考えは受け入れやすいと考えられます。

ただし，「育成を目指す資質・能力」の３つの柱の１つ目「何を理解しているか，何ができるか（生きて働く「知識・技能」の習得）」には配慮が必要です。確かに総合的な学習の時間では，環境や福祉，健康などどのような課題に取り組んだとしても，その取り組みが充実していればしているほど，子どもは深く学びます。豊かな体験や多様な立場や年代の人との直接的な関わり，専門家からの助言，文献や資料あるいはインターネットなどからの情報を理解しつなげ自分の言葉で表現し，発信していく活動を通して理解を深めます。探究的な学びを通して，その結果として高度な知識・技能を習得することは少なくありません。知識・技能の習得が目的化することのないように気をつけたいものです。

高等学校は「総合的な探究の時間」と名称変更されています。その理由として中教審答申において「小・中学校と比較して高等学校での取組が低調である」「重要性を踏まえた位置付けを明確化する」と述べています。　　　（村川雅弘）

▷　３つの柱とは「知識及び技能」「思考力，判断力，表現力等」「学びに向かう力，人間性等」である。⇒ VIII-6 参照。

小学校「外国語活動」「外国語」

 「外国語活動」「外国語」導入の背景と経緯

　私達の社会が大きく国際化へ向けて進展し，外国語への需要が高まる中で，これまでの外国語教育への不満，近隣諸国の英語教育への取り組みなどの社会的背景を理由に，小学校に英語を取り入れる試みが，1992年に当時の文部省によって開始されました。この教育実験を行う研究開発学校として，大阪市立味原小学校と真田山小学校が指定されて研究に取り組みました。

　1998年の学習指導要領の改訂で新たに「総合的な学習の時間」が設けられ，その中で国際理解の一環として「英語活動」が導入されました。しかし，英語活動は各学校の判断に任されていたことから，開始学年，時数，内容，方法などに相当のばらつきが生じました。この状況を踏まえて，①小学生の柔軟な適応力，②国際的な視野を持ったコミュニケーション能力の育成，③英語活動でのばらつきの解消など教育の機会均等の観点から英語活動を「外国語活動」と改称して，2008年の学習指導要領の改訂で必修として，第5・6学年に「外国語活動」を年間各35時間設定しました。

　さらに，2017年の学習指導要領の改訂で，第3・4学年に外国語活動を導入し，「聞くこと」「話すこと」を中心とした活動を通じて外国語に慣れ親しみ外国語学習への動機づけを高めた上で，第5・6学年に外国語を導入し，段階的に「読むこと」「書くこと」を加えて総合的・系統的に扱う教科学習を行うとともに，中学校へのスムーズな接続を図ることを重視することにしました。

2 「外国語活動」と「外国語」の教育課程上の位置づけ

　これまでの第5・6学年に領域として必修の「外国語活動」を年間各35時間設定していたものを，第3・4学年に新たに年間各35時間取り入れました。そして，第5・6学年には教科として必修の「外国語」を新たに年間各70時間設定しました。

　このことから，わが国の外国語教育史上初めて，小学校第3学年から必修としての外国語（主に英語）教育が開始されることになりました。

3 「外国語活動」と「外国語」の目標

　外国語学習においては，語彙や文法等の個別の知識がどれだけ身についたか

に主眼が置かれるのではなく，児童の学びの過程全体を通じて，「知識・技能」が，実際のコミュニケーションにおいて活用され，「思考・判断・表現」することを繰り返すことを通じて獲得され，学習内容の理解が深まるなど，相互に関係し合いながら育成され，また，その過程において「学びに向かう力，人間性等」の資質・能力が育成されるとの認識のもとに，外国語活動と外国語の目標が設定されました。

　外国語活動の目標は，「外国語によるコミュニケーションにおける見方・考え方を働かせ，外国語による聞くこと，話すことの言語活動を通して，コミュニケーションを図る素地となる資質・能力を育成する」です。

　また，外国語の目標は，「外国語によるコミュニケーションにおける見方・考え方を働かせ，外国語による聞くこと，読むこと，話すこと，書くことの言語活動を通して，コミュニケーションを図る基礎となる資質・能力」を育成することです。

　第3・4学年において，英語の目標として「聞くこと」，「話すこと［やり取り］」，「話すこと［発表］」，の3つの領域を設定し，音声面を中心とした外国語を用いたコミュニケーションの素地となる資質・能力を育成し，第5・6学年において「読むこと」「書くこと」を加えた5つの領域の言語活動を通じて，コミュニケーションを図る基礎となる資質・能力を育成することとなります。

④　「外国語活動」と「外国語」の内容

　外国語活動と外国語の指導において，児童の身近な暮らしに関わる場面（家庭での生活，学校での学習や活動，地域の行事など），特有の表現がよく使われる場面（挨拶，自己紹介，買物，食事，道案内，旅行など）の言語の使用場面で，コミュニケーションを円滑にする（挨拶をする，呼び掛ける，相づちを打つ，聞き直す，繰り返すなど），気持ちを伝える（礼を言う，褒める，謝るなど），事実・情報を伝える（説明する，報告する，発表するなど），考えや意図を伝える（申し出る，意見を言う，賛成する，承諾する，断るなど），相手の行動を促す（質問する，依頼する，命令するなど）などの言葉の働きを目指して，語数にして600〜700語を使った易しい表現を学習することになります。

⑤　指導の留意点

　外国語活動と外国語を指導する際に，「英語嫌いをつくらない」ことをかたく心に決め，場面や児童の気持ちに関係なしに機械的な繰り返しの練習を避けて，遊ぶ心豊かな楽しい活動を通して音声に十分慣れ親しませた上で，聞いたり話したり読んだり書いたりする活動を行うことが大切です。

（影浦　攻）

参考文献

　文部科学省『小学校学習指導要領（平成29年告示）解説　外国語活動・外国語編』開隆堂，2018年。

課外活動

 課外活動とは

　課外活動とは，部活動，ボランティア活動，インターンシップや就業体験，保育・介護体験，文化芸術体験，放課後の学習指導など，学校の管理下において教育課程外に行う活動のことです。教育課程とは，教育の目的を達成するため，必要な教育内容を段階に応じて系統的に配列したものであり，日本の小・中・高等学校の場合，学習指導要領を基準として学校の教育課程が編成されています。課外活動は，これら学習指導要領やその他諸規則に定めのない活動ですが，学校の管理・責任のもと実施される教育活動を指します。

　戦前の学校教育においては，教科学習のみが教育課程に位置づけられ，教科以外の教育活動は課外活動とされていました。しかし，儀式，運動会，学芸会，遠足，学級会など，現代の特別活動の前身ともいえる活動をはじめ，教科外の体験的な活動が積極的に学校の教育活動に位置づけられるなど，その教育的な効果や意義は昔から認められてきました。戦後は，戦前は課外活動とされた活動の多くが特別活動などに再編され，教育課程内に位置づけられることになりました。同時に，部活動など，生徒が自主的・自発的に参加する課外活動も学校の教育活動の一環として行われています。特別活動のような体験的な学習活動を教育課程に位置づけていることや，多くの課外活動を実施していることは，諸外国の学校と比較した際の，日本の学校教育の特色の1つといえます。

 課外活動の意義

　それでは，なぜ学校教育では課外活動が重視されてきたのでしょうか。課外活動は，教育課程に定めがないがゆえに，子どもや学校の状況に応じて実施される活動が中心です。このため，多くの活動は，子どもの興味や関心，キャリア形成の方向性に基づき，児童・生徒らの自主的な参加により行われることになります。結果，正規の課程内，とりわけ教科学習のみでは体験しづらいさまざまな活動が展開されるなど，児童・生徒らの必要性に応じて学校教育を補完し，学びの幅を広げることが可能です。課外活動を通じて，協調性，思考力や判断力，表現力等の多様な諸能力が育まれたり，児童・生徒の自己肯定感や学習意欲，将来への意識が高まったりするなど，学校の教育活動をより豊かで確かなものとしています。また，学年を超えて実施されることも多く，子ども達

▶ 1　認知的スキルと社会情動的スキルは相互に作用し，高め合う関係にあると考えられている。このため，教科学習に加え，課外活動や特別活動などの体験的な学習を中心とする活動を拡充させることは，子ども達の認知的スキルと社会情動的スキルをバランスよく育成する環境を整えることになるといえる。
　経済協力開発機構（OECD）（編著），ベネッセ教育総合研究所（企画・製作），無藤隆・秋田喜代美（監修）『社会情動的スキル』明石書店，2018年。

は異年齢の交流を通じ，児童・生徒間，教員との人間関係を深めることになり，これらの関係性は教育を効果的に展開する上で重要な基盤となります。

さらに，近年では，知識・技能などの認知的なスキルに加えて，忍耐力や意欲，社会性，自尊心といった子ども達の「社会情動的スキル」を育む必要性が提唱されています。部活動やボランティア活動，就業体験等の課外活動は，社会情動的スキルを育成するために重要な活動と位置づけられています。[1]

このように，課外活動では，日常の教科学習のみでは学ぶことのできない事象を学習・体験することを通じて，児童・生徒の学びの幅を広げ，その成長をより確かなものとすることが期待されます。

また，2017・18年改訂の学習指導要領では「社会に開かれた教育課程」の理念が示されました。[2]この「社会に開かれた教育課程」の理念の実現には，学校内外の教育活動を充実させ，子ども達の多様な体験の機会を確保することが重要です。部活動やボランティア活動，就業体験などは，地域社会を舞台に行われることも多く，保護者や地域の人々の参加が期待できる活動です。課外活動を通じて，学校が家庭・地域と協働して子ども達の教育にあたることは，学習指導要領の中心的理念の具現化に大きく寄与するものといえます。

❸ 課外活動の指導と課題

課外活動は，学校の管理下で行われる教育活動ですが，一方でその位置づけの曖昧さも指摘されています。たとえば，中学校や高等学校における部活動は，7割から9割の生徒が参加しています。[3]しかし，学習指導要領における位置づけ，とりわけ教育課程との関連づけは十分ではありませんでした。2017・18年改訂の学習指導要領において「教育課程外の学校教育活動と教育課程の関連が図られるように留意するものとする」と示されたように，課外活動，とりわけ部活動などは，各教科や総合的な学習の時間，特別活動等とどのように関連づけられるのか，各学校でよく検討しながら指導することが必要です。

一方で，教員の業務過多や多忙化が指摘される現代において，部活動をはじめとする課外活動の指導が，負担の1つとなっている側面は否めません。現在では，「部活動指導員」など，外部人材を活用する制度の拡充も進みました。[4]2017年改訂の中学校学習指導要領でも「学校や地域の実態に応じ，地域の人々の協力，社会教育施設や社会教育関係団体等の各種団体との連携などの運営上の工夫を行い，持続可能な運営体制が整えられるようにする」と示されています。今後は，外部人材の活用を一層進めるとともに，学校や家庭，地域の役割を再検討することや，相互連携をさらに進めることにより，いかに学校内外の人々が協働し，子どもの豊かな学びの機会を保障していくかが問われているといえます。

(野口穂高)

▷2　2017・18年改訂の学習指導要領では，子どもたちが自己の人生や未来の社会を切り拓くための資質・能力を確実に育成することを目指している。また，その方策としては，今後の子ども達に求められる資質・能力とは何かを社会と共有し，連携・協働しながら子ども達を育む「社会に開かれた教育課程」を実現することが強調された。さらに，その実現のため，学校教育を学校内で閉じるのではなく，地域の人的・物的な資源を活用したり，社会教育との連携を図ったりすることの重要性も提唱されている。

▷3　スポーツ庁「平成29年度運動部活動等に関する実態調査報告書」2018年。

▷4　たとえば，2018年に実施された「OECD国際教員指導環境調査（TALIS）」によれば，日本の中学校教員が1週間あたりに課外活動（放課後のスポーツ活動や文化活動）に費やす時間は7.5時間であり，調査に参加した諸外国の平均の1.9時間を大きく上回っている。
国立教育政策研究所（編）『教員環境の国際比較OECD国際教員指導環境調査（TALIS）2018調査報告書』ぎょうせい，2019年。

（参考文献）
経済協力開発機構（OECD）（編著），ベネッセ教育総合研究所（企画・製作），無藤隆・秋田喜代美（監修）『社会情動的スキル』明石書店，2018年。
中澤篤史『運動部活動の戦後と現在』青弓社，2014年。

6　防災教育

 現代教育に求められている防災教育

　日本は豊かな自然環境に恵まれている一方で，多種多様な自然災害を経験してきた災害大国であり，被害を最小限に防ぐために技術や知見も蓄積した防災の先進国ともいえます。日本で生きる我々は，過去の自然災害に学び，明日起こるかもしれない災害を想像し，一人でも多くの人が生き残るために最善の努力をする義務があるのです。このような課題に対し解決を図っていく取り組みが防災教育です。防災教育とは，自分の生活において起こり得ることが予想される災害に対して，それを防ぐための知識や技能を身につけ，自分の命は自分で守る，自分でできることは学校や家族，地域に働きかけていくような教育を指します。地震をはじめとするさまざまな自然災害の発生により，子ども達の安全に関する環境が課題となってきています。そのような社会の要求から人々が地域社会とつながり，防災教育を展開していくことが求められています。学校教育こそ，その役割を担う場であり，子ども達が生命や自然に対する神秘性や有限性，尊さや儚さを実感して，希望ある未来に思いを馳せながら防災教育を学んでいくのです。学校カリキュラムの中に防災教育を位置づけることは今や必須の重要課題であり，防災教育を推進していくことは，わが国の使命ともいえるのです。

② **防災教育に減災の視点を取り入れる**

　防災とは，防波堤の建設や建物の耐震対策など，自然災害が起きても被害が出ないように，完璧な体制で災害から人々を守っていくという視点です。これは行政や企業などの取り組みが主体とされ，公助による依存が大きいと言えます。自然災害は行政を中心に社会が守ってくれるという考えが防災にはあるのです。一方，過去の自然災害から学び，災害は起こるものだと想定し可能な限り災害時の被害を最小限にとどめ，被害の迅速な回復を図るのが減災の考えです。東日本大震災，熊本地震など，近年起きた自然災害の状況を考えると，減災の視点を防災教育に組み込んでいくことは必要不可欠といえます。

　減災の視点を取り入れた防災教育とは，たとえば，自分の命は自分で守る自助や，被害想定や避難場所を示したハザードマップの作成のような皆で助け合う共助の学習などが想定できます。目の前の課題を自分事として捉え，災害に

対する想像力を高める効果があります。防災教育に減災の視点を取り入れることは，地域の未来に関して決して暗いイメージをもつことではありません。東日本大震災の復興の途上では，子ども達が困難に立ち向かう主体性と粘り強さ，国内外の多様な人々と協働で被災地や日本の未来を創造していく姿が人々の大きな希望となりました。減災の考えが含まれた防災教育とは，「こうなってほしい」という未来的な思考で，地域や自分の姿を創造していくことなのです。

③ 「三助三局面」を意識し活きた防災教育を展開する

防災における三助とは，自分の命は自分で守る「自助」，自分達の地域は自分達で共に助け合っていく「共助」，行政による個人や地域の取り組みである「公助」を指します。また，それら「三助」の取り組みは，「災害発生前」「災害発生時」「災害発生後」のそれぞれの局面での行動を想像し対応していくことが大切です。この３つの場面，すなわち「三局面」を「三助」とも関連させ，防災教育の「三助三局面」とします。とかく防災教育では，災害発生前に重きをおいて学校にいる時を想定した授業が主流でした。これからは災害発生時，発生後にも考慮し，学校，家庭，地域で各々の連携と協働の重要性を学び取っていくことが求められています。つまり，防災教育で習得した防災に関する知識や技能は，あらゆる場面，いかなる時にも発揮されてこそ，自然災害に対峙するたくましさを備えた資質・能力となるのです。「三助三局面」を意識することで，より切実性のある防災教育を可能にします。

④ あらゆる教科・領域，発達段階において防災教育を推進していく

防災教育を学校カリキュラムに具現化していく場合，実際の教科・領域の特性を考え計画的に位置づけていくことが大切です。たとえば，自然現象が発生する仕組みや影響は理科で，防災に関する地域の現状や取り組みは社会科で，家庭生活における防災バッグなどの準備は家庭科で，等々が考えられます。どの教科・領域においても，防災に関する知識や技能を身につけ，自らが考え最適な方法に導いていくことが望ましいのです。その際，地域の課題や対策，防災に関わる地域の人の想いなどに迫ることで自己の生き方を考えられるよう，総合的な学習の時間を核としてさまざまな教科と関連させ，探究的，総合的にカリキュラムをデザインするのが効果的です。また，災害は，子どもが育つまで待ってはくれません。幼児教育も含めたあらゆる校園，学年で計画し，児童生徒の発達段階に即した防災教育を実践していくことも教師の責務なのです。いずれにしても，目の前にある防災の課題を自分事として捉え，それぞれの場面で自分や地域にあった防災に関する意識を高め，実行に移していくことが大切です。

（加納誠司）

（参考文献）
市川真基・加納誠司「学校教育における防災・減災教育の変遷から見えてきた課題と方向性」『愛知教育大学教職キャリアセンター紀要』(2), 2017年。

7　主権者教育

① 主権者教育の背景

　2015年に公職選挙法が改正され，選挙権年齢が満18歳以上に引き下げられました。この法改正により，高等学校に在学する生徒が在学中に満18歳を迎え選挙権を得ることとなり，学校はこれまで以上に政治的教養を育む指導を行うことが求められるようになりました。これまでも小学校，中学校，高等学校の各段階の社会科や公民科において，憲法や選挙，政治参加に関する教育は行われてきました。しかし，こうした政治の意義や制度に関する指導に対して，知識を暗記するような教育となっているのではないか，現実の具体的な政治事象を取り扱うことに消極的ではないか，といった指摘がなされてきました。このような指摘に答えるためには，社会科，公民科のみならず学校の教育活動全体を通して，話合いや討論等を通じて生徒が自らの考えをまとめていくような学習を進め，政治的教養を育むことが求められます。また，現実の具体的な政治事象を取り上げるとともに，模擬選挙や模擬議会など，具体的・実践的な学習を学校現場に取り入れることが求められます。こうした背景から，主権者教育が登場してきたのです。

② 主権者教育で育みたい力と学習方法

　総務省と文部科学省が作成した高校生向けの主権者教育副教材『私たちが拓く日本の未来——有権者として求められる力を身に付けるために』では，主権者教育で育みたい力として，政治や選挙の意義，選挙の具体的な仕組みなどの知識に加えて，次のような力をあげています。

- ・論理的思考力（とりわけ根拠をもって主張し他者を説得する力）
- ・現実社会の諸課題について多面的・多角的に考察し，公正に判断する力
- ・現実社会の諸課題を見出し，協働的に追究し解決（合意形成・意思決定）する力
- ・公共的な事柄に自ら参画しようとする意欲や態度

　そして，このような力を育むためには，有権者となれば判断を求められる現実の具体的な政治事象を題材として，正解が一つに定まらない問いに取り組み，今までに習得した知識・技能を活用して解決策を考え，他の生徒と学び合う活動など言語活動による協働的な学びに取り組むことが求められるとしています。

▷1　総務省・文部科学省『私たちが拓く日本の未来——有権者として求められる力を身に付けるために』2015年。

③　主権者教育の代表的な実践例

　主権者教育の代表的な実践例としては，模擬選挙や模擬議会があります。模擬選挙は，実際の選挙を題材として，各党や候補者の主張を公約等のさまざまな情報から判断し投票を体験する学習です。神奈川県では，３年に１度行われる参議院議員通常選挙の機会を活用して，全県立高校で模擬選挙を実施しています。また，模擬議会は，実際の議会と同様に委員会や本会議などの審議過程に沿って，議案の審議を体験する学習です。審議する議案は，消費税や原発の問題など時事的で論争的な現実社会の諸課題を扱います。

　いずれの学習も，現実の具体的な政治的事象について扱うことで，選挙や政治をより身近なものとして感じることができるとともに，実践的な政治的教養を育む上で効果的です。一方で，こうした現実の具体的な政治的事象は政治的に対立する見解を含むことが多くあります。このため，教員は中立かつ公正な立場で指導を行うなど政治的中立性の確保は欠かせません。

④　主権者教育のこれから

　こうした模擬選挙や模擬議会などの実践例から，主権者教育はやはり社会科や公民科が担うものと思われるかもしれません。確かに，高等学校の公民科に新しく設置された共通必履修科目「公共」においても，社会との関わりを意識した主題を追究したり解決したりする活動の充実を図りながら，自立した主体として社会に参画するために必要な資質・能力を育成することを目標としており，主権者教育において重要な役割を担っていることは間違いありません。しかし，その一方で，冒頭で述べたとおり，主権者教育は学校の教育活動全体を通して行うことが大切です。このことは，すでにキャリア教育が学校の教育活動全体を通じて行われていることと同様です。

　そもそも教育基本法第14条第１項には，「良識ある公民として必要な政治的教養は，教育上尊重されなければならない」とされています。実際に，「高等学校学習指導要領（平成30年告示）解説　特別活動編」においても，特別活動全体を通して，自治的な能力や主権者として積極的に社会参画する力を育てることを重視しています。すなわち，児童生徒の発達段階に応じて政治的教養を育むことをねらいとする主権者教育もまた，公教育である学校の本来的な役割といえるでしょう。

　近年では，民主主義社会の担い手を育てるシティズンシップ（市民性）教育として，主権者教育を広く捉え直す動きも盛んです[2]。職業的自立を促すキャリア教育と社会的自立を促すシティズンシップ教育は，まさしく学校教育の両輪ともいえるでしょう[3]。

（黒崎洋介）

▷２　日本シティズンシップ教育フォーラム（編）『シティズンシップ教育で創る学校の未来』東洋館出版社，2015年。

▷３　児美川孝一郎『権利としてのキャリア教育』明石書店，2007年。

多文化教育・第二言語教育

 多文化教育

○多文化教育とは何か

　多文化教育は，社会の差別や偏見をなくし，あらゆる人の平等，公正，人権を尊重し，多様性を認め合う社会をつくるための教育実践であり，教育改革運動を意味します。

　アメリカ合衆国には，かつて，WASP（ワスプ）[1]と呼ばれる人々が多数派を占め，社会の中心をなすという考え方がありました。また，多様な背景をもつ移民が混ざり合って新しいアメリカ人を生むという考え方（融合主義）[2]もありました。しかし，実際は多数派が優位な権力をもち，それ以外の人々が社会の周辺に位置づけられ，不利益を受ける現実がありました。そのなかで，1960年代以降，黒人の権利や平等な扱い，差別撤回を求める公民権運動が起こりました。その運動が発展する中で，黒人だけではなく，ヒスパニック系住民，先住民など，社会の少数派の不利益や差別を解消することを目指し，多数派に有利な西洋中心的な考え方による学校カリキュラムを改革し，生徒の学力を保障し，多様性と差異を受け入れる態度を育成する多文化教育の実践が教育改革運動として展開していったのです。

○多文化教育の実践理念

　バンクス[3]は，多文化教育を学校で実践する時の8つの視点を提示しています。

(1)教職員はすべての生徒に高い期待をもち，肯定的な態度を示す。

(2)カリキュラムは性別，多様な文化，経験等をもつ人の視点を反映する。

(3)教え方を，生徒の学習，文化，動機づけのスタイルに合わせる。

(4)生徒の母語（第一言語）や方言を尊重する。

(5)教材は，多様な文化と人々の視点に立ってつくられていることを示す。

(6)評価や試験の方法の手順は文化的に配慮され，多様性を考慮する。

(7)学校文化に，生徒の多様な文化的背景を反映する。

(8)学校カウンセラーはすべての生徒に高い目標を設定し，実現を支援する。

　いずれも，多数派，少数派のすべての生徒の文化的特性や背景に配慮をし，一人一人が公平に学べる環境を整え，多様性を理解し受け入れることができる人を育成することが，多文化教育の原則です。[4]

▷1　White Anglo-Saxon Protestant（白人アングロサクソン系のプロテスタント）の頭文字をとった略語。

▷2　融合主義は，「サラダボール理論」ともいう。色とりどりの野菜が形や味を維持したまま，うまく混ざり合うことによって，美味しいサラダができあがるというイメージで，人々が融合するという考え方。

▷3　バンクス
（Banks, J. A. ; 1941- ）
ジェームズ・A・バンクス，平沢安政（訳）『多文化教育──新しい時代の学校づくり』サイマル出版会，1996年。

▷4　異なる文化や言語，考え方を受け入れ，それらを社会的な資源として活用し，社会を発展させていくという多文化主義が，多文化教育を支える考え方の1つ。

② 第二言語教育

○第二言語としての日本語教育

　近年，日本の公立学校に在籍する「日本語指導が必要な外国籍の児童生徒」数が増加傾向にあります。文部科学省の調査によると，「日常会話ができない」あるいは「日本語は話せるが，教科学習に支障がある」と学校現場で判断される子どもが，全国で3万人以上います。

　これらの子どもは家庭内では母語（第一言語）を使用し，学校では第二言語の日本語で学ぶ子どもです。これらの子どもに日本語を教える教育は，日本語を母語とする子どもを対象とした国語教育とは異なり，第二言語教育としての日本語教育と呼ばれます。

　日本に長く住んでいれば日本語がうまくなるというわけではありません。日常会話ができても，教科内容を理解する日本語能力が育っていない場合もあります。これらの子どもの日本語能力を育成するには継続的な指導が必要です。文部科学省は2014年度から，在籍クラスから取り出し，日本語指導を行うことを「特別の教育課程」として，正規のカリキュラムの中に位置づけました。そのことにより，教員免許のある教員が教育計画を立て，評価を行うことが可能となりました。しかし，「日本語」という科目も教員免許もないため，子どもの日本語指導を担当する専門教員は十分に養成されておらず，学校現場は極めて難しい現実に直面しています。国レベルの新たな政策が必要です。

○多様性を認め合う言語教育実践

　今，人々が国境を越えて移動する時代になり，多様な背景をもつ人々が混在する社会情勢が世界各地で見られます。日本の学校も同様で，日本語を母語としない外国籍の子どもや国際結婚家庭で幼少期より複数の言語に触れながら成長する子ども，さらに，海外で暮らす日本人家庭で育ち帰国した子どもなど，ことばの力や文化的経験の異なる子どもが1つの学校で共に学ぶ状況が生まれてきています。

　これらの子どもの背景や特性に配慮した言語教育を行うことは，多文化教育の観点からも重要です。その場合，日本語教育だけではなく，子どもの母語を維持し育てる母語教育や，子どもの文化的背景を尊重し認め合う言語教育実践も必要です。たとえば，学校の中の掲示やサインを複数の言語で表記する，校内放送を少数派の子どもの言語で行う，「学校だより」に保護者の母語で訳をつける，外国籍の親を招待し，祖国の話をしてもらう，祖国の料理や言語を紹介してもらうなどの実践はすでに日本各地で行われています。

　異なる言語や文化的背景をもつ人々と，互いの違いを認め合いながら，より豊かで，安心して暮らせる多文化共生社会をどう構築するか，その社会を担う人をどう育成するかは，今後の教育の大きな課題なのです。　　　　（川上郁雄）

▷5　詳しくは文部科学省「日本語指導が必要な児童生徒の受入状況等に関する調査（平成28年度）」の結果について（http://www.mext.go.jp/b_menu/houdou/29/06/__icsFiles/afieldfile/2017/06/21/1386753.pdf）参照。

▷6　日常会話など生活言語能力は1年から2年である程度できるようになるが，学習に参加できる学習言語能力を習得するには5年から7年かかるといわれる。

▷7　2019年6月，「日本語教育の推進に関する法律」が公布・施行された。

▷8　ここでいう「ことばの力」とは複数言語能力が一体となった力。複数の言語能力や文化理解能力が一人の人の中で混ざり合っていると捉える見方を，複言語複文化主義という。

▷9　山脇啓造・服部信雄（編）『新多文化共生の学校づくり──横浜市の挑戦』明石書店，2019年。

（参考文献）

　川上郁雄『「移動する子どもたち」のことばの教育学』くろしお出版，2011年。

9　子どもの哲学対話

1　哲学対話とは

　哲学対話の歴史は，ソクラテスの時代まで遡ります。[1] ソクラテスは対話によって真の知恵へと辿り着こうとしました。そのような対話は，質問と答えによるやりとりであったことから，「問答法」あるいは「産婆術」と呼ばれます。ソクラテスは見聞きした知識を疑い，弁論の巧みさに惑わされず，自分が理解していると思っていることの限界を突破するために対話を通じて哲学をし，人々が考えることを産婆（助産師）のように手助けしたのです。このようなソクラテスの態度は現代社会の中でも役立てられるはずだと，20世紀に入って哲学者を中心としてドイツで誕生した哲学者と市民との対話が哲学対話です。

　ドイツで1920年代に誕生した哲学対話は「ソクラティック・ダイアローグ（ソクラテス的対話）」と呼ばれます。その名のとおり，ソクラテスの問答のように，対話をした人物同士が，共に考えを深めることができる哲学です。対話活動には通常10名以下の参加者がおり，そこに哲学者が進行役（ファシリテーター）となって1名もしくは2名同席し，対話のテーマを提供します。

　以降，哲学対話は市民の楽しみとして世界中に広がりました。たとえば対話の進行役が哲学者ではなくても，一定のルールを守って市民同士で哲学対話をする「哲学カフェ」と呼ばれる活動があります。20世紀の終わりにフランスで始まったこの活動は，今では大陸を越えて世界中の街中で開催され，気軽に参加できる哲学対話となっています。

2　子どもの哲学対話とは

　哲学対話は，多くの場合，大人同士が集まって対話をする活動です。ドイツでは哲学対話が誕生した当時，子ども同士が集まって，対話により思考を深め哲学をする活動も展開されたといわれていますが，ドイツにおける子どもの哲学対話は具体的な方法とともに世界に普及するには至りませんでした。[2]

　子どもの哲学対話が今日のように全世界に普及するきっかけとなったのは，1970年代にアメリカの哲学者**リップマン**[3]が提唱した「子どものための哲学（Philosophy for Children）」と呼ばれる運動です。リップマンはアメリカの大学で哲学科の教授として学生を指導していた1960年代に，反戦運動をする大学生達の過激な抗議活動を目にし，子どもの頃から理性的に社会に参加する方法

▷1　ソクラテスについては，Ⅲ-3 参照。

▷2　エッケハルト・マルテンス，有福美年子・有福孝岳（訳）『子供とともに哲学する』晃洋書房，2003年。

▷3　**リップマン**
(Lipman, M.；1923-2010)
マシュー・リップマン，アン・マーガレット・シャープ，フレデリック・オスカニアン，河野哲也・清水将吾（監訳）『子どものための哲学授業』河出書房新社，2015年。

を身につける必要があると痛感しました。そこで，哲学史の中で繰り返しテーマとして取り上げられてきた問いを，小学生にも実感をもって読めるような小説として書き下ろし，「子どものための哲学」という名称で運動をスタートしました。この運動は小学校だけでなく，幼稚園から高等教育まで，思考力育成という社会要請に応えるように全米に広がります。[14]

▶4　p4c みやぎ・出版企画委員会『子どもたちの未来を拓く探究の対話「p4c」』東京書籍，2017年。

3　子どもとの哲学対話から「こども哲学」へ

リップマンの提唱した「子どものための哲学」は1970年代以降，発達段階にあわせたカリキュラムとして確立し，教材開発だけでなく教師トレーニングにまで活動の幅を広げました。一方で，子どものために哲学をするのではなく，子どもとともに大人あるいは教師も哲学をすることが哲学対話の素晴らしさなのではないか，子どもにとっての哲学と学問的な哲学は区別するべきなのではないかという立場から「子どもとの哲学（Philosophy with Children）」あるいは「子どもとの哲学的探求（Philosophical inquiry with Children）」などさまざまな名称へと世界各地で活動が派生していきました。

こうした派生的な活動の1つが，アメリカのハワイ州における「p4c」と呼ばれる哲学対話です。Philosophy for Children の頭文字それぞれを小文字や数字で表現したこの哲学対話は，ハワイ大学でトーマス・ジャクソンらによって開発されました。これまでの教材ありきで行う子どもの哲学対話とは違い，子どもの日常にあふれる疑問や不思議をテーマに対話する哲学です。対話のルールを使いながら，思考力だけでなく，お互いのことを理解し合う安心できる集団づくりを実現する「p4c」は，リップマンの「子どものための哲学」が目指したことを包含しながら，より広い目的に向かう活動として現在では多くの教育実践に取り入れられています。こうして名称が多様化した子どもとの哲学対話を総称して，日本国内では「こども哲学」と呼んでいます。[15]

▶5　河野哲也『「こども哲学」で対話力と思考力を育てる』河出書房新社，2014年。

4　子どもの哲学の手法と目的

子どもとの哲学対話はソクラテス的対話を起源としています。そのため複数人でグループになり，そこに進行役が入って，基本的には進行役が決めたテーマについて対話をします。話したいテーマを子ども同士で出し合って決めるところから対話することもあります。お互いの話をよく聞き，思ったことを自由に発言し，発言が人を傷つけないかよく考える，など対話のルールを設定すると，安心して哲学対話に取り組むことができます。思考力育成を目的に広がった子どもの哲学ですが，こうしたルールを守ることによる「シティズンシップ教育」や，子ども同士の「相互理解」，学びの場における「安心感の醸成」など，活動の目的もまた広がりつつあり，国際的に重要な実践として注目を集めています。

（川辺洋平）

子どもの居場所・学びの場としての学校建築

1　学校建築の要件と規制

　学校は，子どもが社会に出て行くために必要な知識や技能，態度などを身につけるためのもので，学校建築には，そのための学習の場を確保し，学習を支えることが求められます。学校建築に限らず一般的に建築の要件には，重要なものから順に安全性，保健性，利便性，快適性があります。

　学校は立地場所が安全であると同時に，災害に対してもできるだけ安全である必要があります。40年前には，全国の小中学校の校舎の半数は木造でしたが，現在の校舎のほとんどは，丈夫な鉄筋コンクリート造となっています。

　また，学校の教室は，窓は大きく，また天井は高いという特徴がありますが，これらは教室への採光や教室内の空気の量や換気を考慮してつくられているからです。さらに，階段については小学校と中学校で段の高さが異なり，小学校では段差は小さく傾斜がゆるくなっています。子どもにとって安全性と保健性は特に大事であり，学校建築に対して建築基準法や消防法で特別の規制が定められているほか，**学校環境衛生基準**▷1 が設けられています。

2　学びの場として学校を開く

　以前は，子どもの増加に合わせて，学校の新設をはじめとして教室数を確保することが自治体の重要な政策課題となっていました。また，1学級の子どもの数も多く，講義形式の一斉授業が主流でした。その後，子どもの数が減少する時期から，教育内容や教育方法等の多様化を進め，個々の子どもに応じた指導を重視する気運が高まり，国の政策も大きな転換を遂げていきました。

　その大きなきっかけになったのが，臨時教育審議会でした。その答申では，生涯学習体系への移行を目指す**インテリジェントスクール構想**▷2（1987年）を掲げるとともに，学校教育においては個性重視を目標としたのです。そして，学校建築は，臨時教育審議会で提唱された「開かれた学校」というコンセプトに沿って以下の2点のように整備されていきました。

　1つは，地域に開かれた学校です。学校体育施設の地域への開放はもちろん，音楽室や家庭科室，会議室等の特別教室を地域住民が使うことはごく当たり前になりました。さらに，温水プール，公民館，公共図書館，学童クラブ，高齢者福祉施設などと一体的に建設した学校（複合化した学校）も珍しいことでは

▷1　学校環境衛生基準
学校保健安全法に基づいて定められた，換気や保温，採光や照明，騒音，飲料水やプールの水質などに対するガイドライン。

▷2　インテリジェントスクール構想
地域の学校，研究所，図書館，公民館，博物館，美術館，文化会館などを高度の情報通信機能と快適な学習・生活空間を備えたものとして整備し，誰もがいつでも使えるようにしようという構想。地域全体をスクール化して，生涯学習のまちづくりをしようとするところにポイントがある。

ありません。複合化によって，学校単独ではなかなか整備できなかった高度な施設機能を学校は利用できるようになったのです。また，複合化は，学校と地域の連携・協力の推進にもつながっています。

写真XII-1　引き戸形式のオープン教室
出所：札幌市立N小学校（筆者撮影）。

　もう1つは，個別指導，グループ学習，調べ学習，学習の発表など，教育方法等の多様化を促す計画や設計上の工夫が行われ，その一環として開かれた教室空間づくりが進んだことです。その代表といえるのが，廊下や多目的スペースと教室との間に壁がない，いわゆるオープン・スクールです。小学校のオープン教室は，大きな教育効果をもたらしました。しかし，フルオープンの教室では音や視線が気になり学習に集中できないという問題があり，現在ではそれを改良した，必要に応じて扉を開閉できる引き戸形式の教室（写真XII-1）が注目されています。また，教科担任制の中学校や高等学校では，各教科専用の教科教室を設けて生徒が毎時間移動しながら授業を受ける仕組み（教科教室制）による教科教室型校舎の開発もみられます。さらに，電子黒板やWifiなどのICTの装備も急速に進んでいます。

③ 学校生活空間の充実

　学校は子どもが1日の大半を過ごす場所でもあり，生活の場所や居場所としても非常に大切です。近年，住宅での生活環境は著しく充実してきました。一方で学校は古いままで，がまんすることが当たり前になっている状況もありました。たとえば学校のトイレはその典型で，よく3K（汚い，暗い，くさい）といわれます。しかし，最近は改修や校舎の改築でトイレも明るくきれいになり，便器も洋式が増えています。また，寒冷地における体育館への暖房設置，温暖化に伴う教室への冷房設置も徐々に広がっています。

　このほか，内装に木をふんだんに使った校舎，畳を置いた図書室，ランチルーム，教室内や近くに設けられた「デン」という遊びの小空間など，最新の学校建築では，一昔前では考えられなかった空間が設けられています。温かみのある家庭的な雰囲気をつくり，学校の居心地をよくし，ひいては学習の効率を上げることが期待されているのです。

　学校建築の革新は教育改革を支え，促進してきました。学校教育の成果は，学校建築を含めたハード面と学校運営というソフト面がうまく絡み合ってこそ成果が上がります。しかし先述の教科教室型校舎では生徒指導上の課題が少なからず指摘されています。進化し，豊かになった学校建築が学校運営から見て本当に使いやすく優れているのか，また，子どもを指導する立場からは，どのような空間が望ましいのか。建築の専門家に任せきりにするのではなく，教育関係者も十分に検討する必要があります。

（屋敷和佳）

参考文献

長倉康彦『「開かれた学校」の計画』彰国社，1993年。
手島勇平，坂口眞生，玉井康之『学校という"まち"が創る学び』ぎょうせい，2003年。
上野淳『学校建築ルネサンス』鹿島出版会，2008年。
藤原直子『中学校職員室の建築計画』九州大学出版会，2012年。
日本建築学会『オーラルヒストリーで読む戦後学校建築』学事出版，2017年。

特別支援教育の歴史と理念

 特別支援教育の歴史

　日本での障害のある子どもの学校教育は，1878（明治11）年に京都盲啞院が視覚障害・聴覚障害の子どものための学校（盲学校，聾学校の先駆）を設立したことによって開始されました。その後，知的障害，肢体不自由，病虚弱などの子どものための学校も落第生学級や養護学校として設立されましたが，昭和初期まで学校は少なく，児童福祉施設の中で教育が行われていました。

　障害のある子どもの本格的な学校教育の開始は，第二次世界大戦後の1947年公布の学校教育法に特殊教育が定められてからです。特殊教育諸学校としては，盲学校（視覚障害），聾学校（聴覚障害），養護学校（知的障害，肢体不自由，病弱者）の設置が，また小学校，中学校及び高等学校に特殊学級（知的障害者，肢体不自由者，身体虚弱者，弱視者，難聴者，その他心身に故障のある者で，特殊学級において教育を行うことが適当なもの）の設置が法律で定められました。疾病により療養中の児童及び生徒に対しても特殊学級（病院内学級など）を設け，または教員を派遣して教育を行うことができるようになりました。

　しかし，盲学校，聾学校の就学義務及び設置義務が学年進行ですぐに始まったのに対して，養護学校の義務制（設置）はすぐには行われず，1979年に完全実施が示され，全国に養護学校が設立されるようになりました。また同じ年に，障害のため通学して教育を受けることが困難な盲・聾・養護学校小学部，中学部の児童生徒に対して，養護学校等の教員が家庭や医療機関などを訪問して教育を行う「訪問教育」が実施（2000年には高等部生徒にも拡大）されました。

　1993年には，学校教育法施行規則の一部改正が行われ，小学校，中学校で，言語障害や難聴，情緒障害などの児童生徒を対象に通常の学級に在籍しながら必要な指導を通級指導教室で受ける，通級による指導が開始されました。

　1999年の「学習障害児に対する指導について」の報告，2001年の「21世紀の特殊教育の在り方について（最終報告）」で，学習障害やADHD，高機能自閉症等への指導の充実を図るための教育的対応が示されました。

　2003年には「今後の特別支援教育の在り方について（最終報告）」が出され，「通常の学級に在籍する特別な教育的支援を必要とする児童生徒の全国実態調査」の結果，知的発達に遅れはないものの学習面や行動面で著しい困難がある児童生徒の割合が6.3％であることが示され，特殊教育から特別支援教育への

転換を図るという提言がされました。そして，2007年4月1日，学校教育法の一部改正が施行され，特殊教育が廃止され，特別支援教育が始まりました。

2 特別支援教育の理念

文部科学省は，特別支援教育を開始するにあたって「特別支援教育の理念」を以下のように示しました。[1]

▷1 文部科学省「特別支援教育の推進について（通知）」2007年。

> 特別支援教育は，障害のある幼児児童生徒の自立や社会参加に向けた主体的な取組を支援するという視点に立ち，幼児児童生徒一人一人の教育的ニーズを把握し，その持てる力を高め，生活や学習上の困難を改善又は克服するため，適切な指導及び必要な支援を行うものである。
>
> また，特別支援教育は，これまでの特殊教育の対象の障害だけでなく，知的な遅れのない発達障害も含めて，特別な支援を必要とする幼児児童生徒が在籍する全ての学校において実施されるものである。
>
> さらに，特別支援教育は，障害のある幼児児童生徒への教育にとどまらず，障害の有無やその他の個々の違いを認識しつつ様々な人々が生き生きと活躍できる共生社会の形成の基礎となるものであり，我が国の現在及び将来の社会にとって重要な意味を持っている。

つまり，障害種によって教育の場（盲・聾・養護学校など）を定めた特殊教育とは違い，一人一人の教育的ニーズを把握して自立や社会参加を目指し指導及び支援を行うことに重点をおいたものが特別支援教育なのです。そのため，個の実態把握（行動観察や心理アセスメントなど）を必ず行い，見える困難性だけでなく，その背景にある障害の特性や発達の未熟さ・アンバランスさを明らかにして，客観性をもったデータを根拠に課題を設定し，指導計画を立て，実施する教育（根拠に基づく教育，エビデンスベースの教育：EBE）だといえます。

また特別支援教育の対象は，幼稚園，小学校，中学校，高等学校などの通常の学級に在籍している知的障害のない発達障害（LD，ADHD，自閉スペクトラム症）なども含むこととしました。[2]このため特別支援教育は，すべての学校で取り組む教育でもあるのです。

▷2 LD については，XⅢ-5，ADHD については XⅢ-6，自閉スペクトラム症については XⅢ-7 を参照。

さらに特別支援教育は，日本が現在及び将来に向けて目指す共生社会（個々の違いを認め合い，さまざまな人々が生き生きと活躍できる社会）を実現するための基礎となる教育と位置づけられています。このことは，（障害の有無にかかわらず）すべての子ども達に関わる重要な教育であることを示しています。特別支援教育は，障害種や教育の場（学校・学級種）によらずすべての子ども一人一人の教育的ニーズに対応する教育であるといえるでしょう。

（山口幸一郎・髙橋あつ子）

特別支援教育の制度と法整備

ここでは，まず特別支援教育の制度を理解するために，①特別支援教育を実施する場について概観するとともに，②特別支援教育を推進するための校内外の体制を見ていきます。また，③特別支援教育に関わる法整備についても概観し，特別支援教育を取り巻く状況を確認していきます。

1　特別支援教育を実施する場

○特別支援学校

特別支援学校は，視覚障害者，聴覚障害者，知的障害者，肢体不自由者，病弱者（身体虚弱者を含む）のための学校で，幼稚園，小学校，中学校または高等学校に準ずる教育を施すとともに，障害による学習上または生活上の困難を克服し自立を図るために必要な知識技能を授けることを目的とした学校です。▷1 また，幼稚園，小学校，中学校，高等学校または中等教育学校の要請に応じて，教育上特別の支援を必要とする児童生徒または幼児の教育に関し必要な助言または援助を行うよう努めるという役割（特別支援学校のセンター的機能，小学校・中学校・高等学校との連携）も担う学校として位置づけられています。

○小学校・中学校・高等学校及び中等教育学校

これらの学校では，まず通常の学級においてニーズに応じた支援が行われ，さらに「通級指導教室」▷2「特別支援学級」▷3も活用できます。今後は，在籍学校において，必要な時間，ニーズに応じた指導を受けられる特別支援教室への移行も期待されています。

2　特別支援教育を推進するための校内外の体制

特別支援教育を推進するにあたり重要な役割を果たしているのが，**特別支援教育コーディネーター**▷4です。特別支援教育コーディネーターを中心に校内外の支援体制をつくっていくことになります。

○特別支援教育に関する校内委員会の設置と校務分掌への位置づけ

校内委員会は，管理職（校長，教頭など），特別支援教育コーディネーター，教務主任，通級指導教室・特別支援学級担当教員，養護教諭，学年主任，生徒指導主事，そのほか必要と思われる者などで構成され，発達障害を含む障害のある児童生徒の実態把握や支援方策の検討などを行います。特別支援学校では，さらに他の学校の支援も含めた組織的な対応なども行います。

▷1　2007年の学校教育法改正までは盲学校，聾学校，養護学校に分かれていたが，改正後は多様な障害種を扱える特別支援学校に一本化された。

▷2　**通級指導教室**
小・中学校の通常の学級に在籍している障害がある児童生徒に対して個々の障害の状態に応じた特別の指導（「自立活動」及び「各教科の補充指導」）を行う教室。

▷3　**特別支援学級**
教育上特別な支援を必要とする児童及び生徒（知的障害者，肢体不自由者，身体虚弱者，弱視者，難聴者，その他障害のある者で，特別支援学級において教育を行うことが適当なもの）のためにおかれた学級。

▷4　**特別支援教育コーディネーター**
校内委員会・校内研修の企画・運営，関係諸機関（医療，福祉，労働など）と学校との連絡・調整，保護者からの相談窓口などの役割を担う教員。

▷5　**専門家チーム**
教育委員会の職員，教員，心理学の専門家，医師などから構成され，障害のある幼児児童生徒について，学校からLD等の判断依頼があった場合に判断を行い，適切な教育的支援を提示し，必要に応じて特別支援教育巡回相談員などに指導・助言を行う。

◯実態把握と「個別の指導計画」の作成

特別な支援を必要とする子どもへの効果的な支援を実現するために実態把握を行い，ニーズに合った教育を具体化し，個別の指導計画を作成します。これは特別支援学校・特別支援学級の全児童生徒について，小・中学校の LD，ADHD，自閉スペクトラム症の児童生徒には必要に応じて作成されることとなっています。

◯関係機関との連携を図った「個別の教育支援計画」の策定と活用

長期的な視点に立ち，学校だけでなく地域での一貫した教育的支援を行うため，医療，福祉，労働などと連携した個別の教育支援計画を策定します。

そのほか，教員の専門性の向上のために，校内研修会の開催，校外研修会への派遣，専門機関との連携なども重要になってきます。また，各学校への**専門家チーム**[15]の派遣や巡回相談の実施などといった教育委員会の支援や，**広域特別支援連携協議会**[16]などの設置による質の高い教育支援を支えるネットワークづくりなど，校外の体制も特別支援教育の推進には欠かせません。

③ 特別支援教育の法整備

日本においては，2006年に教育基本法が改正され，初めて障害者に関する内容が明記されました。[17]そして2007年には学校教育法の改正により，特殊教育を廃止し，特別支援教育が開始されることになりました。

そもそも特別支援教育の潮流は，世界全体がインクルーシブ教育を求めて歩んできた流れを反映しています。1994年に出されたサラマンカ宣言では「障害のある子供を含めた万人のための学校」を提唱しています。2006年には国連総会で採択された「障害者の権利に関する条約（以下，障害者権利条約）」では，障害を理由に一般的な教育制度から排除されないことや，合理的配慮が提供されることが明記されました。日本は，翌年この条約に署名しながら，批准は2014年と遅れました。それは，条約の理念を実現できる環境を整えるために，法や制度を整える必要があったからです。そのうち重要なものを見ていきます。

2011年の「障害者基本法」改正では，障害者の定義を拡大するとともに，従来の「医学モデル」から，社会的障壁という概念で障害を見る「社会モデル」[18]への転換がされました。また，2013年の「学校教育法施行令」の改正により，本人や保護者の要望や専門家の意見を重視し，市町村教育委員会が個々の障害の状態を踏まえて就学先を総合的に判断することができるようになりました。[19]さらに2016年に施行された「障害を理由とする差別の解消の推進に関する法律（障害者差別解消法)」では，障害を理由とした「不当な差別的取り扱い」の禁止と，「合理的配慮の提供」が明文化され，名実ともに障害者権利条約で謳っている社会の実現を目指せる環境が整ったと言えます。

（山口幸一郎・髙橋あつ子）

▷6 広域特別支援連携協議会
都道府県教委，各地域代表教委，福祉，医療，労働等関係機関，大学，NPO との具体的連携協力（支援地域の設定とネットワーク形成，個別の教育支援計画モデル，研修，情報，就学相談を含む相談支援システム）をする協議会。

▷7 改正教育基本法
第4条第2項
国及び地方公共団体は，障害のある者が，その障害の状態に応じ，十分な教育を受けられるよう，教育上必要な支援を講じなければならない。
第6条第2項
（前略）教育の目標が達成されるよう，教育を受ける者の心身の発達に応じて，体系的な教育が組織的に行われなければならない。
（後略）

▷8 2004年改正時には，「身体障害，知的障害又は精神障害（以下「障害」と総称する。）があるため，継続的に日常生活又は社会生活に相当な制限を受ける者」とあったが，2011年改正時に「身体障害，知的障害，精神障害（発達障害を含む。）その他の心身の機能の障害（以下「障害」と総称する。）がある者であつて，障害及び社会的障壁により継続的に日常生活又は社会生活に相当な制限を受ける状態にあるもの」となった。

▷9 それまでは，「一定の障害のある児童生徒は原則として特別支援学校に就学する」こととなっていた。

3 特別支援教育のカリキュラム

 1　特別支援学校におけるカリキュラム

　特別支援学校の教育は，特別支援学校学習指導要領に基づいて教育課程が編成されます。その内容は，幼稚園，小学校，中学校または高等学校に準ずる教育を行うとともに，それぞれの障害種（視覚障害，聴覚障害，知的障害，肢体不自由，病弱など）に配慮した各教科，道徳，外国語活動，総合的な学習の時間及び特別活動の指導とともに「個々の児童又は生徒が自立を目指し，障害による学習上又は生活上の困難を主体的に改善・克服するために必要な知識，技能，態度及び習慣を養い，もって心身の調和的発達の基盤を培う」ため「自立活動」という特別の指導領域が設けられています（図XⅢ-1）。また，子どもの障害の状態等に応じた弾力的な教育課程が編成できるようになっています。

　なお，知的障害者を教育する特別支援学校では，知的障害の特徴や学習上の特性などを踏まえ独自の教科及び目標や内容が示され，指導形態の特例として領域（道徳，特別活動，自立活動）と教科を合わせた指導が認められ，日常生活の指導，遊びの指導，生活単元学習，作業学習などが取り組まれています。

　自立活動の内容は，6区分（1. 健康の保持，2. 心理的な安定，3. 人間関係の形成，4. 環境の把握，5. 身体の動き，6. コミュニケーション）26項目に分けられています。特に，自閉スペクトラム症やLD，ADHDなどの発達障害に対して活用できるように「人間関係の形成」の区分が設けられ「（1）他者とのかかわりの基礎に関すること，（2）他者の意図や感情の理解に関すること，（3）自己の理解と行動の調整に関すること，（4）集団への参加の基礎に関すること」の4項目が設けられています。2017年度改訂版では，「健康の保持」の区分に「障害の特性の理解と生活環境の調整に関すること」が追加され27項目となりました。これらの内容を踏まえて，個々の実態に応じて選定した項目を相互に関連づけ，具体的な指導内容を設定することで，一人一人に対して適切な指導が行われるようになっています。

　特別支援学校では，個に応じた適切な指導を行うため，全児童生徒一人一人に各教科などすべての指導の「個別の指導計画」を作成すると同時に，長期的な視点で児童生徒を支援するために，関係諸機関との連携を図った「個別の教育支援計画」を作成します。さらに，インク

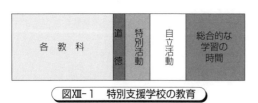

図XⅢ-1　特別支援学校の教育

出所：文部科学省（http://www.mext.go.jp/a_menu/shotou/tokubetu/005.htm）より。

ルーシブ教育を推進する意味でも，交流及び共同学習の推進，高等部卒業後の
自立と社会参加に向けた充実が強調されています。

② 小・中学校におけるカリキュラム

○通常の学級

特別支援教育の対象となる子どもには，通常の学級の教育課程の中で，その
実態に応じた指導内容や指導方法の工夫が行われています。たとえば，LD の
子の指導では，読み書きや計算などの困難に合わせ，書き取りや筆算やノート
指導などで認知特性に応じた指導や合理的配慮をします。また ADHD の子に
は，実行機能の強化を意図した指導を，自閉スペクトラム症の子には，社会性
やコミュニケーションの困難に応じて，メモや絵カード，写真などを活用する
などの指導を行います[1]。

○特別支援学級

小・中学校の学習指導要領に沿った教育が行われていますが，子どもの障害
程度やその実態に応じて，特別支援学校の学習指導要領を参考にした特別の教
育課程が編成されています[2]。

○通級による指導（通級指導教室）

障害の状態に応じた特別の指導（自立活動の指導など）を週1～8単位時間
程度通級指導教室で受けるため，通常の学級の教育課程に加え，またはその一
部に替えた特別の教育課程が編成されています。

なお，小学校学習指導要領，中学校学習指導要領には，「障害のある児童に
対して，通級による指導を行い，特別の教育課程を編成する場合には，特別支
援学校小学部・中学部学習指導要領第7章に示す自立活動の内容を参考とし，
具体的な目標や内容を定め，指導を行うものとする。その際，効果的な指導が
行われるよう，各教科等と通級による指導との関連を図るなど，教師間の連携
に努めるものとする」とあり，担任教師だけの指導ではなく，教師間の連携に
努め，効果的な指導を行うことが求められています。

③ 高等学校

特別支援教育対象の生徒は，高等学校学習指導要領に基づいた教育課程の中
で，小・中学校と同様，その実態に応じた指導内容や指導方法の工夫が，特別
支援学校の助言または援助を活用して行われています。合理的配慮を用いた高
校入試選抜や大学入試が進むに伴って，入学後の支援も充実し，2018年から高
等学校における「通級による指導」も制度化されました。

（山口幸一郎・髙橋あつ子）

▷1　2017年度版の学習指
導要領では，「総則」と各
教科の「指導計画の作成と
内容の取扱い」において，
「障害のある児童などにつ
いて」の記述が盛り込まれ
た。指導内容や指導方法の
工夫等については，学習指
導要領解説に具体的に示さ
れているので，参照のこと。

▷2　「各教科の目標や内
容」を下学年のものに替え
たり，特別支援学校学習指
導要領の自立活動を取り入
れたりして，特別な教育課
程が作成される。

4　発達障害と教育

▷1　発達障害者支援法
発達障害に対し，早期からの支援を行うために，国・地方公共団体の責務を明らかにし，発達障害者の自立や社会参加を目指した福祉の増進を図ることを目的に制定。2004年12月公布，2005年4月施行。これにより，都道府県は，発達障害者支援センターの業務を行う機関を設置あるいは指定することが定められた。

▷2　発達障害者支援法施行令（政令）では，「脳機能の障害であって，その症状が通常低年齢で発現するもののうち，言語の障害，協調運動の障害，その他厚生労働省令で定める障害」とされている。「その他厚生労働省令で定める障害」については，発達障害者支援法施行規則（省令）で示している。

▷3　文部科学省は，当初「LD，ADHD，高機能自閉症等」と表記していたが，わかりやすさや他省庁との連携のしやすさから，発達障害者支援法の定義による「発達障害」という表記に揃えた。また，この間，知的障害のない上記の3障害を総称する一般呼称として「軽度発達障害」という語も使われたが，その範囲があいまいなことや，障害の程度や支援の必要性の軽重に誤解される懸念があり，この語を使わないこととした。文部科学省「『発達障害』の用語の使用について」2007年（http://www.mext.go.jp/a_menu/shotou/tokubetu/main/002.htm）。

1　発達障害とは

「発達障害」という語は，その使われる領域や文脈によって意味や範囲が異なる言葉です。医学では，「発達期に生じ」「中枢神経系の機能障害」による「非進行性」のものを指し，知的障害，自閉スペクトラム症，学習障害，ADHD，発達性協調運動障害などが含まれます。一方，福祉の分野では**発達障害者支援法**[▷1]において「自閉症，アスペルガー症候群その他の広汎性発達障害，学習障害，注意欠陥多動性障害その他これに類する脳機能の障害であってその症状が通常低年齢において発現するものとして政令で定めるもの」[▷2]と定義されています。教育においては「21世紀の特殊教育の在り方について（最終報告）」（2003年）より「LD・ADHD・高機能自閉症等」への教育支援を謳ってきましたが，発達障害者支援法で定める対象者をその支援の対象とし，「発達障害」の用語を用いるようになりました[▷3]。

この経過は福祉行政上の必要性から理解することもできます。知的障害児（者），身体障害児（者）は，知的障害者福祉法，身体障害者福祉法により，福祉サービスの対象になります。しかし，**LD**[◁4]，**ADHD**[◁5]，**高機能自閉症**[◁6]児（者）は，福祉の対象とする根拠がありませんでした。そのため，「制度の谷間」にいたともいわれるこれらの障害児（者）を救うために，発達障害者支援法が制定され，種々の支援を整備したのです。つまり，本来，知的障害も含んだ概念だったものが，教育や福祉で知的障害を除いた対象を束ねる必要性から用いられるようになった語でもあるのです。

2　LD，ADHD，高機能自閉症等への支援

◯通常の学級の中にどれくらいいるのか

特別支援教育といっても，当初は，学習障害を学業不振や知的障害と混同したり，学力選抜がある学校などでは「入試に合格する学力があるので障害のある生徒はいない」と思い込んでいたりする状況がありました。2002年，文部科学省は「通常の学級に在籍する特別な教育的支援を必要とする児童生徒に関する全国実態調査」[◁7]を行いました。その結果，学習面か行動面で著しい困難を示す児童生徒が約6.3%（2012年の調査では6.5%）いることがわかり，各地域，学校で支援体制整備が進んできました（図XⅢ-2）。さらに，学習面の困難，不

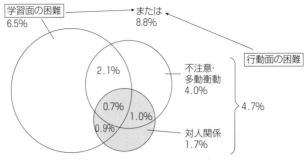

図XIII-2　学習面・行動面で著しい困難を示す児童生徒の割合

出所：文部科学省（2022）をもとに作成。

注意・多動性 - 衝動性の問題，対人関係やこだわりなどの問題という教育的ニーズは，単独にあるのでなく重複している実態も明らかになりました。高機能自閉症と診断されていても，多動やLDを合わせもつことがあります。障害名があってもそれに限定されずに，また障害名がなくても教師が教育的ニーズに気づいて対応する必要があるのです。

○どのような支援をするのか

「小・中学校におけるLD，ADHD，高機能自閉症の児童生徒への教育支援体制の整備のためのガイドライン（試案）」には，地域・学校の体制整備が示されています。各学校では，校内委員会を設置し，特別支援教育コーディネーターを指名します。特別支援教育コーディネーターは，校内研修やケース会議などを推進し，保護者との教育相談の窓口となり，担任任せにならない体制づくりを進めます。さらに地域では，専門家チームや巡回相談のシステムを整えていきます。これらを受けてチームティーチングや特別支援教室などの取り組み，**通級による指導**の整備が進みました。しかし，最も重要なのは，教師が児童生徒の実態把握を行い，校内委員会で協議し，明確な指示，課題設定，見通しをもたせる工夫など，適切で十分な支援を行うことです。

そして，障害者差別解消法で，差別的取扱いと合理的配慮不提供の禁止が明示されました。これによって，各機関，事業所では対応指針作成が進み，教育においても基礎的環境整備とともに合理的配慮の提供が進みました。小中学校，高等学校の通常の学級においても，一律に紙と鉛筆による読字，書字を課すのではなく，読み書き障害の児童生徒にはタブレットPCによるキーボード入力や音声入力，録音や撮影を認めたり，集中に課題のある児童生徒には課題の小分けや時間延長を認める等，障害による学びにくさ（制約）を最小限にし，学業達成に効果を上げる環境づくりが可能になりました。

（髙橋あつ子）

▷4　LD
⇒XIII-5参照。

▷5　ADHD
⇒XIII-6参照。

▷6　高機能自閉症
⇒XIII-7参照。

▷7　LD，ADHD，高機能自閉症等，支援を必要とする児童生徒が通常の学級にどの程度在籍するのか等の実態をつかみ，教育のあり方を検討する資料にするために文部科学省が定期的に実施。第1回目は「今後の特別支援教育の在り方について（最終報告）」（2003）に調査項目と結果が掲載。第2回目は2012年，第3回目は2022年に実施され，「通常の学級に在籍する発達障害の可能性のある特別な教育的支援を必要とする児童生徒に関する調査結果について」（2022）に掲載。第3回目の調査では，新たに高等学校も対象に実施された。

▷8　2017年には「発達障害を含む障害のある幼児児童生徒に対する教育支援体制整備ガイドライン──発達障害等の可能性の段階から，教育的ニーズに気付き，支え，つなぐために」も出された。

▷9　通級による指導
⇒XIII-2参照。

▷10　発達障害児への支援については，XIII-5　XIII-6　XIII-7も参照のこと。

▷11　「障害を理由とする差別の解消の推進に関する法律」のこと。
⇒XIII-2参照。

▷12　たとえば，大学入試センターは，発達障害者には，試験時間1.3倍の時間延長等を認めている。

5　学習障害とその理解

学習障害（**LD**）[1]は, その言葉の平易さから理解しやすいようですが, 学業不振や時に知的障害とも混同されやすい見えにくい障害です。学習達成ではなく, 学習プロセスや個人内差（得意・不得意）を見て初めて気づける障害です。

1　学習障害とは

まず, 文部科学省の定義を見てみましょう。[2]

> 学習障害とは, 基本的には全般的な知的発達に遅れはないが, 聞く, 話す, 読む, 書く, 計算する又は推論する能力のうち特定のものの習得と使用に著しい困難を示す様々な状態を指すものである。
>
> 学習障害は, その原因として, 中枢神経系に何らかの機能障害があると推定されるが, 視覚障害, 聴覚障害, 知的障害, 情緒障害などの障害や, 環境的な要因が直接の原因となるものではない。

LD かどうか判断するには次のような手順を踏みます。[3]まず, 知的能力を評価し, 全般的な知的発達に遅れがなく, 認知能力のアンバランスがあることを確かめます。次に, 国語などの基礎的な能力を評価します。これには, 標準化された学力検査などを行います。さらに医学的な評価を行い, 他の障害や環境要因が直接の原因でない場合, 初めて LD という判断にいたります。[4]

教師の中には, 熱心な指導と, 児童生徒の努力で, 学習の難しさを克服できるという信念をもっている人もいます。もちろん, 指導や努力は必要ですが, 努力を重ねても伸びが見られない場合, 学習面に困難を抱えている状況と捉え, 支援を工夫しましょう。また, LD への支援は, 個別的なものと考えられやすく, それには消極的な人もいます。そのような場合, 図XIII-3のように, 学業達成が十分ではない, より多くの「学習困難」な児童生徒を含めた支援を考えたり, そもそも学習者全般を「**異なる学習方法をとる者**」[6]と捉え, 日常の指導に多様な指導法を

図XIII-3　学習者の多様性を捉える表現

注：内側の3つは支援される者の集合。外側の集合は学習者全体が異なる学習方法をとる者として捉えている点に留意。
出所：上野（2006）より一部改変。

用いたりする実践から始めることも可能です。

② 指導法の工夫

　支援は，できないことを容認する優遇措置ではありません。本人の実力を伸ばすために，方法を吟味することです。具体的には，本人の得意な認知特性を生かした学習方法をバイパスとして用意します。代表的なものとして，多刺激の処理が難しい読み困難の人には，スリットの入った台紙を読み教材の上に置き，読む行だけが目に入るようにしたり[7]，マルチメディア DAISY やACCESSREADING 等，読み上げやハイライト機能がある教材を用いて聞いて理解したりします。漢字を覚えにくい場合も，聴覚記憶がよければ語呂合わせで，視覚記憶がよければフラッシュカードで覚えます。掛け算九九も一般的には唱えて覚えます（聴覚記憶）が，視覚記憶がよければ九九表や九九カードを見て覚える方法が適しています。表XⅢ-1は，「通常の学級に在籍する特別な教育的支援を必要とする児童生徒に関する全国実態調査」[8]で示された困難に対応する支援の例を整理したものです。

　その子どもの中の強い認知特性を生かすことは，実態把握によって可能になります。また，一人の教員の発想では限りがあるため，校内委員会で実態把握と支援方法の協議を行うことが求められます。

（髙橋あつ子）

表XⅢ-1　学習困難とその対応

	困難の内容	◇ユニバーサルデザイン[9]　◆特性への支援
聞く	聞き間違い，聞きもらし，集団場面では聞き取れない，指示理解難，話し合い難	◇聞き取りやすい環境◆聞き取りやすい話し方◇視覚的な手立て◇モデリングとリハーサル◆聴覚保障
話す	適切な速さで話せない，言葉につまる，内容が乏しい，筋道の通った話ができない，わかりやすく伝えにくい	◆音韻弁別力・流暢性を高める◆想起が難しいなら物を見ながら話す◆語彙が乏しいなら言葉リストから選ぶ◆順序や系統性を示す台本やメモを使う◇話形，話し合いの手順を示す
読む	読み間違え，語や行を抜かす，繰り返して読んでしまう，音読が遅い，勝手読み，要点の読みとり難	◇カルタ，視知覚や視機能を高める遊び◆ルビを振る　◆スリット入り台紙◆スラッシュ　◆読み上げソフト◇連想ゲーム　◇カテゴリー分け
書く	字形・大きさが整わない，細部の書き間違え，独特の筆順，句読点の誤り，作文の量が短くパターン化した文章になりやすい	◆字形の区別，記憶を強化する学習方法◆筆順はこだわらない◆筆記用具の選択（含PC）◆量の加減◆撮影，音声入力，プレゼンなどに代替え◇語彙や表現力を豊かにする指導
計算する	数の意味・表し方の理解困難，暗算が難，計算が遅い，複数の手続きを要する問題を解くのが難，文章題難	◇量イメージの強化◆計算力支援のツール（電卓など）◇手順カードの活用（複数から自己選択）
推論する	量の比較・単位の理解の困難，製図・因果関係の理解難，計画・修正の難，早合点・飛躍した考え	◇運動感覚，視覚の活用◆道具の精選◇予測させ，結果をフィードバックする

出所：文部科学省（2003）をもとに筆者作成。

▷5　上野一彦『LD（学習障害）とディスレクシア（読み書き障害）』講談社，2006年。

▷6　異なる学習方法をとる者
LD とは，そもそも学び方が違っているという主張がある。実際，学習障害の支援では，聴覚か視覚か，同時処理か継次処理かなどのように，その子の得意な認知処理能力を活用させる指導を行うことによる効果は多数，報告されている。
　キャロル・アン・トムリンソン，山崎敬人ほか（訳）『ようこそ，一人ひとりを生かす教室へ』北大路書房，2017年。

▷7　リーディングトラッカー，魔法の定規など購入できるツールも増えた。

▷8　XⅢ-4 ▷7を参照。
学習面の困難を問う設問は，「聞く」「話す」「読む」「書く」「計算する」「推論する」の6領域，各5設問からなる。0点から3点までの4段階で評定し，各領域の合計が12点以上であればその領域に困難があると判断できる。

▷9　ユニバーサルデザイン
「製品や建物ができるだけすべての人に使えるようにデザインしようとするアプローチである」（ロナルド・メイス；Mace, R. L.）。教育においては，多様な学び手がいる教室で，より多くの子どもが学習にアクセスできるよう環境や指導法を工夫した実践のことを指し，アメリカの研究機関CAST が提唱する「学びのユニバーサルデザイン（UDL）」も集団の場で個々の学習者が自らの目標や方法を選択することを尊重するフレームワークとして注目されている。

6　ADHD とその理解

▷1　ADHD
Attention Deficit Hyper-activity Disorder の略。DSM-5では「注意欠如・多動性障害」と和名が変更され，それまで7歳以前に兆候があったことを基準に入れていたが，12歳以前に変更された。

▷2　文部科学省「今後の特別支援教育の在り方について（最終報告）」2003年。

ADHD（注意欠陥多動性障害）[1]は，発達障害への関心が高まる時期に注目が集まり，「多動」という語のイメージしやすさもあり，知られるところとなった障害です。それだけに，イメージが先行し，正しい理解につながりにくい側面もあり，適切な支援につなげる努力が必要です。

1　ADHDとは

まず，文部科学省の定義を見てみましょう[2]。

> ADHDとは，年齢あるいは発達に不釣り合いな注意力，及び／又は衝動性，多動性を特徴とする行動の障害で，社会的な活動や学業の機能に支障をきたすものである。また，7歳以前に現れ，その状態が継続し，中枢神経系に何らかの要因による機能不全があると推定される。

エネルギー旺盛で興奮し，絶えず体を動かしているタイプは「多動・衝動性優勢型」，余計な刺激を捨象して注意を対象に向け続ける力が年齢相応ではない「不注意優勢型」，どちらの傾向もある場合を「混合型」と区別します[3]。

▷3　ADHDの子どもは，場面によってはかなりの集中を見せ，適切に行動できることもあるため，わがままやしつけの問題と誤解されやすい。しかし，行動を調整したり，注意を維持したりする脳の働き（実行機能）の障害であり，神経伝達物質のドーパミンやノルアドレナリンの不足が指摘されている。そのため，中枢神経刺激剤などの薬物療法も用いられる。

▷4　2002年に文部科学省が行った調査。2003年に文部科学省から出された，「今後の特別支援教育の在り方について（最終報告）」に質問項目と採点方法，調査結果が記されている。

では，具体的にADHDの子どもにはどのような特徴があるのでしょうか。「通常の学級に在籍する特別な教育的支援を必要とする児童生徒に関する全国実態調査」[4]の項目から見てみましょう（表XⅢ-2）。

落ち着きのなさや，離席，手いたずら，順番を待てずに割り込む行動や，他者が話している途中に唐突に発言する子等，「多動・衝動」に該当する特徴に，

表XⅢ-2　ADHDの諸特徴

不注意	多動・衝動
・細部まで注意を払わない	・手足をそわそわ動かす
・不注意な間違いをする	・着席していても，もじもじする
・注意を集中し続けることが難しい	・過度に走り回ったりよじ登ったりする
・話しかけられても聞いていないかのよう	・大人しく参加することが難しい
・指示に従わず最後までやり遂げない	・じっとせず駆り立てられるように動く
・課題や活動を順序立てて行えない	・過度にしゃべる
・集中と努力を要する課題を避ける	・質問が終わらないうちに出し抜けに答える
・必要な物をなくしてしまう	・順番を待つのが難しい
・気が散りやすい	・人がしていることをさえぎり邪魔する
・日々の活動で忘れっぽい	・座っているべき時に席を離れてしまう

出所：文部科学省（2003）をもとに筆者作成。

教師は気づきやすいようです。その一方で,「聞いていないようにみえる」「順序立てて行うことが難しい」等,「不注意」に該当する特徴は,見落とされやすく,教師が気づいても「たるんでいる」とか「マイペース」などのように性格傾向で捉え,それだけに「自覚を促す」指導になりやすいようです。

2　指導の工夫

　ニーズに気づかない教師は,注意警告を繰り返すことになります。否定的な指摘では改善しないばかりか,自尊心は下がり,教師との関係は悪化します。困難を軽減するための環境調整と,指導法を工夫する必要があります。

○ユニバーサルデザイン[5]による工夫

　注意力が下がることは誰にもあります。注意を向けやすい環境づくりには,音や視覚刺激を制御するのが有効です。黒板の周囲の掲示物を極力減らしたり,窓の外に目移りしないようカーテンを引いたりします。教師が話し始める際に児童生徒の注意を喚起する技術も問われます。

　板書やプリントに字がぎっしり詰まっていると,一度に多くの刺激が脳に届き,選択的に必要な箇所に注意を向けることが難しくなります。そこで板書を構造化し,色分けや囲み,サイドラインなどを使い,見やすくするなどの工夫をすることも大切です。また,単調な活動が続くと集中力は低下するので,授業にめりはりをつけることも重要です。たとえば,教師の説明に子どもの発言を重ねる授業構成は多いですが,聞く活動が主となり,注意維持が難しくなります。視覚に訴えたり,さわる,演じる,操作するなどの運動感覚を用いたりすれば,流れにめりはりが生まれ,言語とイメージを統合する学びを促します。

○特性に応じた合理的配慮

　気が散りやすい子どもには,机を壁に向ける,簡易型の衝立を机上に立てる,耳栓やヘッドホンを使う等も集中を促します。20題の数学の問題を続けてできない場合も,5題ずつ渡し,4回繰り返します。このようにして達成感を味わうと,自ら折ったり隠したりするようになり集中力も伸びます。

　目の前のことに影響されやすく,片付け等が不得手な場合には,「宿題を出す」「教科書を机の中へ」「かばんをロッカーへ」等のように具体的な行動をリストアップし実行したら丸をつけるようにすると行動が完結しやすくなります。

　多動で離席がある子や,集中の配分が不得手な子どもは,授業の流れやゴールを示し,集中が途切れる前に,用事を頼むなどして正当に動ける機会をつくります。また,目に入ったものを触り,思いついた途端に走り出すなど,衝動を抑制するのが苦手な場合,深呼吸や「落ち着いて」などのセルフトークを使うように促します。さらに,否定的な指摘を受けやすい彼らの肯定的な行動に注目し,ほめることから周囲の大人が関わりを見直すことも有用です。[6]

（髙橋あつ子）

▷5　ユニバーサルデザイン
⇒XIII-5参照。

▷6　子どもの行動を「好ましい行動」「好ましくない行動」「危険な行動」に分け,好ましい行動に対し「肯定的注目」をすることから始める保護者が取り組めるアプローチとして「ペアレントトレーニング」が注目されている。逸脱した行動に注意警告を繰り返す教師と子どもの関係を見直す視点としても有用である（ウィッタム,C.,上林靖子ほか（訳）『読んで学べるADHDのペアレントトレーニング』明石書店,2002年などを参照）。近年,望ましい行動を最初から育てていこうとするアプローチとして注目されているPBIS (positive behavioral interventions & supports) も参考になる。

7 自閉スペクトラム症とその理解

▷1　2002年に文部科学省が行った調査。2003年に文部科学省から出された，「今後の特別支援教育の在り方について（最終報告）」に質問項目と採点方法，調査結果が記されている。

▷2　ウィングの三つ組み
ウィング（Wing, L.；1928-2014）は，自閉症の基本症状を「社会性の障害」「コミュニケーションの障害」「想像力の障害」という「三つ組み」として表し，知的障害のある自閉症から，高機能自閉症やアスペルガー症候群までを連続体として「自閉症スペクトラム」という概念で捉えることを提唱した。

▷3　ユニバーサルデザイン
⇨ⅩⅢ-5 参照。

▷4　コミュニケーショントレーニング
聞く，話すスキルを学級全体で体験的に学んだり，相手への攻撃ではなく自分の気持ちを率直に表明する力を養うためにアサーショントレーニングを行ったり，互いに聞き合い，もめ事の仲裁を行う援助スキルを高めるピアサポートプログラムを行ったりする取り組みなどは，学級内のすべての子どもにとって意味があり，当該の子どもも暮らしやすくなる。
園田雅代・中釜洋子『子どものためのアサーション・グループワーク』金子書房，2007年，ほか。

自閉症は，生物学的要因による中枢神経系の機能障害です。高機能自閉症，アスペルガー症候群，広汎性発達障害など，多様な名称が使われていましたが，これらを同じ共通性をもつ連続体として捉え自閉スペクトラム症（Autism Spectrum Disorder：ASD）と呼ぶことになりました。

1 ASD とは

文部科学省が，LD，ADHD と併記している高機能自閉症の定義にその特徴が読み取れます。

> 3歳位までに現れ，①他人との社会的関係の形成の困難さ，②言葉の発達の遅れ，③興味や関心が狭く特定のものにこだわることを特徴とする行動の障害である自閉症のうち，知的発達の遅れを伴わないものをいう。また，中枢神経系に何らかの要因による機能不全があると推定される。

さらに，「通常の学級に在籍する特別な教育的支援を必要とする児童生徒に関する全国実態調査」を見てみましょう（表ⅩⅢ-3）。

人付き合いが下手，自己中心的な子どもとして映りやすく，知的な遅れや言葉の遅れがないと気づかれにくい傾向があります。人への気遣いや思いやりが重視される日本では，人への関心が薄く，情感に淡泊な ASD の子どもは，「人の気持ちがわからない」と批判されやすいのも現実です。教師が社会性の

表ⅩⅢ-3　高機能自閉症等に見られる特徴

〈人への反応や関わりの乏しさ，社会的関係形成の困難さ〉
・目と目で見つめ合う，身振りなどの多彩な非言語的な行動の困難。
・同年齢の仲間関係をつくることの困難。
・楽しい気持ちを他人と共有することや気持ちでの交流の困難。
〈言葉の発達の遅れ〉
・話し言葉の遅れ。身振りなどにより補おうとしない。
・他人と会話を開始し継続する能力の困難性。
・常同的で反復的な言葉の使用，または独特な言語。
・年齢相応の変化のある自発的なごっこ遊び，社会性のある物まね遊びができない。
〈興味や関心が狭く特定のものにこだわること〉
・強いこだわり，限定された興味だけへの熱中。
・特定の習慣や手順へのかたくななこだわり。
・反復的な変わった行動。
・物の一部に持続して熱中する。

出所：文部科学省（2003）をもとに筆者作成。

育ちにくさに早期に気づき実態把握に取り組む必要があります。

また，ASD の子ども達をよりよく理解するためには，以下の「想像力の障害」や「感覚過敏」という特徴も理解しておくとよいでしょう。

○想像力の障害

ウィングの三つ組み[12]の１つが「想像力の障害」です。これは，ASD の定義の３つ目である「こだわり」とも関連しますが，より ASD の困難を広範囲で理解できる捉え方です。ASD の子どもは，初めての経験が苦手です。皆が楽しみにする行事もどこで何がどうなるのかが想像できにくいため，かえって不安が高まり，パニックを起こしやすくなります。場の空気を読むことや相手の気持ちを察することも想像力によるものです。なだめたり諭したりするよりも，イメージをもちやすくするために，画像を見せたり，イラストで示したりすることが手助けになるのです。

○感覚過敏

触覚が過敏すぎると，人と手をつないだり，抱っこされたりするのを嫌います。人に肩を触られただけで痛がったりもします。また，聴覚が過敏だと周囲がざわつくだけで不安になり，耳をふさぐ子もいます。味覚や嗅覚が過敏で偏食につながる場合もあります。耳栓やヘッドホンで遮音したり，好きな匂いや感触で安心感を味わったりできるようにします。

❷ 指導の工夫

○ユニバーサルデザイン[13]による工夫

見通しが立つ状態を重視します。これは，すべての子どもが安心して主体的に取り組むことにも寄与します。週時程，日課，授業内の流れを予告します。ルールも口頭で伝えるだけでなく，書いて提示することが有効です。

感情表現や人と関わる技能は，自然に身につくものではありません。**コミュニケーショントレーニング**[14]や**アンガーマネージメント**[15]，**SEL**[16]などの心理教育プログラムに学級で取り組むと多くの子がスキルアップします。

○特性に応じた個別的対応

ASD の人は，視覚的な情報処理が得意な人が多い反面，部分に注目しやすく，全体を展望し，場に応じた行動をとることが苦手です。そこで，調べる，人と話す，１人で学ぶなど，空間ごとに活動を決め，一目瞭然でやるべきことがわかるようにする構造化を図ります。また，社会的なルールやマナーにのっとり，一人称や三人称の簡単な文章で表し，自分の行動を調整するソーシャルストーリー[17]や，イラストを用いて自他の会話や感情の理解に役立てる**コミック会話**[18]なども有効です。少人数でゲームなどをやりながら，挨拶，自己主張や交渉，感謝を伝えるなどの技能を育てるソーシャルスキルトレーニング[19]の実践も注目されています。

（髙橋あつ子）

▷5　アンガーマネージメント
怒りを対象化し，どのように感知し，どう対処するかを学ぶプログラム。
A. フォーベル・E. ヘリック・P. シャープ，戸田有一（訳）『子どもをキレさせない　大人が逆ギレしない対処法』北大路書房，2003年。ワーウィック・パドニー，エレーン・ホワイトハウス，藤田恵津子（訳）『ワークブック　おこりんぼうさんとつきあう25の方法』明石書店，2006年，ほか。

▷6　SEL（Social and Emotional Learning）
「社会性と情動の学習」などと訳され，自己の感情理解や表現，表情の読み取りも含めた他者理解や対人スキル，社会的判断などで構成されるプログラム。
M. J. イライアスほか，小泉令三（編訳）『社会性と感情の教育』北大路書房，2000年，など。

▷7　キャロル・グレイ，服巻智子（監訳）『ソーシャルストーリーブック』クリエイツかもがわ，2005年。

▷8　コミック会話
誰が何を言ったか，どう思っているかなどを言葉だけで想像するのは負担がかかるので，簡単なイラストと吹き出しで話したことやその時の気持ちを書いて状況理解の一助にする。注意されただけで怒られたと思い込んでしまうことも多く，相手の気持ちを想像し，実際に気持ちを聞いてずれを修正するのにも役立つ。

▷9　小貫悟・名越斉子・三和彩『LD・ADHD へのソーシャルスキルトレーニング』」日本文化科学社，2004年，ほか。

8 発達障害のある子どもの才能を活かす教育

1 発達障害と才能を合わせもつ子ども

　特別支援教育の体制が整備されてくるにつれて，発達障害のある子どもの中に並外れた才能をもつ子ども達がいることが注目されるようになりました。たとえば読み書きや対人関係などの困難があっても，算数・数学や理科が抜群に得意であったり，動植物や鉄道など特定の分野で博学を発揮したりするなどです。その興味や得意を伸ばしてあげるにはどうすればよいか，教師が悩むことも増えてきました。発達障害と優れた才能を合わせもち，両者への「二重の特別支援を要する」子どもは「2E（トゥーイー：twice-exceptional）」の子ども（以下，2E児）と呼ばれます。人は誰でも得意なものと苦手なもの，いわば「発達の凸凹」がありますが，そのギャップが大きいのが2E児です。

　発達障害の子どもの才能（興味・得意）を活かそうとする学校教育は「2E（二重の特別支援）教育」と呼ばれます[1]。2E教育はアメリカで1980年代に始まり，実践が広がってきています。それが可能なのは，「才能教育」（gifted education）が公式の制度として確立され，また一人の子どもに障害と才能が併存する場合があることが広く認識されているという背景があるからです[2]。

　アメリカの公立学校の才能教育プログラムは，家庭の経済状態に関係なく，また障害の有無に関係なく，対象となる才能が子どもにあれば公平に参加できることを原則としています[3]。ですから発達障害の子どもも，障害特性に配慮しながら才能教育や特別な2E教育のプログラムを受けることができます。

2 発達障害の子どもの才能を見つける

　2E教育では，2E児の障害と才能の両面が適切に識別される必要があります。1人の子どもの中で障害面や才能面だけが注目されたり，障害と才能が互いを隠し合ってどちらも目立たなくなることがあるからです。

　そのために，知能検査（WISC-Ⅳなど）や認知機能検査（KABC-Ⅱ，DN-CASなど）が実施されると，下位検査間の得点差によって，得意と苦手の大きな凸凹が識別されます。たとえば，2E児には「文字での学習は苦手だが，絵や図を用いた学習は比較的やりやすい」ということがよくあります。これは，情報を順に次々と読み取る「継次処理」は苦手だが，全体を一度に把握する「同時処理」は得意だ，という認知的な特性として検査に表れます。

▷1　松村暢隆（編著）『2E教育の理解と実践』金子書房，2018年。

▷2　アメリカの連邦法では，学校での才能教育が対象とする才能の種類として，著しく優れた知能や創造性，芸術の能力，リーダーシップ，特定の学問の能力が規定されている。才能教育として，ごく少数の極めて優れた才能児対象の飛び級，飛び入学等の措置から，通常学級ですべての子どもの得意・興味を伸ばす学習活動まで，多様な方法がある。特別プログラムでも通常のカリキュラムに不適合な1割以上の生徒を対象とし，エリートだけの教育ではない。
松村暢隆『本当の「才能」見つけて育てよう』ミネルヴァ書房，2008年。

▷3　現実には，人種・民族的マイノリティや貧困，障害のために才能が公正に注目・対応されない場合も多いので，多様性のある集団から才能を見つける十分な教育システムが必要になる。

▷4　問題行動への対処の3段階モデルを統合した

　しかし，検査による診断だけに頼っていては，発達障害や2Eへの特別支援の開始は，子どもの障害が顕著になるまで待たないといけません。そこで，小学校入学時の早期から，支援が必要な可能性のある子どもを指導しながら，支援すべき障害や才能の芽を見つけようという「RtI（介入への反応：Response to Intervention）」モデルが，アメリカ等では多く用いられています。RtIでは，すべての子どもを対象にスクリーニングを行い，その結果によって特別な学習・支援ニーズのある対象者を3段階で絞り込み，発達障害に，また州によっては才能にも応じた支援を行います。

3　才能を活かす特別支援教育

　2E教育の特別プログラムでは，まず2E児を認定して，「個別の教育計画（IEP）」に，才能も伸ばすこと，才能を活用して障害を補うことなども盛り込みます。そして個人ごとの障害と才能の特性に応じて学習を個性化しますが，学習ニーズは個人によって異なります。

　通常学級や通級指導教室で指導・学習方法を工夫するだけでかなり学習が改善される子どももいます。学習集団編成（少人数など）や教材（字を大きく，図示など），学習の進め方（学習ペースや順序を個人ごとに変えるなど）の工夫によってです。また数学などで（2学年上など）進んだ内容の授業に参加すれば，才能を発揮できる子どももいます。しかし高度な内容を学習しながらも時間をゆっくりかけるなど，才能と障害の特性に同時に配慮すべき子どももいます。この場合，実践は少ないのですが，2E児だけで特別な「2E教室」を編成すると，学習だけでなく社会・情緒的支援としても有効なことがあります。

　アメリカでも1人の2E児の障害が診断されると同時に才能が識別され，「狭義の2E教育」を受けられるのは全体から見るとわずかです。しかし発達障害のある子どもも含めて，「すべての子どもの才能（得意や興味）を見つけて伸ばし，それを活かして障害（苦手）を補う」という「広義の2E教育」の理念と方法は，わが国の特別支援教育，さらには通常学級の指導にも活かすことができます。日本では2E教育の認識や実践は未開拓ですが，今後の特別支援教育で発展できる方向として次のような点が考えられます。

　①子どもの「認知的個性」のニーズを考慮して学習を個性化する：発達障害の子どもの才能を重視して，たとえば高度なプログラミング学習を行う際に，得意・苦手な学習スタイルやMIなどにも配慮します。②既存の教育実践を2E教育の観点から捉え直す：たとえば通常学級でのユニバーサルデザインの授業では，学習が困難な子どもの得意な方法を学級全体で共有する方法が用いられていますが，さらに才能を活かすことを目指します。③通級指導教室で2E教育の理念に基づく取り組みを試みる：障害の障壁をクリアして高度な学習に挑戦することによって，2E児の自己肯定感を高めます。　　　　　（松村暢隆）

MTSS（multiple-tiered support system：多層支援システム）に統合される，あるいは障害へのRtIをMTSSと呼び変える州が増えてきた。
　松村暢隆『才能教育・2E教育概論』東信堂，2021年。

▷5　ただし才能や障害が隠れて支援が十分でない場合もあるため，複数の検査を組み合わせた「包括的な（comprehensive）アセスメント」が必要になる。

▷6　得意や興味，苦手などを多様な観点から統合的に捉える概念。障害や才能も含めて個人差を，発達段階や年齢の標準・定型からの誤差や異常，遅れと見なすのではなく，発達の凸凹をもつ多面的な特性の総合的な姿として捉える。
　松村暢隆ほか（編著）『認知的個性』新曜社，2010年。

▷7　ガードナー（Gardner, H.）は，MI（多重知能：multiple intelligences）として8つの独立した知能を識別した。すなわち，①言語的，②論理数学的，③音楽的，④身体運動的，⑤空間的，⑥対人的，⑦内省的，⑧博物的，と呼ばれる知能である。人は誰でもこれら8つの知能を異なる組み合わせでもち，どれかが得意か苦手となる。
　ハワード・ガードナー，松村暢隆（訳）『MI：個性を生かす多重知能の理論』新曜社，2001年。

参考文献

　松村暢隆『才能教育・2E教育概論』東信堂，2021年。

1 教育行政の原理

1 教育行政とは

◯教育行政における教育

「教育行政は，教育に関する行政である」[1]。では，教育とは。「教育は，『子どもの可能性の開花のための意図的いとなみ』といわれ，『社会の再生産（持続）のための統制的作用』だともいわれる」[2]。前段は，国民の教育を受ける権利ないし子どもの学習権に結びつくものであり，憲法第26条第1項に次のような明文の根拠があります。「すべて国民は，法律の定めるところにより，その能力に応じて，ひとしく教育を受ける権利を有する」。一方，後段は，民主的な社会の形成者の育成につらなるものであり，教育基本法第1条に次のような規定があります。「教育は，……平和で民主的な国家及び社会の形成者として必要な資質を備えた心身ともに健康な国民の育成を期して行われなければならない」。このいずれの定義によっても教育は国民にとっても社会にとっても重要であり，教育は公共性を有するということができます。それゆえ，教育は行政が責任をもって対応すべきものなのです。

　教育の各領域のうち何を教育行政の対象とするかは，当該行政主体により，また，時代により異なってくると考えます。わが国では，学校教育，生涯教育，社会教育，家庭教育，学術，文化，宗教が該当します。文化を例にとりますと，図XIV-1のとおり，わが国の国家予算全体に占める文化関係予算の割合は，アメリカよりも多いものの，イギリス，フランス，韓国よりも少ないという状況にあり，文化行政の範囲も予算の割合と同様，諸外国と比べると，小さいといえます。

◯教育行政における行政

　塩野が述べるとおり[3]，行政とは，立法作用と司法作用と並ぶ国家作用ですが，「立法は『一般法規を定立すること』，司法は『法的な紛争を一定の手続きを経て解決すること』と，一応その機能的側面から定義することができる」のですが，「行政についてこのような内容的な定義ができるかどうかについては，古くから論争があった」わけです。しかしながら，近年では，内容的な定義を行うことを放棄するのが多数説となっています。つまり，「行政は国家の統治作用の一つで，立法，司法以外のもの」[4]という控除説が多くの支持を得ています。

▷1　木田宏『教育行政法（新版）』良書普及会，1983年，p. 1。

▷2　堀尾輝久「教育の本質と教育作用」勝田守一（編）『現代教育学入門』有斐閣，1966年，p. 54。
　磯田文雄『新しい教育行政』ぎょうせい，2006年，p. 34。

▷3　塩野宏『行政法 I（第2版）』有斐閣，1994年，pp. 1-8。

▷4　清宮四郎『憲法　第 I （法律学全集第3）』有斐閣，1957年。

❷ 教育行政の基本原則

◯地方自治の理念

　明治維新以降，中央政府のもとでわが国の近代国家としての発展が図られましたが，明治政府は教育をそのための重要な国の事業として位置付け，その普及と発展に努めました。したがって，戦前においては，教育はもっぱら国の事務とされ，教員の身分についても，国の官吏として，国の地方長官としての府県知事が任免を行うこととされていました。

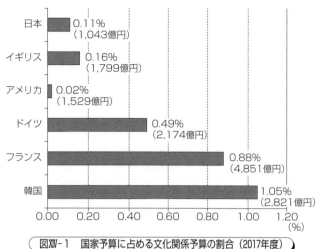

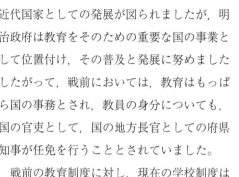

図XIV-1　国家予算に占める文化関係予算の割合（2017年度）
出所：文化庁「諸外国における文化政策等の比較調査研究事業報告書」2018年。

日本　0.11%（1,043億円）
イギリス　0.16%（1,799億円）
アメリカ　0.02%（1,529億円）
ドイツ　0.49%（2,174億円）
フランス　0.88%（4,851億円）
韓国　1.05%（2,821億円）

　戦前の教育制度に対し，現在の学校制度は設置者管理主義の原則をとっています。学校教育法第5条は，「学校の設置者は，その設置する学校を管理し，法令に特別の定のある場合を除いては，その学校の経費を負担する」と規定しています。市町村立学校は市町村が，都道府県立学校は都道府県が，私立学校は学校法人が維持管理することとなっているのです。このように，戦後，教育は，国の事務から地方の事務に移管されたのであり，地方自治の理念を教育行政の基本原則の第1にあげることができます。

◯教育の主体性尊重

　木田[5]は，「教育行政が対象とする教育，学術，文化，宗教の活動は，そのいずれも，人間の知的な形而上的な価値創造の営みである。教える者も学ぶ者も，研究者も芸術家も，それぞれの主体的な活動を営むことによってその成果が上がるものであることはいうまでもない。それゆえ，その活動の振興を図る教育行政作用の基本的な性格は，規制作用よりも助成作用に，そしてまた実施作用の在り方においても，監督よりは指導に比重が置かれることになる」と論じ，教育行政の重点は，「監督による違反の是正にあるのではなく，いかにより充実したよりよい教育を行うかに向けられなくてはならない。指導，助言，援助等の非権力的な作用にこそ，教育行政の最も大切な仕事があるのである」としています。

▷5　木田，前掲書（▷1），pp. 41-42。

◯教育及び教育行政の中立

　わが国の教育制度においては，教育の政治的中立ということが強調されています。教育基本法第14条第2項は，「法律に定める学校は，特定の政党を支持し，又はこれに反対するための政治教育その他政治的活動をしてはならない」と定めています。また，教育基本法第15条第2項は，「国及び地方公共団体が設置する学校は，特定の宗教のための宗教教育その他宗教的活動をしてはならない」としており，教育の宗派的中立を求めています。ただし，私立学校では宗教教育を行うことができます。

（磯田文雄）

2 文部科学省の組織と役割

1 教育行政機関の分類

　教育行政を行う機関は，行政権の主体別に見ると，国の教育行政機関と地方の教育行政機関に分けられます。文部科学省が国の教育行政機関であるのに対し，教育委員会は地方の教育行政機関ということになります。

　次に，教育行政機関を機能別に見ると，教育行政事務を管理執行する執行機関と，執行機関の教育行政事務の管理執行を補助する補助機関と，執行機関の諮問に応じ，または自ら進んで執行機関に意見を述べる諮問機関の3つに分けられます。文部科学省では，文部科学大臣が執行機関であり，副大臣，大臣政務官，事務次官は大臣の補助機関です（図XIV-2）。また，中央教育審議会や科学技術・学術審議会は，文部科学大臣の諮問機関です。

2 行政主導から政治主導へ

○中央省庁改革

　橋本龍太郎首相の内閣のもとで行政改革が進められ，2001年1月，中央省庁が，それまでの総理府と22の省庁から新設された内閣府と12の省庁に再編され，文部省も科学技術庁と統合され文部科学省となりました。この橋本行革の発端は，国の政策を官僚が密室で決めてきたことへの強い批判が原動力となりました。大事な政策は，選挙で選ばれた政治家が決めるべきだとされたのです。

　そこで打ち出されたのが，首相及び各大臣の権限強化による政治主導の行政の実現です。まず，首相を補佐する内閣官房の強化が行われ，重要政策の企画立案・総合調整機能を担当，首相のリーダーシップを支えることになりました。次に，各省を統括する内閣府が設置されました。省庁改革前には総理府という行政機関がありましたが，総理府はほかの省庁と同格でした。しかしながら，新設された内閣府はほかの省庁より格上で，特定の分野について政策の大枠を決めたり，省庁閣の総合調整を担当したりして，首相を補佐します。総合科学技術会議など国政の重要施策を審議する会議も設置されました。

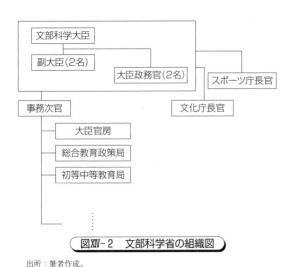

図XIV-2　文部科学省の組織図

出所：筆者作成。

各省においても副大臣や大臣政務官が設置され，そこに国会議員が就任，大臣を中心に政治家主導で政策決定が行われることとなりました。省庁統合前は，文部省においても大臣と政務次官の2名が政治家など外部から任命されていただけに過ぎませんでしたが，統合後は大臣のほかに2名の副大臣及び2名の大臣政務官が国会議員から任命されることとなりました。▷1

▷1　磯田文雄『新しい教育行政』ぎょうせい，2006年，pp. 152-153。

○政策形成過程の変容

1955年に日本社会党と自由民主党が結成され，二大政党制が実現します。1955年にちなんで「55年体制」と名づけられました。55年体制においては，文部省と日本教職員組合が対峙し，厳しい対立構造が形づくられました。この体制下では，文部省が教育行政を形成し，日本教職員組合がその教育行政に反対するということが続きました。▷2 すなわち，文部省の教育行政を分析すれば，日本の教育行政を考察できると考えられていたのです。

▷2　磯田，同上書（▷1），pp. 253-257。

これに対し，中央省庁再編後は，内閣官房，内閣府が行政全般について強い指導性を発揮することとなり，教育行政もその例外ではありません。したがって，わが国の教育行政を分析・検討するためには，文部科学省のみならず，内閣官房，内閣府の行政動向も視野に入れることが必要です。

3　文部科学省

○文部科学省の任務

文部科学省設置法第3条によると，「文部科学省は，教育の振興及び生涯学習の推進を中核とした豊かな人間性を備えた創造的な人材の育成，学術，スポーツ及び文化の振興並びに科学技術の総合的な振興を図るとともに，宗教に関する行政事務を適切に行うことを任務とする」とされています。

○文部科学省の組織

文部科学省には，内部部局として大臣官房及び6つの局と国際統括官が，外局としてスポーツ庁と文化庁が置かれています。▷3

▷3　国家行政組織法第7条第1項，文部科学省設置法第13条，文部科学省組織令第2条第1項。

初等中等教育行政を担当する局として初等中等教育局が置かれ，同局には，初等中等教育企画課，財務課，教育課程課，児童生徒課，幼児教育課，特別支援教育課，情報教育・外国語教育課，教科書課，健康教育・食育課があります。課の名称から明らかなように，初等中等教育の企画立案，地方教育費，教育課程，生徒指導など，機能に着目して組織が編成されています。これは，2001年1月の中央省庁改革以前は，教育内容を担当する初等中等教育局と教育の条件整備を担当する教育助成局に分かれていたものを，初等中等教育行政の総合的な推進のために統合し，行政機能を基本に再編したものです。この初等中等教育局については，局の組織が大きすぎるのではないかという意見や，小・中・高等学校という学校段階別の行政を重視することが望まれるとの主張もあります。

（磯田文雄）

3 地方教育委員会の役割と組織

① 教育委員会の役割と職務権限

　教育委員会は，政治的により公正中立な立場で，教育の自律性を尊重するために一定の権限を付与された合議制の行政機関として誕生しました。戦後間もない頃は，教育委員も住民の直接選挙で選ばれ，独自の教育予算編成権等をもっていたこともありました。現在は，「地方教育行政の組織及び運営に関する法律」（以下，地教行法と略）によって，首長が議会の同意を得て教育長と教育委員を任命すると規定されています（教育委員会の任命制）。

　教育委員会は，地教行法第21条に規定される多様な職務権限をもっています。具体的には，以下のような，地方公共団体が処理する教育に関する多様，多量な事務を管理，執行することになっています。

　①学校等の設置，管理及び廃止，②学校等の職員の任免，人事，③児童生徒，幼児の入学，転学，退学，④学校の組織編成，教育課程等，⑤教科書その他の教材，⑥校舎，教具など施設設備の整備，⑦教職員の研修，⑧教職員，児童生徒及び幼児の保健，安全など，⑨学校等の環境衛生，⑩学校給食，⑪社会教育，⑫スポーツ，⑬文化財の保護，⑭教育に関する調査その他統計，⑮所掌事務に係る広報や教育行政に関する相談など。▷1

　原則4人の教育委員と教育長からなる合議制の教育委員会が，地域における教育行政の重要事項や基本方針を決定し，それに基づいて教育長が実際の教育事務を行います。学校の自律性の確立が求められる時代にあって，教育委員会は「援助・支援」的な対応へと少しずつ役割も変わってきました。学校の各種取扱いについて許可・承認を行わないとする教育委員会や，学校裁量予算を導入している教育委員会も増えつつあります。

② 教育委員会の組織と運営の実際

　教育委員会は，住民の教育要求をくみ取る機関ではありますが，教育行政については「素人」である教育委員と，その「素人」達の会議において教育長（常勤の一般職職員）が「専門家」として助言するという組織です （図XIV-3）。市町村教育委員会の半数以上は，人口3万人未満の市町村の教育委員会であり，教育長を除く，指導主事を含めた職員数が20人以下の教育委員会も半数以上を占めています。ほとんどの教育委員会はたくさんの仕事を少ない人数で行って

▷1　ほかに教育財産の管理，ユネスコ活動，教育に関する法人，当該地方公共団体の区域内における教育に関する事務などがある。

▷2　非常勤の教育委員による合議制の委員会を狭義の教育委員会，それに多種多様な教育委員会の所掌事務を実際に執行，処理するための事務局を含めて広義の教育委員会と呼ぶこともある。一般に，学校教育のことを問い合わせたり，教員採用試験の資料をもらいに行くのは広義の教育委員会となる。

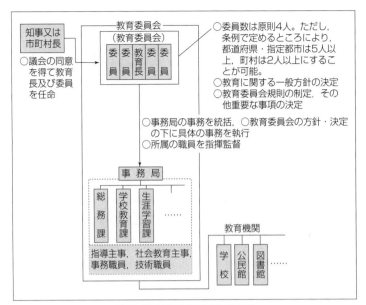

図XIV-3　教育委員会の組織

出所：文部科学省ホームページ「教育委員会について」より。

いるといっても過言ではありません。指導主事がいない教育委員会も少なから
ずありますので，教育的専門性を生かして対応できるのかも問われています。

3　教育委員会改廃論議とこれから

　2007年の地教行法の改正で「委員の年齢，性別，職業等に著しい偏りが生じ
ないように配慮するとともに，委員のうちに保護者である者が含まれるように
しなければならない」と改定されて，ほとんどの教育委員会において保護者が
選任されるようになりました。しかし，委員が非常勤であることに加え，会議
は定例会，臨時会合わせても月に1回あるかないかくらいの回数しか開かれて
いません。この回数は，人口規模が小さくなるほど少ないという傾向があり，
この回数で合議制行政委員会の特徴が生かされるのか心許ない数字です。また，
合議制であることで責任の所在もはっきりしないという批判もありました。

　こうした現状や批判を受けて，2014年に地教行法が改正され，これまでの教
育委員長と教育長が一本化され，首長が議会の同意を得て任命する教育長に責
任が一元化されました。同時に，総合教育会議が新設され，首長と教育委員の
協議によって，教育に関する大綱や重点施策，緊急措置などが決められること
になりました。

　2019年6月に施行された第9次地方分権一括法により，首長は公立社会教育
機関に関する事務を管理執行できるようにもなり，教育行政により強い発言権
をもつことになりました。首長が代わっても教育活動が大きく変わってしまう
ことのないように教育委員会のあり方が問われています。◁3　　（堀井啓幸）

▶3　日本教育行政学会
（編）『学会創立50周年記念
教育行政学研究と教育行政
改革の軌跡と展望』（教育
開発研究所，2016年）には，
2014年に改正され，2015年
4月から発足した新教育委
員会制度前後の教育改革を
めぐる首長，教育長，教育
委員会などの関わりについ
て考えるための貴重な事例
が述べられているので，参
考にされたい。

4 国と地方の教育財政及びその分担

1 わが国における教育費の構造

　わが国において教育費は，大別すれば国・地方自治体等の政府，民間企業，そして家計によって分担されています。国・地方自治体における教育費のことを公財政支出教育費といいますが，それは教育目的税といった独自財源ではなく，一般財政収入から教育分野へ分配されることによって確保されます。民間企業は納税によって公財政支出教育費の一部を，また自らの従業員のための企業内教育訓練費をそれぞれ負担しています。また家計は学校教育，塾や稽古事といった家庭教育のための授業料，諸費用等を負担しています。このように公教育から私教育に至るまでさまざまな教育のための経費が，多様な主体によって賄われているのです。特に国・地方自治体，私立学校法人によって提供される教育，これらは広くは公教育と呼ばれるものですが，どの主体がどの程度経費負担するのか（あるいはすべきか）については，教育機会均等の原理の確保や教育を受ける権利の保障問題とも絡み，歴史的にも論点の１つとなってきました。すなわち公教育費について，①国と地方自治体，②国・地方自治体と家計，③国・地方自治体と私立学校法人，④国・地方自治体及び私立学校法人と家計，の間でどのように教育費を分担するのか，ということが常に問われているのです。このことは，教育権思想，経済・財政状況，公共政策等の政策要因と絡み，時代によってまた国の違いによって多様な教育費分担のあり方が見られる原因の１つとなっています。ここでは，特に国と地方自治体における教育費の分担構造に焦点を絞り，さらに考察を進めたいと思います。

2 国の教育費

　国の教育費は，主として文部科学省の一般会計予算，総務省の地方交付税交付金の教育費積算分として計上されています。そしてそれらは，負担金，補助金，交付金という形態をとって地方へ分配され，地方財政の枠内の教育費の一部として支出されます。2020年度の国の一般会計予算は，総額102兆6,580億円となっており，そのうち文部科学省に配分される額は５兆3,060億円で全体の5.2%を占めています。またその内部分構成比は，義務教育国庫負担金28.7%，私学助成費7.7%，奨学金事業費1.9%，公立学校施設費1.3%，公立高等学校の授業料無償制及び高等学校等就学支援金8.5%などとなっています。そして

これらの費目は，負担金・補助金として国から地方自治体・家計に移転され，それぞれ地方自治体，家計を通じて支出されます。

③　地方の教育費

　2017年度決算では，地方自治体の歳出は97兆9,984億円程度となっており，そのうち教育費としては16兆8,886億円が充当され，そのシェアは17.2%となっていました。支出の大きさの観点から見れば，教育費は民生費（26.5%）に次ぐ第2位のシェアですが，2005年までは地方財政に占めるシェアはトップでした。このことは，近年の高齢化社会への移行に伴う社会保障関係費の増大を如実に示すものと指摘できるでしょう。

　地方の教育費を都道府県，市町村別に概観すると，都道府県の教育費は9兆9,793億円（都道府県支出の20.2%）であり，また市町村の教育費は7兆188億円（市町村支出の12.1%）となっています。このように都道府県と市町村とでは，財政支出に占める教育費のシェアに大きな違いがあることに注目する必要があります。都道府県においては教育費は最大の支出項目となっていますが，これは市町村立義務教育諸学校の教員給与費を都道府県が負担していることや，都道府県立高等学校の管理運営をしていることに起因するものです。また市町村においては，教育費は民生費，総務費，土木費，公債費に次いで第5位の支出項目となっています。

　次に学校種別の配分状況について見てみましょう。都道府県は小学校費27.8%，高等学校費20.8%，中学校費16.6%となっており，他方市町村は小学校費27.6%，保健体育費19.0%，社会教育費15.4%となっています。さらに教育費の性質別配分内訳を見ると，都道府県では人件費が77.4%，市町村では物件費が29.2%，普通建設事業費が23.9%，人件費が34.3%となっています。したがって学校教育サービスを産出するにあたって，都道府県は人件費を，また市町村は施設・設備費，校舎建設費などをそれぞれ分担する構造となっていることがわかります。

④　国と地方の分担

　国と地方自治体は協力し一体となって教育行政を推進していますが，教育費についても上記のように分担しています。2016年度の場合，国の教育費歳出額は5兆3,183億円，地方自治体のそれは14兆1,845億円となっています。国から地方へ再分配される国庫負担金・補助金1兆8,349億円を差し引くと，地方の純負担額は12兆3,496億円程度となり，国と地方の負担比率は約1対2.3となっています。

（高見　茂）

参考文献

　総務省（編）「地方財政白書（平成31年版（平成29年度決算））」。

世界の教育行政

諸外国に学ぶ

　わが国の教育及び教育行政について考察するためには，諸外国のさまざまな教育実践，教育政策，教育制度について学び，わが国の実情や制度と比較検討することは有効な手法です。諸外国の教育行政について学習することは，わが国の教育制度の課題を特定し，その解決策を検討するために必要なのです。

　諸外国といってもあまたの国があります。アメリカ合衆国やドイツのように州が教育全般を所管している国，フランスのように伝統的に中央集権的な教育行政制度を採用している国などです。しかしながら，アメリカにおいては連邦政府のイニシアチブで教育改革が進められているのに，フランスでは地方分権化が推進されるなど逆の方向の動きが生じています。イギリスでは地方教育局の権限を縮小する一方で，学校の意思決定機関である学校理事会を重視する方向で改革が進められています。東アジアに目を移すと，一定の時期からの極めて急速な経済成長と，それに伴う学校教育の拡大・大衆化を経験している日本，韓国，台湾には，教育行政の動向に共通の特徴を見てとることができます。

　これらの諸外国の教育行政制度の中から，わが国の教育行政を考えるのに参考となる国を選び，比較検討を有効かつ効果的に行えるような視点を定め，諸外国の教育行政制度を研究していくことが望まれます。このように考えますと，まず，アメリカ合衆国を研究することを提案します。アメリカは，わが国の教育制度及びその運営のあり方に極めて大きな影響を及ぼしています。加えて，わが国には，現在，地方分権の流れがあります。地方分権を考えるには，州が教育行政の基本のアメリカは，比較の対象として非常に意味があります。

　一方，韓国は，わが国と共通する問題を多く抱えた国ですが，学校週5日制，学校運営委員会，学力調査などわが国と同様の施策を講じているものが多いと同時に，わが国では導入されていない教育税の導入など興味深い施策が展開されています。このような韓国の状況を比較の対象とすることは，わが国の教育行政を考察する上で，多くの貴重な情報を提供してくれることとなります。

② アメリカ合衆国

◯州と学区

　アメリカ合衆国は連邦国家であり，行政システムについては多くの分野で州

単位の行政が展開されています。教育についても州の専管事項とされ，連邦の役割は教育の機会均等の保障など，教育への支援にとどまっています。また，州が定める教育方針や制度は，大綱的あるいは必要最低限に定められている場合が多く，これを実施，運用する上で州のもとにおかれている基礎的な教育行政単位である学区（school district）に多くの裁量が委ねられています。

　州のもとにおかれる学区は，一般行政の単位（地方政府）である郡や市，タウンなどとは別に設定される教育専門の行政単位です。州法によって設けられ，基本的に所管区域内の初等中等教育を中心とする公立学校制度を管理するための権限を付与されています。

○連邦のイニシアチブ

　連邦の教育行政における権限は貧困地域への支援など一部の領域に限定されていましたが，1980年代に入る頃から国際競争力の低下への懸念が深まり，教育改革が全国的な課題として認識されるようになると，連邦のイニシアチブが重要性を増してきます。初等中等教育においては，特に1990年代以降，多様な財政支援や立法措置を通じて改革の方向性を明確にし，2002年1月には，その実行を徹底させるための教育改革振興法「落ちこぼれをつくらないための初等中等教育法（No Child Left Behind Act of 2001）」を制定しました。同法は，教育課程や指導法において州や学区を拘束するものではありませんが，同法の中核をなす貧困地域への財政支援を受けるためには，各州が指導内容や学力の到達度に関する教育スタンダードを制定することと同スタンダードに準拠した州内統一の学力テストを実施することが求められることとなりました。

3　韓　国

○中央集権から地方分権へ

　1948年の大韓民国成立以降，強力な中央集権体制は，地方自治の確立を阻んできました。しかしながら，1980年代における民主化運動の高まりは，これまでの中央集権的な行政制度の変革を促し，教育行政等の地方分権体制の整備を進めることとなりました。1991年，「地方教育自治法」が制定され，教育の地方分権体制が確立しました。広域自治体である特別市・広域市・道に教育委員会が，また，基礎的自治体である市・郡・自治区には教育庁が設置されました。

○保護者や地域参加の学校づくり

　地方教育自治体制の構築が進められる中，各学校レベルの運営体制についても改革が進められました。1996年，学校運営に関する重要な意思決定に，教師，保護者，地域の代表が参画する学校運営委員会が，小・中・高等学校に設置されることとなりました。学校運営委員会の審議事項は，学校の予算・決算，教育課程の編成，教科書の選定，学則の制定・改廃，学校長・教員の採用推選などです。

（磯田文雄）

（参考文献）
　文部科学省『諸外国の教育改革の動向』ぎょうせい，2010年。

就学支援と奨学金制度

就学支援制度

　教育の機会均等原理は近代の公教育の基本理念の1つであり，その実現はわが国はもとより諸外国においても教育行政の最重要政策課題として位置づけられています。この原理の実現はさまざまな阻害要因によって阻まれ，その実現は極めて厳しいものがあります。その阻害要因のうち，最も大きな影響力をもつものは経済的要因です。特に教育基本法では，経済的理由による義務教育段階の就学猶予・免除は認められていません。それゆえ，義務教育段階において確実に機会均等の原理を実現するため，憲法，教育基本法，学校教育法，生活保護法等の法令は，就学困難な者に対する国，地方公共団体の就学保障義務を規定しています。わが国の就学支援制度は，①生活保護法に基づく「教育扶助」[1]と②学校教育法に基づく「就学援助」[2]に大別されます。①は厚生労働省の，また②は文部科学省のそれぞれ所管となっています。なお「教育扶助」と「就学援助」を同時に受けることは禁じられています。学校教育法による就学保障措置が生活保護法による教育扶助に優先して行われることになっていますが，実情は必ずしもそのとおりになっていないようです。[3]

　なお2010年3月に「公立高等学校に係る授業料の不徴収及び高等学校等就学支援金の支給に関する法律」が成立したことにより，同年4月から公立高等学校についても授業料が原則不徴収となりました。授業料収入相当額を国から地方公共団体に交付することによって，実質的に公立高校授業料は国庫負担に移行しました。また私立高等学校の生徒については，高等学校就学支援金として授業料に充当すべく，一定額（年額11万8,800円，低所得世帯の生徒については1.5倍から2倍した額）が支給されます。こうした制度導入の意義として，文部科学省は以下3つの理由をあげています。第一に高等学校進学率が約98％に達した今日，その教育効果は広く社会に還元されていると考えられることから，高等学校の教育に係る費用については社会全体で負担することは合理的な措置だということです。第二に今日の経済状態に照らせば，家計状況の如何にかかわらず，意思のあるすべての高校生などが安心して教育を受けられるような負担軽減措置が社会的に要請されているとの理由です。第三に「経済的，社会的及び文化的権利に関する国際規約」においても，中等教育における無償措置の漸進的導入規定が見られるなど，高等学校の無償化は国際的な状況に照らして

▷1　「教育扶助」の対象は，義務教育に伴って必要な教科書その他の学用品，通学用品，学校給食であり，必要経費が原則として現金給付されている。

▷2　「就学援助」の対象は，学用品費，体育実技用具費，新入学児童生徒学用品費等，通学用品費，通学費，修学旅行費，医療費，学校給食費など。

▷3　高見茂（監修）『必携学校小六法（2020年度版）』協同出版，2019年，p. 876。

も一般化しつつあるとの理由です。そして無償化のメリットとして，①経済的理由による中退の抑制，②多様な学びへの支援による多様な教育機会の促進，③無償化の意義の周知による自己の学習機会社会的支援の自覚の醸成，公共の精神・職業意識の涵養の３点があげられています[14]。

また「子ども・子育て支援法の一部を改正する法律」等を踏まえ，2019年10月より幼児教育の無償化が実施されることになりました[15]。

2 奨学金制度

就学支援には，上記のような義務教育段階における就学保障措置に加えて育英奨学制度があります。それは，基本的には，義務教育終了以降において向学の意思・能力をもちながら経済的理由により修学・進学の困難な者に学資等の経済的支援を与えて修学・進学を援助・保障する仕組みです。具体的には金銭の給付または貸与を行う制度ですが，歴史的には，当初は経済的困窮条件に加えて支援対象者の優秀性に対する給付制度としての性格をもっていました。しかし，1960年代後半に入り大学進学者数の急増により高等教育の大衆化が進むと，奨学金政策には私立大学生の経済支援が加わることになりました。すなわち「育英」中心の思想に，教育の機会均等を実現すべくすべての者に対する経済援助思想が加わったのです[16]。経済援助対象者の増加は，返済義務のない給付奨学金のみによる奨学事業の運営を難しくさせ，新たに貸与奨学金制度の整備・拡充が図られました。

給付奨学金は企業・地方自治体・私立大学の主宰するものが多く，給付枠が極めて少ない状況が見られました。法人化以降，いくつかの国立大学においては個別の給付奨学金制度の整備が推進されましたが，広く国立大学全体に普及するには至りませんでした。他方貸与奨学金は，日本学生支援機構によって運営されているものが最も利用者が多いとされます。貸与対象は，高等専門学校，専修学校専門課程，大学・大学院に在籍する学生で，その奨学金には第一種（無利子），第二種（有利子）の区分が設けられています。前者には採用基準として一定以上の学力水準が求められるなど厳しい条件が課せられていますが，後者の方は親の年収などの条件を充足すればほぼ全員に採用される状況です。こうした奨学金は，貸与奨学金である以上，卒業後に返済することが義務付けられていますが，返済義務の不履行者が後を絶たず，制度存続の根幹にも関わる深刻な問題となっていました。そこで政府は，「大学等における修学の支援に関する法律」（2019年５月法律第８号）に基づき，少子化に対処するため，低所得世帯であっても社会で自立し活躍できる人材を育成する大学等において修学できるよう高等教育の修学支援（授業料等減免・給付型奨学金）を創設しました[17]。これは，高等教育無償化としては，大きな一歩であるといえます。

（高見　茂）

▷4　高見，前掲書（▷3），pp. 113-114。

▷5　幼稚園，保育所，認定こども園の無償化を中心に認可外保育所も負担軽減対象となった。

▷6　高見，前掲書（▷3），p. 876。

▷7　年収約270万円までの非課税世帯は全額，270万円から300万円までの世帯は３分の２，300万円から380万円までの世帯は３分の１の授業料減免と奨学金給付がなされることになった。

日本国憲法と教育基本法

1　日本国憲法は守る義務があるか

　学生である皆さんには，日本国憲法を尊重し擁護する義務があるのでしょうか。**憲法第99条**には，「公務員は，この憲法を尊重し擁護する義務を負ふ」と書かれています。この意味において，公務員ではない皆さんにその義務はありません。

　小学校以来皆さんは何度か憲法について学んできているはずです。しかし，教員免許状を取得するためには，あらためて大学で「日本国憲法」について学び，単位を取得しなければなりません。教員にとってそれだけ憲法学習が大切だということです。さらに公立学校の教員に採用されると「服務の宣誓」を行い，日本国憲法を遵守することを誓わなければなりません。

　日本国憲法はなぜ公務員に憲法の擁護尊重義務を課しているのでしょうか。それは日本国憲法が立憲主義に立っているからです。立憲主義（「近代立憲主義」ともいう）に立つ憲法にとって最も大切な価値は「個人の尊厳」です。それがさまざまな基本的人権の保障規定に具体化されるのです。そして国家の統治機構は，三権分立など人権を最もよく保障するように組み立てられます。したがって国家の統治機構の内側にいる人々（公務員）は，国民（憲法の制定権者である主権者国民）から，憲法に定めた人権を保障するための政治・行政・司法を行うことを義務づけられ，命令されていると理解できるのです。

　基本的人権は「自由権」と「社会権」に分けられます。その社会権についての規定が，第25条（生存権），第26条（教育権），第27条（労働権），第28条（労働基本権）という内容と構造（並び方）になっていることに注目してください。人間が人間らしく生きるためには，生きること，学ぶこと，働いて生活の糧（賃金）を得ることが不可欠でしょう。「個人の尊厳」を実現するためには，福祉と教育と労働が同時に保障されること，その三者が内容的に結びつけられていることが必要であると解釈できます。

2　旧教育基本法にはなぜ「前文」と「補則」がつけられたのか

　日本国憲法は1946年11月3日に制定されました。教育基本法は，学校教育法と同じく1947年3月31日に制定され，即日施行されました。6・3・3のいわゆる「新学制」を，翌日の1947年4月1日からスタートさせるためでした。

教育基本法は「準憲法的性格」をもつ法律であるといわれました。これには形式的な意味と内容的な意味があります。形式的な意味ではまず，憲法と同じく，一般の法律にはめずらしい「前文」がついています。そして最後の条文の「第11条（補則）」は，「この法律に掲げる諸条項を実施するために必要がある場合には，適当な法令が制定されなければならない」というものでした。[15]

内容的な意味では，「前文」に「ここに，日本国憲法の精神に則り，……この法律を制定する」とあるとおりです。たとえば「法の下の平等」という憲法原則は，教育基本法では「教育の機会均等」（第3条）の原則として，同様に「男女平等」原則は「男女共学」（第5条）の原則として規定されました。

そして，憲法の最も重要な原則である国民の「精神的自由」「思想・良心の自由」の保障については，「政治教育」（第8条），「宗教教育」（第9条），「教育行政」（第10条）の条文に具体化されました。教育行政の依拠すべき原則を定めた教育基本法は，全11条の簡潔な法律でよかったわけです。

こうして，教育基本法は「憲法と密接不可分」な法律であり，法令の秩序においては「一般の法律よりも上位」に位置するものであり，「教育法令の世界における憲法」であるという理解が広く行きわたりました。

③ 新教育基本法をどう見るか

教育基本法の全部改正が行われ，2006年12月22日に新しい教育基本法が制定されました。新教育基本法にも「前文」がつけられていて，「ここに，我々は，日本国憲法の精神にのっとり，……，この法律を制定する」とあります。また，最後の条文は「第4章　法令の制定」の「第18条　この法律に規定する諸条項を実施するため，必要な法令が制定されなければならない」というものです。形式面では，新教育基本法は旧法を踏襲しているといえます。

内容的にみると，「第1章　教育の目的及び理念」（第1～第4条），[16]「第2章　教育の実施に関する基本」（第5～第15条），「第3章　教育行政」（第16～第17条），「第4章　法令の制定」（第18条）という構成になっており，旧法と比べると，新たに「章」が設けられ，長い文章の条文が並んでいます。

皆さんは，新旧教育基本法をぜひ読みくらべてください。そうすると，「我が国と郷土を愛する」（第2条）とか「（学校においては）教育を受ける者が，学校生活を営む上で必要な規律を重んずるとともに，自ら進んで学習に取り組む意欲を高めることを重視して行われなければならない」（第6条）など，一般の教育論として読めば当たり前と思われる文章が数多く条文化されていることに気づくことでしょう。旧法にはなかった性質の条文が数多く新法には入っており，内容的に見ると，教育基本法が変質したことは明らかです。

新教育基本法は教育現場にどのような影響を及ぼしているのでしょうか。ゼミなどでおおいに議論してみてください。　　　　　　　　　　（浦野東洋一）

▷4　憲法第13条
「すべて国民は，個人として尊重される。生命，自由及び幸福追求に対する国民の権利については，公共の福祉に反しない限り，立法その他国政の上で，最大の尊重を必要とする」。

▷5　学校教育法やその後制定された教育委員会法，社会教育法など，たくさんの教育法令は，みな教育基本法の趣旨を具体化して教育を実施するための法令であるという位置づけになる。

▷6　旧・新教育基本法第1条（教育の目的）を読み比べてみよう。

旧：教育は，人格の完成をめざし，平和的な国家及び社会の形成者として，真理と正義を愛し，個人の価値をたっとび，勤労と責任を重んじ，自主的精神に充ちた心身ともに健康な国民の育成を期して行われなければならない。

新：教育は，人格の完成を目指し，平和で民主的な国家及び社会の形成者として必要な資質を備えた心身ともに健康な国民の育成を期して行われなければならない。

参考文献

西原博史・斎藤一久（編著）『教職課程のための憲法入門（第2版）』弘文堂，2019年。

加藤一彦『教職教養　憲法15話（改訂3版）』北樹出版，2016年。

米沢広一『憲法と教育15講（第4版）』北樹出版，2016年。

学校教育法及び教育関連諸法規

１　日本の子どもは，小・中学校に通う義務があるか

　憲法第26条は「すべて国民は，……ひとしく教育を受ける権利を有する」「すべて国民は，……その保護する子女に普通教育を受けさせる義務を負ふ」（第26条）と規定しています。教育基本法も同様の規定をおいています（第5条）。

　これらの規定を受けて学校教育法は，「保護者は，……子に9年の普通教育を受けさせる義務を負う」（第16条）と定め，その義務を履行するための手続規定をおいています（第17条以下）。日本人の子どもは教育を受ける権利の主体であって，義務を負っているのは保護者です。

　したがって，大人は子どもにむかって「法律上の義務だから学校に行きなさい」「法律上の義務だから学校に来なさい」ということはできないでしょう。大人達は，力を合わせて，子ども達が毎日わくわくして登校する安心して楽しく学べる学校をつくり出さなければならない立場にあります。

　学校教育法は，「第1章　総則」（第1〜第15条），「第2章　義務教育」（第16〜第21条），「第3章　幼稚園」（第22〜第28条），「第4章　小学校」（第29〜第44条），「第5章　中学校」（第45〜第49条），「第5章の2　義務教育学校」（第49条の2〜第49条の8），「第6章　高等学校」（第50〜第62条），「第7章　中等教育学校」（第63〜第71条），「第8章　特別支援教育」（第72〜第82条），「第9章　大学」（第83〜第114条），「第10章　高等専門学校」（第115〜第123条），「第11章　専修学校」（第124〜第133条），「第12章　雑則」（第134〜第142条），「第13章　罰則」などから構成されています。

２　教育課程の領域，教科の種類，授業時数は誰が決めているか

　小学校について見ると，学校教育法施行規則に「小学校の教育課程は，国語，社会，算数，理科，生活，音楽，図画工作，家庭，体育及び外国語の各教科，特別の教科である道徳，外国語活動，総合的な学習の時間並びに特別活動によつて編成するものとする」（第50条第1項）とあります。ここで教育課程の領域とは，「各教科」，「特別の教科である道徳」，「外国語活動」（第3学年〜第4学年），「総合的な学習の時間」（第3学年〜第6学年）及び「特別活動」（学級活動，児童会活動，クラブ活動，学校行事）を意味しています。学校教育法施行規則は「別表第一」で，各教科や領域の学年ごとの標準授業時数を定めていま

▷1　たとえば，2012年4月1日生まれの子どもの小学校入学の日付はどうなるか。
　保護者は，子の満6歳に達した日の翌日以後における最初の学年の初めから小学校に就学させる義務を負っている（学校教育法第17条）。学年は4月1日に始まり，翌年の3月31日に終わる（同施行規則第59条）。年齢は誕生日の前の日に繰り上がる（年齢計算ニ関スル法律）。つまり，2012年4月1日生まれの子どもの小学校入学の日付は2018年4月1日であり，2012年4月2日生まれの子どものそれは2019年4月1日ということになる。

す（第51条）。

　この教育課程の領域，教科の種類の規定などからわかるように，「学校教育法施行規則」の方が学校に関して，より具体的で細かなことを規定しています。したがって学校教育法について調べる時には，学校教育法（法律），同施行令（政令），同施行規則（省令）の３つの法令を視野に入れることが必要です。

　・「法律」の制定権者は，いうまでもなく国会です（憲法第41条）。

　・「政令」の制定権者は内閣です（憲法第73条）。

　・「省令」の制定権者は大臣です（国家行政組織法第12条）。

　ちなみに学習指導要領は，文部科学大臣の「告示」です（国家行政組織法第14条第１項，学校教育法施行規則第52条）。

③ 教育関連諸法規にはどんなものがあるか

　『教育小六法』（学陽書房，2020年）をひもといてみると，教育に関係する225件の法令を分類して，次のような「編別」を採用しています。

　「基本編」（日本国憲法，教育基本法など），「学校教育編」（学校教育法，学校図書館法など），「高等教育編」（大学設置基準，国立大学法人法など），「教育奨励編」（高等学校等就学支援金の支給に関する法律など），「学校保健編」（学校保健安全法，学校給食法など），「私立学校編」（私立学校法など），「社会教育・生涯学習編」（社会教育法，図書館法など），「スポーツ法編」（スポーツ基本法など），「教育職員編」（教育公務員特例法，教育職員免許法など），「教育行政編」（地方教育行政の組織及び運営に関する法律，文部科学省設置法など），「教育財政編」（義務教育費国庫負担法など），「情報法編」（行政機関の保有する情報の公開に関する法律，個人情報の保護に関する法律など），「福祉・文化編」（生活保護法，障害者基本法など），「子ども法編」（児童福祉法，少年法など），「諸法編」（民法，国家賠償法，著作権法など），「条例・規則編」（東京都立学校の管理運営に関する規則など），「国際教育法規編」（児童権利宣言，世界人権宣言など），「資料編」（大日本帝国憲法，教育基本法〔旧法〕など）。

　このように，教育に関係する法律は多岐にわたっています。それは，教育が個人の成長・発達と社会の維持・発展のために不可欠であるがゆえに，教育の分野は多様であり（家庭教育，学校教育，社会教育，生涯学習），さまざまな制度によって支えられている（学校制度，社会教育制度，教育行政制度，教育財政制度，福祉制度など）ことを示しています。新聞や本を読んでいて，教育法令に関係していそうで意味のわからない用語に出会ったら，索引を利用して教育法令集を事典がわりに使いましょう。

（浦野東洋一）

▷２　このように日本の文部科学大臣は，教育内容の決定に関し，法制度上きわめて強大な権限をもっている。しかし，憲法上，その権限行使は抑制的であるべきことが求められる。「党派的な政治的観念や利害によって支配されるべきでない教育……（の内容に対する）国家的介入についてはできるだけ抑制的であることが要請される」「子どもが自由かつ独立の人格として成長することを妨げるような国家的介入，例えば，誤った知識や一方的な観念を子どもに植えつけるような内容の教育を施すことを強制するようなことは，憲法26条，13条の規定上からも許されない」（北海道旭川学力テスト事件最高裁大法廷判決，1976年５月21日）。

参考文献

　市川須美子ほか（編）『教育小六法』学陽書房（各年度版）。
　藤井穂高（編著）『教育の法と制度』ミネルヴァ書房，2018年。

3 教育法規をめぐる諸論点

1 学校教育の内容は誰が決めるのか

　教育は，①一人一人の子どもの成長と発達と幸福に奉仕する，②社会と国家の維持と発展に奉仕するという二重の役割を担っています。学校教育のあり方は社会と国家のあり方に深く関わるがゆえに，為政者は常に教育をコントロールしようとします。戦前の日本はその典型例であり，戦争遂行のために教育が動員されたことはご存知のことでしょう。

　その反省の上に，子どもを含む国民の「精神の自由（思想・良心の自由，学問の自由，信教の自由など）」を最重要の基本的人権として保障する日本国憲法を受けて，旧教育基本法は「教育の不当な支配」を禁じました（第10条）。新教育基本法も文言だけに注目すれば同じです（第16条）。

　この「不当な支配の禁止」をめぐって長い間議論が展開されてきました。

　A説は，初等中等学校の教育内容を決定できるのは，教師を中心とする国民全体である（国家・行政権が決定すべきものではない）と主張します。

　B説は，日本は議会制民主主義を採用しており，法律に基づいて行政権は教育内容を決定できると主張します。

　この論争は，具体的には教科書検定，全国学力テスト，入学式・卒業式における「日の丸」「君が代」（国歌・国旗）強制問題，教育実践をめぐる教員懲戒処分などをめぐって，またその裁判の法廷において展開されてきました。▷1

2 公立学校は市役所と同じ空間か

　学校（公立学校）はどのような場所なのでしょうか。公立の小・中学校の教員は，その市町村の公務員です。▷2 したがって公立学校の教員には，まずは地方公務員法が適用されます。市役所の職員と同じで，法令・規則及び上司の職務命令に忠実に従わなければなりません（地方公務員法第32条）。

　また，公立学校は教育委員会の管理下にあり（地方教育行政法第21条など），校長といえども教育委員会の指示命令に従わなければなりません。以上の意味において，公立学校は行政機構に包摂されている（行政機構の末端に位置している）といってよいでしょう。

　そこで市役所の風景を想像してみてください。市役所の職員が定期的に全員集まって会議を開き，何事かを決定して職務を遂行しているとは考えにくいで

▷1　有名な北海道旭川学力テスト事件最高裁大法廷判決（1976.5.21）は，「一般に社会公共的な問題について国民全体の意思を組織的に決定，実現すべき立場にある国は，……必要かつ相当と認められる範囲において，教育内容についてもこれを決定する権能を有する」と判示している。同時に「政党政治の下で多数決原理によってされる国政上の意思決定は，さまざまな政治的要因によって左右されるものであるから，……教育内容に対する右のごとき国家的介入についてはできるだけ抑制的であることが要請される」とも論じている。

▷2　たとえば東京都港区立小学校の教員は港区の公務員であり（東京都の公務員ではない），長野県箕輪町立中学校の教員は箕輪町の公務員である（長野県の公務員ではない）。しかしそれぞれの任命権（人事権）は，東京都教育委員会，長野県教育委員会にある（地方教育行政の組織及び運営に関する法律第37条）。たとえば東京都内で港区立小学校の教員が八王子市立小学校に「異動」する場合は，港区の公務員を免職され八王子市の公務員に採用されることになる（同第40条）。

しょう。ところが学校には，明治期以来自生的に職員会議が置かれ，学校運営を自主的自治的に行う上で重要な役割を果たしてきました。その職員会議の法的性格について，かねて次のような学説が唱えられていました。

①議決機関説：職員会議は学校の意思決定機関であり，校長といえどもその決定に従わなければならない。

②校長の諮問機関説：校長は学校運営の重要事項について職員会議に諮り，その意見を尊重しなければならない。

③校長の補助機関説：学校の管理運営の権限は校長にあり，職員会議は校長が運営方針を伝達し，教職員の共通理解を図る場である。

不思議なことに長い間国の法令に職員会議規定はありませんでしたが，2000年の学校教育法施行規則改正で設けられました（第48条）。それは補助機関説を採用した内容で，以後学校の「官僚機構化」が進みました。

3　学校像・学校観の転換が問われている

学校には，教員以外に，事務職員，用務員，栄養士，調理士，図書館司書，学校医など多くの職種の人々が関わっています。しかし教員に限ってみますと，昔は管理職である校長・教頭を除く教員はみな「平等」と見なされていました。教員が「鍋蓋型」に組織されていて，職員会議が重要な役割を果たしていた時代の教員組織であるということができるでしょう。

ところが，「鍋蓋型」では，「校長の経営方針がすみずみに，スピーディーに浸透しない」「組織的・機動的な学校運営ができず，学校は時代（環境）の変化に対応できない」などの批判が起こりました。

教育基本法の改正を受けて2007年に学校教育が改正され，今日の教員組織は「校長－副校長－教頭－主幹教諭－指導教諭－教諭」という「ピラミッド型」に変わっています（第37条）。ピラミッドをなすそれぞれの「職」は「充て職」ではなく独立した職なので，職務権限も給与も異なります。もはや教員といっても「平等」の建前さえなくなりました。

他方で，保護者や住民の意見を聞く学校づくり（開かれた学校づくり）の観点から，学校評議員制度，学校評価制度が導入され，コミュニティ・スクールが推奨されています。

また，いじめ問題・子どもの貧困・教員の多忙などに対処するため，スクールカウンセラー，スクールソーシャルワーカー，部活動指導員が学校の職員として法制化されました。

グローバル化など社会の変容により，学校に求められる機能・役割は増加する一方であり，学校・教員は多くの困難をかかえています。その打開のために多職種協働（チーム学校）が推奨されていますが，肝心の抜本的な教員定数増に手がつけられていないという大きな欠陥があります。　　　　（浦野東洋一）

▷3　学校教育法施行規則に「教務主任及び学年主任は，指導教諭又は教諭をもって，これに充てる」（第44条）とある。この場合の教務主任，学年主任が「充て職」である。独立した「職」ではないので，給与表が変わるわけではなく，翌年も，あるいは異動先の学校でも，引き続き主任である保証はない。

▷4　学校評議員制度については学校教育法施行規則第49条を，学校評価制度については同第66～68条を参照されたい。文部科学省は地方教育行政法第47条の5の定める学校運営協議会を置く学校をコミュニティ・スクールと呼び，その普及につとめている。

▷5　スクールカウンセラーについては学校教育法施行規則第65条の2を，スクールソーシャルワーカーについては同第65条の3を，部活動指導員については同第78条の2を参照されたい。

参考文献

浜田博文（編著）『学校経営』ミネルヴァ書房，2019年。

4 教育に関する宣言・条約

▷1　**世界人権宣言**（Universal Declaration of Human Rights）
前文と30か条からなる。第1条から第21条までは自由権的な権利を，第22条から第27条までは社会権的な権利を定め，第28条から第30条までは権利に関する一般的な規定をおいている。

▷2　**教員の地位に関する勧告**（Recommendation concerning the Status of Teachers）
前文と146項目からなる。「教育の仕事は専門職とみなされる」と規定し，（第6項），日本の教育界にも大きな影響を与えた。内容は，教員養成，教員の権利と責任，教員の身分・待遇の保証など，広範囲に及んでいる（ユネスコ特別政府間会議，1966年）。

▷3　**学習権宣言**（The Right to Learn）
「学習権とは，読み，書きできる権利であり，疑問をもち，じっくりと考える権利であり，想像し，創造する権利であり，自分自身の世界を知り，歴史を書き綴る権利であり，教育の諸条件を利用する権利であり，個人および集団の技能を発達させる権利である」と謳っている（ユネスコ国際成人教育会議，1985年）。

▷4　**高等教育教員の地位に関する勧告**（Recommendation concerning the Status of Higher-Education Teaching Personnel）

1 在日外国人の子どもと日本の学校

　最初に1つ質問をします。日本人の親は子を小・中学校に就学させる義務がありますが，日本で生活している外国人の親はどうでしょうか。

　世界人権宣言（1948年）の第26条は，「すべて人は，教育を受ける権利を有する」「親は，子に与える教育の種類を選択する優先的権利を有する」と規定しています。児童の権利に関する宣言（1959年）にも，「経済的，社会的及び文化的権利に関する国際規約［A規約］」（1979年批准）にも，子どもの権利条約（1994年批准）にも，ほぼ同様の規定がおかれています。また，教育を受ける権利を定めた憲法第26条の「すべて国民は，……」の「国民」には，外国人も含まれるという解釈が憲法学の通説です。

　在日外国人の親は子を日本の小・中学校に就学させる義務を負っていません。外国人の子どもの「教育を受ける権利」を保障するためには，外国人の親にも日本の小・中学校への就学義務を課した方がよいと思うかもしれませんが，そうすると，外国人の親の母国語による教育や民族教育など「教育の種類を選択する優先的権利」を侵害するおそれが出てきます。しかし，外国人の親から日本の小・中学校への就学希望が出された場合は，子どもの教育を受ける権利を保障するために，教育委員会及び公立学校はその子を受け入れなければなりません。

　グローバル化が進行し，外国人児童生徒が非常に多い地域とほとんどいない地域とのばらつきが大きいものの，外国人児童生徒の受け入れは，もはや特定の地域だけの課題とはいえない状況になっています。

2 宣言から条約へ

　1948年に国連総会で採択された**世界人権宣言**は，その名のとおり宣言であり，国際連合の加盟国を法的に拘束する力はもっていません。この宣言の諸規定に拘束力をもたせるためには，これを条約につくり替える必要がありました。人類の英知が発揮されたといってよいでしょう。その努力が18年間にわたって続けられ，1966年に国連総会は「経済的，社会的及び文化的権利に関する国際規約［A規約］」と「市民的及び政治的権利に関する国際規約［B規約］」を採択しました。日本は，それからさらに13年後の1979年に，一部の条項を「保留」

した上で批准しました。

1959年に国連総会で採択された児童権利宣言も同様です。この宣言は，1989年に国連総会で採択された「児童の権利に関する条約（子どもの権利条約）」へと発展しました。日本はこれを1994年に批准しています。

この宣言から条約へという流れとは別に，さまざまな重要事項についての国際（法）規範がつくられています。教育に関わるいくつかをあげておきます。

①**教員の地位に関する勧告**（1966年，特別政府間会議，ILO・ユネスコ）▷2

②**学習権宣言**（1985年，ユネスコ国際成人教育会議）▷3

③**高等教育教員の地位に関する勧告**（1997年，ユネスコ総会）▷4

④**学校図書館宣言**（1999年，ユネスコ総会）▷5

③ 日本における条約の位置

日本国憲法は，内閣の事務（職務）として「条約を締結すること。但し，事前に，時宜によつては事後に，国会の承認を経ることを必要とする」（第73条）と定めています。ここで「条約」とは，文書による国家間の合意を意味し，協定・協約・議定書・宣言・憲章などの名称のいかんを問わないと解されています。

日本国憲法はまた，「日本国が締結した条約及び確立された国際法規は，これを誠実に遵守することを必要とする」（第98条）と定めています。社会のいたるところでグローバル化，国際化が進行している現在，この憲法規定の重要性は増しているはずですが，日本の政治・行政・司法の現実も，私達国民の関心の度合いも，だいぶ立ち遅れていると思います。

上記①の勧告は，だいぶ前の1966年になされたものです。しかしその内容は「教育の仕事は，専門職とみなされる」と宣言し，専門職たるにふさわしい教員の地位・あり方について勧告したものです。注目すべきは，**ILO**▷6 と**ユネスコ**▷7は共同して，現在においても，**CEART**▷8の活動を通じてこの勧告が各国で実現するための取り組みを持続していることです。

全日本教職員組合（「全教」）が2002年に，日本の教員評価制度は教員の地位勧告に反していると CEART に申し立てました。CEART は，2003年から2008年にかけて，必要な調査を行い，日本政府と「全教」に数回勧告を行いました。しかし，文部科学省が勧告を尊重して行政を改めた形跡は見られません。

最近の2019年３月にも，CEART は卒業式・入学式で「日の丸掲揚・君が代斉唱」に従わない教員が懲戒処分される問題についての他の組合からの申し立てに対して，日本政府に勧告を行っています。

（浦野東洋一）

中等教育後の教育・研究機関の増大に伴って出された，「教員の地位に関する勧告」の高等教育版と考えてよい。前文と77項目からなる。高等教育（機関）の目的，任務などについても規定されている（ユネスコ総会，1997年）。

▷5 **学校図書館宣言**
(School Library Manifesto)
学校図書館の使命，財政・立法，サービスの内容，職員，運営と管理などについて国際標準が述べられている（ユネスコ総会，1999年）。

▷6 **国際労働機関**（ILO：International Labour Organization）
国連の専門機関の１つ。国連創設前にベルサイユ条約によって1919年に設立された。労働者の権利，労働条件の向上のために基準を設定しその監視を続けている。

▷7 **ユネスコ**
国連教育科学文化機構（UNESCO：United Nations Educational, Scientific and Cultural Organization）
1946年に設立された国連の専門機関の１つ。平和のための教育・科学・文化，持続可能な開発の促進を目的として活動している。多くの国に「国内委員会」が置かれている。

▷8 **CEART**
「教員の地位に関する勧告」の適用に関する ILO・ユネスコ共同専門家委員会（Joint ILO-UNESCO Committee of Experts on the Application of the Recommendations concerning Teaching Personnel）
「教員の地位に関する勧告」が各国で実際に生かされることを目的として活動している。教員団体の苦情を受理し，調査して必要があれば政府に勧告を行う。

5 「子どもの権利条約」

▷1　このこともあって，ポーランド生まれのコルチャックが「子どもの権利条約の精神的な父」と呼ばれている。

▷2　国連には，子どもの権利条約の履行を監視する機関として「子どもの権利委員会」がおかれている。締約国は5年に1度，履行状況を同委員会に報告しなければならない。その時期には政府だけでなく，NPOなども報告書を提出することができる。同委員会は，報告書を審査し，必要があれば当該政府に「勧告」することができる。これまで日本は毎回「勧告」を受けている。

▷3　特に注目される権利規定の一例として，第12条の条文を紹介する。
1　締約国は，自己の意見を形成する能力のある児童がその児童に影響を及ぼすすべての事項について自由に自己の意見を表明する権利を確保する。この場合において，児童の意見は，その児童の年齢及び成熟度に従って相応に考慮されるものとする。
2　このため，児童は，特に，自己に影響を及ぼすあらゆる司法上及び行政上の手続において，国内法の手続規則に合致する方法により直接に又は代理人若しくは適当な団体を通じて聴取される機会を与えられる。

1 経緯と内容

1978年の国連人権委員会において，ポーランドが「児童の権利に関する宣言」(1959年) を法的に拘束力のある条約にすることを提案しました。その後の努力が実を結び，1989年の国連総会で「子どもの権利条約」が全会一致で採択されました。日本は5年後の1994年に批准しています。

「子どもの権利条約」は，英文テキストでは「Convention on the Rights of the Child」です。日本政府訳は「児童の権利に関する条約」ですが，この条約で child とは「18歳未満のすべての者」とされています (第1条)。

条約は前文及び第1部 (第1〜第41条)，第2部 (第42〜第45条)，第3部 (第46〜第54条) で構成されています。

前文では，この条約が国際連合憲章，世界人権宣言，人権に関する国際規約，児童の権利に関する宣言などを踏まえたものであることが述べられています。

第1部は，締約国の子どもの権利保障の義務，保障すべき子どもの具体的な権利を定めています。第2部は条約を広報する締約国の義務，「子どもの権利委員会」の設置などを定めています。第3部は条約の批准や改正などの手続きを定めています。

日本で注目されているのは保障すべき子どもの権利の内容です。「意見表明権」(第12条)，「表現・情報の自由」(第13条)，「思想，良心及び宗教の自由」(第14条)，「結社の自由及び平和的な集会の自由」(第15条)，「プライバシーの自由」(第16条) の自由権的規定が特に注目されています。そのほかにも，「生きる権利」「育つ権利」「守られる権利」などの言葉に総括できるさまざまな子どもの権利が規定されています。

2 「保護の客体としての子ども」から「権利の主体としての子ども」へ

日本の民法は「親権を行う者は，子の監護及び教育をする権利を有し，義務を負う」(第820条) と定めています。監護とは監督し保護することです。しかし，親の虐待で死にいたる子どもが後を絶たない悲しい現実があります。

身体的精神的に未熟な子どもは，親や社会の保護の対象 (客体) です。そうでなければ子どもは生きていけません。児童の権利に関する宣言 (1959年) は，保護されることを子どもの権利であると宣言したのです。

　親や社会が子どもを保護するという文脈において，学校・教員は「親代わり（in loco parentis）」として，児童福祉施設・職員はパレンス・パトリエ（国親）として位置づけられたことがあります。今でも，その影響はあるでしょう。

　児童の権利に関する宣言は，「人類は，児童に対し，最善のものを与える義務を負う」（前文），「児童の最善の利益について，最高の考慮が払われなければならない」（第2条）としています。しかし，親や社会が子どもの最善の利益はこれこれであると決めて，子どもは素直にそれに従えばよい（パターナリズム）ということになると，その保護は子どもに対する抑圧となってしまう危険性が多分にあります。

　これに対し子どもの権利条約は，子どもの人格の独立性，能動性，オートノミーを認めて，大人と同じような権利をまさに子どもの権利として認めたのです。われわれにとっても，この「権利の主体（権利の持ち主）としての子ども」という子ども観は，そうとう強いインパクトがあるでしょう。

③ 子どもの権利条約と教育実践

　わが国も批准しており国内法となっている子どもの権利条約を，われわれはどのように受け止めたらよいのでしょうか。意見表明権を例に考えてみましょう。

　英文テキストで「意見」は，opinion ではなく，view です。辞書をひくと，「view ＝（個人的感情・偏見を含んだ）意見，見解，考え」とあります。子どもの意見表明権を保障するためには，教員・大人は，「先生は嫌い」というような感情・偏見を含んだ子どもの意見もきちんと聴かないといけないということになります。子どもの発言内容をすべて認めて受け入れる（子どもを「甘やかす」）ということではなく，耳を傾けなければならないということです。

　授業にしても生活指導にしても，その第一歩は「子ども理解」です。背景事情を含めてどれだけ的確に子どもを理解しているかが問われます。そのためには，まずは子どもの発言をすべて聴かなければなりません。このように筆者は，日本国憲法や子どもの権利条約など「ハイレベルの法規範」は「良質の教育実践」に通じると考えています。

　さらに筆者は，子どもの意見表明権を保障するためには，教員・大人が「君達には意見表明権があります」と伝えるだけでは不十分であり，子どもが意見表明をすることのできる能力をトレーニングすること，意見表明できる場（機会）を提供することが必要であると考えています。

　子どもの権利条約を契機に高等学校を中心に各地で取り組みが始まった「三者協議会」や「学校フォーラム」を軸にした「開かれた学校づくり」は，この生徒の意見表明権を保障している実践であると評価しています。

（浦野東洋一）

参考文献

　近藤二郎『コルチャック先生（決定版）』平凡社，2005年。

　浦野東洋一『開かれた学校づくり』同時代社，2003年。

　木村草太（編）『子どもの人権をまもるために』晶文社，2018年。

　畑千鶴乃・大谷由紀子・菊池幸工『子どもの権利最前線』かもがわ出版，2018年。

子どもの成長と環境

1 「働く」子ども

　子どもが変容してきたといわれます。しかし，現在を見るだけでは変容を捉えにくいので，時系列を追って，子どもの姿を遡ってみます。説明のために，子どもの生活領域を図XVI-1のように「働く」「遊ぶ」「学ぶ」に3分した場合，明治の子どもを象徴するのは「働く」子ども（図XVI-1のA）でした。

　1872（明治5）年に学制が発布されたといっても，子どもの小学校就学が定着したのは1890年代後半（明治30年代）へ入ってからになります。その時期でも4年制の小学校を中退する子どもは少なくありませんでした。就学している子どもも農繁期には学校を休んで農業や漁業を手伝う姿が一般的でした。大正以降でも，就学できない子どものための子守り学校や夜間小学校が見られます。

　『山びこ学校』（青銅社，1951年）は，第二次世界大戦直後の山形県で青年教師の無着成恭が展開した教育実践としての評価が高いですが，見方を変えると，貧しさの中で働く子どもの記録でもあります。多くの子どもが労働から解放されたのは1950年代後半に入ってからでしょう。

2 「遊ぶ」子どもと「学ぶ」子ども

　子どもというと群れ遊ぶ子どもを連想します。しかし，群れ遊ぶ子どもの姿（図XVI-1のB）が見られるようになったのは大正中期以降で，厳密にいえば，昭和に入ってからになります。街角でメンコやビー玉，ベーゴマに興じる子どもが増え，その子達を目あてに紙芝居屋が登場します。その一方，子どもの社交場・駄菓子屋が賑わいをみせます。子どもの遊びの黄金期です。戦時中をはさんで，第二次世界大戦後にも，群れ遊ぶ子どもが多い時代がありました。

　しかし，戦後の経済成長の中で家庭も豊かになり，どの子どもも高学歴の取得を目指すようになり，そのための勉強に追われる子ども（図XVI-1のC）が見られるようになります。1960年代後半に入ると，学習塾通いをする子どもの姿が増え，教育過熱現象が社会問題化するようになりました。

3 子どもと fun（楽しいもの）との関わり

　子どもの変容は子ども自身というより，子どもを取り巻く環境の変化による部分が大きいです。そうした環境の変化を，メディアとの関わりを手掛かりと

▷1　『山びこ学校』
山形県山元村（現・上山市）で，作文指導を通して生活を見つめさせようとした教育実践。子どもの生活記録として読み取ることも可能である。

▷2　無着成恭
（1927-　）

▷3　紙芝居屋
1933（昭和8）年前後，そして，1950（昭和25）年前後の数年間が紙芝居の全盛期である。テレビなどの娯楽のない時代，街角に紙芝居屋が訪ねてくるので，子どもは紙芝居に熱中した。

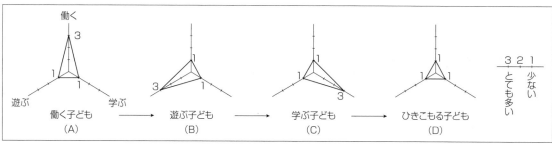

図XVI-1 子どもの成長のスタイルの類型

出所：筆者作成。

して考察すると，1963年前後にテレビが家庭に普及したことが子どもの生活に大きな影響を与えました。テレビはそれまで娯楽の少ない家庭に fun（楽しいもの）が入ってきたことを意味します。紙芝居の名作「黄金バット」が面白いといっても，テレビアニメ「鉄腕アトム」の魅力の前には色あせてしまいます。群れて遊ぶより，「8時だよ！ 全員集合」の方が楽しいのです。テレビの魅力に惹かれるように，子どもは家にこもるようになり，街角から子どもの群れ遊ぶ姿が消えました。

その後，1983年のファミコンの発売，1985年の「スーパーマリオブラザーズ」や1986年の「ドラゴンクエスト」の大ヒットは，子ども部屋に fun（楽しいもの）が入ってきたことを意味するので，子どもの巣ごもりに拍車をかけました。さらに，2015年前後から，子どももスマートフォンを手にするようになり，子どもはいつでもどこでも楽しめる fun を手にできる時代を迎えました。

④ 「ひきこもる」子ども

これまでの子どもと比較した場合，現在の子どもをどう捉えたらよいのでしょうか。現代の子どもは，家事の手伝いを含めても「働いている」状況にはないし，すでに「群れ遊ぶ」子どもの姿が消えて久しい状況です。「学ぶ」についても，子どもの家庭学習の時間が30分程度に減ったことは多くの調査資料の示すとおりです。そして，たくさんの fun に囲まれ，子どもはテレビを観たり，ゲームをしたり，メールを打ったりして時間を過ごしています。そうした子どもの姿は，図XVI-1のDに示すように，「ひきこもる」子どもといえるでしょう。

部屋にひきこもっているから，体力面での低下も心配ですが，それ以上に，友達と触れ合う機会をもてないことが気になります。メディアを通して，多くの間接体験をしているが，**直接体験**に乏しい成長でもあります。屋外で友達と戯れるのが子どもらしさだと主張するのは時代錯誤なのでしょうか。

（深谷昌志）

▷4 fun（楽しいもの）
昔の子どもの回りには楽しいものが少なかった。子どもにとって fun（楽しいもの）が身近になったのは大正時代の活動写真や『少年倶楽部』などの雑誌であろう。その後，昭和に入り，ラジオが普及するが，娯楽性は少ない。それだけに，テレビは子どもの生活に大きな影響を与えた。

▷5 たとえば，深谷昌志ほか（編）『いま，子どもの放課後はどうなっているのか』北大路書房，2006年

▷6 直接体験
五感を通して直接に体験すること。現代の子どもは直接体験が欠乏している。

2　子どもの遊びとその意義

1　「遊び」の「喪失」と「変質」

　一昔前まで，夕方の町角は遊び戯れる子どもの声で賑わっていました。かつての子どもはかくれんぼや鬼ごっこなど，友達と群れて遊ぶのが常でした。もう少し時代を遡ると，子どもがメンコやビー玉，ベーゴマに熱中した時代もありました。

　しかし，現在の町角で，子どもの遊ぶ姿を見ることはできません。子どもは，自分の部屋にこもり，テレビを見たり，ゲームをしたり，音楽を聴いたりして時間を過ごしています。中には，友達にメールを打つ子どももいます。

　そうした子どもの姿を見て，子どもの遊びが失われたということが多いのです。しかし，遊びが喪失したかどうかは，「遊び」をどう捉えるかにより異なります。

　子どもの遊びが「群れ型」から「孤立型」へ変化してきました。「遊び」というと，①何人かの子どもが，②屋外で，③体を動かしている状況を連想します。そうした「群れ型」を遊びの原型と考えるなら，子どもの遊びが「喪失」したことになります。

　しかし，遊びの特性は，時間を自由に使うことにあります[▷1]。そうだとするならば，子どもは自分の部屋の中で自由に時間を過ごしているから，現在の子どもも遊んでいることになります。ただ，遊びが「群れ型」から「孤立型」へと「変質」したことは確かでしょう。

2　ギャング集団の特性

　子どもの遊ぶ群れを「ギャング集団」と呼ぶことが多くあります。子どもの遊び仲間が群れて悪戯を繰り返すことから，シカゴ大学の研究者チームが「（子どもの）ギャング」と名づけたものですが[▷2]，ギャング集団は，①隣接する地域に住む，②異年齢の，③同性の集団で，④集団内に地位や役割の分化があり，⑤集団としての独自の文化をもち，⑥秘密の隠れ家を根拠地として，⑦さまざまな遊びをしながら，⑧時には，大人の目を逃れて小さな悪事を働くことがあるなどの特性を備えています。

　8つの特性のうち，④を補足すると，集団には「みそっかす」から「ガキ大将」までが帰属するので，集団内に地位や役割の分化が見られました。また，

▷1　余暇と自由
成人の場合，余暇は労働と対比される。その際，労働が義務感を伴うのに，余暇は自分で裁量できる自由がキーコンセプトとなる。それと同じように，子どもの遊びは勉強と対比され，義務感のある勉強に対し，遊びは自由さに特性がある。

**▷2　ギャング集団は男子と女子とに分かれているのが通例だった。女子の群れは活動性が低く，室内型の遊びも多い。それに対し，男子の群れは活動的で隠れ家をもつ場合が多かった。それだけに，ギャング性は男子の群れにより多く見られるといわれる。

群れはどこかに小さな隠れ家（⑥）を構え，その群れなりのサイン（暗号）や決まりなどをもつ（⑤）のが常でした。その集団なりの文化が形成されていたのです。さらに，時として，子どもの群れが駄菓子屋から万引きをする，あるいは，畑のスイカを無断でもらって食べる（⑧）など，逸脱行為へ走ることもありました。

　子どもの発達の観点で捉えると，子どもは，小学校の低学年の時に「みそっかす」としてギャング集団に身をおき，その後，中堅からガキ大将に成長していきます。そして，小学校卒業と同時に，群れを離れるのが常でした。このように，どの子も群れに身をおくので，子ども期は「ギャング・エイジ」と呼ばれました。そう考えると，現在の子どもを「ギャング・エイジを体験していない子」あるいは「ギャング集団をもたない子」と見なすことができるでしょう。

3 ギャング集団をもたない成長

　子どもの世界からギャング集団が失われたことは子どもの成長に何をもたらしたのでしょうか。回顧してみると，ギャング集団は子どもの成長に大きな役割を果たしていました。ギャング集団の子どもは①屋外で群れ遊びをするから，体が丈夫になる。また，②遊びを通して，友達付き合いの仕方を覚えると同時に，③遊びの中で，子どもは創意や工夫する力が身につきます。そして，④遊びの中で自分らしさを形成できるのです。もちろん，⑤楽しく遊べばストレスの解消になり，精神的に安定するなどの働きを期待できます。

　このようにギャング集団での体験は，悪事（俗）を上回る多くの効用を子どもにもたらしました。換言するなら，ギャング集団を喪失したことにより，現在の子どもは，①体が弱くなり，②友達付き合いの仕方がわからず，③創意・工夫の機会をもてず，④自分らしさも磨けず，⑤精神的に安定をもたらす場をもてない状況になります。

　そうした中でも，群れ遊びが友達付き合いの仕方を覚える場だったことが重要でしょう。子どもだけで，かくれんぼやなわとび，メンコや草野球をします。規則破りをする子もいれば，いじめっ子，ひきょうなことをする子もいます。そうしたトラブルを子どもだけの力で解決しなければなりません。その結果，どの子どもも「弱い者いじめをしない」「ジャンケンの結果に従う」「『ごめん』と謝ったら許す」などのルールを身につけ，友達付き合いの基礎を習得していきました。

　そう考えると，遊びの変質は単なる遊びの問題ではなく，子どもの成長そのものと関連しているのがわかります。いじめや不登校などを調べていると，子どもの人間関係の未成熟さを感じることが多くあります。子どもの時くらい，仲間と自由に遊びまわる時間を保障したいと思います。

（深谷昌志）

▷3　日本ではテレビが普及した1960年代に子どもの群れが失われていく。その後，ファミコンやケータイなど，子どもの回りにメカニックな玩具が増え，子どもの巣ごもり状態が深刻化していく。

子どもの生活の変化と「社会力」

❶ 「社会性」と「社会力」

○「社会性」とは

「社会性（socialbility）」は，対人関係における主として情緒，性格などの
パーソナリティの性質のことです。これは，人間が社会に適応していく過程を
通して獲得されるもので，人間関係を形成し，円滑に維持するための社会生活
を送る上で欠かせない特質のことを指します。心理学では，「適応」を，環境
に自分を合わせるだけではなく，環境を自分に合わせるようにつくり替えてい
くことを指し，環境に合わせるだけのことを「順応」と呼びます。日常用語で
は，「適応」が「順応」のような意味で使われやすくなっています。そのため，
「社会性」が，社会を構成しているほかの人達と同じ言葉を話し，同じような
考え方をし，同じような行動をしているということを表すかのように思われる
ことも少なくありません。

○「社会力」とは

そのこともあり，門脇は，「社会力（social competence）」との言葉を用いて，
「社会力を育成する必要がある」と主張をしています。門脇によれば，「社会
力」は，単に社会に適応（順応）するだけではなく，「社会を作り，作り替え
ていく（創る）能力」を強調して使うためにつくった造語です。具体的には，
「人が人とつながって社会をつくる力」が基本になります。それゆえ，社会力
がある人とは，「さまざまな人とよい関係をつくる意欲をもち，関係をつくり，
その関係を持続させることができる人」ということを意味します。

社会力と社会性との違いが鮮明になるのは，子育ての要諦や教育の目標ない
し目的について論ずる際です。教育の目標，目的を考える時，「社会を創り替
えていく力を育成する」のか，「社会に合わせていく力を育成する」のかで，
カリキュラムや教育方法に，また教育に携わる者の構えが決定的に違ってくる
はずだというのです。

❷ 「社会力」の低下と生活の変化

なぜ，門脇は「社会力」を強調するのでしょうか。社会生活の変化が，子ど
もの社会力を奪ったというのです。物が豊かになり，地域の結び合い，子ども
同士の集団遊びの減少など，生活環境の変化と大人の価値観の変化が，子ども

▷　門脇厚司『子どもの社
会力』岩波書店，1999年。

の社会力の低下を生んできたことが指摘されています。ヒトは先天的に人間と関わり応答するために必要な高度な能力を備えて生まれます。

　しかし，幼児期からの家庭生活での対人関係の体験が不足するようになってきたのです。1950年代から兄弟数が減少し，1960年代から核家族化が進みます。地域の結びつきも弱くなりました。1970年代中頃には，異年齢集団遊びが減少し，1980年代に入ると同年齢の遊び集団も小さくなります。子どもの遊びの質も変わってきました。人間関係を結んで交流やコミュニケーションを楽しむ遊びから，遊具を媒介とした遊びへと変わっていったのです。遊具が急激に増えたことで，1つの遊びを共有する子どもの人数が減り，子どもの遊び集団そのものを小さなものにします。そして，情報を交換することを主体とする遊びへと変わっていったのです。

　加えて，1990年代からは，さまざまなメディア機器が登場します。テレビ，ビデオ，パソコン，ゲーム，ケータイなどの機器が日常に溢れるようになりました。これらが形成している世界は，自分の意思でたやすく動かすことのできる世界です。しかも生身の人間から得られるようなリアルタイムでの反応がありません。楽であるがゆえに機器への親近感だけがわき，生身の人間への関心，さらにはその先にある生きている社会への関心が薄れるようになってきていることも関係しています。

3 「社会力」の育成を急務とする理由

　そこで，門脇は，社会性ではなく，「社会力の育成こそ急務である」と主張します。その理由を主に2つあげています。

　まず1つ目は，社会力を育てることが学力向上にストレートにつながるからだというのです。社会力の衰弱が，多様な他者とよき関係を構築する能力の低下を生み，それが学習意欲の低下を含む達成意欲の低下をもたらし，学習意欲の低下が学力の低下をもたらしたとしています。

　そして，「社会力の育成こそ急務である」という2つ目の理由は，社会力を培い育てることが，能力格差及び階層格差に伴う社会的な諸問題を解決するための決め手になると主張しています。あるべき教育を考えるのなら，能力に違いがある個人同士が，互いによい関係をつくれるようになることを目指さねばならないのだというのです。能力差を超えて，社会の成員すべてが互いによい関係をつくり，誰もが「私も社会の一員である！」との自覚と自負をもつようになるしかないとしています。門脇が社会力を「人が人とつながり社会をつくる力」として強調するのは，そのように考えているからなのです。

（小林正幸）

参考文献

　門脇厚司『社会力を育てる』岩波書店，2010年。

　小林正幸・宮前義和（編）『子どもの対人スキルサポートガイド』金剛出版，2007年。

4 「いじめ」

▷1 「いじめ防止対策推進法」では,「いじめ」とは,「児童生徒に対して,当該児童生徒が在籍する学校に在籍している等当該児童生徒と一定の人的関係のある他の児童生徒が行う心理的又は物理的な影響を与える行為(インターネットを通じて行われるものも含む。)であって,当該行為の対象となった児童生徒が心身の苦痛を感じているもの」とされている。それまでの文部科学省の定義(2006年度に変更)では,「いじめ」とは,「当該児童生徒が,一定の人間関係のある者から,心理的,物理的な攻撃を受けたことにより,精神的な苦痛を感じているもの」であり,それ以前(1994年度に変更)は,「いじめ」とは,「①自分より弱い者に対して一方的に,②身体的・心理的な攻撃を継続的に加え,③相手が深刻な苦痛を感じているもの。なお,起こった場所は学校の内外を問わない」であった。そして,最初の定義(1986年度から)は,「いじめ」とは,「①自分より弱い者に対して一方的に,②身体的・心理的な攻撃を継続的に加え,③相手が深刻な苦痛を感じているものであって,学校としてその事実(関係児童生徒,いじめの内容等)を確認しているもの。なお,起こった場所は学校の内外を問わないもの」であった。

1 「いじめ」の定義の変更 [1]

○「いじめ防止対策推進法」の前と後

欧米における bullying 概念は,男子の非行集団による暴力(violence)に関する研究を端緒とし,次第に暴力以外の仲間はずしやネットいじめ等を含むようになりました。一方,日本では「悪質な嫌がらせやいたずら」の類を「いじめ」と呼び,当初から暴力とは一線を画して概念化されてきました。

傷害罪,強要罪,器物損壊罪等の暴力は,法で禁じられています。そうした行為自体が悪と考えられているからです。ところが,仲間はずしや無視といった行為は,法で禁じるほどの悪とは考えられていません。また,冷やかしやからかいは,好意をもって受けとめられることすらあります。行為自体を悪として禁じることには馴染まないものの,何度も繰り返されたり,大勢からなされたりすると著しい精神的苦痛をもたらし,時には被害者を死に向かわしめる。そんな行為を問題にしてきたのが,日本の「いじめ」です。

ところが,2013年に施行された「いじめ防止対策推進法」においては,「いじめ」の名の下に暴力行為も併せて扱うことになりました。文部科学省の調査(「生徒指導上の諸課題に関する調査」)で用いられてきた定義の「精神的な苦痛を感じているもの」から,「心身の苦痛を感じているもの」に定義が変わったからです。文部科学省の定義もそれとともに,変更になりました。

○「暴力を伴わないいじめ」と「暴力を伴ういじめ」

とはいえ,上述したとおり,従来は「いじめ」を暴力行為と区別して扱ってきました。しかも,後述するとおり,実際の両者の発生の仕方(誰が被害者や加害者になるのか)には大きな差があり,両者が質の異なる行為であることや,対策も異なるべきことは明白です。そこで,国立教育政策研究所では,従前の「いじめ」を「暴力を伴わないいじめ」,従前の暴力行為を「暴力を伴ういじめ」と表現し,両者を使い分けていくことを提案しています。

2 2つのいじめの特徴

○「暴力を伴わないいじめ」

国立教育政策研究所の「いじめ追跡調査」[2]では,1998年より現在に至るまで,ある市内の全児童生徒を対象に,小学校4年生から中学校3年生までの6年間,

年に２回の調査を実施しています。

　それによれば，「暴力を伴わないいじめ」は，①毎回，大きく増加したり減少したりすることなく，常に似たような割合で起きていること。しかし，②同じような経験率が続いてはいても，実際に被害にあったり加害に及んだりした者は大きく入れ替わること。その結果，③６年間の間に９割が被害経験を，同じく９割が加害経験をもち，その内訳も６年間12回の調査中で１回の経験をもつ者から12回の経験をもつ者までが似た割合で存在すること，が示されています。

　つまり，一部の特定の児童生徒のみの問題ではないことが明らかなのです。

○「暴力を伴ういじめ」

　一方，「暴力を伴ういじめ」については，被害者も加害者もその半数は６年間12回の調査中で１〜２回の経験をもつ者です。逆に６回以上という「常習的」に経験をもつ者は少なく，被害で１割強，加害で６％です。つまり，一部の特定児童生徒中心の問題であることが明らかなのです。

3　学校を中心とした「いじめ」に対する取り組み

　何をすべきかが明快なのは，「暴力を伴ういじめ」のほうです。基本的な指導は，暴力が行使された時点ですみやかにやめさせること，暴力は違法であることを伝えること，です。行為やその結果が「見えやすい」ことから早期対応が容易なうえ，加害に及ぶ児童生徒も限定され，多くの場合，教職員には予見も可能です。子どもだからと大目に見ず，指導を徹底することが大切です。また，学校だけで対応が困難な場合には，警察等にも相談します。

　一方，「暴力を伴わないいじめ」については，行為やその結果が「見えにくい」（目に見えなかったり，日常的なトラブルと見分けづらかったりする）ことから，早期発見を心がけても後手に回りやすい点には注意が必要です。むしろ，全員が被害者にも加害者にもなり得るので，全員を対象にした未然防止の取り組みを計画的に実施することが容易かつ有効です。国立教育政策研究所では，授業や行事の中で，「どの児童生徒も落ち着ける場所をつくりだすことで“居場所づくり”を進める」こと，「すべての児童生徒が活躍できる場面をつくりだし，子供同士の“絆づくり”を促す」ことを提案しています。

　いずれの取り組みも，個々の教職員が個別に判断して対応したり行動するのではなく，全教職員が認識を共有した上で，「組織として」の対応・行動にしていくことが重要です。「いじめ防止対策推進法」も，それを求めています。

（滝　　充）

▶2　国立教育政策研究所生徒指導研究センター「いじめ追跡調査2004-2006」2009年。国立教育政策研究所生徒指導研究センター「いじめ追跡調査2007-2009」2010年。国立教育政策研究所生徒指導・進路指導研究センター「いじめ追跡調査2010-2012」2013年。国立教育政策研究所生徒指導・進路指導研究センター「いじめ追跡調査2013-2015」2016年。

▶3　国立教育政策研究所生徒指導研究センター「問題事象の未然防止に向けた生徒指導の取り組み方」2010年。国立教育政策研究所生徒指導研究センター「校区ではぐくむ子どもの力」2011年。前者は，個々の教職員が個々に行動するのではなく，共通の課題意識をもって取り組みを進めていくための手順や留意点を示したもの。後者は，「お世話活動」を通して自己有用感を育み，いじめを減らした事例と考え方の紹介。

5 「不登校」「ひきこもり」

▷1　従来は義務教育段階のみで問題にされていたが，2005年度以降は高等学校における「不登校」についても問題視されるようになっている。ただし，義務教育ではない学校段階の「不登校」をどう問題にするかには課題も残っている。ここでは，義務教育段階を中心に見ていく。

1 「不登校」の議論が抱える問題 ◁1

◯根強い「心の病」のイメージ

「不登校」と聞いた時，多くの人々が思い浮かべるのは，学校に行こうとすると身体が動かない，学級に入れなくて保健室で勉強している等のイメージでしょう。しかしそうした子どもは，毎年文部科学省から発表される「不登校」の一部であってすべてではありません。ところが，そうした限られたイメージに基づいた議論が中心になり続けている点に大きな問題があるといえます。

◯「不登校」の定義

そもそも「不登校」とは，「学校基本調査」で用いられている用語です。年間30日以上の長期欠席者について，「経済的理由」「病気」「不登校」「その他」の４つの理由で調査が行われており，そこで「不登校」に分類された者が「不登校児童生徒」と表現されます。すなわち，年間30日以上欠席した者のうち，理由が「経済的理由」でも「病気」でも「その他」でもない者が，「不登校」と呼ばれます。ちなみに，かつては「不登校」の代わりに「学校嫌い」という分類が用いられ，そこに含まれる児童生徒は「登校拒否」と表現されていました。しかし，登校を拒否している，学校が嫌い，とは限らないことから，欠席しているという事実のみを中立的に表現する現在の形になりました。

◯検証を欠いた議論の横行

いずれにしても，「不登校」と分類される中には，多種多様の理由，多種多様の状況で学校に来ない児童生徒が混在しています。そのため議論はただでさえ混乱しやすいのですが，それをさらに錯綜させるのが，十分な根拠が示されないままの，あるいは十分な検証を欠いたままの，各種論議の横行にあります。

たとえば，「不登校」（＝年間30日以上の欠席者）数で比較すると，中１は小６の３倍程度に増えるため，「中１ギャップ」と表現されたりします。しかし，中１の「不登校」の６割は，小１から小６までに累積30日以上欠席しています。つまり，「不登校」扱いされていないだけで，休みがちな児童でした。この累積30日以上欠席の小６から中１の「不登校」への増加率を見ると，1.6倍（＝10割÷６割）でしかなく，さほど大きなギャップではなくなります。◁2

また，そのギャップの原因を「中学進学に対する不安感」とする仮説についても，十分な検証がないまま，あたかも「風が吹けば桶屋が儲かる」式に流布

▷2　中１に限らず，ある学年で「不登校」（年間30日以上の欠席）になった者の中に，前学年（単年度）での年間30日以上の欠席はなくとも，小１からの累積欠席日数が30日を超える児童が多いことがわかっている。

され，各地の対応策に影響を及ぼしてしまっています。[3]

2　「不登校」はなぜ減らないのか

●「不登校」の急増

「不登校」（「登校拒否」）が大きく問題にされるようになったのは，1989年に文部省の「学校不適応対策調査研究協力者会議」が発足した頃からです。

当時，小中学校の「不登校」の合計は6万人を超えようとしていました。しかし，皮肉なことに，1992年に研究会の報告書が出た後，むしろ「不登校」は急増し，10年後の2001年度には13万9,000人近くになりました。「不登校」を「心の問題」とのみ捉え，登校刺激を控えてカウンセリング等を中心に据えるという施策が，こうした結果をもたらしたといえるでしょう。

●施策の見直し

そうした事態を受け，2002年9月には「不登校問題に関する調査研究協力者会議」が設置され，2003年4月には新たな報告書が公表されました。そこでは，登校刺激の必要性が再確認され，「不登校」を「心の問題」としてのみではなく，「進路の問題」として捉えるなどの施策の手直しが行われました。[4] その後，ここ数年は増加傾向にあり，2018年度には16万人となりました。

●学校復帰を促すよりも，新規増加を抑制すること

「不登校」を減らすには，「不登校」になった児童生徒に対する事後対応に偏ってきた施策を，新規に不登校にさせない施策へと転換させる必要があるとの指摘があります。[5] 以下に，大まかな数字で説明をしましょう。

16万人の「不登校」児童生徒の中で，翌年度まで継続する者はおよそ半分にあたる8万人程度です。なぜなら，中3で「不登校」だった4万人は卒業して数字上はゼロとなり，さらに4万人程度が学校復帰するからです。つまり，4＋4の計8万人分は，毎年，必ず減少している勘定になります。

では，なぜ，16万人程度の「不登校」児童生徒が続くのでしょうか。それは，毎年，新たに8万人程度の「不登校」児童生徒が生み出されているからにほかなりません。こうした事実関係をきちんと踏まえた上で，的確な不登校対策が講じられていくことが求められています。

3　「ひきこもり」との関係

ところで，文部科学省関係者にとっては，「不登校」は教育問題ですが，経済産業省関係者にとっては，ニートやフリーター予備軍として問題視されます。また，厚生労働省関係者にとっては，「ひきこもり」予備軍となります。[6]

なお，この「ひきこもり」の中には「不登校」経験者が多いことも指摘されています。ただし，そのことは，「不登校」経験者が必ず「ひきこもり」になることを意味しているわけではないので，注意が必要です。[7]　　　　（滝　　充）

▷3　滝充「不登校に関する誤解や先入観を改める」（福井県教育庁学校教育課『すべての児童生徒が「笑顔で登校」できるための取組事例集』2011年，pp. 31-34）では，不安感が不登校の原因とはいえないことを検証している。いずれにしても，行政統計や一部の事例に基づく推論が，十分な検証のないまま広まっていく状態は，健全な議論とも適切な対策ともほど遠いものといえる。

▷4　人間関係等の心理的な要因だけではなく，低学力等で進路選択が妨げられ，学校復帰が遅れる事例などにも目を向ける必要が指摘された。

▷5　滝充「『中1不登校調査』再考——エヴィデンスに基づく未然防止策の提案」『国立教育政策研究所紀要』138，2009年，pp. 1-11。

▷6　厚生労働省の定義によれば，「ひきこもり」とは「仕事や学校に行かず，かつ家族以外の人との交流をほとんどせずに，6か月以上続けて自宅にひきこもっている状態」とされている。

▷7　不登校状態が長引き，そこに他の要因（本人の性格，家族関係や友人関係，進路や就職の問題等）も加わる中で，「ひきこもり」に至るのであり，不登校が「ひきこもり」に直結するというわけではない。

少年非行と矯正教育

 少年非行

　少年非行とは，少年による刑罰法令に抵触する非行行為のことを一般的に表す用語ですが，「少年」とは一体誰のことでしょうか。この少年に関する規定については，少年法第2条第1項にて，「この法律で『少年』とは，20歳に満たない者をいい，『成人』とは，満20歳以上の者をいう」と明記されていることから，少年とは，20歳に満たない男女を包括的に表現した用語であることがわかります。

　また，少年法では，非行少年についても規定がなされています。より厳密に

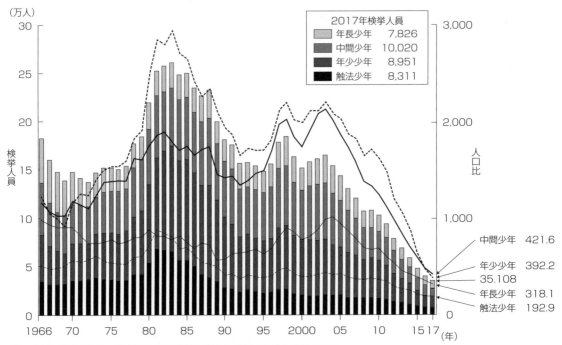

注：1）警察庁の統計，警察庁交通局の資料及び総務省統計局の人口資料による。
　　2）犯行時の年齢による。ただし，検挙時に20歳以上であった者を除く。
　　3）検挙人員中の「触法少年」は，補導人員である。
　　4）2002年から2014年は，危険運転致死傷を含む。
　　5）「人口比」は，各年齢層の少年10万人当たりの刑法犯検挙（補導）人員である。なお，触法少年の人口比算出に用いた人口は，10歳以上14歳未満の人口である。

図XVI-2　少年による刑法犯　検挙人員・人口比の推移（年齢層別）

出所：法務省法務総合研究所（編）『平成30年度版犯罪白書』2018年より。

は，少年法第3条第1項第1号に「罪を犯した少年」（犯罪少年），同条第1項第2号に「14歳に満たないで刑罰法令に触れる行為をした少年」（触法少年）及び同条第1項第3号に「次に掲げる事由があつて，その性格又は環境に照して，将来，罪を犯し，又は刑罰法令に触れる行為をする虞のある少年」（虞犯少年）と規定がなされていて，これらの非行少年のことを「審判に付すべき少年」としています。

図Ⅻ-2は法務省法務総合研究所が毎年刊行している『犯罪白書』から転載した「少年による刑法犯　検挙人員・人口比の推移（年齢層別）」ですが，近年は，少年の検挙人員のみならず，その人口に占める割合（人口比）も減少傾向にあります。

2　少年院と矯正教育

家庭裁判所は，送致された事案について，その「要保護性」や「非行事実」をもとに，少年審判を開始とするか，不開始とするか，また，少年審判を開始した場合は，不処分とするか，保護処分とするかを決定します。少年審判が開始され，保護処分が言い渡される場合は，「保護観察」や「児童自立支援施設又は児童養護施設送致」，「少年院送致」のいずれかとなります。この保護処分の一環として送致される施設の一つが少年院です。この少年院で行われる教育のことを矯正教育といい，少年院法第23条に「矯正教育は，在院者の犯罪的傾向を矯正し，並びに在院者に対し，健全な心身を培わせ，社会生活に適応するのに必要な知識及び能力を習得させることを目的とする」とされています。

少年院に送致される少年は，不良交友や非行に対する親和的な価値観，物質乱用（酒類や薬物等），何らかの葛藤を抱えた家庭環境，貧困，教育歴の断絶（学校教育からのフェードアウト）等，一人一人異なるものの，さまざまなリスクを抱えています。少年院送致となった少年に対して，最善の矯正教育を施すために，一定の共通する特性（年齢や心身の障害の状況，犯罪的傾向の程度，社会生活への適応能力等）に応じて，義務教育課程や社会適応課程，支援教育課程，医療措置課程等，矯正教育課程が整備されており，全国に52ある少年院ではそれぞれに指定を受けた矯正教育課程を実施しています。それぞれの矯正教育課程では，重点的な内容は異なるものの，その教育内容の基底は「生活指導」「職業指導」「教科指導」「体育指導」及び「特別活動指導」で構成されています。

少年院に送致されてくる少年は，少年鑑別所の法務技官による「鑑別結果通知書」や家庭裁判所調査官による「社会調査」等の資料とともに送られてきます。これらの資料とともに，少年院の法務教官による面接指導や行動観察を通して，「個人別矯正教育計画」が策定され，「処遇の個別化の原則」のもとで，組織的，体系的な矯正教育が目指されることとなります。　　　　（宮古紀宏）

▷1　虞犯少年に関する条文にある「次に掲げる事由」とは，以下の「虞犯事由」のことであり，これらの虞犯事由に該当し，将来，罪を犯す虞があるとされた場合に，少年保護の理念のもとに，家庭裁判所に送致することができる。
【虞犯事由】
イ　保護者の正当な監督に服しない性癖のあること。
ロ　正当な理由がなく家庭に寄り附かないこと。
ハ　犯罪性のある人若しくは不道徳な人と交際し，又はいかがわしい場所に出入すること。
ニ　自己又は他人の徳性を害する行為をする性癖のあること。

▷2　図Ⅻ-2にある「年少少年」とは14，15歳の者，「中間少年」とは16，17歳の者，「年長少年」とは18，19歳の者のことである。

（参考文献）
法務省矯正研修所（編）『研修教材矯正教育学』公益財団法人矯正協会，2018年。
法務省法務総合研究所（編）『平成30年版犯罪白書』2018年。

性の多様性

 すべての人の性の多様性を捉えるための「SOGIE」

「私の性別」といった内面的・個人的な経験の深い感覚であるジェンダーアイデンティティ（Gender Identity／性同一性／性自認）は，生まれた時にあてがわれた性別（Sex／生物学的性別，制度的性別）と一致する場合（シスジェンダー）と，異なる場合（トランスジェンダー）があります。また性的欲望や恋愛感情を抱く性別の方向性である性的指向（Sexual Orientation）が，自分のジェンダーアイデンティティから見て異性に向く場合（異性愛／ヘテロセクシュアル），同性に向く場合（同性愛／ホモセクシュアル，女性の場合レズビアン，男性の場合ゲイ），両性に向く場合（両性愛／バイセクシュアル），性的欲望等をもたない場合（無性愛／ア（エイ）セクシュアル）があります。さらに，生活の中での言動にみる性別にまつわる表現（Gender Expression／性表現）といった，社会的に「女らしい」「男らしい」とくくられる言動も，個人によって異なります。こういった性のあり方が流動的だったり不明瞭だったりする場合（ジェンダーフルイド，クエスチョニング）なども含め，人の性のあり方はとても多様です。しかし，これまでの私達の学校を含む社会は，性が多様であるという現実を無視し，性的マイノリティを排除してきました。その問題を語る際に，性的指向，ジェンダーアイデンティティ，性表現の頭文字をとった「SOGIE」という指標ですべての人の性の多様性を捉えることが重要になってきます。

 性的マイノリティの子どもが直面する困難

自分の身体の性別への違和感や，周囲からあてがわれる性別への不合感を抱き始める時期は，個人差はありますが，小学校入学前頃が多いとされます。幼児教育の場を含む学校ではさまざまなことが男女に二分されているため，そういった学校文化に自分の居場所を見つけられず，また誰にも相談できずに，不登校やひきこもり，自傷，自殺などを経験することもあります。また，身体の性別への違和感から二次性徴抑制ホルモンを含むホルモン療法，性別適合手術等の医学的支援を必要とする人もいます。思春期になると自分の性的指向が同性や両性だと気づき，それが多くの人と異なることで悩む人もいます。これが鬱や対人恐怖症，自殺企図などにつながることがあります。

▷1　性のあり方としてのマイノリティであるレズビアン，ゲイ，バイセクシュアル，トランスジェンダー，クエスチョニング等の頭文字をとった「LGBTQ＋」などの表現がある。少なくとも教室に一人は性的マイノリティの子どもがいると考えられる。

▷2　生物学的性別の特徴（Sex Characteristics）も含めて「SOGIESC」ということもある。

▷3　日本精神神経学会「性同一性障害に関する診断と治療のガイドライン（第4版）」2011年。

▷4　針間克己・平田俊明（編著）『セクシュアル・マイノリティへの心理的支援』岩崎学術出版社，2014年。

このように社会がもつ性別規範から外れることで，保護者や友達，教職員から拒絶されたり，いじめや虐待を含む暴力を受けたりすることもあります。

こういった状況を受け，内閣府は2012年の「自殺総合対策大綱——誰も自殺に追い込まれることのない社会の実現を目指して」の中に，「自殺念慮の割合等が高いことが指摘されている性的マイノリティについて，無理解や偏見等がその背景にある社会的要因の一つであると捉えて，教職員の理解を促進する」ことを明記しました。

また，文部科学省は，2016年に周知資料「性同一性障害や性的指向・性自認に係る，児童生徒に対するきめ細かな対応等の実施について（教職員向け）」を各学校に配付しました。これには「人権教育等の推進」が明記されています。

3 学校環境の整備

学校において男女に二分されていることが数多くあります。たとえば男女別名簿，整列や座席の並び，髪型や制服を含む服装の規則，配布物の色，「女らしさ」「男らしさ」をもとにした指導，さまざまな活動の分担などがあるでしょう。まずはそれらの制度や規則，慣習が本当に必要かどうかを検討し，必要がないものは規則の変更や見直しをしなければなりません。

その際，男女で統一したのものをあてがうという画一化の方向ではなく，性別を問わずに多くの選択肢から選べるような多様化の方向に進めることが，人権という観点からも重要となります。

また，個別的な配慮が必要な場合もあるため，子ども達や保護者が安心して相談できる体制と信頼をもとにした関係をつくることも重要です。[5]

4 すべてのセクシュアリティの子ども達の学習権の保障

現在の学校教育における学習内容はシスジェンダーかつ異性愛が中心となっていますが，「教育の中立性」の観点から問い直す必要があります。義務教育段階においては2018年度以降，中学校の「道徳」や小学校の「体育」の教科書に，性の多様性や性的マイノリティに関する内容が掲載されています。また「人権教育」等の時間にこのテーマを扱うようにもなってきました。

その際，「LGBTについて」といったテーマで，マイノリティのみを説明項にし，マジョリティを「普通」のままに位置づけることは，既存の差別構造を再生産することにつながります。学習の際には，すべての私達のSOGIEの多様性の尊重を考える内容にしなければなりません。また，そういった学習は幼児教育の頃から積み重ねていく必要があります。[6]

さまざまなセクシュアリティを生きる子ども達が，自分のセクシュアリティについて学ぶ機会の保障は，子どもの権利条約の「教育についての権利」（第28条）[7]にも関わるものです。　　　　　　　　　　　　　　（渡辺大輔）

▷5　相談を受けた際は，その人のセクシュアリティを誰に話していいかなどを本人に確認する必要がある。許可なく他者に伝えることを「アウティング」といい，信頼関係を崩す一因となる。

▷6　ユネスコは5歳からの包括的性教育の指針を示している。
ユネスコ（編），浅井春夫ほか（訳）『国際セクシュアリティ教育ガイダンス』明石書店，2017年。

▷7　子どもの権利委員会は日本政府に対して，性的マイノリティを含むさまざまな子どもに対する差別を減少・防止するための意識啓発や人権教育などの措置を強化することを求めている（CRC/C/JPN/CO/4-5, 2019）。子どもの権利条約については XV-5 参照。

（参考文献）

石田仁『はじめて学ぶLGBT』ナツメ社，2019年。
加藤慶・渡辺大輔（編著）『セクシュアルマイノリティをめぐる学校教育と支援（増補版）』開成出版，2012年。

8　子ども観・子育て観の国際比較

1　縦断的な捉え方と横断的な捉え方

　現在の子どもだけを見ていると，子どもの変容をつかみにくいです。そうした時，時系列にそって過去から現在へ縦断的に現象を捉えると問題の本質が見えてくることがあります。1960年代後半，テレビの普及により，子どものテレビ視聴が大きな社会問題になりました。その時の反応は子どものスマートフォンをめぐる現在の論議に参考になる点が多くあります。しかし，時系列の視点は過去との対比になるので，未来が見えてこない感じもあります。

　そうした際，他の社会の子どもと比較して，横断的に国際比較調査を実施した結果を参照すると，問題の本質に迫る感じがします。

　東京の子どものテレビ視聴時間は 2 時間30分程度です。一方，ソウルや北京の子どもの視聴時間は 1 時間程度にとどまっています。イギリスやドイツの子どもの視聴も 1 時間程度です。したがって，国際比較的に捉えた時，東京の子どもの視聴時間は長すぎるという結論になります。

　そうした反面，ソウルや北京の場合，教育過熱状況が進み，夜遅くまで学習塾へ通っている子どもが多くいます。また，ヨーロッパでは，平日の夜に子どもの楽しめる番組が少ない状況が視聴時間の短さに連なっています。テレビ視聴を取り巻くこのような状況を視野に入れて，数値の解釈をすることが，国際比較研究では重要になります。

2　子どもの家族観

　筆者は子どもに家族観を尋ねる調査を行ったことがあります。家族の問題はプライバシーが絡むので調査を実施しにくいものです。そこで，1994年実施というやや昔の調査ですが，興味深い結果が得られているので，その中の一部を紹介します。表XVI-1は「親が老いた場合，親の世話をどうするか」を子どもに尋ねたものですが，結果は東南アジア圏と欧米圏とで対照的な数値を示しています。

　ソウルや上海の子どもは老いた親の面倒を自分の家で看ると答えています。それに対し，ロンドンやニューヨークの子どもは老人ホームを含めて，別居する形での介護を考えています。東南アジア圏では長幼の序を重んじる儒教的な家意識が残っているから，子どもも自宅での介護が当然だと思うのです。それ

▷1　国際比較調査というと，日本や韓国，中国と国名をあげがちである。しかし，中国やアメリカのような大きな国ではどの地域で調査をしたのかが重要である。東京でも山手か下町かで数値が違ってくる。それだけに，データを見る時，調査地点や調査サンプルの欄に注意してほしい。

▷2　深谷昌志（編）「国際比較調査(4)家族の中の子どもたち」『モノグラフ・小学生ナウ』14(4)，1994年。

表XVI-1　親の足腰が弱ったら

(%)

	東京	上海	ソウル	ロンドン	ニューヨーク
老人ホームへ入れる	24.1	0.9	0.4	25.8	19.2
近くの家で世話をする	21.8	15.1	23.4	46.2	47.0
自分の家で世話をする	54.1	84.0	76.2	28.0	33.8

出所：深谷（1994）より。

表XVI-2　母親の就労の有無

(%)

	東京	ソウル	北京	青島	マルモ
専業主婦	49.9	54.8	10.2	8.9	4.5
パート	24.4	14.3	1.3	0.7	8.2
フルタイム	17.0	13.7	70.9	72.2	75.9
その他	8.7	17.2	17.6	18.2	11.4

出所：深谷（2008）より。

に対し，欧米では核家族が基本で，子どもも結婚したら自分の家庭をつくります。それだけに，親の近くに住むのが，子どもとしての親への配慮となります。そうした両文化圏と対比した場合，東京の子どもは立ち位置が決まっていない印象を受けます。

このように国際調査は日本の子どもを映す鏡のようなもので，日本だけの調査では想像できないような数値が得られることが少なくありません。

❸　育児不安の国際比較

小学校低学年の子どものいる母親を対象として，育児不安の国際比較調査を行う機会がありました。[3]調査地点は表XVI-2のとおりですが，子どもが生まれた直後から3か月くらいまで「子育てが大変」という状況はどの地域にも共通していました。しかし，子どもが2歳を過ぎる頃から，北京やマルモ（スウェーデン）の母親は子育てが楽になるのに，東京やソウルの母親は育児が大変な感じをもつ割合が多いという結果になりました。

表XVI-2に5都市の母親の就労の有無を示しました。東京とソウルの幼児をもつ母親の7割はパートを含めた専業主婦です。それに対し，中国の北京と青島，マルモ（スウェーデン）の7割はフルタイムの仕事をもっています。中国とスウェーデンとはまったく異なる社会体制の国ですが，[4]両社会とも母親が仕事をもつことを前提に子育ての仕組みがつくられています。それだけに，2歳を越える頃から子育てについての母親の不安が減ります。しかし，東京やソウルは専業主婦が多いので，母親に育児を頼る仕組みがつくられ，育児の公的なサポートが欠きがちになります。その結果，育児に不安を抱える母親が東京やソウルに多い現象が生まれるのです。

こうした調査事例が示すように，国際比較調査を通すと，日本の教育や子育ての特質が見えてくる場合が多いのです。

（深谷昌志）

▷3　表XVI-2では，以下の執筆後に実施した北京とマルモ（スウェーデン）のデータを加えてある。
深谷昌志（編著）『育児不安の国際比較』学文社，2008年。

▷4　国際比較調査では数値の開きが見られる場合が多い。しかし，調査の数値は氷山の一角にすぎない。数値の背景にあるそれぞれの社会の文化的な背景や歴史的な系譜を洞察することが重要である。

9　幼児教育をめぐる諸課題

❶　日本の幼稚園・保育所の始まり

　1872（明治5）年に制定された「学制」に示された小学校の種類に「幼稚小学」の項が設けられ，初めて幼児教育が規定されましたが，小学校の開設に重点が置かれ幼稚園の実現までは至りませんでした。1875（明治8）年に京都の柳池小学校に「幼穉遊戯場」が設けられましたがすぐに廃止されました。その後，1876（明治9）年に日本で最初の幼稚園として東京女子師範学校（現在のお茶の水女子大学）附属幼稚園が創設されました。設立にあたっては，文部大臣を務めた**田中不二麿**や東京女子師範学校の校長であった**中村正直**が尽力しました。その後，東京女子師範学校附属幼稚園をモデルとして全国各地に幼稚園が増設されましたが，上流階級の華族や官僚の家庭の子どもが幼稚園に通う傾向が強くありました。

　東京女子師範学校附属幼稚園主事（園長）を務めた**倉橋惣三**は，**フレーベル**の本来の思想に基づくものではなかった形式的な恩物中心の保育を批判し，保育の実践に基づいた理論を構築しました。倉橋惣三によって提唱された保育は「誘導保育」と呼ばれ，現在の日本の幼児教育・保育にもさまざまな影響を与えています。

　保育所の最初は，1890（明治23）年に，新潟市の赤沢鐘美・仲子夫妻により創設された「新潟静修学校」の付属施設として誕生した託児所だといわれています。1890年には，筧雄平が農繁期限定で託児所を開き，1894（明治27）年に大日本紡積株式会社が工場付設託児所を設置したことを受け，工場や炭鉱に付設託児所が設置されるようになりました。1900（明治33）年には，野口幽香，森島峰が貧しい子どものために双葉幼稚園（後の双葉保育園）を開設し，1909（明治42）年には，石井十次によって愛染橋保育所が設立されました。保育所は労働者の担い手として親が働けるように，貧困家庭の子どものために設立されたのが始まりでした。

❷　認定こども園と幼保一体化

　認定こども園とは，就学前の子どもに教育及び保育を提供する機能であり，保護者が就労しているかどうかに限定せず受け入れを行います。また，地域における子育て支援を実施する機能を備えている園です。認定基準を満たす施設

▷1　田中不二麿
(1845-1909)

▷2　中村正直
(1832-1891)

▷3　倉橋惣三
(1882-1955)
⇒Ⅲ-2参照。

▷4　フレーベル
(Fröbel, F. W. A.；1782-1852)
⇒Ⅲ-8参照。

は下記の機能を備え，都道府県知事より「認定こども園」として認定を受けることができます。認定こども園には，認可幼稚園と認可保育所が連携して一体的な運営を行う「幼保連携型」，認可された幼稚園が保育所的な機能を備えている「幼稚園型」，認可された保育所が保育を必要とする子ども以外の子どもも受け入れるなど幼稚園的な機能を備えている「保育所型」，幼稚園及び保育所のいずれの認可のない地域の教育・保育施設が認定こども園として機能する「地方裁量型」の4種類が認められています。

　幼保連携型認定こども園に関連して，幼稚園教諭免許及び保育士資格を取得している保育教諭の規定や「幼保連携型認定こども園教育・保育要領」が告示されました。さらに，2015年より「子ども・子育て支援新制度」の開始に伴い，幼保連携型認定こども園に関して，認可や指導監督を一本化し，学校及び児童福祉としての法的な位置づけになりました。また，財源措置も幼稚園，保育所と同じ「施設型給付」に一本化となり，幼稚園と保育所の機能を一体的に行うための幼保一体化の基盤が整いました。すべての子どもと子育て家庭に対し，教育，保育，地域子育て支援の充実を図るとともに，社会全体で支援することの必要性が求められることになりました。

3 幼児教育・保育の現状と課題

　幼児教育・保育をめぐる現状として，共働きを希望する家庭の増加に伴い，都市部を中心に認可保育所に入れない待機児童も増加しているという問題を抱えています。家族の形態が多様化した現在，子育てに関する複雑な問題を抱える親が多くなり，子どもの保育とともに保護者に対する支援も進めていくことが必要となっています。多様な幼児教育・保育のニーズの背景には，女性の社会進出が活性化され，子育てをしながら働き続けたいという男女共同参画社会の実現に向けて，子どもを預ける時間が多様化してきたことがあげられます。これに対応していくためには，地域が一体となり問題の共有化を図り，保護者のニーズだけではなく，「子どもの最善の利益」が考慮された支援をしていく方法を探ることが望ましいといえます。

　また，保育士不足の問題に伴い，幼児教育・保育の質の担保が課題となっています。保育者は，人間形成の基礎を培う重要な時期となる幼児教育・保育に携わる仕事であり，保育技術や知識等の専門性だけでなく，豊かな感性や人間性が非常に求められます。幼児教育・保育の重要性を踏まえ，保育者の質の向上につなげていくためには，労働時間や賃金を改善し，魅力ある職業として見直すとともにさまざまな研修の機会を受けるように配慮し，専門職として職員間の人間関係を構築できるような職場環境を早急に整えていくことが重要となります。

（五十嵐淳子）

10　子ども虐待

1　子ども虐待とは

　子ども虐待という言葉は英語の"child abuse"の訳語です。abuse は「乱用」であり，したがって子ども虐待は「子ども乱用」を意味します。虐待と言えば身体的な暴力を連想しがちですが，実はそうではなく，親などの保護者が，子どもの存在や子どもとの関係を利用して，自分自身の欲求を満たす行為だと言えます。たとえば，親が子どもに暴力を振るうことで自分自身のイライラを解消したり，子どもを思いどおりに動かすことで，自身の有能感を満足させるなどが子ども乱用，すなわち子ども虐待に当たるわけです。

　2000年に施行された「児童虐待の防止等に関する法律」（児童虐待防止法）では，子どもの不適切な養育を，身体的虐待，性的虐待，ネグレクト，心理的虐待の4つに分類しています。身体的虐待，性的虐待，心理的虐待の3つのタイプが，身体的な暴力や性的な暴力，あるいは言葉の暴力など，子どもに対して「有害なことをする」ことを意味するのに対して，ネグレクトは，子どもに対して「有益なことをしない」ことを意味します。すなわち，衣食住に関わるような子どもの生理的欲求の満足を提供しない身体的ネグレクトや，子どもに対する情緒的応答性の欠如などの情緒的ネグレクトがこれに当たります。[1]

2　子ども虐待の現状

　わが国で子ども虐待に関する統計が初めてとられたのは1990年度のことです。この年に全国の児童相談所が対応した虐待通告件数は1,011件でした。その後，通告件数は年々増加し，2018年度には15万9,850件に上っています。また，児童福祉法の改正により，2005年度からは，児童相談所だけではなく市区町村も虐待通告に対応するようになりましたが，2016年度に市区町村が対応した虐待通告件数は10万147件でした。このように，虐待通告件数は急増しています。[2]

3　児童相談所の現状と課題

　わが国の法制度では，子ども虐待への対応において中核的な役割を果たすのは児童相談所となっています。前述のように，2005年からは市区町村も虐待通告に対応するようになりましたが，市区町村は，児童相談所に与えられている立入調査（児童福祉法第29条）や子どもの一時保護（児童福祉法第33条第1項）

▷1　そのほか，医療を必要とする状態になっているにもかかわらず子どもに適切な医療を提供しない医療的ネグレクトや，子どもを学校に通わせないといった教育ネグレクトなどもある。

▷2　子ども虐待にかかわる公式統計には，もう一つ，虐待死亡事例に関するものがある。厚生労働省は認知した事例に関する分析を行い，報告書を発出している。これまでの報告書では，虐待によって子どもが死亡した事例の件数は1年間に約50件とされている（社会保障審議会，2019）。しかし，4つの地域を対象に2011年の小児死亡事例を検証した結果，虐待で死亡した可能性が高いと判断された子どもは350人程度であると推計されている（溝口・滝沢ほか，2016）。
　なお，現在，わが国には，欧米先進国におけるチャイルド・デス・レビューなどの虐待死亡事例を検知する制度は存在しないため，厚生労働省は，都道府県からの報告やメディアの報道等によって虐待死亡事例を把握しているのが現状である。

などの行政権限をもっていません。また，保護者が，施錠などによって立入調査を拒む場合には，児童相談所は，地方裁判所や家庭裁判所等の許可状を得て子どもの住所等を臨検・捜索することが可能です（児童虐待防止法第9条の3）。このように，児童相談所には，虐待に関する調査や子どもの保護について非常に強い行政権限が与えられていますが，その背景には，虐待死亡事例の問題があるためです。しかしながら，児童相談所が関与しながらも子どもが死亡するという事例が跡を絶たず，前述の厚生労働省の報告書によると，虐待死亡事例の約30％は，児童相談所が関わりながらも子どもの死亡を防げなかったとされています。

児童相談所が関与しながらも子どもの死を防ぐことができないのには，児童相談所児童福祉司の専門性と，児童相談所の機能の問題が指摘されます。児童相談所において子ども虐待に対応するのは児童福祉司と呼ばれる職員ですが，その専門性に関しては曖昧な規定しかなく，一般行政職を児童福祉司に任命している自治体も少なくありません。また，現在の法制度では，児童相談所は，保護者と対立してでも子どもを保護するという役割を担う一方で，保護者や家族を支援するという，場合によっては相矛盾する役割を果たすことが求められています。そのため，保護者との良好な関係を維持しようとして，子どもの危機状況を看過してしまう事例が発生するわけです。今後，児童福祉司の専門性の確保と児童相談所の機能の見直しが重要な課題となります。

④ 学校の役割

子ども虐待への対応において，子どもの状況を日々知ることができる学校が果たすべき役割は少なくありません。しかしながら，2019年1月に千葉県野田市で発生した10歳の女児の虐待死亡事例では，死亡直前まで十数日間にわたり女児が学校を欠席していたにもかかわらず，学校や児童相談所は適切な対応を講じなかったと指摘されています。また，2014年に厚木市で発覚した虐待死亡事例では，5歳で死亡したと推定される男児の白骨化した遺体が7年後に発見されました。この事例では，死亡した男児は，当然，就学すべき年になっても小学校に姿を見せることがなかったわけですが，学校や教育委員会はそのことを問題視しなかったといわれています。

学校が子ども虐待に対して十分な対応ができない背景には，学校は，児童相談所以上に，保護者との関係を重視する傾向があるためだと推測されます。学校が保護者と協力しながら子どもの教育に当たるのは当然のことですが，虐待が疑われる場合には，児童相談所や**要保護児童対策地域協議会**と十分な連携を図りつつ，子どもの支援にあたるべきだといえます。

（西澤　哲）

▷3 「立入調査」とは，虐待が疑われるにもかかわらず子どもの状態が確認できない場合などに子どもの住所等に立ち入って調査する権限のこと。また，「一時保護」とは，子どもの心身の安全を確保するために，あるいは，子どもや家族の状況の的確なアセスメントを実施するために，子どもを家族から分離して保護すること。両者とも，保護者の同意を得る必要はない。

▷4 2016年の児童福祉法の改正では，附則第2条第3項に，「児童相談所の業務の在り方」及び「業務に従事する者の資質の向上を図るための方策」を検討することが定められた。

▷5 **要保護児童対策地域協議会**
児童福祉法第25条の2に定められた，虐待が疑われる子どもなどの要保護児童への適切な支援の実施を目的とした，市区町村が設置する組織。

参考文献

溝口史剛・滝沢琢己・森臨太郎・森崎菜穂ほか「パイロット4地域における，2011年の小児死亡登録検証報告：検証から見えてきた，本邦における小児死亡の死因究明における課題」『日本小児科学会雑誌』**120**(3)，2016年，pp. 662-672。

社会保障審議会児童部会児童虐待等要保護事例の検証に関する専門委員会「子ども虐待による死亡事例等の検証結果等について（第15次報告）」2019年。

スクールソーシャルワーク

スクールソーシャルワークが求められる背景

　学校にはすべての児童生徒が楽しく通ってほしいのですが，必ずしもそうならないことがあります。ある中学生は，いろいろと理由をつけて学校を欠席しがちでした。担任の教師はスクールカウンセラーにこの生徒のカウンセリングを依頼しました。スクールカウンセラーは，生徒が何かに悩んでいることと，その悩みのせいで「落ち込んでいる」ことを把握しました。スクールカウンセラーから「落ち込んでいる」ことを知らされた担任は「うつ病」を連想し，下手な刺激は控えようと考えて放置し，結局生徒の欠席は長引くばかりとなりました。

　ある時，この生徒の友人が担任に，この生徒の本当の欠席理由を教えてくれました。この生徒の家庭は経済的に厳しく，ある教科で生徒一人一人が各自で準備する教材が用意できないことに悩んでいたというのです。つまり，この教材を用意することさえできれば，悩みは解決するのでした。これに気づいた担任は他の先生方に相談し，この教材をもう使う必要のない先輩から借りる方法，教育委員会を通して余っているものを借りる方法を生徒に提案すると，生徒は先輩から借りることを選択しました。その後はもう何事もなかったかのように楽しく学校生活を送りました。これは後から振り返ってみれば大したことではありませんが，生徒の心の内面の問題だと教師が決めつけて解決策を見つけられないままだったならば，生徒の中学校生活は絶望的なものだったかもしれません。

　学校で過ごす時間が長い児童生徒の心の問題には，教育相談，スクールカウンセリングといったアプローチがありますが，児童生徒が過ごしている学校を社会環境と考え，児童生徒本人ではなく学校そのものや学校の外部にも働きかける発想は不十分でした。この不十分さを補うアプローチとしてスクールソーシャルワークが期待されることになりました。

スクールソーシャルワークとは何か

　スクールソーシャルワークとは，児童生徒の最善の利益を保障するために社会福祉の方法論であるソーシャルワークの価値・知識・技術を実践することです。特に，不登校，いじめや暴力行為等の問題行動，子どもの貧困，児童虐待

表XVI-3　スクールソーシャルワークとスクールカウンセリングの違い	
スクールソーシャルワーク	スクールカウンセリング
児童生徒や保護者に生じた問題について福祉制度やさまざまなサービスを活用して解決を目指す	児童生徒や保護者の悩みのような心の問題について対話で解決を目指す

出所：筆者作成。

等の課題を抱える児童生徒の修学支援，健全育成，自己実現を図るため，ソーシャルワーク理論に基づき，児童生徒のニーズを把握し，支援を展開するとともに，保護者への支援，学校への働きかけ及び自治体の体制整備への働きかけを行うとされていて，児童生徒という個人だけでなく，児童生徒の置かれた環境にも働きかけ，児童生徒一人一人の **QOL（生活の質）**[1] の向上とそれを可能とする学校・地域をつくることも職務であるとされています。[2]

　ソーシャルワークそのものの基本的な機能が「生活上の課題に直面する人々と環境との接点への介入による課題解決への支援」[3]であり，これを「公教育制度における：in school」場で「学校支援のため：for school」に「学校とともに：with school」[4]行うことであり，学校で教職員もお互いに支え合いながら児童生徒と保護者を支援することと考えられます。

　なお，極めて簡単にスクールソーシャルワークとスクールカウンセリングの基本的な違いを表XVI-3に示します。これらの機能を教師が理解した上で，それぞれの専門職とコラボレーションすることが大切になります。

③　教育学にどう位置づけるか

　昔ならば教師による生活指導で解決できた問題が，現代社会においてはより多様化・複雑化し深刻になってしまい，容易に解決することが困難になってきました。そこでスクールソーシャルワーカー（国家資格である社会福祉士や精神保健福祉士）やスクールカウンセラー（国家資格である公認心理師や認定資格である臨床心理士，学校心理士等）が学校現場に急速に導入されています。しかし，そうした専門職の役割について，教師が十分に理解していないまま一方的に児童生徒の支援を依頼しても，それでは最善の利益にはたどり着けません。

　教師も常に複数のスタッフでチームによる支援をすることが求められます。特にソーシャルワーク的な視点や手法を身につけることは，今後の学校教育においてとても重要なことになります。[5]スクールソーシャルワークの視点を活用することによって児童生徒理解が進み，学級経営や学習指導はより豊かなものになるといえます。

（氏家靖浩）

▷1　QOL（生活の質）
Quality of Life（クオリティ・オブ・ライフ）の略。医療や福祉で使われる概念。お金があるとか立派な家に住むといったことではなく，精神的に充実していることや納得した生き方ができているかを問うこと。

▷2　文部科学省「児童生徒の教育相談の充実について──学校の教育力を高める組織的な教育相談体制づくり」2017年。

▷3　大久保秀子『新・社会福祉とは何か（第3版）』中央法規出版，2018年。

▷4　鈴木庸裕「学校教育が抱える今日的課題」門田光司・鈴木庸裕（編著）『ハンドブック　学校ソーシャルワーク演習』ミネルヴァ書房，2010年。

▷5　文部科学省「生徒指導提要」2010年。

家庭の教育的機能とその背景

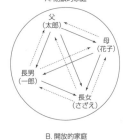

（ 図XVII-1　2つの家庭のタイプ ）

出所：萩原元昭『幼児教育の社会学』放送大学教育振興会，2011年，p.21より。

1　家庭の教育的機能

　日本では，教育的機能を捉える時，家庭，学校，家庭・学校以外の社会の場で行われている教育，すなわち，家庭教育，学校教育と社会教育という分け方があります。家庭の教育的機能とは，一般には家庭という場で，家族により営まれる教育，すなわちここでいう家庭教育の機能を指しています。広い意味で家庭の教育的機能を捉えると，第一次的社会化の機能，**情緒安定の機能**と**生活保障の機能**をあげることができます。

　第一次的社会化とは，最初の基本的に重要な**社会化**を意味し，具体的には基本的生活習慣の習得，自立や善悪の基準や思いやりやコミュニケーションの方法などの社会的生活の自立に必要な方法の習得が，家庭という場で，最初で最も重要な機能として営まれることを表しています。第一次的社会化に続く第二次的社会化の場としての学校と比較すると，家庭での教育的機能は非定型的・無意図的・感化的な特徴があり，愛情豊かな相互扶助的な温かい雰囲気が求められる点にも特色が見られます。

2　コミュニケーション体系としての家庭の教育的機能

◯閉鎖的家庭の教育的機能

　図XVII-1のAは，家族の成員の意思決定の範域が成員の形式的な位置（父，母，祖父母，子どもの性・年齢・出生順位など）に付与されています。ここでは子どもの個性よりも役割が重視され，父母，長男，長女の順のように序列化され，性・年齢別に役割の範域が固定化されるため，コミュニケーションも一方向的で，子どもからのフィードバックが弱く，父親支配的で，長男，長女や母親の個性を閉ざす方向に機能しやすい特質をもっています。

◯開放的家庭の教育的機能

　図XVII-1のBは，家庭での意思決定の際，父，母，子どもという役割よりも，成員一人一人の心理的要求や個性を受容し，相互支援するような個性志向の特性をもっています。この家庭の役割体系は成員一人一人の意図や判断を明らかにする行為を誘発したり，補強する傾向が見られるので，親が子どもを社会化するように，子どもも親を社会化することも生じます。親は子どもの異なる意図に絶えず調節・適応する（accommodation）など子どもの話し言葉を傾聴し，

ファシリテート（facilitate）していく過程を重視する点に特色が見られます。

❸ 子どもの教育に影響を及ぼす家庭の教育的背景

◯ブルデューの「文化的再生産論」

　ブルデュー[4]は家庭がもつ文化的能力や文化財を含む「文化資本」の不平等が，地位達成の不平等の再生産をもたらすという「文化的再生産論」を提唱しました。ブルデューは「文化資本」として「客体化された資本」（家庭にある美術・骨董品・蔵書などを含む）と「身体化された資本」（ハビトゥスと呼んで無意識の構えや感じ方を指す）と並んで「**制度化された資本**[5]」をあげています。

◯バーンステインの家族の言語コード形成に及ぼす社会階級の重要性

　バーンステイン[6]は，子どもの社会化過程に最も重要な影響を及ぼすものとして社会階級（social class）をあげ，ホーキンスの実証的研究をあげています[7]。ホーキンス（Hawkins, P.）はミドル・クラス（中産階級）とワーキングクラス（労働者階級）の家族の5歳児に一連の物語になっている4枚の絵を見せた後，それについて話をさせた結果，次のような話し言葉の運用の違いを見出しました[8]。労働者階級の子どもの場合，聞き手が絵を見ていないと，たとえば「彼ら」が誰を指すのか理解できないような話し言葉が用いられる傾向があります。子どもは聞き手に対して，絵の場面についての相互の暗黙の了解に頼っていて，自分の理解した意味を言葉で明確にしようとはしません。この点で，子どもの言葉の意味は，絵に表されている場面に密接に結びついており，個別主義的な意味（particularistic meanings）をもっています。それに対して，中産階級の子どもの場合，聞き手がもとの4枚の絵を見なくても意味を理解できるほど，話を規定する絵の場面から独立した話し言葉が用いられる傾向があります。子どもの言葉の意味は，絵に表されている場面から独立しており，絵を見ていなくても誰にでも理解できるような，普遍的な意味（universalistic meanings）をもっています。

　労働者階級の子どもと中産階級の子どもとのこのような差異は，言語的な規則体系の暗黙の理解力の差ではなく，ある特定の場面から生ずる言語運用の差であるとバーンステインは指摘しています。労働者階級の家族では構成員の役割構造と権威構造が年齢・性別の順序などの地位により明確になっている言語コード（限定コード）を用いるのに対し，中産階級の家族では，構成員の独自の個性が尊重され，状況の拘束を受けない普遍的な意味秩序への道を開く言語コード（精緻コード）が用いられていると考えられています[9]。

　家庭の教育的機能が，社会階級や社会階層により，どのように規定されているかを問う実証的研究は，今後の家庭のあり方を問う上で重要な課題といえるでしょう。

（萩原元昭）

▷4　ブルデュー
（Bourdieu, P.；1930-2002）
フランスの社会学者。文化的再生産論を提唱。

▷5　制度化された資本
親の学歴や資格などを含み，ほかの資本とともにさまざまな場面で，いわゆる「象徴的暴力」を行使し，力関係の再生産を隠蔽するという考え方に立っている。

▷6　バーンステイン
（Bernstein, B.；1924-2000）
イギリスの教育社会学者。言語コード理論を提唱。

▷7　Bernstein, B., *Class, Codes and Control, Volume I*, Routledge & Kegan Paul, 1971, p. 178.

▷8　Hawkins, P. R., Social class, the nominal group and reference. *Language and Speech*, **12**(2), 1969.

▷9　限定コードと精緻コード
バーンステインは，伝達，獲得されるものの意味への方向づけが「限定コード」によるものか「精緻コード」によるものかを重視している。限定された意味への方向づけとは，ローカルな文脈に依存し，そこにうめこまれた形でメッセージを発したり理解したりする方向づけである。一方，精緻コードとは，ローカルな文脈から独立し，そこにうめこまれない形でメッセージを発したり，理解しようとする方向づけを指している。

現代の家族と子育てをめぐる問題

 現代家族の多様化と少子化

　政府の1979年の「家庭基盤の充実」の施策は男性単独稼得モデルを支える専業主婦優遇策を促進し，企業社会を支える家族政策となり，具体的には配偶者特別控除（1985年）などの施策が次々と実施されました。しかし，実際には妻による家計補助が不可欠になり，妻のパートタイムの就労が促進され，次のような関連要因も加わって，家族の形態や機能も多様化してきました。

○専業主婦世帯の減少

　1980年の専業主婦世帯数は1,114万，共稼ぎ世帯614万（黄金期）でしたが，2018年には逆転し，共稼ぎ世帯1,219万世帯に対し，専業主婦世帯は606万に減少しました。

○少子化の展開と子ども支援の増大

　合計特殊出生率は1971～74年には2.14でしたが，2005年には1.26と過去最低を示しました。この出生率の低下と子ども数の減少への対策として政府はエンゼルプラン（1994年），新エンゼルプラン（1999年）や「子ども・子育て応援プラン」（2004年）を策定したり，「子ども・子育て支援法」（2012年）を制定しましたが，2017年の合計特殊出生率は1.43で，依然超少子化の状態にあります。今日，児童手当の大胆な加算支援や結婚支援など人口政策の点からのアプローチも期待されています。

○世帯構成の多様化

　「夫婦と未婚の子のみの世帯」は1986年の41.4％から，2018年の29.1％へと減少しました。逆に「ひとり親と未婚の子のみの世帯」は1986年には5.1％でしたが，2018年には7.2％と増加の傾向を示しています。

2　現代家族が抱える子育ての問題

○少子化による予測的社会化の弱化

　合計特殊出生率1.43という超少子化傾向は家族における兄弟姉妹数の減少を招き，同世代のヨコ・ナナメの人間関係力の基盤となる家族における**予測的社会化**の機能を弱めることになることが懸念されています。それゆえ，近所遊び，冒険遊び場など，地域における仲間づくりの子ども主体の参加の居場所づくりの支援促進が今日強く求められております。

▷1　内閣府『令和元年版男女共同参画白書』2019年。

▷2　**合計特殊出生率**
一人の女性が出産可能とされる15～49歳までに産む子どもの数のその年の平均値。2.07を下回ると人口は減少する（人口置換水準）。

▷3　厚生労働省「平成29年（2017）人口動態統計（確定数）の概況」2018年。

▷4　厚生労働省「平成30年国民生活基礎調査の概況」2019年。

▷5　**予測的社会化**
マートン（Merton, R. K.）が初めて用いた概念で，人々がまだ参加しているのではなく，やがて加入しそうな種々の地位や集団に見られる価値や態度を見越して行われる社会化を指している。

◯男性（父親）の育児休暇取得率拡大の促進と多文化家庭の子どもへの支援 ▷6

現代家族における子育ての担い手が主に母親で，父親の家庭不在状態と，父と子の接触時間の少なさが問題視されていますが，その要因の一つに，男性（父親）の仕事場における育児休暇取得率の低さがあげられます。共稼ぎ世帯が専業主婦世帯より増加し，女性（母親）の「仕事と生活の調和（ワーク・ライフ・バランス）憲章」（2007年）が制定されても，女性対象の両立支援にとどまり，欧米の男女労働者を対象とした施策からは著しく立ち遅れています。スウェーデンでは，「父親が育児をする権利をもつ日（パパの日）」を1999年に導入し，母親，父親合わせての480日のうち60日分の父親本人のみの取得の権利を保障した結果，男性（父親）の育児休暇取得率は1割から8割弱に拡大されました。このように男性（父親）の取得率をあげるためには，インセンティブとなる法的処置や施策が必要でしょう。

文部科学省は外国籍の子どもを無償で受け入れる保障をしていますが，2012年公立学校で日本語指導を必要とする2万7,013人への実際の対応は自治体，民間団体やNPOなどにゆだねられています。「日本語を母語としない親と子のための進路ガイダンス」や「夏休みこども教室」（仙台国際交流協会）や，NPOによる「子ども食堂」「無料塾」など，教員やボランティアを対象に，外国につながる子どもに対する理解を深めるために配布した「言語パンフレット」（かながわ国際交流財団）などが注目を集めています。今後，単に外国人に向けたヘイトスピーチ対策法（2016年）にとどまらず，多文化家庭の親や子どもの要求に寄り添う支援活動の，さまざまな手法の創出が強く期待されています。

◯ESD，SDGs，子どもの権利条約の目標に基づく子育て支援の課題

今日，家族の生活を危機的状況に追いやる地球的規模の地球の温暖化や地震，放射能汚染，ビニールやペットボトルなど化学物質の過剰生産・消費，経済的格差，貧困，テロ，難民問題などが山積しています。また，子どもたちは，いじめ，不登校，暴力，障害，病気，貧困，ジェンダー，交通事故などの人災や自然災害を克服するために，家族外の自治体，国，地域の専門機関，NPOなどの社会的支援を求めています。子どもは生来，社会的に自立する潜在的能力を備えていて，自分の興味・関心，得意とすることを実現できる参画の経験を得ることができれば，その壁を破ることが可能であるといわれています。

国連，ユニセフ，OMEP ▷7 など国を越えた組織が設定，推進している地球レベルのESD ▷8，SDGs ▷9 や子どもの権利条約にうたわれている目標，課題への子どもの参画，実践の機会の創出と，親，教師，地域の団体，施設やNPOの大人達が，そのファシリテーター（facilitator）として支援の役割を担うことが強く求められています。現代の家族には地球的規模での国，人種，民族，宗教，性別，年齢の境界線を blur にした，民主的な地球市民性の価値観の育成と行動力の基盤形成が子育ての重要な課題になってきています。　　　　（萩原元昭）

▷6　多文化家庭
一般的には，両親または一人親が外国籍をもつ，日本とは異なる文化的背景をもつ家庭を指す。

▷7　OMEP
Organisation Mondiale Pour l'Education Prescolaire（仏語）の略称で，「世界幼児保育・教育機構」と訳されている。

▷8　ESD
Education for Sustainable Development の略称で「持続可能な開発のための教育」と訳されている。
⇒ⅦI-7 参照。

▷9　SDGs
Sustainable Development Goals「持続可能な開発目標」の略称。
⇒ⅦI-7 参照。

伝統的な共同体における教育

❶ 「意図的教育作用」と「無意図的教育作用」

　教育は，意図的な作用と無意図的な作用に分けられます。意図的な作用とは，学校教育のように教師が教育方針・目標を定め，教育計画を作成して教育活動を行うような場合が当てはまります。無意図的な作用は，教育しようとする意図が自覚されないものです。親が熱心に働いている姿を見た子どもが勤労の大切さを学ぶような場合です。親は子どもに働く姿を見せようとしているわけではなく，生活の糧を得るために働いているのですが，結果として子どもに教育的な影響を及ぼすのです。教育の歴史をたどれば，無意図的な教育作用が主流であった時代から意図的な教育作用重視の時代に移ってきたと解せます。

　伝統的な共同体，たとえば戦前までの農村社会などをイメージすると，そこには無意図的な教育作用が色濃く残っていました。高齢者などがムラの子どもに遊びを教えるのも，教育を意図しているというよりも，子どもがかわいいからという理由の方が大きいでしょう。ムラの大人達が自分の子ども以外の子どもに対しても，叱ったりほめたりするのは，意図的な場合もあるし，無意図的な場合もあるでしょう。要するに，子ども達は自分の親以外の大人達からも意図的な教育と無意図的な教育を受けていたわけです。

❷ 第三者の教育力

　日本人の親は伝統的に，わが子に対して厳しいしつけ場面を避けて，第三者に委ねる傾向があったといわれます。そうした教育を担っていた第三者には軍隊やしつけ奉公先，子ども組，若者組などがありました。日本では，親がわが子に厳しいしつけを行ってもまだまだ不十分であるから，他人の中で鍛えられる必要があると考えられていたのです。

　そのうち子ども組とは，地域を基盤にした子ども達による異年齢集団のことで，7歳から15歳くらいの子ども達によって運営されていた自治的な組織です。そこでは，普段は遊びが行われますが，年中行事の参加や手伝いなどを通して年長の子が年下の子を教え，時には厳しく叱り，また優しくほめることがありました。たとえば，三九郎という小正月に行われる子ども中心の行事があります。これは，注連縄や松飾り，達磨などを集めて燃やす行事で，地域によって左義長やどんど焼きと呼ばれます。この行事で，子ども組の最年長者（親方や

▶1　原ひろ子・我妻洋『しつけ』弘文堂，1974年。

頭と呼ばれた）の統率のもとで，年少の子ども達はその準備から片付けまでを担うのです[2]。こうした行事などへの関わりや普段の遊びを通して子ども達は，「公認と非公認，是正と善悪などを感得」するとともに，「統制とは何か，連帯とは何か，等々，大人になっても欠かすことのできない社会生活のルールを，理屈ではなしに，自然のうちに体得してきた[3]」といわれます。

　また，民俗学者の**柳田國男**[4]は，日本人が「笑いの教育」によって子どもをしつけていたと指摘しています。柳田の考え方によれば，人は他人に笑われながら自分の言動を正していくという教育方法が主流をなしていたというのです。この場合の笑いとは第三者による嘲笑のことで，子ども達は他人から嘲笑されないように振る舞いながら，どこに出ても恥ずかしくない凡人（普通の人）としてしつけられていたというのです。

　伝統的な共同体では，こうした「笑いの教育」が行われていたといえますが，現代においても，そうしたしつけが行われることがあります。たとえば，「そんなことをしたら友達に笑われるよ」などとしつけている親は珍しくありません。共同体の中では，人々が顔見知りの関係にあることが多いので，嘲笑が最も大きな恥に感じられたのです。子ども達は子ども組などの仲間にも笑われないようにしながら，凡人となるよう努めていたわけです。

❸ 伝統的な共同体における教育の特徴

　このようにみると，伝統的な共同体における教育は，①意図的な教育を含みつつも，現代に比べて無意図的な教育の占める割合が高かったこと，②第三者が強く関わっていたこと，③ムラなど共同体を単位にしていたことなどの特徴が指摘できます。

　ところが戦後，都市化が進むと，かつての共同体が崩れただけでなく，社会全体の学校への関心が強まったために，そうした教育作用が弱くなったといわれます。マチの中では，住民がお互いに関係をもちたがらず，自分の子ども以外には無関心になり，また共同体が担ってきた教育作用までも学校に集約されるように変わりました。

　その一方では，学校が教育機能を抱え込み，その役割を肥大化させるようになりました。従来，子ども達は，地域生活の中で年長者との接触を通して基本的生活習慣を身につけることが多かったのですが，それが困難になったため，学校がその指導を生徒指導という枠組みで行わざるを得なくなったからです。子ども組も，学校制度の発達につれて次第に姿を消すようになりました。現在，地域の子ども会[5]などは大人達によって運営されることが多く，子ども達の自治組織という特徴が薄められてしまいました。

　そこで，無意図的な教育を含む地域の教育力を向上させようとする動きが見られるようになったのです[6]。

（佐藤晴雄）

▷2　田嶋一「民衆社会の子育ての文化とカリキュラム」「産育と教育の社会史」編集委員会編『民衆のカリキュラム学校のカリキュラム』新評論，1983年。

▷3　都丸十九一『民俗学と教育』煥乎堂，1996年。

▷4　**柳田國男**
（1875-1962）

▷5　子ども会は，自治会やPTA，有志が運営するものに分けられる。子ども会は地域単位で組織される例が多く，子ども達に遊びや体験活動を通して集団生活に必要な知識や資質を育むことをねらいにして，戦後誕生した。育成会など大人の組織が子ども会の運営を支援している。そのほかボーイスカウトやガールスカウト，交通少年団などの少年団体も活動している。

▷6　地域の教育力の向上については，XVII- 4 を参照。

4 地域の変貌と教育力の低下

① 高度成長期以前の学校と地域の関係

　明治時代の学校創設期には，学校と地域は切っても切り離せない関係にありました。地域住民などが土地や資金，労力を提供して学校づくりを支え，学校との関係性を強くもっていたといわれます。戦後になってからも，学校と地域関係性は維持されてきて，アメリカからコミュニティ・スクールの考え方が移入されると，いくつかの地域では学校と地域の相互関係を重視したカリキュラム編成の視点から「地域教育計画」と称する取り組みが展開されました。

　しかし，その取り組みは理論の曖昧さや矛盾が指摘され，また基礎学力の低下を招くなどして批判の対象とされたことから次第に下火になっていきました。さらに，1950年代後半の高度成長は学校と地域の関係事情を大きく変え，学校と地域を切り離す契機になったのです。

② 高度成長による地域の変貌——都市化と過疎化

　その高度成長は都市化を通して地域の変貌を促しました。その頃には都市開発が進み，科学技術が進展すると，これに伴って地方から多くの人々が都市部に流入し，都市化が進みました。都市化は，都市への人口集中を促しただけでなく，都市への人口流出によって地方の過疎化を招きました。すると，都市部では出身地の異なるさまざまな人達が狭い範域で生活するようになりましたが，方言や生活習慣などの文化的土壌が異なり，住民同士が顔見知りでなくなるなどして住民の共同体意識が希薄になりました。そうなると，住民同士は連帯意識を弱めてお互いに無関心になり，生活は個別化し始めて，結果的に伝統的な共同体で営まれていた意図的・無意図的な教育作用が行われにくくなりました。地域教育力が低下するようになったのです。加えて，教師達が地代の高い都市部から周辺地域に移り住むようになり，その職住分離も進んで，教師と地域の関係も次第に希薄になってきました。

　一方，過疎化した地方では，都市への出稼ぎなどによって壮年層人口が減少しただけでなく，都市生活に関心をもつようになった若者達が就職や進学先を求めて都市部に流出するようになった結果，地域共同体の生活基盤自体が揺らぎ，地域で営まれていた教育の力も低下しました。子ども達は年上の若者や壮年層の大人達から教育的影響を受ける機会が少なくなったのです。

▷1　地域教育計画
地域の特性を基盤に計画・実施される教育計画のことであるが，戦後直後はカリキュラム編成にとどまる傾向があった。

　同時に，高度成長期にあたる1958年には学習指導要領が法的な拘束力をもつ
ように改められ，地域性よりも全国に通じる画一性が求められるようになり，
その結果，保護者達は身近な地域に目を向けなくなり，受験に焦点化した知育
に関心をもちはじめました。

3　第４の領域と地域教育力の低下

　その一方で，青少年の非行防止などの観点からは学校と地域の連携は重視さ
れていましたが，特に1960年代後半以降からは健全育成の視点に主軸を移し，
学校と社会教育の連携（学社連携）といういい方で展開されるようになりまし
た。校庭開放などの取り組みが普及したのもこの時期でした。その後，1970年
代後半から1980年代頃には，生涯学習の推進の観点からその連携が改めて強調
され，さらに，1996年７月に公表された中央教育審議会第一次答申「21世紀を
展望した我が国の教育の在り方について」では，従来見られなかったほど学
校・家庭・地域社会の連携が大きく取り上げられ，地域の教育力低下が問題視
されました。

　そこでは，高度成長期以後，「かつては息苦しいとまで言われた地域社会の
地縁的な結びつきが弛緩していった」と指摘し，そのことが地域の教育力の低
下の背景にあるという認識のもとに，「**第４の領域**」の育成という新しい考え
方が提示されました。これは「同じ目的や興味・関心に応じて，大人たちを結
びつけ，そうした活動の中で子供たちを育てていくという，従来の学校・家
庭・地域社会とは違う」領域だというのです。つまり，家庭，学校，地域社会
に次ぐ第４番目に位置する領域に注目して，そこで子ども達を育むことを重視
したのです。

> ▷2　第４の領域
> たとえば，広域的なスポー
> ツ，ボランティア活動，青
> 少年教育施設（少年自然の
> 家など）を活用した自然体
> 験活動，民間事業所が行う
> 体験学習プログラムなどが
> ある。

4　地域教育力の向上

　さて，低下してきたといわれる地域の教育力については明確に定義されてい
ませんが，地域の大人が子どもを叱ったりほめたりすること，大人が子どもに
挨拶をしたり共感したりすること，直接教えること，そして場所やモノを貸す
ことなどに関わる教育的影響力のように解されます。そこで，その教育力向上
のための具体的な取り組みとしては，オアシス運動（おはようございます，あ
りがとう，しつれいします，すみません）をはじめとする挨拶運動，他人の子
も叱る運動，遊び場の開放や居場所づくりなどが展開されています。最近では，
おやじの会などが各地で結成され，父親が他人の子にも教育的に関わっていこ
うとする運動も見られるようになりました。

　また，文部科学省の補助事業に，放課後子ども教室や地域学校協働本部があ
ります。これらも，地域住民や若者などが子どもの教育に関わることを通して，
地域の教育力を高めようとする方策だといえます。　　　　　　　（佐藤晴雄）

> **参考文献**
> 　佐藤晴雄『学校を変える
> 地域が変わる』教育出版，
> 2002年。

5 生涯教育・生涯学習社会

1 ユネスコの生涯教育の理念

　近年は，生涯にわたる学習という意味で生涯学習という言葉が定着してきました。しかし，当初は，生涯教育という考え方が1965年にユネスコによって提唱されており，その後20世紀後半に日本を含む各国で生涯学習という用語が用いられるようになってきたのです。生涯教育という考え方は，提唱時には「生涯にわたる統合化した教育」とされていました。提案者の**ラングラン**[1]は，生涯教育の意義が「博識を獲得することではなく，自分の生活の多様な経験を通じて，よりいっそう自分自身になるという意味での存在の発展」にあるとし，次の2つの役割をあげました[2]。第一は，人が生涯にわたって得る教育機会の垂直的・水平的統合により，学習継続の支援体制の整備を行うことです。垂直的統合とは，すべての年齢段階にわたり各人の発達に応じた教育内容や方法，機会を提供することですし，水平的統合とは，家庭や学校，職場など地域のいろいろな場所で教育機会を提供し，施設の整備・充実を図って多様な場にわたる人間の発達の一貫性を保障していくことです。第二に，この多様な教育機会を通じ，固有の主体として自らの発達を最大限に行うために「学ぶことを学ぶ」方法と習慣や能力の修得が目的とされました。生涯教育を実現できる社会制度や組織の変革がこの理念の要であり，その点で生涯にわたる学習や教育の必要性だけを述べた古典的生涯教育論とは違う点に注意してください。

2 生涯教育のための学習社会の構築

　さらに，1972年のフォール報告（"Learning to Be"）は，生涯教育のための学習社会の構築を課題とし，教育と学習を使い分けながら次の4つの目標をあげました。①科学的方法の修得や科学的な思考と言語を用いて問題を探る科学的ヒューマニズムの育成，②人間の自己充実をもたらす創造性の開発，③社会への積極的参加や社会的責任の遂行を通じての社会的責任の自覚，そして，④無知や従順と別れ，世界を理解し行動する人となる人間性の回復です。この目標を達成するために各人の生涯にわたる学習が重要であると提案しました。

3 日本の生涯学習政策

　日本でも1981年の中央教育審議会答申「生涯教育について」で，「国民の一

▷1　**ラングラン**
（Lengrand, P.；1910-2003）

▷2　ポール・ラングラン，波多野完治（訳）『生涯教育入門』全日本社会教育連合会，1971年。

人一人が充実した人生を送ることを目指して生涯にわたって行う学習（生涯学習）を助けるために，教育制度全体がその上に打ち立てられるべき基本的な理念」が生涯教育であり，「自ら学習する意欲と能力を養い，社会の様々な教育機能を相互の関連性を考慮しつつ総合的に整備・充実しようとする」考え方であるとしました。この答申に基づき，当時の文部省は，1988年に生涯学習局を筆頭とした組織再編を行い，生涯学習社会建設のための諸施策を開始しました。2006年改正の教育基本法では，新たに「生涯学習の理念」が第1章「教育の目的及び理念」に加えられ，そこでは「国民一人一人が，自己の人格を磨き，豊かな人生を送ることができるよう，その生涯にわたって，あらゆる機会に，あらゆる場所において学習することができ，その成果を適切に生かすことのできる社会の実現が図られなければならない」としています。

④ 生涯学習社会と総合的な力の必要性

　1990年代には各国が生涯学習社会の形成を目指し，1997年の第5回国際成人教育会議では，ユネスコ21世紀国際教育委員会報告書（ドロール報告）の定義を参考とし，生涯学習が個人学習に限らず，共に生き働くことを含むものとしました。「生涯学習は，各個人にとって知識や技能を新たにし，行動のための判断力や能力を新たにする不断の過程であって，一人ひとりに自己を知り，自らを取りまく環境を知らしめ，彼らをして仕事の上や共同体の中で社会的役割を果たさせるものでなければならない。いかに知るか，いかに為すか，いかに共生するか，そしていかに生きるかは，同じ現実の不可分の4つの側面である。生涯学習とは，輻輳した情報や事実を理解しようとする真摯な努力に裏付けられた日々の体験そのものであり，多元的な対話の産物でもある」[3]。

　さらに2008年の中央教育審議会答申では，現代を総合的な知が求められる時代と捉え，時代に即した総合的な力の習得が強調されました。社会の変化に対応するために，「自ら課題を見つけ考える力，柔軟な思考力，身に付けた知識や技能を活用して複雑な課題を解決する力及び他者との関係を築く力等，豊かな人間性等を含む総合的な『知』が必要」であり，「自立した個人やコミュニティの形成への要請，持続可能な社会の構築への要請等を踏まえ，生涯学習振興の必要性」があるとします。そこで「国民が生涯にわたって各個人のニーズに応じて学習を継続することができる環境を整備し，国民一人一人がこのような社会を生き抜いていくための総合的な力」として，「単なる知識や技能だけではなく，技能や態度を含む様々な心理的・社会的なリソースを活用して，特定の文脈の中で複雑な課題に対応することができる力」である OECD の「キー・コンピテンシー」の例をあげました。国民一人一人が総合的な知と力を備える生涯学習環境の整備が生涯学習社会の重要な課題なのです。

（立田慶裕）

▶3　ユネスコ21世紀国際教育委員会，天城勲（監訳）『学習：秘められた宝』ぎょうせい，1997年，p. 79。

参考文献

立田慶裕ほか『生涯学習の理論』福村出版，2011年。
香川正弘ほか（編）『よくわかる生涯学習』ミネルヴァ書房，2008年。
UNESCO, *Learning: the treasure within* —— *Report to UNESCO of the International Commission on Education for the Twenty-first Century*, Paris, 1996.（ユネスコ21世紀国際教育委員会，天城勲（監訳）『学習：秘められた宝』ぎょうせい，1997年。）

6　生涯学習社会のための制度と施設

 生涯学習社会のための諸施設

　多くの人が学習に参加し，生涯にわたる教育と学習が実現できるような社会環境をつくるためには，そのための施設や備品といったハード面と，制度や内容といったソフト面の両方の整備が必要とされます。

　生涯学習社会とは生涯にわたる学習や教育が保証される環境が整った社会が理想とされますから，「ゆりかごから墓場まで」の学習や教育の施設が必要です。妊娠した親が親としての教育を受ける保健所などの保健医療施設から，子どもが社会へ出るために，幼稚園や保育所，小・中学校から大学などの学校教育施設が必要です。また，職業に就くと，職業教育のための施設や地域の成人教育活動のための施設があり，各発達段階の利用者に応じてという視点から，乳幼児期から高齢者までの施設を必要とします。

　さらに，こうした施設には，たとえば公的施設か民間施設（カルチャーセンターや幼児教育産業）か，公的施設でも国立か市町村立かといった設置者別，どこの行政省庁が所管しているかという所管省庁別（文部科学省だけでなく厚生労働省の職業訓練所や保健所，経済産業省の商工会議所など），あるいはどのような教育内容を提供しているかといったプログラム別（市民形成を目的とした社会教育施設や健康・体育のスポーツ施設など）の施設があります。しかしここでは，学校を除き青少年や成人教育のために運営される社会教育施設に焦点を絞り代表的なものを3つ取り上げましょう。

2　社会教育施設

　社会教育法に従う代表的な社会教育3館と呼ばれる施設に，公民館，図書館，博物館があります。図書館と博物館は，社会教育法とは別に図書館法と博物館法が規定され，詳しい役割や提供される事業が述べられています。

　公民館は，「市町村その他一定区域内の住民のために，実際生活に即する教育，学術及び文化に関する各種の事業を行い，もって住民の教養の向上，健康の増進，情操の純化を図り，生活文化の振興，社会福祉の増進に寄与することを目的とする」施設で市町村によって設置され，2018年現在で全国に約1万4,000館あり，約38万講座（2017年度。以下同）の学級・講座で950万人が学んでいます。集会事業には約1,800万人が参加し，その2つを除いてものべ1億

▷1　社会教育法第20条。

8,000万人（2017年度）の利用者が学習活動を行っています。[2]

　図書館は，「図書，記録その他必要な資料を収集し，整理し，保有して，一般公衆の利用に供し，その教養，調査研究，レクリエーション等に資することを目的とする施設で，地方公共団体，日本赤十字社又は一般社団法人若しくは一般財団法人が設置するもの（学校に附属する図書館又は図書室を除く）」とされています。[3] 図書館は単に図書等の保管だけではなく，市民に必要な資料を収集・整理して活用できるようにする目的をもち，図書だけでなく，映像資料や音声資料や情報を含めた多様なメディアを活用した学習施設であり，その利用を支える専門家として図書館司書（補）が配置されています。2018年度現在で約3,400館設置され，のべ1億8,000万人（2017年度）が利用しています。[4]

　博物館は，「歴史，芸術，民俗，産業，自然科学等に関する資料を収集し，保管（育成を含む。以下同）し，展示して教育的配慮の下に一般公衆の利用に供し，その教養，調査研究，レクリエーション等に資するために必要な事業を行い，あわせてこれらの資料に関する調査研究をすることを目的とする機関」です。[5] 博物館は，地方公共団体や社団法人や財団法人，宗教法人または政令で定めるその他の法人（独立行政法人など）が設置し，規定に従う登録施設です。その特徴は体験的な学習施設であり，収集・保存された実物資料について学芸員による専門的な知識が提供されています。ですから資料によっては同じ博物館でも，美術館から動物園まであり，教育機能も多様なのです。博物館は2018年度現在で約1,300館，ただし類似施設とされる博物館も約4,500館あり，両者を合わせたのべ利用者数は，約3億人（2017年度）となっています。[6]

③　生涯学習の支援制度

　生涯学習のハード面だけでなくソフト面を支えるために，学校教育や社会教育を含む生涯教育の制度化を図る施策も展開されています。家庭教育や職業教育，健康教育などを通じて行われる人々の学習活動を対象として，国や地方公共団体，そして民間の企業や社会団体が多様な形で支援を行っています。

　たとえば行政による学習支援には，次のようなものがあります。[7]

　①生涯学習推進体制の整備，②学習情報の提供と相談体制の整備，③生涯学習の普及や啓発，④学習機会の提供，⑤指導者やボランティアの養成や研修，⑥施設の整備と充実，⑦学習成果の評価と活用。

　21世紀に入り，近年は信じられないほどの情報量の増加や知識の高度化，そして国際交流の活発化や経済のグローバル化の進む世界の中で，人々の学習の方法や内容は変化します。学校や地域で学ぶ内容はさらに高度で複雑なものとなり，科学技術の発展に伴う学習メディアの進歩に沿った学習支援の方法や内容の充実が望まれます。

　　　　　　　　　　　　　　　　　　　　　　　　　（立田慶裕）

▷2　文部科学省「社会教育調査中間報告（平成30年度）」。

▷3　図書館法第2条

▷4　文部科学省，前掲（▷2）。

▷5　博物館法第2条。

▷6　文部科学省，前掲（▷2）。

▷7　川野辺敏・立田慶裕（編）『生涯学習論』福村出版，1999年。

人 名 索 引

249

事 項 索 引

執筆者紹介 (氏名／よみがな／現職／主著／教育学原論を学ぶ読者へのメッセージ)　　　＊執筆担当は本文末に明記

安彦忠彦 (あびこ　ただひこ)

神奈川大学特別招聘教授／名古屋大学名誉教授
『私教育再生』(単著・左右社)『改訂版教育課程編成論』(単著・放送大学教育振興会)
教育学は間口が広く取り組みにくい総合的な学問です。事実の解明とよりよい事実の創造に役立つ研究に努めてください。

新井郁男 (あらい　いくお)

星槎大学特任教授／上越教育大学名誉教授
『学校社会学』(単著・樹村房)『教育経営の理論と実際』(単著・教育出版)
人生百年の時代に向けた教育のあり方について考えましょう。

藤井千春 (ふじい　ちはる)

早稲田大学教育・総合科学学術院教授
『問題解決学習入門』(単著・学芸みらい社)『時代背景から読み解く西洋教育思想』(編著・ミネルヴァ書房)
教育は私達の社会をよりよく維持・発展させるために不可欠で重要な社会的機能です。

有村久春 (ありむら　ひさはる)

東京聖栄大学健康栄養学部教授
『教育の基本原理を学ぶ』(単著・金子書房)『キーワードで学ぶ特別活動　生徒指導，教育相談 (改訂三版)』(単著・金子書房)
子どもの心のあり方や生き方を大切にすることが，教育学の根本精神です。これを本書で学んでください。

田中博之 (たなか　ひろゆき)

早稲田大学教育・総合科学学術院教授
『子どもの総合学力を育てる』(単著・ミネルヴァ書房)『言葉の力を育てる活用学習』(編著・ミネルヴァ書房)
21世紀の知識基盤社会は，常に新しい知識を習得し，それを活用して問題を解決することを求めています。ぜひ本書で学び，自ら教育問題を解決してください。

五十嵐淳子 (いがらし　じゅんこ)

東京家政大学子ども学部准教授
『保育の学びを深める子育て支援の実際』(編著・大学図書出版)『子どもと一緒に楽しむ英語』(編著・大学図書出版)
本書を通じて，さまざまな視点から教育学の学びを深められる一助となることを心より願っております。

雨宮和輝 (あめみや　かずき)

早稲田大学教育学部非常勤講師
本書の内容を通して，多くの読者が教育学という学問に興味をもつようになってくれたなら幸いです。

磯田文雄 (いそだ　ふみお)

花園大学学長
『新しい教育行政』(単著・ぎょうせい)『教育行政』(単著・ミネルヴァ書房)
政府と市場と社会の間の緊張感のある関係を形成することが，人間の今後の生き方の基本といわれています。

執筆者紹介 （氏名／よみがな／現職／主著／教育学原論を学ぶ読者へのメッセージ）　　　＊執筆担当は本文末に明記

鵜海未祐子 （うかい　みゆうこ）

駿河台大学スポーツ科学部准教授
『時代背景から読み解く西洋教育思想』
（共著・ミネルヴァ書房）
教育学を学べば学ぶほど，多種多様な価値観に包まれる，そのダイナミズムを体感できるよう願っています。

岡村健太 （おかむら　けんた）

九州ルーテル学院大学人文学部講師
『時代背景から読み解く西洋教育思想』
（共著・ミネルヴァ書房）『最新よくわかる教育の基礎』（共著・学文社）
手段が目的化することのないよう，「なぜ」や「何のため」について吟味することを大切にしてください。

氏家靖浩 （うじいえ　やすひろ）

仙台大学体育学部教授
『スクールカウンセリングと発達支援』
（共著・ナカニシヤ出版）『スクールソーシャルワーカーの学校理解』（共著・ミネルヴァ書房）
スクールソーシャルワークを学ぶことで教育学の理解がより一層深まると思います。

小美野達之 （おみの　たつゆき）

堺みくに法律事務所弁護士
『身体拘束解放マニュアル（捜査編）』（共編著・大阪弁護士協同組合）『三訂版　学校と法』（共著・放送大学教育振興会）
法令遵守は重要ですが，皆さんは法令を守った上で「教育者」として何ができるかを考えてください。

梅本大介 （うめもと　だいすけ）

愛知みずほ大学人間科学部准教授
『最新よくわかる教育の基礎』（共著・学文社）『教育行政学（改訂版）』（共著・昭和堂）
過去を知るためだけに教育の歴史を学ぶのではなく，将来の教育や社会を設計する指針の一つとなればうれしく思います。

折口量祐 （おりぐち　りょうすけ）

関西福祉科学大学教育学部講師
本書を手に取ってくださった皆さまに感謝申し上げます。これを機に，教育学に関心をもっていただけたら幸いです。

浦野東洋一 （うらの　とよかず）

帝京大学教育学部客員教授／東京大学名誉教授
『教育法学の展開と21世紀の展望』（共著・三省堂）『開かれた学校づくり』（単著・同時代社）
学校現場に「順応適応」できる学び＋「批判創造」できる学び──大学で双方に挑戦してください。

影浦　攻 （かげうら　おさむ）

鹿児島純心女子大学名誉教授／宮崎大学名誉教授
『新しい時代の小学校英語指導の原則』（単著・明治図書出版）『改訂英語科新授業の実践モデル20』（単著・明治図書出版）
夢を実現するには，ある時期そのことに集中することが必要です。後は心の中で発酵してきます。

加納誠司（かのう　せいじ）

愛知教育大学教授
『子どもが生きる　授業が生きる　新しい生活科がめざす道』（単著・大日本図書）
『中学校新学習指導要領の展開　総合的な学習』（共著・明治図書出版）
この一冊が教育に志をもつ皆さんのキャリアデザインにつながることを願っています。

河村茂雄（かわむら　しげお）

早稲田大学教育・総合科学学術院教授
『アクティブラーニングを成功させる学級づくり』（単著・誠信書房）『日本の学級集団と学級経営』（単著・図書文化）
やらされて始めた学習活動でも，取り組んでいるうちに楽しくなり，満足感をもって終わった場合，その後，自発的にやるようになります。ソーンダイクが提起した満足の法則です。私は，始めた学習は自分にとって面白くなるように取り組もうと心がけています。

神永典郎（かみなが　のりお）

白百合女子大学人間総合学部教授
『生活科で子どもは何を学ぶか』（共著・東洋館出版社）『教師も楽しくなる!!　社会科授業づくりの分岐点』（共著・日本文教出版）
人を育て，よりよいくらしや豊かな社会を創っていく教育について，大いに学んでいきましょう。

木原俊行（きはら　としゆき）

大阪教育大学大学院連合教職実践研究科教授
『活用型学力を育てる授業づくり』（単著・ミネルヴァ書房）『教育工学的アプローチによる教師教育』（共編著・ミネルヴァ書房）
教師の成長は「終わりなき旅路」であり，その歩みは，子どもや仲間とともに学ぶことによって豊かなものになります。

川上郁雄（かわかみ　いくお）

早稲田大学国際学術院教授
『「移動する子どもたち」のことばの教育学』（単著・くろしお出版）『移動とことば』（共著・くろしお出版）
今，私たちは移動する時代に生きています。移動するからこそ，混ざり，違う見方や考え方が生まれます。新しい視点を学んでいきましょう。

京免徹雄（きょうめん　てつお）

筑波大学人間系准教授
『フランスにおけるキャリア教育の成立と展開』（単著・風間書房）『世界の学校と教職員の働き方』（共著・学事出版）
教育には不易と流行があります。両者を見極め，本質を追究しつつ，最新の情報をキャッチしましょう。

川辺洋平（かわべ　ようへい）

早稲田大学教師教育研究所招聘研究員
『自信をもてる子が育つこども哲学』（単著・ワニブックス社）
ともに教育学を学び，目の前の子ども達と，あるべき教育の姿を探求し続けましょう。

工藤文三（くどう　ぶんぞう）

浦和大学こども学部客員教授／国立教育政策研究所名誉所員
『現代カリキュラム研究の動向と展望』（共著・教育出版）『小中一貫（事例編）』（共著・東洋館出版社）
教育は優れて価値的な営みです。その意味で，常に目指す人間像について視野を及ぼしながら学習を進めていきましょう。

執筆者紹介 （氏名／よみがな／現職／主著／教育学原論を学ぶ読者へのメッセージ）　　＊執筆担当は本文末に明記

久保田英助 （くぼた　えいすけ）

関東学院大学社会学部教授
『最新よくわかる教育の基礎』（共編著・
学文社）『幼児教育系学生のための日本語
表現法』（共編著・東信堂）
子ども達のこと，人間のこと，すべてを
理解することは困難ですが，理解する努
力を続けてください。

小松茂久 （こまつ　しげひさ）

早稲田大学教育学・総合科学学術院教授
『教育行政学（改訂版）』（編著・昭和堂）
『アメリカ都市教育政治の研究』（単著・
人文書院）
先生方や学校を取り巻く状況がどのよう
に変わってきているのか，注視し続けま
しょう。

黒上晴夫 （くろかみ　はるお）

関西大学総合情報学部教授
『多元的知能の世界』（単著・日本文教出
版）『英語授業デザイン』（共著・大修館書
店）
多元的知能の理論によって，能力や学力
に対する見方，ひいては教育のあり方に
ついて見直してみましょう。

佐伯　胖 （さえき　ゆたか）

信濃教育会教育研究所所長
『子どもを「人間としてみる」ということ』
（共著・ミネルヴァ書房）『「子どもがケア
する世界」をケアする』（編著・ミネルヴァ
書房）
近年の学習論は，人間の学習（「学び」）に
重点をおくことで「学習者中心の教育」
が理論づけられました。

黒崎洋介 （くろさき　ようすけ）

神奈川県立瀬谷西高等学校教諭
『高校生のための主権者教育実践ハンド
ブック』（共著・明治図書出版）『平成30年
度版　学習指導要領改訂のポイント　高
等学校　地理歴史・公民』（共著・明治図
書出版）
児童生徒は「学びの意味」を求めていま
す。主権者教育は，その一つの答えにな
るかもしれません。

佐藤晴雄 （さとう　はるお）

日本大学文理学部教授
『コミュニティ・スクールの成果と展望』
（単著・ミネルヴァ書房）『コミュニティ・
スクール』（単著・エイデル研究所）
「教育」や「教師」は素晴らしいという思
い込みをいったん捨てて，改めて厳しい
教育現実にも目を向けてください。

小林正幸 （こばやし　まさゆき）

東京学芸大学名誉教授
『ソーシャルスキル教育で子どもが変わ
る』（共編著・図書文化社）『先生のための
やさしいソーシャルスキル教育』（単著・
ほんの森出版）
学校の教育の使命として子どもの社会性
の発達を豊かに促進していくことがあり
ます。その使命を実現できる教師を目指
してください。

嶋﨑雅規 （しまざき　まさき）

国際武道大学体育学部教授
『運動部活動の理論と実践』（共著・大修
館書店）『日本のスポーツ界は暴力を克服
できるか』（共著・かもがわ出版）
日本のスポーツ界は変革期を迎えていま
す。運動部活動も，生徒のニーズに応え
た多様なあり方が望まれます。

執筆者紹介（氏名／よみがな／現職／主著／教育学原論を学ぶ読者へのメッセージ）　　＊執筆担当は本文末に明記

髙田一宏（たかだ　かずひろ）

大阪大学大学院人間科学研究科教授
『教育コミュニティの創造』（単著・明治図書出版）『ウェルビーイングを実現する学力保障』（単著・大阪大学出版会）
読者の皆さんには，「学校は社会の中にある」という視点をしっかりもってほしいと願っています。

立田慶裕（たつた　よしひろ）

神戸学院大学人文学部教授／国立教育政策研究所名誉所員
『生涯学習の理論』（共著・福村出版）
『キー・コンピテンシーの実践』（単著・明石書店）
教育学の習得は人生にわたる生涯学習の基礎となります。

髙橋あつ子（たかはし　あつこ）

早稲田大学教育・総合科学学術院教授
『一から始める特別支援教育「校内研修」ハンドブック』（単著・明治図書出版）『私学流　特別支援教育』（共著・学事出版）
マルチレベルアプローチやSEL，学びのユニバーサルデザイン（UDL）で，子どもが変わっていく姿を見ることが何よりの喜びです。

田村　学（たむら　まなぶ）

國學院大學人間開発学部教授
『深い学び』（単著・東洋館出版社）『「深い学び」を実現するカリキュラム・マネジメント』（単著・文溪堂）
新しい時代の新しい教育には，学習者を起点とする「探究する学び」が求められています。

高見　茂（たかみ　しげる）

光華女子大学学長
『教育法規スタートアップ』（共著・昭和堂）『大学の管理運営改革』（共著・東信堂）
教育は未来につながる投資です。輝く眼差しで将来の夢を語る新興国の子ども達に感動します。

鶴田利郎（つるた　としろう）

国際医療福祉大学小田原医療保健学部専任講師
『教育心理学』（共著・嵯峨野書院）『研究と実践をつなぐ教育研究』（共著・株式会社ERP）
これから出会う子ども達の期待，信頼に応えるために，教育学について一生懸命学んでください。

滝　充（たき　みつる）

国立教育政策研究所総括研究官
『ピア・サポートではじめる学校づくり　小学校編（改訂新版）』（編著・金子書房）『Handbook of Bullying in Schools: An International Perspective』（共著・Routledge）
いじめや不登校に対する思い込みを捨てて，向き合ってください。

長尾彰夫（ながお　あきお）

大阪教育大学名誉教授
『政権交代下の教育改革』（単著・明治図書出版）『批判的教育学と公教育の再生』（共著・明石書店）
教育学を学ぶのは，教育の実際がどうなっているかをより深く考えるようになるためなのです。

執筆者紹介 （氏名／よみがな／現職／主著／教育学原論を学ぶ読者へのメッセージ）　　＊執筆担当は本文末に明記

長島啓記 （ながしま　ひろのり）

早稲田大学教育・総合科学学術院教授
『基礎から学ぶ比較教育学』（編著・学文社）
日本の教育について考える時，世界のさまざまな国の教育について知ることも大切です。

野口穂高 （のぐち　ほだか）

早稲田大学教育・総合科学学術院教授
『最新よくわかる教育の基礎』（共著・学文社）『教育原理』（共著・玉川大学出版部）
教育史を学び，現在の「当たり前」がいつから始まったか考えてください。未来へのヒントがあるはずです。

奈須正裕 （なす　まさひろ）

上智大学総合人間科学部教授
『次代の学びを創る知恵とワザ』（単著・ぎょうせい）『教科の本質から迫るコンピテンシー・ベイスの授業づくり』（共編著・図書文化社）
理論的に優れているものは十分に実践的です。教育についても，そのような原論を求め続けることが重要です。

萩原元昭 （はぎわら　もとあき）

群馬大学名誉教授／フェリシア子ども短期大学講師
『多文化保育論』（単著・学文社）『子ども若者と共に』（共著・全日本青少年育成アドバイザー連合会）
人間の発達過程において，家庭・家族の子育て，教育の機能は，家族の多様化・個人化・多文化化の形態の変化と共に，複雑になり，家族一人一人のセルフ・ケアの能力とその支援のため家族の内外のソーシャルネットワークが不可欠になってきています。家族成員一人一人にアコモデイトする家庭内外のシステムの構築について学んでください。

西岡加名恵 （にしおか　かなえ）

京都大学大学院教育学研究科教授
『教科と総合学習のカリキュラム設計』（単著・図書文化社）『教科の「深い学び」を実現するパフォーマンス評価』（共編著・日本標準）
「生きる力」を育む上で，教育評価は鍵となる役割を担っています。評価を教育の改善につなげていきましょう。

深谷昌志 （ふかや　まさし）

東京成徳大学名誉教授
『日本の母親・再考』（単著・ハーベスト社）『子ども問題の本棚から』（単著・黎明書房）
とにかく子どもを観察してください。子どもを見つめることが出発点です。

西澤　哲 （にしざわ　さとる）

山梨県立大学人間福祉学部教授
『子ども虐待』（単著・講談社）『日本版TSCC（子ども用トラウマ症状チェックリスト）の手引き』（共著・金剛出版）
子ども虐待は「福祉」のみの問題ではありません。社会全体で取り組む必要があり，とりわけ学校は重要な役割を果たします。

堀井啓幸 （ほりい　ひろゆき）

常葉大学教育学部教授
『現代学校教育入門』（単著・教育出版）『学際型現代学校教育概論』（共著・金子書房）
教育学は事実を学ぶだけでなく，その事実を踏まえてどうあるべきかを考えるところに意味があります。当事者意識をもって探究してください。

執筆者紹介 （氏名／よみがな／現職／主著／教育学原論を学ぶ読者へのメッセージ）　　＊執筆担当は本文末に明記

松村暢隆 （まつむら　のぶたか）

関西大学名誉教授
『才能教育・2E教育概論』（単著・東信堂）
『才能と教育』（共著・放送大学教育振興会）
才能があって生きづらさを抱えている子ども達を「発達障害っぽい／グレーゾーン」と一括りにしないで、個性ある才能が潰されないで輝き、生きやすくなる多様な学びの場が増えてほしいです。

村川雅弘 （むらかわ　まさひろ）

甲南女子大学人間科学部教授
『ワークショップ型教員研修　はじめの一歩』（単著・教育開発研究所）『カリマネ100の処方』（編著・教育開発研究所）
知識と技能、経験を身につけ生かすことで、子どもをいくらでも伸ばせます。良書はその近道であり道標です。

水野治久 （みずの　はるひさ）

大阪教育大学大学院連合教職実践研究科教授
『よくわかる学校心理学』（共編著・ミネルヴァ書房）『絶対役立つ教育相談』（共編著・ミネルヴァ書房）
教師が、子どもの援助ニーズを汲み取り、個別支援を充実させ、学級づくりと授業を行うことで素晴らしい実践が積み上げられます。

八尾坂修 （やおさか　おさむ）

九州大学名誉教授／玉川大学教師教育リサーチセンター客員教授
『アメリカ合衆国教員免許制度の研究』（単著・風間書房）『教員人事評価と職能開発』（編著・風間書房）
本書を通して教職に対して主体的に教育マインドを高めましょう。教員採用試験問題、大学院入試にも関連する領域として深読みし、関連性を把握してください。

水原克敏 （みずはら　かつとし）

尚絅学院大学特任教授
『現代日本の教育課程改革』（単著・風間書房）『学習指導要領は国民形成の設計書』（単著・東北大学出版会）
教育の問題には正解がないので、複眼的な視点から多面的に捉える力をつけることが必要です。

屋敷和佳 （やしき　かずよし）

東京都市大学工学部客員教授／国立教育政策研究所名誉所員
『コミュニティ・スクールの研究』（共著・風間書房）『小中一貫［事例編］』（共著・東洋館出版社）
きれいに整理整頓された教室、そして美化や管理のいきとどいた学校は、気持ちのよいもの。このことは、子どもの学びと心の成長に大事です。

宮古紀宏 （みやこ　のりひろ）

国立教育政策研究所生徒指導・進路指導研究センター総括研究官
『新時代の教職概論』（共著・ジダイ社）『「学校における働き方改革」の先進事例と改革モデルの提案』（共著・学事出版）
教育は個人的な経験で語られることが多い分野です。子どもにとってより望ましい教育とは何か考え続けたいと思います。

山口幸一郎 （やまぐち　こういちろう）

元早稲田大学大学院教職研究科教授
『はじめての自閉症学級小学1年生』（共著・ジアース教育新社）『最新教育原理』（共著・勁草書房）
特別支援教育は、すべての学校が取り組むべき教育課題です。その理念を実現するためには今までの日本の教育にはなかったEBE（根拠に基づく教育）が求められています。

湯川次義 （ゆかわ　つぎよし）

早稲田大学名誉教授
『近代日本の女性と大学教育』（単著・不二出版）『学校沿革史の研究　大学編』（共著・野間教育研究所）
教育の原理を学ぶことにより，「自分が成長すること」の意味も学んでください。

渡辺大輔 （わたなべ　だいすけ）

埼玉大学基盤教育研究センター准教授
『性の多様性ってなんだろう？（中学生の質問箱）』（単著・平凡社）『マンガワークシートで学ぶ　多様な性と生　ジェンダー・LGBTQ・家族・自分について考える』（単著・子どもの未来社）
私達の性（の多様性）について安心して語り合える場が，もっともっと必要だと考えています。

吉崎静夫 （よしざき　しずお）

日本女子大学名誉教授
『教師の意思決定と授業研究』（単著・ぎょうせい）『事例から学ぶ活用型学力が育つ授業デザイン』（単著・ぎょうせい）
わが国の「同僚性を基盤とする授業研究」は「レッスン・スタディ」として欧米やアジアの教員の間に普及し，活発に展開されています。

やわらかアカデミズム・〈わかる〉シリーズ

新版　よくわかる教育学原論

| 2020年 5 月20日　初版第 1 刷発行 | 〈検印省略〉 |
| 2024年 3 月30日　初版第 5 刷発行 | |

定価はカバーに
表示しています

	安 彦 忠 彦
編 著 者	藤 井 千 春
	田 中 博 之
発 行 者	杉 田 啓 三
印 刷 者	藤 森 英 夫

発行所　株式会社　ミネルヴァ書房

607-8494　京都市山科区日ノ岡堤谷町 1
電話代表　（075）581-5191
振替口座　01020-0-8076

亜細亜印刷・新生製本

ISBN978-4-623-08975-8
Printed in Japan